これからの学校掃除

自問清掃のすすめ

平田 治
Hirata Osamu

一莖書房

はしがき

自問清掃に出合って三〇年以上経つ。実践と研究とは本来同時併行して行うものだが、私の場合は実践が先行した年月があり、その後に本格的な学術研究が続いた。三〇代はがむしゃらに実践し、四〇代の初めに一年間の内地留学の機会を得て、それまでの実践を一旦まとめることができた。まとめたことに自分なりの工夫を加えたり理解を深めたりして、五〇代になって拙著『子どもが輝く魔法の掃除・「自問清掃」のヒミツ』を上梓した。この著は有難いことに全国で多くの読者を得た。その後は研究を本格化し、自問清掃関連の書籍を数冊上梓した。五〇代後半で義務教育学校現場の職を辞し、いくつかの学会に所属しながら学術論文を世に問うこともした。このようにして三〇年以上が経った。

今ここに研究の成果を本著としてまとめる。「これからの学校掃除」とは、すなわち自問清掃を指す。

第一部では、現状と「これまで」の学校掃除について述べた。従来の学校掃除に関する教師の指導意識が、明治期以来どのように形成されてきたかを明らかにしようとした。自問清掃の対極にあるとも言える注意や指示の溢れる管理的学校掃除指導意識が、教師の中にいかに育まれ共有化されてきたのかを歴史社会学的に解明した。

第二部では、自問清掃の発想原理と方法的原則を、第三部では実践者の教師成長を明らかにした。また第四部では教育学心理学哲学等に拠りながら、自問清掃プランの構造や心身論としての自問清掃について考究した。

第五部は、それまでとは異なる筆致で、哲学や精神医学等の見地から、自問清掃の現代的意義により深く迫ろうとした軌跡である。自問清掃という大きな池の周囲を幾たびも巡りながら、味わうようにして書いた。

本著は、学校掃除の効率的なやり方について述べたものではない。人格形成を目指すべきこれからの学校教育や教師のあり方について、学校掃除を切り口として展望したものだと捉えていただきたい。
しかし政治・経済や教育の現状は、私が示す展望とは逆の方向に進んでいるようだ。自問清掃は遅れてやってきた人なのだろうか。ここに述べることが遅きに失するものでないことを願う。

二〇一八年一月

もくじ

第一部　これまでの学校掃除

待つことの苦手な教師は多い、殊に学校掃除の時間には。注意や指示をしないでその気になるのを待っているなど、もっての外というわけだ。子どもに対して絶えずなんらかのはたらきかけをしているのが教師という仕事なのだと思い込んでいるからだろう。学校掃除は熱心な教師の注意や指示に溢れている。〈信じて待つ〉学校掃除指導など想像もできないことにちがいない。

掃除の時間でのはたらきかけは、結局は子どもの身体をどう統制するかということに尽きる。掃除を自分の意志で休んでもよいという前提はなく、全員が真剣に掃除に取り組むことを前提としているからである。したがって誠実に仕事をしようとする教師であるほど、掃除中熱心に巡回をして指示や注意をくり返し子どもを管理し統制しようとしてきた。指示や注意を与えるために巡回に向かう教師は、殆ど無意識的にそのように行動し習慣化している。教師達はこの習慣を、殆ど母語と同じようにして身に付けたのだろうか[1]。今それを管理清掃と言おう。

思えば日本人は、そのようにして学校掃除を通して身体を囚われてきたのだ。少し大げさな物言いだとすれば、学校教育における身体統制は、運動会や掃除の場面に最も特徴的に現れていると言い換えてもいいだろう。

管理清掃とは対極にある掃除、徹底的に子どもを〈信じて待つ〉掃除がある。自問清掃である。管理的な清掃指導形態に対して、自問清掃では一切「指示・命令・注意をしない」、さらに子どもが自分で決めて掃除を休んでもよいとさえ考える。こうした指導方法の自問清掃の登場は、清掃指導のパラダイムシフトだったとも言えよう。

第一部で扱うのは、その自問清掃登場の前史である[2]。自問清掃前史として、子どもの身体を掃除指導によって統制しようとする意識が、日本の教師の中にどのように形成されてきたかを追ってみることにする。

明治初期の学制成立以降習慣化された学校掃除の中で、いつしか日本中の学校で掃除が実施されることになんの不思議さも感じなくなっていった。学習指導要領に規定されないその活動が、なぜこのように普遍的とさえ言えるような常識的なものとなったのか。また、学校掃除にどのような教育的な意味があるのかを問うことさえも忘れた教師達に、いつしか集団秩序へ向けての身体統制に基づいた指導意識が醸成され温存されてきたのはどうしてなのか。およそ鍛錬修養・集団訓練・衛生保健の発想に基づいて形成され温存され継続されて現在に及ぶ指導意識は、いったいどのように形成されたのか。

そもそも一般的にいうところの身体の統制は、明治期において権力による上意下達のかたちをとって進展したが、天皇を頂点とする国家構造が瓦解した一九四五年以降においては、学校掃除の中にその強固な残滓を見い出すことができる。後に詳しく述べるが、それは今も見られる身支度の統一や所作などを揃えさせたり徹底分担され組織化された集団によって活動させたりするという教師達の無自覚的な教育的行為として行使されている。つまり明治期以降日本人の体内に形成された集合的な記憶に基づいて、身体の統制によって秩序を維持するという教師の発想が、学校掃除の中で温存されてきたのである。徹底した分担や統一された服装などは、その明確な証跡であると言えるだろう。

学校掃除に色濃く残された身体統制の残滓が、明治期以降の学校教育の中で如何に形成され教師達に共有化された記憶となって残されてきたのかを辿ってみたい。

身体統制と軍国主義

ところで、日本で言えば幕末にあたる一八四二年、強国清国がイギリスに敗れた。阿片戦争である。これは衝撃的な出来事であった。歴史的文化的地理的な意味であれほど強大であった東洋の大国清が、日本とさほどちがわない西洋の小国イギリスに敗れたのである。それ以降、先見性を持つテクノクラートにとっては、日本国を外圧から防御することが最大の関心事のひとつとなった。日本もいつ西欧列強の植民地にされるかわからないという驚異、否恐怖を伴って。それまでの支那は、日本にとってあらゆる文化がもたらされる源であって、知識人であることは即支那語を操れることを前提としていた。その国が西洋の小国に敗れたのであるから危機感を持つことは当然であろう。この場合防御とは、強国つまり強力な西洋的軍隊を保持することに他ならないが、危機感をもった幕末政府は講武所を開設して武士達に軍事教練を施した。しかしいかにも急ごしらえだった幕府軍（武家集団）は、長州征伐において、高杉晋作によって集団的に訓練された農民出身者の軍隊に完全な敗北を喫する。彼らが使用した銃は最新式であった。種子島に鉄砲が伝来して三〇〇年間江戸期における武士階級は、幕府の強力な政策によって集団的な武術訓練を行わず、結果として武士道という独自の哲学に基づく一対一の対人的な闘いの思想を発展させた。そこでは専ら名誉や栄光ある死に様が重視され、軍隊を組織し大砲等の兵器を用いて展開する軍事的思想は放棄されたのである。であるから教練所に集められた武士達に集団的な軍事訓練を施そうとしても、そんなことは馬鹿馬鹿しくてやっていられるかと適当に振る舞っていたに過ぎなかった。武士達は近代兵器を用いた戦闘のための集団的軍事訓練の必要性を認識していなかった。

ペリーの浦賀来港の図には、整然と訓練された米国の軍隊とは対照的に、整列することもなくぼんやりと立ち尽くす将軍の親衛隊たる御家人達のそんな姿が描かれている。いざ長州に向かおうとした武士達は、昨日までの集団的軍事訓練などはすっかり忘れて、各々が勝手に先祖伝来の鎧甲に身を包んで大坂夏の陣さながらに戦いに望んだのだった。結果は火を見るより明らかであった。甲冑も槍や刀も、西洋式鉄砲と戦術の前には為す術なく敗れ去ったのである。

こうして西洋式に集団的訓練された軍隊の要請は、第二次長州征伐での幕府軍敗北によって明らかになったのであるが、集団による近代的な武器弾薬を使用する戦闘には、統一された一連の動作と連携が必要とされる。大砲の移動や操作、弾薬の運搬や装塡、着弾地点の計測等の一連の動作が、連携されて実行されなければ近代的な武器の操作は不可能であろう。そこでは、一対一で互いの姓名出処を名乗り合いながら長年の武術的修練を競い合うことなど必要とはされない。個人の主義主張に由らず、全員が同じ服装と統一感のある一連の動作を行い、西欧式の武器を巧みに操ることが必要とされる。そこで軍事的な訓練には、旧来の着物と袴ではなく自ずと西洋式の制服と動作訓練のための体操とが導入されることになった。これが軍隊というきわめて集団的な秩序と規律を要する組織において、指導者が被指導者に対して行う身体統制である。身体統制の理念は、最高位にある指揮官から中間の指揮者を経て最下位の兵士に至るまで、貫徹し働いている。このように指導者が成員に対して身体統制を行うことで集団秩序を維持しようとする意識は、明治期以降の政治的指導者の一貫した認識であり、全体主義はこのことによって維持発展されていった。

国民に対して広汎にしかも深く浸透したこうした意識は、軍国主義時代の権力構造の末梢を担った学校教師達に顕現し、さらに太平洋戦争敗戦後の民主主義社会においても指導意識の中に見事に継承されて、現在の学校掃除指導にその残滓を見ることができる。敗戦後新しく出発した民主主義教育においてさえ、見直されることもなく教育課程への新たな位置づけもなされないまま慣習的に継続された学校掃除にこそ、大戦を経ても尚残る集団秩序と身体統制の指導意識が温存され現在に至っているのである。

以下、現在の学校掃除の指導意識の中に、集団秩序を目的とした身体の統制という発想がどのように保持されてきたかについて述べていきたい。その際、学校掃除の指導意識をいくつかの側面から検討していくことにする。日本人の掃除意識、江戸期の養生思想と初期学校掃除の成立、細菌学の発達と衛生意識、学校掃除是非論争と教育的意義、軍国主義の進展と鍛錬、民主主義の導入と保健・自治教育論などである。

本格的な検討に入る前に、まずは現在の学校掃除実施形態について概観しておくことにしよう。

第一章　今の学校掃除

学校掃除を指導する教師の意識について検討するにあたり、現在実施されている学校掃除について概観する。現在の実施形態を検討しながら、そこに顕れている教師の指導意識について見てみよう。

実施形態を、仮に類型化すると以下のようになる。私はこのことについて著書や講演の中で、折に触れて述べてきた。

掃除形態には10通りの類型がある。罰方式、ゲーム感覚方式、鍛錬方式、修身修養方式、完全マニュアル方式、徹底（区域・道具）分担方式、巡視方式、自治活動方式、責任者方式、話し合い方式。

ここでは10通りの類型としたが、実際に行われている形態は内容的には互いにかなり重なり合っている場合が多い。つまり、異なる視点を設定すれば別の類型化が可能になるかもしれない。したがってここで言う類型とは、活動の形態そのものというよりは、活動の様相というに相応しい。活動の仕方のちがいに目を付けて類型化したというよりは、活動の質または要素を視点にして類別したものである。

巡視方式・責任者方式

指導に熱心な教師であればあるほど、掃除中頻繁に巡視する。心配な彼は、子どもが遊んでいないかぼんやりしていないかが気にかかってしかたがない。どう思ってみても、子どもが熱心に掃除に取り組んでいるとは思われない。自分の子ども時代を振り返ってみても、子どもというものは元来掃除をサボるのが当たり前であるから、注意して廻らないと他の学級の先生や専科の先生や校長先生からどんな苦言をいただくかもわかったものではない。つまり、巡視するというのは注意するためにするのである。さて今日は子どもを幾度褒めることができるかなと、楽しみに思いながら巡回に出発する教師がいったいどれくらいいるのだろう。皆無に近いのではないか。このようにして、子どもに細々と世話を焼くことがいい教師としての証明であり、巡回もしないというのは、掃除中に新聞を読んだり休憩したりプリントを印刷しているような放任主義と変わらない。

この方法によって育つのは、裏表のある心遣いだろうか。あっ先生が来たぞヤバイという感覚は、車を運転中にパトカーを見たとき（特別悪いことをしているわけでもないのになんだかドキッとしてしまうあの感覚）に似ている。先生が来たときだけやった振りをするような二面性を育てたいと思っている教師はいない。むしろ、そういう心は育てたくない。しかし、育てたくないその心が、熱心に巡回すればするほど育ってしまうという皮肉。教えようとしていることと別の教えたくないことが学ばれてしまっている現実がここにある。

それならば、巡回などなるべく止して子ども同士の自主性に任せようと、責任を班長に丸投げしてみる。中学校の部活指導で、全責任を部長任せにするのと同じ方法である。この班の掃除は班長の君の全責任だから、皆によく目配りして注意し上手に掃除を進めて欲しいというわけである。この結果、班長には功罪がもたらされる。誰一人遊ぶ人がいなければ、よい班長の班はうまく事が運んで掃除場所は見事にきれいである。しかし、班員にサボる者がいれば結果掃除場所はきれいにならない。すべては班長の責任である。教師は、その分手抜きができるようになり、班長だけを注意すればよいので費やす労力も少なくてすむ。部活動の場合でも、たとえば女子中学生のバスケットボール部など五人制のゲームという性格からしても人間関係がなにかともめやすい。これらはすべて部長の責任となる。女子バスケットボール部の指導は人間関係の指導だと言っても過言ではないが、担当教師は部長に丸投げした結果手抜きができ気も休まるというものである。運動が得意で責任感の強い部長の彼女は、練習の度にもめ事が多くよい結果もなかなか出ないチームの現状に悩みきってしまい、とうとう不登校になってしまったという例もあるくらい。この意味で、この丸投げ方式は放任にも通じている。

巡視を徹底する場合にも、責任を班長に丸投げする場合にも、要するにそこには子どもの身体活動を統制しようとする意志がはたらいていることに、教師自身も気づいていないのではないか。無自覚のうちに、あるいは教育熱心であるがゆえに、教師が教えたいこととはまったく逆のかたちのものが学ばれている。

筆者もかけ出しの小学校教師であったころ、教師からの「指示・命令・注意」を徹底させる自分の指導力に酔ったようになった経験がある。拙著『子どもが輝く魔法の掃除』（三五館　二〇〇五）の中で、それを告白した（二一〇頁）。

掃除の指導も似たようなものです。掃除中ずっと巡回しては、指示・命令・注意をしまくるわけです。ある日、昇降口で砂を掃いている子に、次は何してその次は何をして、それが終わったら今度はどうしろとかなんとか指示・命令をやっているときでした。ベテランの先生が通りかかって、「あなたの指示は的確で大変よろしい」とほめてくださった。私は、「そりゃあそうだろう」と言わんばかりに、ますます自信を深めたのでした。この自信を持っていたことが、後でとんでもないことになったのです。とんでもないこととは、自問清掃との出合いです。

区域道具の徹底分担・マニュアル方式

子どもたちの身体を統制するには、掃除の手順を完全にマニュアル化するか徹底的に分担するか、いずれかあるいは両者を組み合わせるかする方式が採られる。このシステムを上手に構築すればするほど、合理的で効率的できれいな清掃形態が生まれると考えるのだ。

著者が完全マニュアル方式と呼ぶ統制方法は、次のようなもの。ここに示す事例は、かつてインターネット上に公開され、なんらかの理由で現在は削除されている某中学校における掃除方法である。

黒板前に集合、初めのあいさつ（一番司会）。
【雑巾のもみだし】・片膝をついてもみだす。・水滴が落ちたら、すぐ拭く。
【通し拭き（一回）】（黒板→六ポイント）・壁、窓側から中央に向かって拭く。・雑巾を半分に折り、四面を繰り返し使いながら拭く。・前壁に対して、戻し拭きを行う。・壁際を行うとき、手の向きは両手とも壁側に向ける。【雑巾のもみだし】

【拭き込み】・三ポイントずつ行う。・前半の六カ所を行う。（一～六）・雑巾を四ッ折りにして、黒一面一二回を八面で行う。・一段下ろしをする。・窓側から廊下側に拭く。・一番に拭き込んだ者は、六番目をもう一度行う。

【机運び】・雑巾を置いてその上を踏んで運ぶ。（ゴミが拭き込みが終わったところに入らないようにする）・片腕を、机の上に置いてある椅子に差し入れて、椅子を固定して運ぶ。・机がぶつからないように、外側に回す。（八列の机は、窓・壁側だけ内側に回す）・机を持ち上げたら、二分の一転して逆方向に運びそのまま置く。・一列ずつ分担して、窓側から運ぶ。最後は調整して運ぶ。……

まだ途中までだが、これはマニュアルの教室編。この他に特別教室編、トイレ掃除編などがあったと聞く。一読してわかるように、マニュアルには数字が多用される。この学校で行われている掃除は、その見事さゆえに有名になりマスコミから注目され全国からの参観者が連日訪れるほどとなった。◯◯中方式と呼ばれて県内をはじめ全国で真似されたという。何代目かの校長の口癖は、「校舎は市から君達が借りたものであり、卒業までにはもとのときよりもきれいにして返さなくてはならない」であった。もちろん、借りたのは生徒ではなく保護者や先生のほうであり、より正確に言うなら、保護者達が納めた税金によって建設維持されている校舎を、教育に資することを目的として教材として借りているのは教師達の側である。もし仮に生徒から、「僕たちは借りた覚えがない」と言われればそれまでだ。

事細かに所作を限定するこのマニュアルに沿って行えば、掃除は完全な教育システムとなる。子どもたちは見事に動き働く。心は働かなくとも身体は自動化され動く。それを見た参観者は感動するのである。

徹底分担という発想も実によく似ている。掃除する区域を決め役割を決める。これを厳密にすればするほど、きれいにならない場合や掃除活動が円滑に進まない場合などの責任の所在が明らかになり、子どもたちは必然「自ら動く」ようになる、というわけである。さらに突き詰めて言えば、分担されている場所や仕事を厳密化すれば、逆に分担されていない場所や仕事には無関心になっていく。野球に喩えれば、最初守りの位置についたその場所にボールが来なければ捕らないし、一塁手になった者は時に応じて二塁の近くまで移動して行って捕球するというような動きはしてはならないのだ、という意識を醸成していくことになる。お互いの心遣いと阿吽の呼吸の中から生まれるチームプレーを否定するわけである。

この発想に基づく丁寧な実践は数多く見られるのだが、一例として著書『子どもたちが自ら進んで動く掃除システム作り小事典』を挙げておく[3]。この本には、さまざまな「システムの作り方」「秘訣」「コツ」「ポイント」「当番表の作り方」「感動的な話」などが、たいへん具体的に写真なども提示して説明されている。現場教師達が実にきめ細やかなノウハウを収集して検討し、こうした一冊の「小事典」と成っている。たとえば、教室にたくさん人数が配置されていればどうしてもなにもやることがない「お客さん」が生まれてしまう。それを防ぐには「教室の中をさらに細かく区切り、それぞれの場所の分担を決める」とよいとされ、教室内をAからDまでの四つの区域に分割し、最後に「教師がチェックすることがたいせつ」だと説明している（四四―四七頁）。あるいは、「トイレの床に寝転べるくらいきれいに拭くように言う。できていなければ、その場でやり直しをさせる」（六九頁）というような具体的な声かけの仕方も示されている。その意味で、二〇名以上の教師達が力を結集したきわめて現場性の高い内容となっている。執筆代表者の甲本卓司氏は若い教師の中には子どもから嫌われたくないという意識があるが、「嫌われても、言わなければならないことは言わなければならない」（三頁）とした上で、「掃除は、一番ほころびが出る場所である。学級経営が安定しているかどうかは、掃除から分かる」（四頁）と指摘している。ここで執筆した教師の多くは、「子どもが掃除をさぼる、掃除時間におしゃべりをするというのは、ごく自然な姿なのである」（一一四頁）という向山洋一氏の発想に立っている、と見てよいだろう。その発想は、教師が持っている一般的な常識かもしれない。現に学校掃除というものがあり、掃除の時間にきれいにするのは当たり前であるが子どもはなかなかやろうとしない。子どもは掃除の時間におしゃべりをしたり遊んだりするのはごく自然な姿であるが、それに対して教師が言わなくてはならないことを回避し克服するシステムを提示して指導できないからいけないのだと、というわけである。

私がここで指摘したい最大の点は、「自ら動く」ことと「自ら働く」こととは同じ意味ではないということだ。教師から見れば確かに現象として身体を自ら動かして掃除しているように見える、そのことが子どもが自ら考え意志的に働いていると思ってよいのかどうか。つまり、自らの心を用いて働いているかどうかという内面こそ問題にしなくてはならない。外面的にはシステムが稼働することで自ら動いているかのように仕向けられている子どもの内面で、いったいどのような力が働きどのような自覚が生まれているのかをこそ問題にしなくてはならないだろう。子どもの心、内面、あるいは自覚がどう形成されるかが教育としての最重要課題であるのだから。

鍛錬とすり替え

掃除という場は身体も精神も鍛える鍛錬の場である、と考えるのがこの鍛錬方式である。鍛える、つまり耐えることができる精神を養うにはまずは肉体的な苦痛を克服する体験活動が必要だと考えるのであろう。苦しくても頑張る、このことを否定できる人は多くないと思う。子どもの教育において苦しかったり嫌だったりすることはさっさと放棄して、直ちにちがうことにその時間を振り向けた方がよいとする考え方の人は少ないと思う。耐性を育てることは否定できない。ここで問題にされる精神力とは専ら耐性のことを意味するし、その耐性とは意志力のことだ。

仕事であれなんらかのスポーツであれ、この意志の力がなくては何事も成し得ないことは事実だ。ここでいちいち例を挙げる必要もないだろう。もしも掃除の中で、この意志力が養われるのであれば、それは大きな教育的課題の克服を意味する。

ところで、意志力という場合には二面ある。やり通すという前進的な側面と、苦しみや悲しみなどに耐えるという言わば遡及的な側面と。

学術的にはどのように説明されるだろうか。「意識的で、多くの動機・目標・手段から一つを選択し、その実現を意欲するもの」（岩波哲学小辞典　一九八七　八頁）、「人間の心のハタラキのうち、〈何ごとかをのぞみ、決定するハタラキ〉」「二つ以上の、したいコトガラがあって、そのどれかをえらぶ、または決める心のハタラキ」「意志行為には、つぎの三段階がある。（一）見通し　（二）考慮（見通しのスジミチを比較検討することであるが、基準となるのはその人のもつ《理想》《第一義的価値》）　（三）決定」（哲学・論理用語辞典　三一書房　一九九五　三五―三六頁）。

こうした説明を見て改めて確認されるのは、意志という〈心のハタラキ〉は自らが主体となっていることである。何ごとかの実現を目標として意欲するとき、そのための動機は自らの内発的なものであり、そのための手段の決定も自らすること。どのように決定するかという考慮の際基準となるのは、その人の理想や価値だというわけである。つまり、意志とは、自らが意志を有つということであって、他からのはたらきかけや強制によって無理矢理意志を有つということはあり得ないことを意味している。

ところが鍛錬方式の学校掃除では、これらすべては殆ど外から外発的にもたらされる。なぜそうなるかと言えば、本来掃除は人が嫌がるものだとする前提から出発しているからだろう。掃除はできるならやりたくないものだと考える。学習と勉強とのちがいについても同様のことが問題にされるように。内発的な動機によって自ら学びたいことを習うのが学習であり、一方で学ぶことは本当ならばやりたくないことであるがそれを無理して強いて勉めることを勉強というように。

掃除する喜びを知っている人間からすると、こういう出発の前提そのものがおかしいということになる。嫌でもやらなくてはならないものが勉強であり掃除であるとすれば、それらはすべて自分の精神を鍛えるための手段ということになり、目的とはならない。学びたいから学ぶということも、掃除したいから掃除するということもあり得ないことなのだ。

しかしそれでも、やりたくなくてもとにかくやれということでは説得力があまりにないと感じる場合には、目的をすり替える。たとえば、雑巾がけを懸命にやれば脚力が鍛えられ運動会の徒競走で一等賞になれるとか、バレーボールの地区大会優勝を目指して体力を鍛えるために掃除をするとか。鍛錬方式とは、このように真の精神的内面的な目的を隠蔽するために身体を鍛える。自分自身がある目標設定をしよく考慮し肉体を鍛えるという意志を有つのではなく、あたかも目標を設定して自ら励むかのように見せかけて鍛錬させる。つまり、外発的な刺激を与えて、身体的活動を活性化しようとする方式である。外発的な刺激は、主に賞罰。よくできた場合は賞状を与えるとか、できない場合は罰として放課後掃除とか。この方式を強力に実施していくと、いつの間にか当初の目標は忘れ去られ、いつの間にか身体の鍛錬そのものが目標であるかのようにすり替わっていく。行われるのは二重のすり替えである。掃除そのものが目標とするべき事柄を運動会での結果へとすり替えた上、運動会での結果を出すために掃除を肉体鍛錬の手段にするという当初の手段と結果が逆転し、掃除における肉体鍛錬が手段から目標にすり替わるという二重の。

鍛錬主義の学校掃除観を持つ人は意外に多い。たとえば、朝日新聞二〇一一年一〇月一〇日号は文部科学省発表の体力・運動能力調査結果として運動習慣による格差を伝えているが、格差の背景についての文科省担当者のコメントも載せている。電話取材に基づくものだと思われるが、担当者は「日常生活の中でぞうきんがけのような体を動かす機会が減っているせいではないか」と推測しているという。この文部官僚がどのような学校生活を送ってきたのかは知らないが、彼の中では掃除中のぞうきんがけと体力・運動能力は一連のつながったものとして認識されているのである。彼がもし次項で述べるような修身・修養的な学校掃除体験者であったならば、このようなコメントはしなかったのではないか。この文部官僚は、無自覚であるかもしれないが、鍛錬主義の学校掃除観を持った人物なのである。

自己の修身・修養

キャッチコピーに騙されてはいけない。

床を磨けば心も磨かれる、無言でやれば何かが見える、床の輝きは心の鏡、掃除もできないような人間は社会で通用しない、自分で汚したところをきれいにするのは当たり前だ、永平寺でも修行の第一は掃除である。

床を磨けば床はきれいになる。仮に鞭を手にして奴隷に床磨きをさせたとしよう。床は確かに人の顔が映るほどに磨かれる。しかし、ほんとうに心まで美しく磨かれるのだろうか。第一、ぬか袋まで持ち出して磨いたのは、本来白木だった床に付着した黒い汚れを徹底的にコーティングして光らせていたに過ぎないのではないか。

先生、無言でやれば何が見えるんですか。それは自分で探すのだ。何かが見えるという根拠は何ですか。そういうことを聞いているようでは駄目だ。そうですか。そうだ、答えは自分で見つけろ。第一、いちいちそういうことを聞いていないで、黙ってやれ。

自分は昨日万引きしてしまったので、今日は床が輝いて見えません。そうだそのとおりだ、床は心の鏡なのだ。お言葉を返すようですが、床ではなくて本物の鏡に顔を映したほうが自分を見つめることになりませんか。

社会に出ても掃除ができないような人間は大成しない。あの永平寺で修行するお坊さん達を見てみましょう。皆無言で黙々と掃除をしていますよ。でも先生、先日テレビのドキュメンタリーで永平寺の様子を映しましたが、声を出しながらやっていましたよ。それに、僕は僧侶になるという希望を持っていません。うん、まあそれはいいとして、だいたい自分の汚したところを掃除するのは当たり前だろう。お言葉ですが、私はいつもトイレをきれいに使っています。どうして人が汚したところまでやらなくちゃいけないんですか。ぼくもそうです、今日は理科室での授業はなかったのにどうして理科室掃除をするんですか。

以上のようなやりとりを想定して、教師は説得説諭に務めなくてはならない。説得・説諭できる人こそが教諭であるのだから。しかし、子どもたちが納得し保護者が得心いくような合理的で説得力ある説明ができるだろうか。なぜ学校掃除をしなくてはならないのか、掃除をすることにどういう教育的な意義があるのか。掃除をすることは、なぜ人間の精神修養になるのか。学習指導要領に明記されていない学校掃除を毎日励行する説明責任が、学校にも一人ひとりの教師にもある。口当たりのよいキャッチコピーや精神論をかざしてみても、最早通用しなくなっているのではないだろうか。

先生、子どもたちになぜ毎日掃除をやらせているのですか、という保護者からの度重なる質問があるとしたら、それはクレームではない。教師ならば、説明できなければならない。ある日の参観日に保護者のひとりが質問に立って、この学校では学習指導要領にない掃除をなぜ全員にやらせているのですかと質問されたらどうするか。この質問はクレームではない真っ当なものであるから、きちんと応えられなくてはならないのだが。

やってあたりまえのことをあたりまえのこととしてやる、そういうことが人間にとって大切だ。掃除には心を育てる力があるのだ。掃除の時間は心の修行の時間です、精神修養の時間です。こう言っただけで、説明したことになるのだろうか。

民主的な話し合いと自治活動

民主的であること、自治意識を向上させることとは、いずれも戦後導入された民主主義教育に始まる。なるほど、学校掃除を初め生活全般の中で起きるさまざまな問題について、子どもたちが話し合いよりよい解決策を模索していくことは民主的であるにちがいない。自分達のことを自分達で処理する自治意識も重要だ。しかし、気を付けないとマンネリ化し形式化しやすい。

学校の現実を見るとどうか。掃除の中で◯◯君がサボって掃除しようとしない。この前もそうだったがまた遊んでいる。どうしたらよいか、みんなで話し合う。本人がもっとちゃんとした気持ちにならなくてはだめだ、仲のよい人と同じ班にしては駄目だ、皆で注意したらいいのではないか、今度サボったら放課後残ってひとりでやらせたらどうか、先生からもっと厳しく叱ってもらえばよいなどという意見が飛び交う。そして、多数決でひとつの方法を試すことにしてみる。しかし、数日のうちにまた同じような問題が起き再び話し合う。一週間ほどすると、別の班からも遊ぶ子がいて困るという問題が出されて、皆で話し合う。このようにして、延々と話し合いが繰り返されていく。この場合問題がどのように解決されるかというよりは、問題について話し合って皆で解決策を模索していこうとする態度を養うことに目的があるのだと考える方がよいのかもしれない。掃除を通して人間形成的な目標に迫っていこうというのではなく、話し合いという活動そのものが重要だというわけである。なるほど民主的とはこういうことだ。結論ではなくプロセスそのものが重要なのだと。あるいは井戸端会議的な話し合いこそ民主主義の第一歩だと。ああでもないこうでもないと巡り巡ってみることに意味があると。しかし、その一方で決められない政治に飽き飽きしたと、強いリーダーを求める風潮だけが助長されてきている。

これとは対極にある方式として、自治活動としての見回り当番方式が行われている。児童会にも生徒会にも美化（あるいは整美、美化、清美等々）委員会が設けられ、掃除道具の点検補充の任を負わされたり見回り当番を設けて掃除中に巡回したりしている。年に一度は委員会毎の企画が必要だと、美化委員会では「無言清掃週間」が実施される。各教室の廊下に模造紙に書かれた折れ線グラフが貼られ、巡回当番が見つけたおしゃべりをしていた人の人数が記入されていく。掃除の時間が終わると校内放送が流れ、何年何組ではおしゃべりが目立ちました、気をつけましょうというような当番からの一言がある。強化週間の終わりには全校生徒が体育館に集まり、一週間一言もしゃべる人がいなかった完全無言達成学級に表彰状が授与される。ではその週間中教師達はなにをしていたか。巡回当番と共に巡視していたか、各学級が担当する場所に出向き、チェック表に記入していたか。こうして全校生徒と教師が一丸となって、無言清掃に向かって邁進する。子ども同士は見張り合いチェックし合いながら、民主的な活動を体験的に学んでいくのである。

確かに、日本は充分に民主主義的社会になり熟議が重んじられるようになった。ＰＴＡも定着した。Ｐから選出される役員も順番制となり能力や意欲や家庭事情は殆ど鑑みられることもなく全員が平等に役員を経験するようになった。企画力や運営力は問われることはない。なぜなら前年と同じように話し同じようなことを実施すればよいのだから。任意団体はいつしか全員参加が大前提の団体となり、Ｔの義務的参加は日常化して仕事の一部となっている。自治は義務と殆ど同義語となった。Ａは参加義務団体となった。

大人も子どもも皆ゲーム

今都会で電車に乗って見回してみると、ざっと見て乗り合わせている人達の五割から七割くらいはスマホなどの電子機器をいじくっている。どういう目的で弄っているのかはよくはわからないが、ゲームの類いに夢中になっている人も多いだろう。大人も子どもも男女の差も殆どない。向かい側に座っている家族を見ると、父親は居眠りをし母親はスマホを弄り、息子達はゲームをしている。その隣には、スーツを着たビジネスマンの若者がやはり画面に見入っている。両手でタブレットを構えて持ち両手の親指を盛んに動かしているから、ゲームに興じているにちがいない。仕事の移動中にゲームで気分転換をしているのだろう。授業中にも教師に隠れてゲームをしている小中高大学生がいると聞いたこともある。ここまで、ゲームにはまり込んでしまう日本人の特徴を活かさない手はない。掃除にもゲーム感覚を持ち込んで、活動を活性化し、掃除サボりをなくそうと考えるのは当然だ。ゲーム感覚で取り組む掃除には、どういうやり方があるか。

まずポイント制を導入する。なにかをすればポイントが貯まったり減ったりするというのも、最近の常識である。買い物をしても食事をしてもインターネットを使ってもポイントが貯まる。それによって、会員となり利用者は結局売り手側に取り込まれているのであるが。学級で利用するときは、たとえばおしゃべりしないで掃除ができたら一ポイントとする。およそ一カ月を目安として二〇ポイント貯まった人は、掃除を一回休んでよいことにする。学級児童の全員が二〇ポイント以上をゲットしたら、お楽しみ会を開こうというのもよい。自己申告制であるから中には少し誤魔化そうとする子が出てきたり、それを見逃がすまいとして気を配ったりしている子もいる。班ごとに合計ポイントを競わせてもよい。お楽しみ会などのイベントではなく、達成ポイントを設定してボーナス三〇ポイントを与えたり、二〇〇ポイント貯まったら何かのプレゼントが当たったり抽選に参加する資格を得られたりと、さまざまな特典を設けることも考えられる。今企業などではこうした工夫をたくさん提供しているから、そういうものから得られる情報を用いれば、子どもの心を惹き付けるアイデアは次々に浮かぶのではないか。アイデア豊かな教師によって、子どもの活動を活性化する鮮やかな手法が次々と繰り出されるのだ。何ポイント獲得できたとか何ステージまでクリアできたとか、嬉々とした子どもたちの声が教室に溢れる。

さてこういう方式が満ちあふれる活気ある明るい学級経営によって、子どもや教師の内面はどのように深まっていくのか、興味の湧くところである。

体罰と掃除指導

掃除と罰に関する調査結果がある。沖原（一九七八）には、児童と教師双方に対して行った調査が示されている[4]。これによれば、児童に対して「あなたは、先生から罰として掃除をさせられたことがありますか」と質問したところ、三六・四パーセントがあると答えている。一方教師に対して「あなたは、罰として児童・生徒に掃除を行わせることに賛成ですか、反対ですか」と質問したところ、賛成はわずか四・三パーセントにすぎない。この数値の差について、論者は「注目すべきである」と述べただけで終わりにしているが、いったいどのように考えたらよいのだろうか。四割近くの児童が「ある」と答えているが、これは虚偽とは考えづらい。考えられるのはおそらく三つの可能性である。教師が虚偽の答えをしているか、ごく一部の罰をよしとする教師によって多くの児童が体罰経験をしているか、教師のほうは体罰ではないと思っているが児童からすると体罰だと感じているかであろう。虚偽としたら調査そのものが成り立たないから、これは一応考えないことにする。私は、二つ目と三つ目の可能性は高いと思う。

掃除形態の類型を一見してわかるように、罰方式は日常の掃除形態ではないからこれだけは異質なものではある。教師が対個人を対象としているという点でも異なる。ただし、その背後には集団に対する見せしめ的な意識が働いているわけだから、罰方式は個人を対象としているようでありながら実は集団規律の維持を目的としている。その意味で、集団秩序こそが最終目的だと言える。宿題を忘れた、授業開始時刻を守らない、友達と諍いを起こした、落書きなどの悪さをした等々の理由から、見せしめの意味を含めてやられてきたのではないだろうか。こうした見せしめをすることで、集団に対して無言のうちに規律を再確認させ、強権者である教師の存在も保持することを目的とする。

ここまで書いてきて、私の小学生当時の少々苦い経験を思い出した。半世紀前の話である。隣の学級の男の子達は実に可哀想だった。どういう理由であったかは定かではないが、複数の男の子達が頬や額に朱墨で丸や×の印を書かれた上、廊下で雑巾がけをやらされている姿を何度も見た。ひどいことをするなあと子どもながらに、隣の学級の担任教師を軽蔑した。その教師が、確か六年生のときの運動会練習中、地面に座りたまたま俯いていた私に対して、いきなり後ろから鉄拳を伴って「前を見ろ」と注意したことがあった。いきなりであったし拳骨は三年生以来だったということもあり、私はひどく狼狽すると同時にその教師を心から憎く思った。いつだったか、その教師が校庭の土手で談笑しながら座っていた。見ると、銀色の耳かきで耳をほりながら話しているのだった。あとでその辺りを歩いてみると、なんとそのアルミ製の耳かきが落ちていたのだ。咄嗟にその教師Mの物だとわかった。じっと掌にのせて見た後、私はポケットに素早く拾った耳かきを入れ家に持ち帰った。それから数年間、私はその耳かきを密かに使い続けた。復讐心を込めながら使ったのだった。自分の思い通りにならなかったり悪さしたりした少年達に、見せしめの罰を公然と行使し続けたMという教師を、私は許すことができない。昔はそういうことがよくあったなどと、懐かしく回想することなどできないのだ。顔に朱墨を塗られ、廊下の雑巾がけという労働を課されたあの少年達の心に、今どのような感情が残されているのだろうか。今はもう気にしていないとかあれもいい薬だったとか、彼らはそのように自己の中で昇華してしまっているかもしれない。もしそうだとしても、Mという教師の蛮行は人として許されるものではない。

このように体罰と掃除指導はいかにも結び付きやすいのである。

若い教師でも

ところで、学習指導要領に学校掃除についての明確な記述がないことによって、おそらくそのことを主な原因として、教師養成教育課程では学校掃除について学ぶ機会が少ない。殆どない、と言っても過言ではない。掃除が話題になるとすれば、学級経営全体の中で給食指導と並んで簡単に触れられる程度であるにちがいない。したがって若い教師達も、学校掃除について学ぶ機会がないまま教員になり、現場に立って結局は自己の体験や周囲の真似をしながら指導することになる。その結果として教師Mと同じような体罰方式に陥る可能性がないわけではない。現に私のかつての同僚で、宿題をやってこなければ廊下の雑巾がけ三〇回という罰を課していた教師がいた。彼は二〇代であった。

また、新聞に紹介されていたある新卒教師は、紙上にとり上げられるくらいであるから熱心な若い教師であろうが、クレジットバンクと称して同様の罰感覚に基づく指導をしている。内容は次のようなものだった。

T市立第一中学校一年C組。この春、教員になったS教諭（二四）の担任のクラスだ。間違ったことをして注意したら聞くし、お互いに助け合おうと呼び掛けたら協力し合って取り組む。まとまりのあるクラスだと感じている。

中学校へは大学時代、教育実習や学生ボランティアで行った。しかし、限られた関わりで、目まぐるしく変わる子どもたちの様子を前に、どこまで立ち入ってよいのか戸惑っていた。だから教員になって、三七人の生徒を前にすると「子どもたちの責任を最後まで持てるんだと感じて、緊張よりもうれしい気持ちが強かった」

担任として生徒の成長を日々見守れるいま、彼らには賢い大人になってほしいと思う。笹井教諭自身、大学まで「賢く生きる」ことができなかった自分に後悔していた。要領は決して良くはないと自覚している。ただ、いま自分に必要なことは何か、これは嫌だけど必要なことなのか。賢く生きるための判断基準を身に付けることが、これからを生きる上では重要だと考える。

体育の授業でも意識している。友達同士がどうやって分かりやすく教えるか、できない子だったら、誰に聞いたら一番分かるか。どういう選択をするかを大切にしてほしいと思う。

子どものいじめ問題が学校教育を覆っている。自分のクラスだって、全くの他人事とは言い切れない。自身の中学時代のクラスの記憶からも、遊び半分の行為から、関係が悪化することがあると知っている。

だから一人の生徒が周りに嫌われるようなことを何かしてしまっても、それに対して他の生徒がひどい言葉を浴びせるような時には、すぐに口を挟む。

「いまのセリフは言っていいことなの?」。冷静にしかし毅然と。担任の仕事は、そんなことの積み重ねだと感じる。いじめを見過ごすと先生は助けてくれないと思われる。

生徒の変化に気付いたら、すぐに声を掛けてあげたい。クラスのみんなから平等に話を聞いて、子どもの様子を知っておきたい。学年でやっている生徒とのスマイルノート（交換ノート）がある。ある日、一年生で一人だけテニス部に所属している女子生徒が書いた。「先生もバスケットボールの顧問で忙しいかもしれないけど、時間があったらテニス部にも遊びに来てください」

練習の様子を見に行って、ノートに感想を書いたら、後日、テニス部の顧問が「とても喜んでいたよ」と教えてくれた。二学期に入ってから、ずっと気分の晴れない顔をしていたから、明るくなって良かったと安堵した。

学校生活の態度を自主的に改善していこうと「クレジットバンク」という取り組みも行っている。朝読書をしたり、提出物を期限内に出したりするとポイントがたまり、掃除をサボったり、忘れ物をしたりすると減っていく。週に一回、一番ポイントが高かった生徒を発表し、マイナス一〇ポイントを超えたら、清掃活動と放課後の自主学習だ。自分の生活態度に対して自分で責任を取れるようにと考えている。

今年三月に結婚したばかり。家で待つ妻を一人で待たせたくないが、学校で終わらせるように決めている仕事は思うように終わらない。これからの時期は、部活の大会も始まる。楽しみだが悩みでもある。（傍線は平田）

宿題をやらなかったり問題を起こしたり掃除をサボったりするとクレジットポイントが減っていき、限界に達した生徒は放課後掃除をやらなくてはならない。報償と罰を与える。この青年教師は熱心な方であり誠実な仕事ぶりを買われているらしいが、掃除は本来嫌々やる使役的労働であると考えている。掃除を罰として利用するというこの教師の学校掃除に対する意識が、家庭教育の中で培われたものなのかあるいは学校教育や教師養成教育において学ばれた結果として形成されたのかは定かではない。しかし「クレジット」や「バンク」という横文字を使い、○○電気のポイント制度からヒントを得たのかもしれない名称や方法は現代的であるものの、発想や教育観において古い。年齢は若いが掃除指導の発想は管理主義的である。

服装の統一

若い教師の教育観に関して、もうひとつ紹介したいエピソードがある。これも私が現職時代の話であるが、五〇代の私と同学年の担任となった二〇代の青年教師がいた。彼は明るく潑剌と仕事をしていたが、ある日私に近づいて来て「先生、前々から言いたかったことなんですが」と子どもの服装について指摘した。その日はたいへんに暑く、秋に予定されている焼き芋大会のための苗植え作業をしようと、子どもたちが庭に集合していた。教室を出て行く子どもたちに、暑い日であるから当然帽子を被っていくようにと私は指示し、彼の学級でもそうしたらしい。学習内容は芋の苗植えであり、紅白に分かれてのゲーム活動ではない。しかし、彼の学級は全員が体育の授業で着用する紅白帽子を被り、私の学級の子どもたちは個々ばらばらであった。日頃から自分で判断することを重んじていた私の学級の子どもたちは、「外は暑いから全員帽子を被って作業しなくてはならない」という指示に従って、それぞれが登校時に被ってきた帽子や紅白帽子や、帽子がない者はタオルのようなものを被っていた。彼にはそれが気になって仕方がないのである。「前々から言いたかったことなんですが、先生の学級はどうして皆揃えて紅白帽子を被らせることをしないのですか」と彼は疑問をぶつけてきたのだった。私は、活動の目的に即して揃った帽子を着用させるべきかどうかを判断すればよいと説明した。芋の苗を植える際に、全員の子どもが統一された紅白帽子を被らなくてはならない必然性などはない。確かに彼が受けてきた教育の延長線上からすれば、たとえ芋の苗植え作業であろうと服装を揃えるべきだったのかもしれない。今でも遠足や社会見学の際、全員の子どもに紅白帽子を被らせるような教師がいる。本来紅白帽子は、体育の授業でゲームをする際に着用させるべきもので、遠足や社会見学や修学旅行での使用を想定していないはずである。ただし、遠足が運動会と同様に、軍事的な教練活動として発展してきた歴史から考えると、服装の統一という発想は当然なのかもしれないが。

こうした服装の統一は、学校掃除にもよく見受けられる。長野県では特に中学校においては、無言清掃は一般的であるが、その際統一して頭に手ぬぐいを被らせている学校がかなりある。手ぬぐいはタオル地のものは厳禁で、所謂綿の手ぬぐいでなければならない。綿製のほうが、ぎゅっとしっかり結べるというのがその理由らしい。捻り鉢巻きにしてはいけない。頭全体をぎゅっとしっかり覆うように結ぶ。今ではタオル地のものが一般的でなかなか手に入らないため、生徒達の中には修学旅行で京都に出かける先輩に頼んで買って来てもらう者もいるという。同じ靴、同じ靴下、同じ上下のジャージ服、そして綿の手ぬぐいで頭をぎゅっと硬く締めるという統一された服装で無言清掃に取り組むのである。手ぬぐいは昨今では統一された白帽子に変わってきている場合が多いが、全員がそのように同じ服装をしなくてはならないという点では変わらない。

掃除でのこうした服装（身支度）の統一は必要ないと、私は思う。自問清掃について説明する際竹内隆夫先生も、「頭は埃が落ちてきたりするから帽子などを被っていたほうがよい」とされていた。つまり、統一して同じ手ぬぐいや帽子を着用することと主張されてはいなかった。

このように、何らかの仕事や作業においては、服装（身支度）を統一すべきであるという意識は、体罰方式に限らず従来行われてきた学校掃除形態にほぼ共通して見られるものである。そこには安全上の必要性もあると主張する人があるかもしれない。確かに工場での作業着は、安全上の必要性から統一されたものとなっている。なぜなら、作業労働には事故の危険も伴うことが想定されているからである。では学校掃除ではどうか。もし危険な内容が想定されるのであれば、本来作業をさせるべきではない。また、その危険箇所には教師が立ち会うべきである。つまり、技術科の授業で電動のこぎりを使用するのと同じような内容の仕事は、学校掃除の時間には本来想定されていないのである。にもかかわらず、服装の統一だけは主張されているのである。

服装は掃除だけに限らない。水泳の水着、水中眼鏡（ゴーグル）の使用、給食配膳時のエプロンの着用などにも、殆ど無意味な統一を要求する教師意識が見られる。水泳授業の際、フリルの付いた海水着などは避けるべきであるが、同じ材質の同じ色の水着を着用しなければならない必然性などはない。私などは発想がまったく逆で、水泳授業の際同じ色の水着で同じ色の帽子を被られてしまうと、服を着ていない分余計にどの子か区別ができにくくなってしまうため、なるべくなら泳ぎやすい材質の異なる色の水着を着用して欲しいと子どもにも保護者にも話していた。

また給食を配膳する際にも、同じエプロンを着用しなければならないというのもいかにも奇妙である。大人並みに体格が大きくなってきた児童が、袖が殆ど七分袖のようになり胴体がぴちぴちになったエプロンを無理して着ている様は、微笑ましいというよりも可哀想だ。どのようなエプロンでも清潔なものであればよいわけだから、そういう子どもには大人用のものを着させるべきであろう。しかし、ぴちぴちエプロンを放置している教師にはその発想がない。予め学校で決められた規格のエプロンでなくてはならないのだ。

着衣のことではないが、水泳授業でのゴーグル使用でも似たような経験をした。水泳授業でゴーグルを使用させることは今では常識だが、かつては逆で使用させないことが学校の常識であった。以前書いた「水中眼鏡異聞」[6]という拙文は、ゴーグルが非常識であった頃のものである。

水中めがね異聞

私は激怒した。なぜあんなにも怒りを覚えたのか……「やっぱり水中めがねはやめるべきだ」という、私への批判。激怒するには、何重もの憤りが、否怒りが重なっていたから。それは、皆がにこにこして出発したほうがよいに決まっている、二学期出発の職員会でのこと。今思うと結局私は、私達教師の中に眠っている旧い体質に反発したようだ。旧い体質とは、僅かでも変革を恐れる心であり、子どもの事実から出発しない紋切り型の教育観そのものではなかったか。

私の学級の僅か四人の子どもたち。中のひとりは服薬のために運動経験が極端に少ない。鉄棒に触ったこともないし、ボール遊びも殆どすることなく小学校二年生になった。当然水泳でも、水に顔をつけることができない。もうひとり、鍵っ子の子どもも大変に依存心が強い。これまたちょっとでも水が付こうものなら、それこそ顔の皮が剝けてしまうのでないかと思われるくらい両手で擦る。四人中二人がこれだから、四人を個別に指導しないわけにはいかない。

以前、身体障害を負った子どもを受け持ったことがあった。その子も大変に水を怖がった。視力も弱かった。そこで、水中眼鏡（ゴーグル）を使わせてみると、水中での視野が確保されるせいか抵抗が随分と薄まったし、なによりゴーグルが邪魔で顔をこすれなくなる。ゴーグルをしてしまうと口の周りと頬の一部しか触れないのだ。

このことを思い出して、先の二人の子どもたちにゴーグルを使わせてみると、果たしてみるみる効果が現われた。水に顔をつけて息の練習をするようになり、潜れるようにもなった。「五メートル泳げるようになったから見て見て！」「先生、ぼく逆立ちするよ。」「ぼく水泳上手になったでしょ！　一年の頃はひどかったね。」などと。

他の学年の子どもはときどき「平田先生、どうして二年だけゴーグル使っていいの？」と聞いてきた。「えっ、使っちゃいけないの？　どうして？」「だってぼくの先生、学校じゃだめだって言ったよ。」「でもあなた達、町営プールじゃ使っているじゃないの。」「……でも、とにかくいけないんだって！」「（平田）……」というような会話が何度も交わされた。

ところがである、一学期の反省アンケートに、どの先生かが「やはり水中めがねは学校では使わせるべきではない」ときた。

「やはり」というならその方も、この問題に関してさまざまに考えたに違いない。何週間も黙っていないで、「どうしてそういう（その方からすれば特別の）物を使わせるのか」とか、「自分の学級の子どもたちも使いたがって困る」とか言えばいいではないか。そうすれば私は先ほどの実践例を挙げながら指導法を紹介したり、子どもの事実に即して授業するとはどういうことか等、考え合うことができたではないか。それを匿名の形で、学期末の反省として出すとは！　第一こんな小さな学校では、匿名だろうがなんだろうが誰が書いたかすぐにわかってしまうというのに。その姑息さに呆れる。

学校というところは、実は、ごく小さなどうでもよいことに戦々恐々としていて少しでも変わることを恐れている。殆ど根拠稀薄な「学校のプールでは水中めがねは使ってはいけない」という掟を守り通そうとする。「使わせるべきではない」という「べき」論が、無批判的にまかり通る。「べき」論の好きな人は、かならずしも年輩者に限らない。

子どもの事実とは無関係に「べき」論が優先される。共通理解と称して、暗黙のうちにそれらは了解されている。目の前に、ゴーグルを使えばその可能性を開示できる子どもの事実があるにもかかわらず。子どもがよくなるんであったら、どんどん新しい方法をとりいれればいいではないか。学校というところはそもそもこういう体質だから、「全校児童の名札を廃止　校長遂に決断！」などという見い出しの新聞記事が出ることになる。振り返ってみると、名札にしても紅白帽子にしても筆記用具にしても体操服にしても、こういったレベルの問題が学校にはいかに多いことか。否、それは学校の中にあるのではなくて、私達教師の体の中にあるのだ。私が怒りを覚えたのは、この体質そのものに対してであったような気がする。（ここまで書いてきて……興奮して軽々しい言葉をつかってしまったかもしれない。）少し冷静になって、私自身の体質について自問してみなくてはなるまい。

私は、泳げるようになりたいという子どものねがいと、どの子どもにもその可能性が拓かれているという合理的信念に基づいて、子どもと共にいたい。ただそれだけである。

この拙文は、些か怒りにまかせて書いているような部分もあり読み返してみると赤面してしまうのであるが、主旨は間違ってはいないと今でも思っている。

以上述べてきたように、学校内で通用している学校常識は、一般的な目から見ると異常な場合も多々ある。掃除を罰に使うという方法は、その方法も指導意識もきわめて旧時代的であるが、こうした感覚が同時に授業や生活における自主性を口にする教師の内面で、問われることも矛盾を意識することもなく成立してしまっているのが現実なのである。

従来型学校掃除の指導意識

ここまで、罰方式を含む学校掃除の形態について見てきた。

責任者方式は掃除分担場所の責任者を決め、彼を小さな先生に仕立てる方式である。官吏が小役人に支配させるに似ているから、直接の巡視の手間が省ける。巡視者である教師の下に、子どもの責任者を準巡視者として位置づけるわけである。

掃除の手順を完全マニュアル化する方式は、徹底的な区域や道具の分担とも併用されることが多いだろう。掃除開始時刻五分前の予鈴で頭に手ぬぐいを被り、腕まくりをし、雑巾を持って分担場所に移動する。その日のバケツ当番になっている子は予め水を汲んでおかなくてはならない。誰が箒をやるか雑巾がけをやるかは、細かく指定されていて日替わりか週替わりかで変更されていく。順番制をとるのは、使役によって生じる不平等感を粉飾する意図からである。掃除する区域についても、教室とか廊下とか大まかに決められている場合もあれば、教室内をさらに黒板も含めた前壁の担当、床の窓側三分の一の担当、ベランダの担当などと細かに分担が指定されている場合もあるだろう。

掃除を教育上重要な活動であると考える場合、何らかの合理的な掃除システムを実施すれば子どもたちが自分から進んで動くようになると考える。しかし、システムによって身体が動くようになった子どもたちが果たして「自分から進んで」と言えるのかどうか、あるいは進んで「動く」ことが進んで「働く」ことと同じことではないだろう。目の前にいる子どもの身体が動いたからといって、自ら進んでやっているかどうかはわからない。そのように行動したからといって、そのように心が働いているかどうかはわからない。問題は内面がどう育っているかということであり、自発や自主こそが問われなくてはならないだろう。確かにそれはあからさまな強制ではないが、「自分から進んで」と言えるかどうかは疑問だ。

ゲーム感覚方式、身体鍛錬方式、修身修養方式は、活動形態の性質を視点とした類型である。したがって、当然分担方式と併用されるだろう。掃除という活動の目的はあくまで場所をきれいにすることが第一義であるが、その目的が言わば空かされて隠蔽され、楽しむためとか筋肉を鍛えるためとか心を磨くためというような言句に惑わされるかたちにされる。教師の目的は、意識的であれ無意識的であれ、場所がきれいになればよいというものであるが、そうした真のねらいを、教師は子どもに対してもそして自分自身に対しても隠蔽するかのようなかたちで、別次元の目的が提示されるわけである。

こうして見てくると、従来型掃除においては、巡視と分担は欠かせない必須の要素である。それは、およそ身体を統制して集団秩序を保とうとする強い指導意識に支えられていた。ところがそうした従来型の掃除とは一線を画す自問清掃においては、教師に対して「指示・命令・注意をしない」という指導の禁止が科されており、それはいっさい巡視はしないことを意味していた。教師も子どもと同じ〈一作業者〉となって働くことに集中するとされる。さらに、多くの自問清掃実践者達は、道具や場所の分担すらも撤廃することを目指しているという。こうした点から見ただけでも、自問清掃は従来型掃除指導の原則を根柢から覆すものだったのである。

第二章　明治期まで

学校での四月は新しい学年が出発する新鮮さに満ちている。学校の始業第一日は始業式だが、各々の学級では学級開きと称してさまざまな取り組みがなされる。この一年の心構えについて担任教師が話したり、皆で学級目標を決めるというような活動も行われる。そのうち欠かせないのが、掃除分担決めである。その学級の掃除分担区域は予め教師同士が打ち合わせて決めてあるが、学級内での区域分担や道具分担は第一日か第二日に行われる。その際、これも改めて考えてみると不思議なことなのだが、誰がどこの場所を掃除するのか、その場所では誰が何の道具を用いるのかを予め分担してやろうとするのがふつうの取り組み方となっている。つまり、役割や道具を予め決めておいて掃除しようとするわけである。教師の掃除指導はそのようにして始まる。そういうことは決めてしまわないで、まあとにかくやってみようというような発想は殆どとらない。教師達は、無意識的に役割と道具の分担制を敷こうとする。それはなぜか。

教師の学校掃除に関する指導意識が、集団訓練の教育という発想に基づいているからではないだろうか。そこで問題になるのは、掃除をやった結果、つまりどのくらい場所がきれいになったのかという成果や、そのための効率だろうから、役割や分担が当然重要視される。従来の学校掃除の類型のいずれにも、その指導意識の根底には、掃除を集団訓練の場として捉える発想が潜んでいたのではないだろうか。

集団訓練と捉える発想の他には、掃除を身心の鍛錬や修養の場と捉える発想、また掃除を衛生・保健教育の必要性からと捉えようとする発想がある。つまり、従来の学校掃除指導観は、集団訓練、身心の鍛錬・修養、衛生・保健という大きく三つの要素から構成されていると、私は見ている。

実はこれら三つの構成要素は、いずれも明治期以来の学校教育の中で教師達が育んできた意識なのだ。西洋に追いつき追い越すことを目指した富国強兵の軍国主義、太平洋戦争に至る帝国主義の時代の過程で、政治的社会的文化的に形成されてきた意識が、今なお形を変えて学校掃除指導の中に集団記憶となって脈々と受け継がれているのだと私は見る。その意味で、学校掃除指導の発想や方法は伝統的だ。教師達は、集団記憶と伝統の中で、無自覚的に掃除指導を行っているのだ。

ここからは、学校掃除研究の現状に触れた上で、そうした意識がどのように形成されてきたのかを追ってみることにする。

学校掃除研究の現状

学校掃除についての学術的研究は少ない。今、論文検索サイトCiNiiでキーワードを「学校掃除」と打ち込んで検索をかけてみよう。すると、九件の論文を見つけ出すことができる（二〇一四年四月一日現在）。九件もではなくたった九件しかない。

学校掃除に関する九件は学術的なものが八件、うち二件は私のものだが、私にはこの他に教師成長に関する論文（左記の一〇）があるから、今知る限りにおいては次の一〇件あることになる。ここでいう学術的とは、査読を通して研究機関が正式に認めたものを指す。

（一）平田治・土井進『学校掃除「自問清掃」の発想原理と方法的原則』（信州大学教育学部研究論集（六）二〇一三　三七―五〇頁）

（二）前橋明・中原里奈・泉秀生『輝く子どもの未来づくり（三五）学校掃除の意義と役割』（こころのオアシス 九（四）二〇一一　一九―二二頁）

（三）浅見美之『近代以降における学校掃除の一考察――大正期における学校掃除議論をめぐって』（上越社会研究（二五）二〇一〇　三一―四〇頁）

（四）平田治・土井進『教員養成段階における「自問清掃」指導の意義と成果』（教育実践研究（九）二〇〇八　一四五―一五四頁）

（五）長谷川融・渡邉満『開発的生徒指導に関する研究　「学校掃除」を指標として』（生徒指導研究（一一）一九九九　三―一二頁）

（六）長谷川融『開発的生徒指導に関する研究――「学校掃除」を指標として』（教育学研究紀要 四五（一）一九九九　二七七―二八二頁）

（七）沖原豊『心の掃除――学校掃除の目指すもの』（特殊教育（四八）一九八六　二―四頁）

（八）沖原豊［他］『各国の学校掃除に関する比較研究』（日本比較教育学会紀要（三）一九七七　三七―四六頁）

（九）石井均『明治以降の小・中学校における学校掃除の研究』（広島大学教育学部紀要 第一部（二五）一九七六　四九―五九頁）

（一〇）平田治『学校掃除「自問清掃」実践者の教師成長――〈自己成長感〉の連関的形成』（日本教師学学会誌『教

師学研究』第一二号　二〇一三　一一―二〇頁）
また、国立国会図書館蔵書検索サイトNDL-OPACで同じくキーワード「学校掃除」として検索すると、ヒットする蔵書は沖原豊編著『学校掃除――その人間形成的役割』（学事出版　一九八二）と拙著『学校掃除と教師成長：自問清掃の可能性』（一莖書房　二〇一三）の二冊のみである。

論文が一〇編、著書が二という数字は、学校掃除に関する学術的研究がいかに少ないかを物語っている。学校掃除に関する研究は、分野としては国会図書館のサイトでも特別活動に分類されている。ちなみに同じ特別活動に分類される「運動会」をキーワードにして検索すると、CiNiiでは八二七件、NDL-OPACでは一九九〇件がたちどころにヒットする（二〇一四年四月二日現在）。これらすべてが学術的な研究ではないが、話題性という面からしても「学校掃除」と「運動会」とでは大きな隔たりがあることがわかっていただけると思う。

このように、学校掃除に関する研究は今後の進展を待たなければならないが、一般的に掃除と言われるものに関する研究自体が充分とは言い難く、その中の学校掃除となると研究的にはまったく陽の当たらない分野なのである。

こうした研究事情の中、沖原豊は、一九七〇年代から八〇年代にかけて学校掃除の教育的意義について力説し続けた殆ど唯一の研究者である。沖原が監修執筆した『学校掃除――その人間形成的役割』（以下、沖原一九七八）は、学校掃除について総合的に研究した著書である。内容としては、日本教育の伝統としての学校掃除、文化的背景、神道仏教との関連、日本人の掃除観、家庭のしつけと掃除、学校掃除の歴史、世界の学校掃除、学校掃除に関する意識調査、学校掃除意識構造の国際比較、学校掃除中の事故や判例、学校掃除の是非論など、国際比較的観点も導入しつつ多面的且つ総合的に調査検討を行っている。

沖原は、日本の家庭掃除を西洋の掃除と比較して、ただ単に清潔にするためではなく、精神的な世界と結び付いた意味合いが込められていると指摘した。西洋の掃除は、コレラやペストを防ぐ公衆衛生から出発し、徹底的に衛生的にしあげる目的で行われる。掃除に対するこのようなあり方を考え合わせる時、「清めとしての掃除はかなり日本的な特色を示しているといえよう」とも述べている。また、「わが国の掃除には、古来、日本人をはぐくんできた神道と仏教の影響が認められる」（沖原一九七八　二二頁）としている。

しかし、議論はそう簡単ではないだろう。

日本人の掃除意識

沖原（一九七八）の言説を手がかりに、「生徒がやるのは当たり前」だとする社会的通念となった学校掃除が、暗黙の制度として定着していった歴史的経緯について探ってみよう。

沖原（一九七八）で言われるように、仮に「神道と仏教の影響」を認めるとして、この仮説は不正確である。なぜなら第一に、「日本人をはぐくんできた」とする点、第二に「古来」とはあまりに漠然とした言い方でしかない点。「神道と仏教の影響」が「日本人をはぐくんできた」と端的に言うことができるだろうか。少し視野を広げて、日本人の言わば固有性に関わって注目されるいくつかの説を検討してみよう。

鈴木大拙はその名の通りの題を冠した著書『日本的霊性』[7]の中で、次のように述べている。

> 霊性の日本的なるものとは何か。自分の考えでは、浄土系思想と禅とが、もっとも純粋な姿でそれであると言いたいのである。……しかし渡来したのは、仏教的儀礼とその付属物であった。……仏教の働きかけで、日本民族のあいだに本当に宗教意識が台頭して、その表現が仏教的形態を取っても、それは歴史的偶然性で、日本的霊性そのものの真体は、この偶然なるものを突き通して、その下に見い出さなければならぬ。神道各派が、むしろ日本的霊性を伝えていると考えてもよかろう。が、神道にはまだ日本的霊性なるものがその純粋性を顕していない。（二一〇―二一一頁）

鎌倉時代に日本人の霊性が目覚めてきた事実につきては、さまざまの因縁があることであろうが、とにかくその事実だけは確かに有るのである。それは当時、伊勢神道なるものが唱え出されたことによりても認められ

るのである。（一一二頁）

大拙によれば、〈日本的霊性〉というべきものが、仏教渡来以前にもともと存在しており、それが仏教的形態を取って顕現化したり、神道の唱えるものに認められたりしたのだという。それならば、日本人が掃除に対して重要な価値意識を有しているのは、〈日本的霊性〉の言わば一つの属性としてなのか、それとも「神道と仏教の影響」によって、取り入れられたものなのか。基より霊性と掃除観とは同じではないが、掃除観に「神道と仏教の影響」が見られるというのであれば、もともと有している掃除に対する価値意識が、神道や仏教の中に顕現化するということか、それとも神道や仏教によって付随的あるいは後発的にもたらされたものなのかという問題。

今われわれは、この神道・仏教に先行するところの〈日本的霊性〉に関わる問題をさらに追ってみる必要があるだろう。

ところで加藤周一は、大拙の〈日本的霊性〉に通じる〈日本的なもの〉を主張する。知の巨人とまで言われた加藤が大拙を読んでいないはずはなく、当然大拙を意識に置いた上で〈日本的なもの〉と表現したにちがいない。

英仏の文化を純粋種の文化の典型であるとすれば、日本の文化は雑種の文化の典型ではないか……[8]。彼ら〔遠い祖先〕は仏教がきたときに、すすんでそれをうけ入れ、しかし遂にそれを日本仏教にして終わった[9]。仏教渡来以前の原始宗教的世界には、超越的な彼岸思想がなかった、仏教、儒教、および西洋文化の影響も、その点においては、日本人の意識をけっきょく変革しなかった……[10]。日本人の世界観の歴史的な変遷は、多くの外来思想〔仏教、儒教、キリスト教、マルクス主義〕の浸透によってよりも、むしろ土着の世界観の執拗な持続と、そのために繰り返された外来の体系の「日本化」によって特徴づけられる[11]。

加藤は「土着の世界観の執拗な持続」があり、そこに仏教儒教キリスト教マルクス主義などの外来思想が入ってきたのだが、それらの思想の体系は「日本化」され、結局日本人の意識は根本的に変革することはなかったという。この主張は、加藤において、初期に「日本文化の雑種性」という概念を提出して以来一貫して変わることのなかった核心であろう。

丸山眞男は、加藤の「執拗な持続」と通底する歴史意識の「古層」を主張している[12]。

〔記紀以降の歴史意識の系譜的連続性という形や伏在する思考のパターンは〕……歴史的思考様式をあのように決定的に方向づけたのではないか。……わたしは、記紀神話の冒頭の叙述から抽出した発想様式を、かりに歴史意識の「古層」と呼び……それを可能にさせる基礎には、われわれの「くに」が領域・民俗・言語・水稲生産様式およびそれと結びついた聚落と祭儀の形態などの点で、世界の「文明国」のなかではまったく例外的といえるほどの等質性を、遅くも後期古墳時代から千数百年にわたって引続き保持して来た、というあの重たい歴史的現実が横たわっている[13]。

以上、日本の歴史意識の古層をなし、しかもその後の歴史の展開を通じて執拗な持続低音（バッソ・オスティナート）としてひびきつづけて来た思惟様式のうちから、三つの原基的な範疇を抽出した。強いてこれを一つのフレーズにまとめるならば、「つぎつぎになりゆくいきほひ」ということになろう[14]。

けれども、漢意（からごころ）・仏意（ほとけごころ）・洋意（えびすごころ）に由来する永遠像に挑発されるとき、それとの摩擦やきしみを通じて、こうした「古層」は、歴史的因果の認識や変動の力学を発育させる恰好の土壌となった[15]。

丸山は、日本人に「執拗な持続低音」としての「土壌」となる意識や思惟様式を認め、それを「古層」と呼んだ。それが外来の「永遠像」（加藤が言うところの「超越的な彼岸思想」か）がもたらされることによって「摩擦やきしみ」を起こしながら、認識や社会変動を「決定的に方向づけた」と述べた。

鈴木・加藤・丸山の宗教哲学的政治思想的視座からすれば、仏教等の外来思想は、〈日本的霊性〉〈日本的なもの〉〈古層〉によって日本的に変形・変型・変貌されたとされる。

蘇我氏と物部氏の対立から知られるように、歴史的な事実としては古事記成立以前に仏教と儒教がもたらされていたのであろうが、記紀の中に認められる掃除観が仏教の影響を受けているのか、それとも影響を排除されているのかは定かではない。したがって、「わが国の掃除には、古来、日本人をはぐくんできた神道と仏教の影響が認められる」と簡単に結論づけてしまうことはできないだろう。

むしろ、「古来」から予め用意されていた〈日本的霊性〉〈日本的なもの〉〈歴史意識の「古層」〉に支えられて日本人の掃除観があり、それが仏教等の外来思想によって日本的なものにその都度顕現化したとも考えられる。

民俗学と掃除

こうした問題意識を持って、さらに民俗学の視座から検討してみよう。生活と密接に結び付いた掃除を研究対象とするべき民俗学は、どのように探究してきたのであろうか。

大島建彦（おおしま・たてひこ　東洋大学教授）・御巫理花（みかなぎ・りか　K.K.鷲ち）は、民俗学では掃除の問題が殆ど取り上げられてこなかったとして、その原因を次のように述べている[16]。

洗濯という問題が、衣服の管理にかかわるように、掃除という問題は、住居の管理にかかわるものといえよう。これまでの日本の民俗学では、そのような住居の研究が、いわゆる民家の専門家にまかされて、おおむね建築の部面を中心に進められてきた。そのために、多くの研究者の関心も、ひろく住生活の全面にわたらないで、この掃除の問題にも及ばなかったとみられる[17]。

インターネットを活用して著書・論文の検索をしてみても、大島らが指摘するように、民俗学的な視座から掃除について研究されたものは殆どない。民俗学研究における掃除は、住居建築の研究分野に限られため生活における掃除研究を進展させなかった。

また大島らは、桜井徳太郎「結衆の原典」(『思想の冒険』)の説を紹介して、日本人の生活過程が、ケ—ケガレ(汚穢、不浄、生命的危機、霊魂の不安定状態)——ハレ(活力の状態)——ケという一連の循環を経て営まれていたことを指摘した上で、次のように述べている。

一般に掃除というのは、何らかのケガレを払いのぞくことであるが、ハレの状態を作るために行われるとともに、またケの状態をたもつためにも行われるといえよう[18]。

『古事記』上巻、天若日子の葬儀について、「……鷺を掃(ははき)持ちとし、……」と「掃持」の役が出現……現在も刃物とともに箒を死体に乗せ、死の穢れが残らないようにする習俗が現行葬送に見られる[19]。

ここで取り上げられている『古事記』の「掃持ち」の役とは、掃除に関して文献上に表れた記述として確認できる最古のものである。『古事記』上巻の天若日子の葬儀について記されている場面に、この「掃持ち」が登場する。今それを、石川淳の名訳[20]によって確認してみよう。

ときに、アメワカヒコの妻下照比売の哭く声、風にひびいて、天にとどいた。タカマノハラには、アメワカヒコの父、天津国玉神、またもとの妻子ども、その声を聞いて、くだつて来て、泣きかなしみ、すなはちそこに喪屋をつくる。喪屋は仮に死者を収めるところなれば、なほ生けるものをあつかふがごとく、ものなど供へてこれをなぐさめる。雁は食を盛る笥をもつ役。鷺は箒をもつ役。カハセミは饌をととのへる役。雀は米を舂く役。雉は泣女の役。さまざまの役をさだめて、日は八日、夜は八夜、舞楽をささげて、諸儀おこたりなくつとめた。

ここに登場する記述「鷺は箒をもつ役」が、掃除に関連するものとしては歴史上確認されうる最古のものとされる。誠に僅かな記述ではあるが、死者を弔うという重要な場面で箒役をわざわざ設けて、箒でその場を掃除するあるいは清めるという行為がなされたことに注目しなければならない。つまり、大島らに従えば、『古事記』が記述される以前にすでに箒あるいは掃除に対してなんらかの価値観が共有されており、そうした日本的な習俗が成立していたことを意味している。

前述の鈴木・加藤・丸山等の言説を加味した上で推察すると、その習俗が、神道の禊ぎとして顕現したり禅仏教などによって日本的に変容されたりしながら掃除観が形成されていったということになるだろう。記紀成立以前にすでに掃除観が成立していたとするこの考えは、もちろんひとつの仮説に過ぎない。しかし、今われわれが学校掃除について語る時、ケガレ（汚れ）を除き場を清めようとする意識を問題にする場合には、その意識の起源は、仏教伝来以降ではなくそれ以前にあるらしいことは自覚しておくべきだろう。

ところで、こうした掃除の歴史的経緯の概要について知ろうとすれば、たとえば株式会社テラモトが開設するインターネットサイト『お掃除道具の歴史』[21]は参考になるので紹介しておきたい。奈良平安鎌倉江戸期などにおける掃除道具や習俗に関して紹介されている。出典なども一応提示されている。

さて、少なくとも今確認しておきたいことは、掃除を重視する価値意識が〈日本的霊性〉〈日本的なもの〉〈古層〉の中にすでに想定されること、そうした意識が神道を通して顕現化したり仏教儒教などの外来思想の影響を受けて日本的に変容されたりしてきたこと、江戸末期までに日本人の集団的意識として定着してきていたということである。

そこで江戸末期に至るこうした歴史的経緯を背景としておさえておいた上で、ここからは現在につながる学校掃除に関する意識の形成について、直接的にはそれが明治初期に成立する学校掃除の中にどう生き、議論や事件等にどう顕現化されたのかを追っていかなくてはならない。

仏教の掃除観と学校掃除

教師の掃除指導観を検討しようする場合、前述してきたように仏教との関連を無視するわけにはいかない。沖原（一九七八）では、学校掃除を生徒に積極的にやらせようとする「生徒型の国においては、このように仏教の掃除観が寺院教育などを通じて学校での生徒による掃除に影響を与え、今日の学校掃除観を支えてきているといってよかろう」[22]と結論づけている。まず、この点について検討してみたい。予め言っておけば、この結論は曖昧で根拠も不明確なものだ。

沖原らによれば、「西欧諸国では、知育中心主義的学校教育観」であり「学校は勉強するところで、掃除をするところではない」とする考えが標準だという。日本の場合はまったく異なる状況で、沖原らが一九七六年に行なった調査によれば、日本の教師や保護者の殆どが学校掃除の教育的意義を肯定している。調査は教師と保護者一一〇〇人以上を対象として実施し、質問項目「学校は勉強するところで、掃除をするところではない」について、およそ九五パーセントは否と回答した[23]。この質問内容は、逆の表現をすれば「学校は勉強ばかりではなく、掃除などの生活態度についても学ぶところである」と捉えることができる。つまり九五パーセントの人達は、学校では掃除などの生活態度についても学ぶことが大切だとする考えを持っていたのである。この調査は広島県下の教師と保護者を対象として実施されたものであるが、統計学的に言えば、被験者数が一〇〇〇人を超えていればパーセントを用いて傾向を語ることが妥当とされる[24]。したがって、少なくとも広島県に住む日本人の大人はおよそ学校掃除の教育的意義を認めており、学校に対してその教育を要請しているということである。県を跨いだ全国的な調査ではないが、教師と保護者が共に同様の傾向を示している点、否と回答した人数の数値が九四・二パーセント九五・四パーセントと圧倒的に多い点からすると、この傾向は広島県に限ったことではないと見て間違いないだろう。

さて問題は、このように学校掃除を重要視する意識実態を、「仏教の掃除観が寺院教育などを通じて学校での生徒による掃除に影響を与え」たからであると考えてよいかどうか。

沖原らは学校掃除を生徒にさせている「生徒型の国」とは、「基本的には、仏教的伝統を有する国として把握することとする」[25]としている。「こととする」とはいかにも慎重な言い方であるが、このように措定された前提の上に立って、「生徒による学校掃除は、一つには仏教思想、とくにその掃除観によって規定されていると考えられる」[26]とする結論を導き出している。日本を含むアジアの諸国五カ国における仏教信者数の調査結果も示されており、そうしたことを根拠に「一つには」とはこれもまた慎重な物言いであるが、そのように結論づけている。

さきほど述べたように、質問「学校は勉強するところで、掃除をするところではない」に対して否定的だということは、逆の表現をすれば「学校は勉強ばかりではなく、掃除などの生活態度についても学ぶところである」ということであろう。そうした認識を持つ教師が、日本では九六・七パーセント、韓国では九〇・九パーセント、タイでは九〇・四パーセント、フィリピンでは八二・四パーセント、インドネシアでは九三・六パーセントいる。それらの数値に対して、沖原らは「これらの国々では、仏教キリスト教イスラム教と宗教的背景がことなっているのにもかかわらず、その考え方に差が見られないのは興味深い」[27]としている。また、仏教的伝統を持つ国である日本、韓国では、現在は仏教が形骸化し掃除の意義を認識している者が少なくなってきた結果、掃除を人間修行の手段だと考えている教師が全体の半数にも満たない。そして、イスラム教の国であるフィリピンの小学校でも、イスラム教国インドネシアの小学校でも、また欧米諸国のカトリック系私立学校でも、宗教上掃除をさせるところが多いとも述べている[28]。沖原らのこのような論理の展開には、少し不自然さが感じられるがどうだろうか。

さらに沖原らが示している調査結果で興味深いのは、質問「古来、仏教では掃除は開悟の手段、人間修行の重要な方法とみなされていますが、あなたもそのように思いますか」に対して「そう思う」と答えた教師の割合が、意外にも日本では半数以下であったことだ。タイの教師は八九・九パーセント、インドネシアが七九・〇パーセント、フィリピンが七七・二パーセント、韓国が四九・八パーセント、そして日本が四三・七パーセントとなっている。さきほど述べたように、日本の教師はヨーロッパ的な学校掃除軽視の考え方には殆ど否定的（九五パーセント）であるのにも拘わらず、仏教における掃除重視を肯定する教師は四三・七パーセントと少ないというのが調査結果となっている。

このように沖原らが示す調査結果と、そこから導き出される「生徒による学校掃除は、一つには仏教思想、とくにその掃除観によって規定されていると考えられる」とする結論とはどうもしっくりこない。調査結果と導かれた結論との間には、微妙な齟齬が認められる。

ところで目を転じて韓国の宗教事情を見てみよう。二〇〇八(平成二〇)年韓国文化体育部の発表による「各国宗教信者の割合」を調べてみると、韓国では全信徒数八二、五九二、〇五四人に対して仏教の信徒数は三九、五八一、九八三人となっている。これを単純計算すると、四七・九パーセントとなる。仏教徒に圓仏教徒を含めても四一、〇六七、九二一人で四九・七パーセントにしかならない。改新教と天主教をキリスト教派として合計すると一六、八一七、六二一人となり、同様に単純計算すると二〇・三パーセントであり、キリスト教信徒も相当数多いことがわかる。また韓国は儒教の国だという人がいるが、信徒数は一〇、一八五、〇〇一人である。これは全信徒数の一二・三パーセントである。これらの数値から考えると、韓国を「仏教的伝統を有する国」としてよいのだろうか。

韓国の発表は二〇〇八年の数値であるが、では日本はどうかと言えば、同年の文部省宗教統計調査(文化庁文化部宗務課「宗教年鑑」)によれば仏教徒数は八九、五四〇、〇〇〇人、二〇一一年は八九、六七〇、〇〇〇人となっており、調査が始まって以来この信者数はだいたい一定している。これをおよそ八九〇〇万人とし、総人口を一億二千万人として計算すると七四パーセントとなる。つまり、どこか繁華な町中を行く人一〇〇〇人に「あなたは仏教徒ですか」と質問したら、七四〇人は肯定することを意味する数値であるが、果たして納得できるだろうか。

こうしたデータから考えてみると、「仏教的伝統を有する国」と括ってしまう表現がなにやら怪しくなってくる。仏教徒であることと「仏教的伝統を有する」とは意味が違う、と言ってしまえばそれまでかもしれないが、では「伝統を有する」とはどういう意味かを説明していない以上、そういう括り方が適切かどうかは疑問に思える。フィリピンやインドネシアにしても、キリスト教やイスラム教が普及する以前に両国に仏教の掃除観が影響を与えていたとする推論が成り立たないわけではないが、少なくとも信徒数の現況からすると、「生徒型の国」がすべて仏教の掃除観の影響を受けていたと断言してよいかどうか。日本の場合には、江戸期における宗門制度によって、江戸末期までに仏教の掃除観が寺子屋等の寺院教育などを通じて日本人全体の掃除観に影響を与えていたとの推測はできる。しかし後述するように、明治初期の学校掃除が江戸期の養生思想を取り込む形で成立したとする研究（鄭二〇〇一）もあり、現在の学校掃除観が仏教だけから影響を受けたとは断言できないのではないだろうか。

私はそれぞれの宗教について詳しいわけではないが、仏教キリスト教イスラム教などがいずれも掃除を重視しているという事実は、永平寺清規やコーランを持ち出すまでもない。キリスト教やイスラム教においても場を清めること、特に祈りの場を清め清潔に保つことは求められているだろうし、そうした慣習が学校も含む生活全般になんらかの影響をもたらしたことは推測できる。すると、「生徒型の国」はいずれも「仏教の掃除観」が学校掃除に影響を与えたとは断言できない。日本の場合にも、仏教以外からの影響を検討する必要があるだろう。沖原らが示す調査結果から推察すると、宗教心が薄れてしまっている現在の日本の教師達は、宗教経典や宗教的エピソードなどを根拠とはせず、それとはまた別なものによって学校掃除に教育的意義を認めていると考えられる。

先に鈴木・加藤・丸山等の言説を引いて、日本人の掃除観が必ずしも仏教等の影響によって形成されたのではないとする可能性を指摘したが、だからと言って、仏教思想等がもたらされる以前からもともと日本人は掃除に価値を見い出していたから現在の教師も学校掃除に教育的な意味を感じているのだ、というのでは些か飛躍が大きい。しかし、ここに示された沖原らの言説の論理的矛盾や齟齬からもわかるように、現在の教師の掃除観形成を、仏教の影響だけから説明しようとすることにも無理がある。

そう考えるよりはむしろ、日本人にはもともと掃除を重要視する価値観が認められる、それが仏教や神道の中に変容しながら顕現化してきた。現在の教師の学校掃除観は、そうした歴史的経緯と生活感覚とを背景として、学校掃除が成立し実施されてきた明治期以降において形成されてきたのではないかと考える方が自然ではないだろうか。

この章の初めのほうで、現在実施されている学校掃除を一〇余りに類型化し、そこには共通する教師の学校掃除観や指導意識が認められること、掃除中の巡視と道具・区域の分担とが欠かせない必須要素だということ、それはおよそ身体を統制して集団秩序をいかに保つかという指導意識に支えられていることを指摘した。ここからは、そうした事柄を視点としながら、教師の学校掃除指導観が明治期以降どのように形成されていったのかについて見ることにする。

養生思想と初期学校掃除の成立

江戸期における養生思想を底流として明治初期に学校掃除が成立した歴史的過程を解明した研究がある。鄭松安の『養生思想と教育的学校保健の成立』（一橋大学大学院社会学研究科博士論文 二〇〇一）[29]である。鄭の主要な研究課題は学校掃除成立史ではないが、学校保健成立の歴史的過程を解明する副次的成果として、学校掃除成立の過程についても明らかにしている。

この博士論文は国立国会図書館関西館に収蔵されており誰でも閲覧できるが、一枚四〇〇字に換算して一、二〇〇枚を越える大作である。後ほど詳しい内容について触れることにして、ここではまずインターネット上に公開されている論文審査内容[30]を参考にしながら、鄭の研究を概観してみよう。論文審査委員は、藤田和也、久冨善之、木村元、若尾政希である。審査委員は鄭氏に対して博士という資格を実質的に認定した人であるから、明記しておく必要がある。

なぜ明記するかと言えば、少し横道に逸れるが、論文審査者の役割がいかに重要かについて考えさせられた経験があるので紹介したい。別の分野になるが国語教育に関する論文で「予測不可能事象」について論じたものがあった。某研究者は、この概念を論証するに当たりいくつかの授業実践事例を提示しているが、最後に挙げたのは研究者自身の授業記録であり、それを見た私は唖然とした。なぜなら、それは授業というよりはクイズであり判じ物授業と言えるような次元の実践だったからである。金子みすゞの詩を教材として、詩の最終行にある「わらってた」の部分をブラックボックスとして隠して提示し子どもたちに当てさせるのである。子どもたちはさまざまに当てずっぽうのことを言い合い、授業者は「惜しい、もうちょっと」などと言った挙げ句答えを示そうとしたそのとき、偶然にもひとりの男の子が「わらってた」と言い当てる。すると授業者は喜んで、そうそうです、はい皆さん拍手と授業を終える。他の子どもたちにとってはこの答えはまったくの予測不可能事象だというわけである。予想外の答えであるから確かにそうだろう。しかし、この予測不可能事象という概念は、斎藤喜博の授業論をもっとも具現化した優れた実践者武田常夫の授業記録から論者自身が導き出したものであった。そして斎藤喜博は、論者が実施したようなクイズ的な授業を根本的に否定して追求的授業を提唱した人である。私から見ても、この授業はおよそ授業と言えるような次元のものではない。クイズ大会である。こういう授業実践しかできない人の、しかもそれが論証の最終事例とされている論文を、博士論文として認定したT大学の某教授達にも呆れてしまう。この論者はその後准教授から教授となった。というわけで、審査委員の責務がいかに重いかについては、理研の論文捏造事件に関わる一連の騒動を持ち出すまでもない。

話を元に戻そう。鄭論文の審査委員によれば、「鄭は日本近代において学校の健康保護機能がどのようにして成立してきたかを解明するために、学校衛生の成立前史および成立期とされる明治期を中心に、その底流としての「養生」、西欧からの移入としての「衛生」、その両者の衝突と融合という経過をたどったとする著者固有の仮説をもってその検証に挑んでいる」。

鄭が実証ために行った主な検討内容としては、貝原益軒の『養生訓』に見る養生思想、西村茂樹の『小学脩身訓』に見る養生思想の継承、翻訳修身教科書『泰西勧善訓蒙』を初めとする明治期の修身・国語教科書に見る養生思想、小学校長清水真義と学校衛生制度創始者「学校衛生取調」三島通良を代表とする論争、学校掃除論争における養生思想と学校衛生の衝突と結論及び教育的学校掃除の成立、さらに学校保健の成立などであった。

審査委員は、この研究の成果として大きく四点を評価している。

（一）学校衛生の始まりは、通説では、明治二〇年代文部省「学校衛生取調」三島通良の配置を起点とした衛生学（医学）サイドからの学校教育への監督・助言というかたちで外在的に始まったとされるが、本研究はその通説を覆し、その以前から学校現場や学校教育関係者によって養生思想が底流となったとみられる考え方や実践が、学校教育の中に内在的に自覚され、展開されていたことを新たに掘り起こした（傍線は筆者）。

（二）教育学における学校の機能をめぐる議論の中に、日本の近代学校の成立期における養生と衛生の様相を捉えることを通して歴史現実的な回答を与えようとする新たな視角を提起した。
（三）益軒の養生思想を中国の養生思想や儒教（殊に朱子学）の修養論と対比しつつ丹念に分析した。また、明治一〇年代の修身書に収録された益軒の養生論の特質を明らかにしている。
（四）三島通良の功績について調査・活動・著作をくまなく検討し、日本教育史における三島通良の果たした重要な役割を詳細に描き出した。

ここで指摘されている成果のうち、私が注目したのは傍線を付した第一点目である。

鄭によれば、養生は江戸時代の長きにわたり、儒教、儒学ともに浸透し、明治初期に導入された翻訳修身教科書などはそれらが下敷きにして作られていた。養生思想を基本にして西洋の健康保護法と融合させた著作も現れた。そこでは養生を基本として西洋の衛生方法を取り入れるという形で導入が図られ、同時に養生思想における道徳修養の内容が継承されている。一八八〇（明治一三）年の修身教科書の健康保護の叙述自体は養生から公衆衛生へと展開し、一九〇〇（明治三三）年の国定修身教科書の保健内容も全面的に公衆衛生に切り替わるが、養生的な視点からの記述は貫かれたとしている。

衛生がまだ普及していないときには学校掃除は「外」から「内」を養い、身体から心を律する人間育成の方法であったと、鄭は指摘している。この点から見ると掃除は気の循環をよくする衛生法である。子どもの健康保護は、養生思想の発想では鍛錬主義的な自己保護であるとして捉えられた。そもそも「元来教育家は学校衛生の知識を有し、学校衛生は教育と共に存在」するとし、西洋衛生もそうした構造の上に積極的に取り入れたのであると言う。つまり、明治初期に養生観に基づいて行われていた学校掃除に、後に導入された学校衛生的な観点と健康保護を加えるかたちで、学校現場の日常保健活動を介して、教育的な学校掃除が作り上げられていったとしている。

鄭が明らかにした学校掃除の成立過程を、学校掃除是非論争を検討することによってより詳細なものとした研究が石井（一九七六）と浅見（二〇一〇）であるが、これについては後の項でまた扱うことにする。

審査委員の指摘としては、益軒の養生思想が「土着の教育学として生き続けてきた」としている鄭の主張は、論証が必ずしも十分とは言えない。また益軒の『養生訓』が発刊以来、一九世紀末に至るまでどのように民衆に受容されていったかの具体的分析については、今後の課題として残されているとされた。鄭は、すでに述べたように翻訳修身教科書『泰西勧善訓蒙』を初めとする明治期の修身・国語教科書に見る養生思想を検討しているが、そこで採り上げられている分析対象は『泰西勧善訓蒙』『泰西勧善訓蒙（後編）』『小学校教諭民家童蒙解』『末松シリーズ』『小学中等科読本』『小学読本』『日本読本初歩』『尋常小学読本教本』『尋常国語読本甲種』『高等国語読本』『国語読本　尋常小学校用』『国定第一期国語教科書』『国定第二期国語教科書』である。

審査委員は「論証が充分とは言えない」と指摘しているが、その理由が、対象とされたこれらの文書数の不足を指しているのか、それとも他の領域への目配りの不足を指しているのかについては踏み込んでおらず不明のままであり、この指摘こそ充分だとは言い難い。仮に論証が不充分だとしても、鄭が明治から大正期にかけての教科書類を分析し、そこに養生思想の継承を見い出したこと、そしてその養生観が西欧からもたらされた衛生観と融合していった証跡を見い出したことの功績は大きい。そもそも鄭が明らかにしようとしたのは、「学校保健の成立を歴史的に解明」するというものだが、その課題は五人の著名な研究者の学校論と学校保健に関する議論から発している[31]。つまり、課題の導き出し方はかなり限定的だ。そして研究対象も、「中央レベルでの制度史的な研究だけではなく、学校現場の保健活動、特に、歴史的に下からの実践により形成された学校の健康保護機能を……学校の実際の健康保護活動に注目しながら検討する」ことに限定されている[32]。つまり、鄭が言う「下からの実践」とは民衆レベルのことではなく「学校現場の保健活動」を指しているのである。こうした研究課題と対象の限定からすれば、鄭が採り上げている文献が『泰西勧善訓蒙』などに限られていることは当然であり、それに対する審査委員の、益軒の養生思想がどのように民衆に受容されていったかの具体的分析が今後の課題だとする指摘は当たらない。ここで言う「今後の課題」とは、本課題に対する論究の不足を指摘するべきで、単に今後の研究に対する審査委員の希望を述べることではない。つまり限定して示された課題の論証について評価するとき、他の課題の探求がないと指摘することは適切ではない。審査委員の指摘は、的外れというものだろう。

この時期の教育政策や思想の形成は、広汎な社会の価値観や倫理観に基づいてなされていったものではない。この時期の和魂洋才という理念は和魂漢才以来の継承であり、学制そのものを初めとする衛生・保健などの概念も西洋からのものである。つまり基本的には、下からではなく上からのものであり、内からのものではなく外からのものである。鄭が「歴史的に下からの実践により形成された学校の健康保護機能を……学校の実際の健康保護活動に注目しながら検討する」とは言っても、その「下から」とは広く民衆に受容された価値観そのものを対象とする必要はない。鄭の言う「下から」とは、民衆ではなく「学校の実際の健康保護活動」を指しているのである。したがって西洋に発する制度・思想・概念がどのように日本的に変質しているかの証跡を確かめようとするとき、鄭がとった研究方法は妥当であったと私は思う。

ではそもそも養生とは、どのようなものか。鄭は、「西洋衛生が導入される前の日本の人々の主な健康保護術であっただけでなく、中内敏夫が言うように日本人の教育心性もこの養生にふくまれている」[33]としている。そして、「明治国家の学校の教育方法とはならなかったものの、養生は変容しながらも保健領域において機能している」[34]。江戸期におけるこの養生が学校教育に導入され、養生的な学校保健＝学校養生と成っていった、としている。鄭はさらに「衛生がまだ普及していないとき、学校衛生が成立する前に、学校掃除に直接的に影響したのは、儒教、特に朱子の教育論の掃除観であった」[35]とし、「儒教の教育的な学校掃除に、後に導入された衛生的な保護を加えて、日本的（教育的）な学校掃除が作られた」[36]と結論づけている。そして学校の教師は、掃除が学校教育において人間育成のもっとも適当な機会であると考えていたが、「教育における子どもの健康保護は、養生思想の発想で鍛錬主義的な自己保護」[37]であったとする。

鄭の研究成果にしたがえば、学校掃除はこのように、明治期初期には江戸期からの養生思想が、そして中期以降には衛生的な保護の要素が付加されて日本的な教育方法として成立したのであった。その後この養生思想的要素は否定されることなく、さらに太平洋戦争後にはアメリカからもたらされた学校保健的要素も付加されて今日に至っている。

先に現在実施されている学校掃除を類型化した際、私が、鍛錬方式、目標・目的のすり替え、精神主義方式などと名付けたものに見られる心身の鍛錬という発想は、実はここで言う養生思想に基づく自己保護、自己の健康保護的要素が継承され温存された姿だと捉えられることができるだろう。

明治期から現在に至る歴史を踏まえて考えてみると、朱子学に基づく養生思想が、軍国主義を通過することによって身体統制による集団秩序の維持という衣を纏ったとき、個人の内部作用に資するはずの養生思想はいつしか主客を逆転して個人から集団へと教育目的を変質させ得る。つまり現在鍛錬方式をとっている教師達の学校掃除観には、集団秩序を保持するために身体を統制するという儒教（朱子学・養生思想）的発想が継承され保持されているのである。

そう聞くと多くの教師達は戸惑いを覚えるかも知れない。自己の掃除観が個人のものではなく、明治期から形成されてきた集団記憶に基づいていると言われているわけである。しかし考えてほしい。家庭教育の中で掃除について学ぶことが殆どなく育ち、義務教育では学習指導要領に規定がないのに掃除の体験活動だけを積み重ね、大学の教員養成課程においてもその教育的意義について学ぶ機会を持たなかった教師が、なぜ掃除に心身の鍛練を求めるのかを。

ひとりの教師が自己の掃除観の形成過程を自覚することなく経験知に基づいて指導をしているかぎり、それは明治期以降に形成された集団記憶にその起源があると考えざるをえない。日本人は元来掃除を鍛錬的に考えてきたと主張しようとしても、先に紹介したように古代から見られる掃除観には鍛錬主義的要素はないのだから。

学校掃除をすることによって心身の鍛練を行う、あるいは健康保持や筋力を鍛えることになると考える教師達は、本人にはその自覚がないのだが、儒教的な価値観に基づいて明治初期に成立した学校掃除観を起源として、明治大正昭和と経て一五年戦争期までに強化された学校掃除観を継承しつつある体現者その人である。鍛錬主義はこのように、富国強兵の帝国主義国家観が展開し遂には太平洋戦争敗戦という経験を経ても尚、戦後民主主義教育の学校掃除の中に教師の指導意識として今も燃え残っている。

細菌学の発達と衛生理念

今まで見てきたように、鄭の研究によれば、「貝原益軒は掃除を、朱子の教育としての掃除と養生としての掃除という両面から捉えている」、「朱子と貝原益軒の掃除観は、近代日本の学校掃除の思想的基盤となり、学校は、人間形成としての掃除を行っていた」[38]。

こうした掃除観に立つ学校教育者は明治期中葉以降、学校掃除の是非を巡って医学衛生者と激しい対立論争を繰り広げるようになる。日本の伝統文化に立脚した教育観を標榜する学校教育者と、西洋で発達した細菌学による近代的衛生科学の素養を身に付けた人々との間に、激しい学校掃除是非論争が巻き起こった。それは価値観の対立であり、「掃除という教育活動を是認する教育者と身体健康の保護から掃除を排除する医学衛生者との対立の底には、近代化過程における伝統文化と西洋文化との対立」[39]があった。その意味で学校掃除是非論争は文化対文化の対立であり、論争の収束と克服のあり方の中に、明治大正期における日本人の、外来の文化を〈日本的なもの〉に変形・変型・変貌させつつ形成していった日本的掃除観を見ることができるではないだろうか。

学校掃除是非論争における廃掃論者の多くは衛生論者だった。衛生論者達が学校は病菌の巣窟であると強く主張する背景には、西洋での細菌学の急激な発達があった。そこで、今は少し目を転じて細菌学と日本医学界の展開を追ってみることにする。

私達は「カゼをひいて仕事を休む」という場合「風邪」と書くのだが、江戸時代までは「風」と書き表していた。それは、病気の原因となる物質が身体の外部から内部に侵入感染することで発病するとは考えなかったからである。本来調和がとれているはずの身体内部の状態が、「風」が吹くようにかき乱された不安定な状態になることだと考えられていた。その意味で、明治期になって「風」を「風邪」と書き表すようになったのは、病気の原因である細菌を発見した西洋的知識の流入と大いに関係している。細菌学的知識の流入は、日本人的健康観の転換を迫るものだったのである。ただし、その影響はいうまでもなく最初は庶民にではなく医学関係者によって過剰なほど敏感なものとして現れ、必ずしも一般的な常識とはならなかった。最新の医学的知識に触れた人々と、旧態の生活感覚によって日常を積み重ねている人々との間に、かなりの温度差を生じさせたことは想像に難くない。一言で言えば、この温度差こそが論争の原動力であった。過剰反応による科学的で熱情的な論理と、やや冷淡で控え目な感覚的論理とに対比される。

いずれこうした対照的な意見のやりとりを具体的に見たいと思うが、まずは一方の側に目を向け、最新の医学的知識がどのように日本に流入してきたのかを問題にしよう。当時の医学や健康に関する事柄を年表から拾い出してみると、西洋から近代的な衛生科学が流入していくことで日本の医学界が徐々に隆盛し、やがては強兵政策と結び付きながら進展していく様が見えてくる。年次的に、その過程を追ってみることにしよう。

少し上って江戸後期から見てみると、貝原益軒が『養生訓』を表したのは一七一三（正徳三）年である。その後江戸晩期の一七七四（安永三）年に杉田玄白らの『解体新書』、一八二七（文政一〇）年高野長英が『蘭説養生録』、緒方洪庵が一八四九（嘉永二）年に『病学通論』、一八五八（安政五）年にはコレラの新療法『虎狼痢治準』を著している。コレラを「虎狼痢」と猛獣に喩えて表記するとはいかにも仰々しく、当時の人々がどれほどコレラを恐ろしい病だと捉えていたかが伝わってくるようである。ちなみに、高野長英は、一八二六（文政九）年シーボルトに蘭語で論文を提出しドクトルの称号を得たような人である。

この間、一八四〇（天保一一）年にアヘン戦争でイギリスが中国に勝利したことが、日本にとってきわめて重要な意味を持つことはすでに冒頭で述べた通りである。幕末には外国船が次々に訪れるようになり日本は開国に向けて大きく歩み出していく。この辺りの事情は、渡辺京二の優れた諸著作[40]にも描き出されている。

一八五三年のペリー来航と開国など一連の歴史的事象が展開し遂に一八六八年に始まる明治期であるが、学制発足の明治五年から二〇年後半にかけては、未だ学校衛生の制度は充分に整うことがなく、この間は学校衛生制度の空白期とも言える期間だった。やがて一八九一（明治二四）年初代学校衛生取調嘱託となった三島通良によって、この空白は埋められていく。一方この間に、さまざまな学校教育施策が次々に打ち出されていく。日本医学会にも動きが見られた。

学校教育に関する施策としては、一八七〇（明治三）年九月東京府下に中学校設置布告が出され、一八七二（明治五）年学制発布、同年五月東京師範学校が設置され、『学問のすすめ』が著される。翌一八七三（明治六）年東京師範学校「小学校教師心得」（文部省指示）、同年三月師範学校編『小学読本』発刊。一八八一（明治一四）年「小学校教員心得」（文部省達第十九号）、同年五月小学校教則綱領制定、六月小学校教員心得制定、七月学校教員品行検定規則制定等々、矢継ぎ早に教育政策が打ち出されていく。

一八九〇（明治二三）年は一〇月に「教育勅語」全学校に配布され始めた年であるが、同年の四月には第一回日本医学会開催され、一二月北里柴三郎によってジフテリア・破傷風の血清療法が発見された。一八九一（明治二四）年三月日本は済州島禁漁の代償に鉄道開港要求し、日本漁民が済州島に上陸し暴行するという事件も起きている。

そして一八九三（明治二六）年三島通良が、文部省から「学校衛生主事」に任ぜられて「学校衛生事項取調」を委嘱され、ここに学校衛生政策の端緒が開かれることにある。だが、同四月には戦時大本営条例公布され、強兵政策がいよいよ具体的な姿を露にしてきたことも忘れてはならない。一八九五（明治二八）年、三島は東京高等師範学校講師として「学校衛生学」の講義を始める。同年四月日清講和条約調印、三国干渉、台北占領、またコレラが大流行し四万人以上の死亡者を出した。一八九六（明治二九）年三島は「学校衛生顧問会議」設置し、法令・訓令を次々に出していく。同年六月三陸地震と津波が起き、死者二万七一二二人。

このように、三島が学校衛生施策を実行していった時期は、同時に日本の強兵政策が海外への軍事行為を敢行する段階に至った時期でもあり、国内的にはコレラの大流行や大災害が起きた時期でもあった。

ここに頻出する三島通良は、日本の学校衛生制度の確立に決定的役割を果たした人物だが、彼は医学者として公衆衛生も学び、文部省から「学校衛生主事」に任ぜられて「学校衛生事項取調」を委嘱され精力的に各地方の学校衛生状況調査を実施して現状を把握し、著書『学校衛生学』を著した。調査結果をまとめた『学校衛生取調復命書』（一八九五）で三島は、学校衛生の現状を指摘する。不衛生で採光・換気の不充分な校舎が病気や視力低下を生み出し、身体に合わない机・椅子が脊柱を彎曲させ、結核・トラホームなど伝染病が流行している状況、教員には衛生上の知識がなく休憩時間も十分でないなど、学校環境と学校活動の全般が児童の衛生上問題が多いことを明らかにし、学校は「病体畸形製造所」になっているとまで述べている。

鄭の研究によれば、明治初年の学校にも「養生」による健康保護の考えはあったが、この三島の提起によって視点が外部にも向けられるようになる。子どもを外部環境から守るという「衛生」の思想に目覚めたことで、子どもの健康が、近代学校の解決すべき課題として自覚されるようになったのだという。

全国的実態調査に基づいて著された著書『学校衛生学』(一八九三)の中で三島は、発育途上の子どもを教授する学校には、その身体の健康を保護し強壮にする「学校衛生」が教育の基礎として必要であるとし、そのための教育条件の整備と教育方法の改革の重要性を訴えている。保護の方法としては、子どもを取り巻く環境の改善・管理と「学校医」による監督とが重視され、また、教師の衛生意識の向上とともに、採光・換気を考慮した学校建築標準、机・腰掛けの標準案、子どもの服装の改良図など、具体的な改革項目も提起されている。このような画期的な「学校衛生」の思想と諸提案は、三島が主事を務めた「学校衛生顧問会議」の「建議」(一八九六)となり、「学校清潔方法」「学校生徒身体検査規定」「公立学校医設置に関する規定」「学校医の資格」「学校伝染病予防及消毒方法」といった、一連の学校衛生制度として公布されていった。ここに日本の本格的な学校衛生制度がその「空白期」を脱して確立したのだった。

さてもう少し、これ以降の医学・健康に関する事柄を年次的に追ってみよう。

一八九七(明治三〇)年「学校清潔方法」(文部省訓令第一号:学校掃除について述べられた最初の法規)、「学生生徒身体検査規定」、伝染病予防法公布。一方で三月には足尾銅山被害民二〇〇〇人東京へ出発している。そして一二月志賀潔によって赤痢の病原体が発見された。一八九八(明治三一)年「学校医設置」「学校伝染病予防消毒方法」。一九〇〇(明治三三)年未成年者喫煙禁止法公布、「学校生徒喫煙禁止」、私立東京女医学校が開設された。この年長野県の教師鷲澤八重吉が論文「小學校生徒にさする教室掃除に就いて」を発表しているが、これについては後ほど触れることにする。

一八九六（明治三九）年各地方長官宛に文部次官通牒「学校舎内掃除ニ関シ学校清潔法励行並生徒掃除ニ従事ノ場合ニ就キ注意方」が出される。内容は、「追テ学校生徒ヲシテ本文ノ掃除ニ従事セシムルニ当リテハ体格年齢等ニ依リ斟酌ヲ加フヘキハ勿論ノ儀ニ有之候条身体薄弱ノ者又ハ十歳未満ノ児童ニ就キテハ特ニ御注意相成度此段申添候也」。注意しなければならないのは、この通牒の内容自体が、すでに子どもに学校掃除をさせることを前提に書かれていることである。学校で生徒に掃除をさせる公的な根拠を示すことなく「掃除ニ従事セシムルニ当リテハ」と切り出し、「体格年齢等ニ依リ斟酌ヲ加フヘキ」であると注釈している。こうした国の姿勢は、学習指導要領に公的根拠を持たないまま、学校掃除の日常的実施を追認している今日と変わるところがない。

同年二月日本社会党結成、韓国統監府開庁、五月医師法・歯科医師法公布、八月呉海軍工廠職工ら争議、一一月南満州鉄道株式会社設立、一二月大日本労働至誠会足尾支部結成、大阪砲兵工廠ストライキ、また小説『破壊』『坊ちゃん』が発表されている。この年の福岡県豊津中学校の掃除の様子も知られているが、箒で机の上を掃いて塵を廊下に出しておくと小使さんがそれを取って廻る、運動場は草ぼうぼうでお百姓さんの草刈り場になっていたなど、衛生管理上からするとかなり問題があったことが伝えられている。

戦争にひた走る日本は、遂に一九〇四（明治三七）年二月ロシアに対し宣戦布告（日露戦争）、翌年には旅順が陥落し日ロ講和条約調印した。大国ロシアを破ったと高邁な心情に溢れかえった日本国民は各地に講和反対運動を起こしたほどだった。しかし国内に目を転じれば、東北地方は未曾有の大凶作に見舞われていた。この頃、肺結核予防令が公布されている。

大正期に入ると、一九一三（大正二）年香川学校掃除事件が起き、全国各地で掃除議論が展開された。この論議については、後に詳しく述べることにしよう。同年二月には日本結核予防協会成立された。一九二一（大正一〇）年に学校衛生課が大臣官房一課に昇格。一九二四（大正一三）年には各道府県庁に学校衛生技師設置。一九二六（大正一五）年に文部省訓令二六号学校清潔方法（日常清潔方法、定期清潔方法、臨時清潔方法）。これ以降、学校掃除は

「学校当局」の責任とされ、戦後になって一九四八（昭和二三）年同訓令が廃止まで学校掃除の拠り所とされた。

以上健康・衛生を中心に年次的に追ってきたが、医師会関連に限ってみても、一八七五（明治八）年に松山棟庵・佐々木東洋等数十名の発起によって「医学会社」が発足され、これが医学会の起源としてされている。ついで一八八二（明治一五）年に高木兼寛等の「成医会」及び田口和美等の「興医会」、一八八三（明治一六）年に佐野常民・長與専齋等の「大日本私立衛生会」、一八八六（明治一九）年には北里柴三郎が「東京医会」を設立した。その後、一九〇六（明治三九）年に医師法が発布されて府県郡市区医師会が誕生し、更に一九二三（大正一二）年に至って医師法が改正され、法定の日本医師会が設立された。

ここまで、明治大正期の健康と衛生の歴史を中心にざっと概観してきた。学校掃除論争の詳しい内容についてはこの後触れることにするが、論争の一方の主張者であった衛生科学に通じる人々の口調は、概して強い感じのものが多かった。自分達は最先端の科学的知識を持っているという自負があったのだろう。そうした自負心の背景には、明治期中葉以降に最先端医学である細菌学の知見が流入し積極的な衛生政策が展開されたこと、それと呼応して日本医学界が組織化され社会的発言権を強めていったという事情があった。そのまた背後には、やがては総力戦を前提として国家的なまとまりを持って展開されていく軍国主義化への胎動があったことも忘れてはならない。その胎動によって学校掃除の教育的意義に関する論点は、個人の修養とか健康保護的な観点に環境としての学校衛生的な観点が加えられ、やがては大和民族とか剛健な身体とか集団訓練とかいった国防教育的観点へと徐々にシフトされ収斂されていった。

学校掃除是非論争の発端

一九一三（大正二）年に「香川学校掃除事件」が勃発。この事件後、全国各地に学校掃除議論が巻き起こった。学校掃除には教育的な意義がありやっていくべきだという主張と、学校掃除は衛生上きわめて危険な行為であり即刻廃止するべきだという廃掃論とのぶつかり合いである。およそ事件の発端と影響は次のようであった。

香川県知事である鹿子木小五郎（かのこぎ・こごろう、一九一〇年より香川県知事）が、故意か偶然か自分の娘の小学校入学の三日前である大正二年四月二日に、児童による学校掃除を禁止する内容の「香川県訓令第十号（四月二日付）」を突如発したことを発端とした。

一　香川県訓令　第十号　郡役所　市役所　町村役場　師範学校　小学校　小学校ハ多衆ノ出入スル所ニシテ其教室及廊下ノ塵埃中ニハ往々種々ノ病原菌ヲ存スルモノト推定シ得ベシ　児童ハ知慮乏シク且疾病ニ対シ抵抗力薄弱ナルニ之ヲシテ其掃除ノ任ニ当ラシムル　学校衛生上宜シク顧意スベキノ事タリ　仍チ自今小学校児童ニ校舎屋内ノ掃除ヲ為ナサシムル事ヲ禁ズ

当時の師範学校に奉職していた小原國芳は、その著『教育改造論』（大正九年）で、当時を振り返って次のように述べている。「可哀想なのは香川県の先生方であった。小使の費用は出ないし、自ら毎日毎日拭布がけで掃除。リテラリーに校長兼訓導兼小使だった。三日に一遍ずつは私も新聞にしきりに投書もし学校でも議論したものだが、いつも草莽の臣の意見は用いられない」と[41]。

香川県ではこの訓令によって、「掃除夫を雇いその経費は町村で負担せよ」ということになった。しかし、突然の経費負担を任されてしまった現場は大混乱し、町村長は鹿子木知事に対して陳情抗議を行ったが聞き入れてもらえなかった。そのため、現場では知事による命令ということもあり、従うしかなかったようである。実際には各町村で経費を負担できず、校長以下教職員が掃除をしていたという学校もあったとされる。このように鹿子木知事の訓令は教育現場に大きな影響を与え、香川県内に留まらず、全国各地に掃除議論を及ぼしたのだった。

各地に起きた波紋としては、子どもに掃除をさせずに掃除夫が掃除を行うようになった（横浜市）、医師会と議員で議論され掃除の方法を改良する方向に（名古屋市）、校長や学校医の意見を聞きつつ研究したが衛生試験所長は禁止させるべきとの意見を表明（大阪市）、県医師会が県知事に提出した学童掃除禁止建議案を可決（富山県）、県医師会が学齢児童の掃除課業禁止を決議（秋田県）、当事者間の協議によってこの問題を協議（千葉県）、学童教室掃除禁止の建議を県知事に提出（静岡県県医師会）、県医師大会によって掃除廃止を決議（福島県）が見られる。

雑誌上でも議論が展開された。掃除は勤労の精神を養成することができる（吉川源三　雑誌『現代教育』・『教育新報』）、掃除は勤労の習慣を身につけ整理整頓の習慣・共同一致愛校畳縁自治の精神を養うことができ、訓練上の効果は学校作業中の首位である（島田民治　雑誌『現代教育』）、また投稿者は不明であるが代表的なものとしては、平民教育の見地から、教育上の効果はどの作業よりもある（雑誌『小学校』）、医学者は掃除方法を改良して掃除をさせるべきとの主張をし、教育者は掃除禁止の無妄を主張（雑誌『普通教育』）などの議論が散見される。

学校掃除是非論争の展開

一九一五（大正四）年には、東京高等師範学校における議論が発端となり、学校掃除の是非を巡って論争が展開された。香川学校掃除事件の議論を受けて、同校の父兄懇談会（嘉納治五郎校長、佐々木吉三郎主事、医師会より数名等が参加）の席上で学校掃除の是非について話題となった。東京高等師範学校附属小学校児童は、裕福な家庭環境の者が大半であった。嘉納は「子供時分は、自分でする習慣づけ」が最もよい、佐々木主事は「他人の労働をいたわる。自然に汚さなくなる。先生自ら範を垂れること」と述べ、学校掃除の教育的意義を強調したのだった。この父兄懇談会の様子が新聞報道され、紙上においておよそ以下のような論争が巻き起こった。新聞記事の大略を現代語に訳出して示すことにする[42]。

六月一四日　読売新聞（投書）　匿名（教員）：我々教員も児童と共に掃除をしており、「掃除は、意味ある自然なよい仕事である。と信じている」。

六月一五日　東京日々新聞　加納校長の話：訓育上大いに好いと思う。子供の時から自治の習慣を養う必要。掃除はそれほど有害ではなく、今後のその方針で進める。

六月一七日　萬朝報（投書）　貴族院議員伊澤修二：訓育のために掃除をするのは主客転倒。児童の衛生発育を第一義にしなくてはならない。
同　日　読売新聞（投書）　岸邊福雄（教員）：生徒に物事を整頓する習慣を付けるため。教育上効果がある。
同　日　東京毎日新聞（投書）　匿名：貴族富裕の子女は免除して一般児童だけに掃除させたり、真面目な児童だけを苦しめることになる。
同　日　東京日々新聞（投書）　医学博士　横手千代之助：小学児童の掃除は現在のままでは反対である。
同　日　萬朝報「小学生掃除問題」：幾多の子弟の生命を危機に陥らせるのは教育問題ではなく、人道問題である。
六月一八日　読売新聞（投書）　医・文学博士　富士川游：数年間児童が掃除をしているのを見たが危険である。専門家が云ったら聞いてもらいたい。日本の教育が進歩しないのは、教育家が常識で判断しているからだ。
同　日　萬朝報「小使代用児童」：小使の経費削減のため代用として掃除させるというのは、驚愕。自治精神ならば掃除以外で。
同　日　読売新聞（投書）　内務省嘱託学士　石原修：一概に全廃せず危険予防するように改良していったよい。小使の代用ならば反対だが、教育上有益ならば私共がとやかく言うことではない。
六月一九日　報知新聞「佐々木主事の手紙」：医者も父兄も全員が全廃論、方法改良論、賛成論で一致しているわけではない。参考になる印刷物を提供する予定である。
同　日　読売新聞（投書）　医学博士　大澤岳太郎：掃除は危険。塵埃の中には必ず毒菌が潜んでいる。
同　日　萬朝報「子を持つ親の不安」：小学校教師に肺結核患者が最も多いのは、白い粉末を絶えず吸入するからだ。数年論議してきているが、この問題が解決されなくては教育界に前途の望みなし。

同　日　読売新聞（投書）　医学博士　額田豊：あまり神経質に考えては道路すら歩けなくなる。要するに、このくらいの事に慣れなければ立派な人間を作ることはできない。

同　日　下野新聞（投書）　天野弘一：先日の父兄会に出席した。自分も四人の保護者として、母・妻・医学士と。人は思い切り不衛生な事を行う時が一番身心の発達する時である。完全なる注意と方法で実行すれば、効果は多大である。

六月二〇日　世界新聞「田所普通学務局長の話」：この問題は以前論議されたことがあるが、今また再発したのは悪疫が発生したためではないだろう。両者の意見は極端に失し感情論に陥っている。児童に掃除をさせるのは、訓育上勤労精神と衛生上の信念を与えるという目的でなるなら、学校医と計り、衛生上差し支えない範囲で差し支えない方法で行えばよい。

同　日　読売新聞（投書）山梨県上野原尋常高等小学校長　小笠原憲時：実務家と専門家の見地・経験の相違から議論になっているが、実務家から云わせれば放課後制限的な労働を教師が監督させてやれば、塵芥吸収のことなど問題ではない。専門家は実地に研究してもっと具体的な解決策を発表してきただきたい。

同　日　下野新聞（投書）　匿名：医学博士某の説は、実用的なものではない。単に学者の常識を説明しているだけである。もう少し学者は常識的であってほしいものだ。

六月二一日　東京朝日新聞（投書）　医学博士　緒方正規：近頃掃除問題に関する記事が多いが、この問題についてはすでに数年間、東京市学校医会で調査し、掃除を課すのは不可と決議して答申した。それが市の小学校で殆ど実行されていないというのは甚だ遺憾である。

同　日　萬朝報「人の子を害ふ教育」：児童掃除問題の解決は極めて容易である。高等師範附属小学主事と府下各小学校長等が掃除を廃止するとすればよい。何の手続きもいらない。近年各国は義務教育児童の衛生を重んずる傾向にあり、学校内の設備も至れり尽くせりであり、掃除如きは宜しく速やかに之を廃止すべし。

同　日　萬朝報「偏見的教育の弊」：最早この問題について紙面を費やすことはできないが、明白になってきたことがある。それは、教育界殊に高等師範等における偏見のために教育上弊害が多いということである。時代と隔絶し文明に逆行している。

同　日　読売新聞（投書）瀧野川第一小学校長　篠崎＊：医学者の方々は実際の立場から適切穏当な意見を発表していただきたい。地方の子供の日常遊戯と都会のそれを見て、憂いあんじている類いであり、実際には杞憂である。

同　日　読売新聞（投書）齋藤素山：訓練のためという教師は無責任である。それはあとから付けた理由であり、最初から訓練のためにやっているわけではない。根本的には学校衛生施設を完備することを考えてもらいたい。

同　日　都新聞：①もし小学校の中に誤った掃除法を課しているところがあれば、国家の大問題である。②実際の掃除法は一定していない。学校によってかなり異なる。③議論はとかく極端な例を引いて行われる。双方が再考を。④床板が腐らないためという理由で一切水を使わせない学校があるが、これは至急改良が必要だ。⑤父兄はときどき学校を訪れて実際に親しむ。父兄懇談会以外にも学校と父兄がよく連絡を取り合うこと。

六月二二日　読売新聞（投書）　精華学校長　寺田勇吉：文部省の視学官をしていた自分からなにかよい方法はないかと考えていたが、これという方法はない。学校が危険を除くのであれば結構だが、民の健康のためにも掃除はさせないことを希う。

六月二三日　萬朝報「嘉納校長の話」：児童の掃除が有害だという見方は、一部の医師の議論であり父兄全体の意見ではない。私は、校内の下水、風通しなどに注意して、最善の方法で掃除をやらせるように命令している。

同　日　萬朝報「一木文相の談」：充分研究の価値あり。一種の研究問題として、官民で充分に調査すべきで、どちらでもいいといいうような態度はとるべきではない。

同　日　萬朝報「掃除廃止要求熾」：小学児童の掃除を廃止すべきことは既に明白であり、私は、人は最早これを論ずる必要はなく、唯当事者の実行を待つのみ……

同　日　読売新聞（投書）　大日本学校衛生協会理事　井上晴之助：学童掃除を全廃し小使を増員すれば経費がかさむという者があるが問題はない。なぜなら、教師自身が暫くはこの任に当たるのがよい。

六月二四日　萬朝報「掃除危険実例」：児童に二階の窓ガラス拭かせていたいたため落ちて死亡、大阪の小学校。麻生の小学校で同様の事故で二名。掃除の害は衛生上のことだけではない。

同　日　読売新聞「児童の掃除廃止問題」：児童掃除廃止問題は前年市内一小学校で起こり、香川県で実行され、嘉納校長の掃除無害報告によって再燃した。校舎の美観が児童の個性・健康を犠牲として行われるのであれば由々しき問題である。実地教育家がこの度の問題を機として、掃除に関する多くの倫理的衛生的問題に留意することを切望する。

六月二五日　萬朝報「訓育上価値なし」：掃除が訓育上価値なしという手紙が父兄から頻りに寄せられる。殊に中学校に多い。さらに、嘉納校長の言を読んで、今更ながら児童に不親切なことに驚き憤慨し、掃除廃止が実行されるまで奮闘してほしいという者もいる。

六月二六日　東京朝日新聞「一木文相の談」：専門家に聴いたところ衛生上それほど悪い結果はないという。掃除は訓育上好結果を得られるものであり全廃を叫ぶのは管見である。

同　日　読売新聞（投書）　女子高等師範学校教授　二階堂とくよ：二年間英国留学した経験からすると、英国では掃除は一切生徒にさせない。英国と日本は経済状態も著しく異なるので一概にはいえないが、訓育上というのは納得できない。経済的理由であるなら、方法を改め漸次廃止していくべき。

同　日　京都日の出新聞（投書）　匿名：訓育の見地からすれば、掃除は協力・互助・清潔・規律・自治などの面から必要な方法である。衛生上の見地から、教育界の一部と医者の大抵は反対らしい。廊下・室内は塵埃甚だしく危険であるが、庭掃除は決して不都合ではない。

六月三〇日　読売新聞（投書）　児童教育研究会長　大川義行：医学上から見て、積極的方法に手段が乏しいのは遺憾だ。経済上から見て、小使の待遇が低いことからすると、どのような人物であるかはいうまでもなく、自分の家や部屋のようなつもりで良い掃除をしているわけはない。むしろ、教師と児童とが、道徳的情操からやるのが理想的である。教育上から見て、日本人は清潔癖であると云われる。児童も綺麗好きであるから、掃除し清潔にし整頓して共同生活を営み公衆衛生を重んじ自治心を養うのに好機会である。徳育上からも大いに奨励すべきである。ただ危険だとのみ絶叫するのは内容の貧弱な議論である。

七月一日　萬朝報「教育家目覚めず」：教育界に地位を有する人々は、形式的であり、教育精神を解せず、文明に逆行する教育方法を行っている。同校などは、現実の社会と全く隔絶し、時代に反しており、教育上の悪模範を示して誇りとしている。

同　日　横浜貿易新聞（投書）　匿名：身体の訓練、精神修養のために、掃除という雑役をさせることに、必ずしも効果がないとは言えないだろう。

以上、一九一五（大正四）年の六月から七月にかけての東京地区新聞紙上で展開された学校掃除是非論争の一端を紹介した。これ以降、是非を巡って全国的な議論となっていった。

なぜそのような全国的な議論になったかについて、長野県という一地方の教師であった清水福市は、やや距離をとりながら、もっと言えばある程度客観的に以下の八点を現状認識として示している。①鹿子木知事の訓令があまりに突飛であった。②衛生本位の医師らが妄断した。③掃除そのものが現代虚栄旺溢の時勢に迷惑視されている。④有力者が身辺の主観的根拠に基づいて高圧的に解決しようとした。⑤上流の家庭が教育や経済よりも衛生や虚栄に走った。

⑥比較的上流の家庭が、我が子のみを標準として主張した。⑦人々が神経質となり、時勢が雷同的気分になった。⑧教育の本質や国民の修養とは何かについて、一般人士（国民）が徹底的自覚に欠ける。

浅見は清水が指摘した⑦⑧に着目する。清水が言うように国民は「徹底的自覚」を欠いていたが、「この事件をきっかけとして「掃除」ということに関して見直され、その教育的意義を重要視するようになったことは明らかであるようだ」と[43]。

清水は長野県の教師で、結論としては教育的見地から廃掃論を退けているのであるが、彼自身は新聞紙上で展開されたような一方的な主張を避け、冷静な姿勢に努めながら論争の特徴を整理している。その整理された論点に対して、この論争によって学校掃除の教育的な意義が見直され国民の自覚が促されたとする浅見による清水評価も的を射たものだと言える。ただし注意しなければならないのは、この場合の「国民」とは、一定の知識を有した教育者や医学関係者達のことであり、新聞紙上で論争するような人々を指している。言わば、限定付き国民である。

意義の強化と一般化——浅見の言説を中心に

先に見てきたように鄭の研究では、学校掃除是非論争を三島通良（文部省学校衛生事項取調）と清水直義（東京芝区鞆繪小学校長）との間の論議から探究していた。鄭の他に学校掃除論争を扱った研究としては、石井均『明治以降の小・中学校における学校掃除の研究』[44]と浅見美之『近代以降における学校掃除の一考察——大正期における学校掃除議論をめぐって——』[45]がある。石井は自身のこの研究をさらに発展させ、沖原（一九七八）の中で修正し再提出している。浅見は石井・沖原らの研究を踏まえた上で、新資料（清水一九一四）を提示して検討しながら、議論は「衛生面・経済面・教育面の三方向から意見が出されていたが、おおむね多くは掃除賛成論に落ち着き、その後も今日まで殆どの学校で子どもたちが掃除をおこなっている。……それは「掃除」に教育的意義があるからだと思われる」[46]と結論づけている。

浅見の研究を中心に、もう少しこの論争を追ってみよう。

浅見は、東京高等師範学校附属小学校での掃除論議がやがては新聞紙上での論戦へと展開していく様を、清水福市の論文を検討しながら探究している[47]。この清水論文は、研究史としては、浅見によって初めて日の目を見た資料である。浅見は、六月一四日から七月一日までの新聞紙上（読売新聞、東京日々新聞、萬朝報、報知新聞、世界新聞、下野新聞、東京朝日新聞、都新聞）の記事を周覧し、「東京高等師範学校附属小学校と掃除問題」と題して表としてまとめている。記事は投書や投稿が多く、この論争に対する関心の高さをうかがわせる。

ここで注目しておきたいのは六月二三日の東京高等師範学校附属小学校長嘉納治五郎の発言である。嘉納は言う、「児童の掃除を有害と見做すは、一部醫師にして、固より父兄全體の説にあらず。而も多数必ずしも眞理にあらざるを以て、假令一人の意見と雖も、若し其の説眞理ならば、掃除を擁する躊躇せず。（中略）予は校内の下水、風通しに注意して、最善の方法に依り、掃除を為さしむべく命令し居れり」と。嘉納の意見を現代語訳すれば、「児童による掃除が有害なものだと見なすのは、一部の医師だけで父兄の全体ではない。しかも、意見が多数だから真理だとはいえず、たった一人の意見であっても真理であるなら掃除を擁護する。わたしは、校内の下水、風通しに注意するなど最善の方法によって掃除をさせるように教師達に命令しているのだ」と。

この論争は同校父兄会における嘉納校長とある医師との間の質疑内容を新聞が報道したことに端を発していたが、嘉納は終始一貫して掃除の教育的意義を主張して廃掃論を退けている。ここでも嘉納は衛生に配慮して実施すれば有害だとは言えず、掃除をさせるのは自らの教育的真理に拠っているのだと学校掃除の教育的意義を主張している。こうした嘉納の発言内容は、教育関係者の考える学校掃除に対する主張を代表するものであった。

浅見の研究では、掃除論議の内容について、「子どもに掃除をさせる」側「子どもに掃除をさせない」側双方に分類し、清水論文をもとに衛生、経済、教育の三つの観点からまとめ直して提示されている。教育的観点について見ると、させる側の主張は、「清潔を保つ習慣を身につけることができる」「整理整頓を好み規律の修養をする」「作業や勤労を好んで、職務に忠実でかつ、勤勉力行の習慣を身につけることができる」「仲間と共に作業することを通じて協同一致の美風を身につけられる」「愛校愛級の心が育ち、自治報恩の精神を養える」。させない側の主張は、「作業や経験によって、遊ぶ時間や休憩の時間を多少減らしてしまうことがある」というものであった。掃除をさせる側の主張内容は、清潔習慣、整理整頓規律の修養、勤労習慣、協働の励行、愛校心と自治の精神などであった。ここで語られている事柄は、いずれも一〇〇年後の現在の価値観と変わるところがない。逆にいえば、今日学校掃除の教育的意義について語るときも、一〇〇年前とほぼ同じような観点から論議されているのであり、脈々と続くなんらかの継続性がある。さらに踏み込んでいえば、現代に生きる私たちが、学校掃除について語ったり具体的に指導したりする場合、その根拠となる価値観は個人その人の生育の中で固有に育んできたものなのではなく、こうして脈々と形成され継続されてきた日本人としての価値観あるいは集団記憶に基づきながら行為しているのだ。そうした事態について、気づいている人は殆どいない。だからこそ、学校掃除は無自覚的な活動として遂行されているのである。

嘉納が述べるように、それらの価値観は学校掃除の真理ともいうべきものかもしれない。確かに反対論者の多くは、知的経済的社会的に優位な地位にある極少数の者達であり、極端な衛生的事例を根拠としていたにすぎない。しかしながら賛成論の論拠も、言わば直観的な生活的倫理観に基づいたものであり、学校掃除の教育的意義そのものについて深く探究されたものとはなっていない。

浅見は研究の結論として、「おおむね多くは掃除賛成論に落ち着き、その後も今日まで殆どの学校で子どもたちが掃除をおこなっている。……それは「掃除」に教育的意義があるからだと思われる」とまとめている[48]。しかし、この結論づけには、少し問題がある。

浅見の論文は二〇一〇年に発表されているが、鄭の研究では前年に発表されたこの浅見論文については触れられていない。参考文献にも示されていないから、おそらく読んではいない。つまり浅見と鄭の両者は、互いの研究成果について知らない。そうであるなら、この両者の研究成果をどうつなぐかである。

鄭の研究成果についてはすでに触れたが、もう一方の浅見が明らかにした重要な点がなにかと言えば、学校掃除是非論争はかなり広汎なものであったこと、そして論争が学校掃除に教育的な意義を見い出すかたちで収束していったということだろう。それは、論争によって学校掃除に対する人々の関心が高まり、教育的意義を確認しながら収束することで、学校掃除には何らかの教育的な意味があるのだとする日本人の価値観が、集団的記憶として定着していったことを意味している。浅見の研究的業績は、そこにある。

しかし、浅見の研究業績を鄭の学校保健に関する歴史的研究とむすんで考えてみると、明治晩期から大正初期にかけての掃除論議を検討しただけで、「その後も今日まで殆どの学校で子どもたちが掃除をおこなっている」と結論づけているところが、少し大雑把であるように思える。「その後」から「今日まで」に至るにはおよそ一〇〇年間あり、その過程で、日本人はひじょうに多くのしかも決定的な出来事を経験している。いうまでもなくそれは一五年戦争の時代であり、敗戦による転向やパラダイム転換があり、文部行政の大変革があった。「その後」とひとまとめに言ったのでは、大雑把過ぎるだろう。つまり一〇〇年間をもう少し詳細に眺めてみる必要がありそうだ。そうした浅見研究の不足を補う意味で、掃除是非論争の時期から今日に至るまでに、学校掃除がどのように意味づけられていたのかを、新たな資料を発掘し検討してみる必要がある。

実はこの間の状況について注目すべき資料がいくつかある。そのひとつとして東京高等師範学校附属国民学校発行の研究紀要を挙げたい。言うまでもなく、学校掃除是非論争の発端を開いたかたちの東京高等師範学校は、やがて東京教育大学、筑波大学へと改組されていく。その附属小学校の教育が、日本の教育界に一定の影響力を持ち続けていたことは言うまでもない。その意味で、明治末期から大正期初期にかけての掃除論争に見られる附属小学校の掃除教育観が、その後どのように発展継承されていったのかについては、たいへん興味のあることころである。

後に詳しく見てみたいが、幸い手許に二つの資料がある。一点は同校の研究紀要で、ここに太平洋戦争中の一九四三（昭和一八）年に掃除訓練に関する研究が掲載されている。もう一点は、さらに下って一九六四（昭和三九）年に清掃活動について詳しい研究成果を載せて同校から刊行された特別活動に関する著書である。つまり大正初期、太平洋戦争中、戦後二〇年程経たこれら三つの時期における同校の掃除教育観を比較する目を持ちながら縦断的に辿ってみることは、学校教育の中で掃除に対する教育的価値観がどのように継承展開保持、あるいは否定され克服されていったかという点でたいへん興味深い。
さて、話を戻そう。浅見は東京地区の新聞上での論議を中心に探究しているが、実はこの論争は東京以外の地方へもさまざまなかたちで波及していった。地方での受け止め方には多様性や温度差があったろうが、浅見の研究では触れられなかったこの点を補完する意味で、明治後期から大正初期にかけての長野県における学校掃除論議について一瞥しておくことにしよう。

長野県下の学校掃除論議

長野県における掃除論議について、主に二点の資料を雑誌「信濃教育」からとり上げてみたい。一点目の資料は、鷲澤八重吉の雑文『小学校生徒にさする教室掃除に就いて』。ここからは、学校掃除是非論争が勃発する以前一九〇〇（明治三三）年の学校掃除に関する教師の意識状況を読みとることができる。二点目は、論争と同時期にその様子を伝える一九一四（大正三）年の記事「結核と教室掃除」である。これらに加えて、先に見てきたように浅見の研究でとり上げられた清水福市の論文『児童掃除禁止問題（一）・（二）』（清水一九一四・一九一五）は、長野県飯田市の下伊那教育研究所研究所報第九・一〇号に掲載されたものであるから、これも長野県における学校掃除論議の重要な資料であることは言うまでもない。

これらの資料を見ることによって、この時期長野県でどのような学校掃除観が共有されていたのかについて推し量ってみることにする。

そもそも学制が発布された明治初期、就学率をいかに上げるかは大きな問題であったが、長野における教育への関心は非常に高く、一八七六（明治九）年の調査では小学校就学率六三パーセント（全国第一位）を記録している。一八八三（明治一六）年の文部省調査による旧国別の寺子屋数調査でも全国一位であった。その原因としては、近世における民衆の文化的蓄積があったこと、寺子屋・私塾の師匠経験者や近代以降に設置された県立師範学校の卒業生らが小学校教員を務めたことも、こうした教育に対する関心の高さを支えていたのである。

以下雑誌「信濃教育」における記事や投稿論文などによって、学校掃除是非論争に対して長野県の教師達が示した反応がどのようなものであったかを検討したいが、この雑誌「信濃教育」の発行母体は「信濃教育会」である。同会は長野県において教員達の職能団体として成立した。所謂「信州教育」と言われたものは、一八八二（明治一五）年に県立師範学校長として赴任した能勢栄が提唱した概念で、長野県における教育が他府県のそれよりも優れた特質をもつとの評価を与えるものであった。特に日清戦争後には、就学率の高まりを背景に、地域割拠の目立つ長野県の教育界を全県的に盛り立てるため、「汎信州主義」などの語とともに信州教育を強調した。県下全一六郡および全市に部会を持つようになった大正期には、月例集会での会員相互の討論・演説・研究・講習を通じての研鑽や、島木赤彦、土屋文明らを専任の編集主任に迎えた雑誌「信濃教育」の刊行を通じての教育的主張のほか、各地の教師達による独自の教育実践が展開された。第二次大戦中の翼賛体制下では、国の要請により大日本教育会長野県支部となったが、「信濃教育」は、用紙を調達できなかったただ一度を除き毎月欠かさず刊行され続け、現在も日本一の長寿月刊誌として続いている[49]。

ここでとり上げる二点の資料は、以上のような状況を背景としていることを一応考慮しておく必要がある。これらの資料は今までの学校掃除研究の中では扱われたことがなく、資料的価値が高いと思われる。そのため少々長くなっても可能な限り引用し提示したい[50]。

初めに紹介するのは、鷲澤八重吉の雑文『小学校生徒にさする教室掃除に就いて』[51]である。これによって、掃除論争勃発以前の教育界の精神状況の一端を見てみよう。

小学校生徒にさする教室掃除に就いて

在長野　鷲澤八重吉

鳥取県の学校医会は決議して曰く「小学校の授業終りたる後ち監督の教師も居らぬ教室に五六の生徒が居残りて水も撒かずにドンドン掃き立て満室の塵埃昼猶暗しと云う様な中に頭から着物まではこりだらけに成って

机の運搬を為し居る様を見ば誰か悚然（ショウゼン）として恐れざるを得んや」と我縣にはマサカこんな所も有りますまいが併し人のふり見て我がふり直せと申す事も有ります

高等師範の佐々木訓導曰く「訓練には実行が肝要である言説だけでは到底真の訓練の出来るものでない而して此の見地よりすれば彼の生徒にさする教室掃除の如きは教育上尤も重要なる課業の一つと云わんければならぬ請う試みに當番生徒の可憐なる働き振りを見給え彼らの或者は箒を持ち又或者は水をまく二人相助けて机を運ぶもあり三人力を合せて教師臺を杠（ア）ぐるもあり塗板拭を佛う者も雑巾をかくる者も皆それぞれに分業して而も皆善く協同一致し我が朋友の机や我が先生の椅子を拭き我が学級と云う団体の為めに其の教室を清潔にせんとて愛らしく、まめやかに、けなげに働く様見ては噫ゝ訓練の好材料実に茲に在りと絶叫せずには居られんのである」と

教師若し此の間に立って適當に指導し適當に助言し身自ら率先して模範を示さば生徒は遂にお掃除に對して興味を起こし單に学校に於てのみならず帰宅の後も父母の催促を待たず自ら進んで室内庭園等の洒掃を為す様なるであリましょー、織田殿から「第一番に忠實な心ささたる草履取」と褒めらるる藤吉が末に太閤となるのであります

今は群馬の縣視学、前の南安の梓高等小学校長太田鶴雄君は便所の掃除を校長の擔当として上級の生徒と共に自ら之に當られたと申すことで當時同校を参観したる者は誰も皆校内一般に善く整頓して居るのに感服すると共に其の便所の極めて清潔なるに驚嘆しない者は無かッたそーです

嘉納先生の造士館には徳川慶喜公の御公達を始め貴顯紳士の令息方がお居でになりまするし下田歌子女史の家塾には三條公爵のお姫様（今は既に御退塾に成って西本願寺の御簾中に渡らせらる）を始め公爵や大名や豪商や大地主の令嬢方が居らッしゃるそーです、そして是等の寄宿生は孰れも自己室内の掃除は勿論風呂番から廁のお掃除まで一切順番にお務めになるそうーです

斯かる結構なお話を生徒にも聞かせて置いたらばと思ひまして茲に附記したのであります

執筆者である鷲澤八重吉（一八六五―一九〇二）は、信濃教育における教育研究の先駆者であった。信州教育史に詳しい中村一雄によれば[52]、最終学歴は東京高等師範学校であるが、調べてみると彼が師範学校在学中の校長は前出の嘉納治五郎ではない。卒業後一八八九（明治二二）年徳島県に奉職していたところを長野尋常小学校首席訓導に招かれ、一九〇二（明治三五）年三八歳で病没する十数年の間に目を見張るような先駆的な仕事を残した人である。特に今日で言うところの特別支援（特殊）教育を初め自ら創案した指数器を用いての算術教授論や国語教授論には、「自治心なき所にわ、教育の何等の計画も無効に終る」とする彼の実践家としての真骨頂が表れていると言っても過言ではないだろう。そうした鷲澤に対して中村は、「教区の形式化と画一化が頂点に至ろうとするとき、彼は子どもの個性がよくみえ、活動性に富んだその成長の鍵を確実につかんでいた」と高く評価している。私が調べたところでは、『信濃教育雑誌』へは国語教育を中心に九編の論稿を発表している。そのうち六編が算術、二編が国語であり、一編が掃除についてとなっている。

鷲澤は前記の掃除論文の冒頭で、鳥取県での学校掃除の実状がいかに非衛生的であるかを述べている。それによれば、放課後教師の監督もない状態のまま、掃除当番の生徒だけで掃除を行っており、そのやり方たるや教室に水も撒かないまま埃を盛んに立てながらやっているような有様だとし、「悚然として恐れざるを得んや」という些か誇張した表現で実状を伝えている。確かにそこからはいかにも非衛生的な当時の学校環境の状況がうかがえる。この記述に従えば、教師は掃除のやり方をまったく指導していない。教室内（多分廊下も同様であったろうが）が殆ど外と同じような埃まみれの状態で、そこをいきなり箒で掃こうとすれば埃が立つのは当然である。和室を掃除する際の生活の知恵として、お茶殻や湿らせた新聞紙や反古紙などを撒いて予め埃を吸着させておいてから箒で掃くというやり方があるが、ここではその発想に立って教室掃除方法について苦言を述べているようにみえる。床に水を撒くというのは現在の教室内掃除からすると驚くべき方法だが、当時の発想からすれば教室の床に適当に水を撒いて埃が立ちにくくしておき、それから箒で掃くべきだと考えたとしても不思議ではない。それをしないものだから、教室内は「塵埃昼猶暗しと云う様」なとんでもない状態になり、子どもは埃まみれになりながら机を運搬しているというのである。鷲澤は次に佐々木訓導の談話を紹介しているが、これらをもとにして考えてみると、長野県の場合も床掃除は掃いただけで終わりにし、今のように雑巾がけはしていなかったようである。拭くのは、教師用生徒用の机、黒板などが中心だったようである。考えてみれば、それまでテーブルと椅子を使う習慣がなかった日本人が、床張りの上に机と椅子を置いて学習した場合、床張りの教室を畳敷の和室や縁側と同様だとは考えづらく、床の雑巾がけをしようとする発想にならなかったことは想像に難くない。

鷲澤は「我が学級と云う団体の為めに其の教室を清潔にせんとて愛らしく、まめやかに、けなげに働く様見ては噫、訓練の好材料実に茲に在りと絶叫せずには居られんのである」と佐々木訓導の談話を紹介している。学級の掃除を共同で行う姿は愛らしくまめやかで健気そのものであり、これこそ「訓練の好材料」だと絶叫せずにはいられないなどと、いかにも漢籍からの影響を精神的土台としていた明治人らしい誇大表現をしている。

鷲澤が言う「訓練」とは、集団訓練である。後に詳しく触れるが、文部省が進める強兵政策は明治二〇年代以降運動会の普及によって広く深く浸透していく。その一端を、この鷲澤の軍事教育的「訓練」という一語に見い出すことができるだろう。訓練とは、分担、連携、目標達成などの内容に即して身体活動の訓練を行い、国家に有用な個人を育成するという意味の国家教育的訓練のことである。

鷲澤は掃除が持つ効用についても自説を語っている。教師がもし適当適切な指導助言を与えながら率先示範して掃除を行えば、子どもは掃除に対して興味を持ち帰宅後家でも「自ら進んで」掃除をするようになるだろう、と。ここで注意しなくてはならないのは、「自ら進んで」掃除をするという表現だけに注目すれば、それはあたかも現在の民主教育に通じる普遍的な意味合いを蔵しているかのように思える点だろう。確かに、「自ら進んで」とは人間教育の普遍的な部分を含むだろう。しかし、自ら進んでというその先に、満蒙干拓団に参加したり爆弾を抱えて戦車に特攻するような姿をイメージしたりするのであれば話は別である。熱心な教育の成果として多くの子弟を満蒙開拓団に送った信州教育は、特にこの点を反省すべきだろう。

鷲澤は具体的な教育方法も提示している。木下藤吉郎の草履番の逸話、便所掃除を担当指導した太田校長の話、造士会での貴族富裕層の掃除する姿などを語り聞かせればよいというわけである。実はこういう方法は、この時期に特異なものではない。歴史上の人物や活躍しているスポーツ選手や大御所と言われるような芸人の掃除に関わる逸話を紹介したり、どこそこに偉い校長がいたとか大企業の社長でも実は掃除をしているとかいった類いの話を紹介したりして、「だから君たちもしっかり掃除をしよう」と呼びかけるような教師は今でもいるだろう。自分の体験談を語らずにこういう指導をする教師には、自分では掃除をせずに子どもにだけやらせようとする者が多い。

ところで造士会の教育観のある部分も、民主的教育観と共通しているかのように見えるが、本質は富国強兵の軍国主義的なものであることは言うまでもない。嘉納治五郎が創立した造士会の創立趣旨に、それがよく表れている[53]。嘉納は言う、「欧米各国の文化富強に対して、やがて対峙せざるを得ない日本の現況はお寒い限りである」と。明治期も後半となり富国強兵政策がかたちあるものとして結実しつつあることを背景に置きながら、嘉納が言う「対峙」とは、国際政治的には対話による平和的外交政策のことではなく結局のところは帝国主義的軍事的対峙でしかないのだが、この文章の中では嘉納は教育的持論を展開している。学校教育だけに任せておかないで、「個々は放任するのではなく指導することにより天賦と時勢に応じて国家に貢献ができる」ように育てなくてはならないとする。

嘉納の主張には、そのまま現今の教育論議ではないかと思われるような部分さえある。たとえば、「今日の学生を見ると、軽佻で気概に乏しく、立身の方針も定まらず、優遊歳月を徒消し、学業をするけれど、記憶のみに力を注ぎ、心身の鍛練をゆるがせにするを免れず、父兄は功を急いで望み、甘やかす。少壮者を教育して国家有用の人材に育てるためには、精神を修養し、身体を鍛錬し、学区教育の足らないところを補い、生涯教育とところが肝要である」と。こういう行などは、戦後レジームからの脱却を言い募る政治家などからすれば垂涎ものではないだろうか。今風に翻訳してみると、「この頃の学生をみると、どことなく軽薄な感じで気概というものが乏しい。どんな仕事に就いてどのように生きていこうという人生の方針が定まっていないのに、ただなんとなく時間を浪費し、勉強をしても知識を記憶することばかりに力を注いでいて、心身を鍛練することを怠っている。保護者は、目先の成功ばかりを望んで甘やかしている。若者達を教育して国家の役に立つような人材に育てるには、精神を修養し、身体を鍛錬し、学校教育だけでは不足するところを補うような生涯教育が大切である」と。これをさらに超訳すれば、「愛国心を養うべきである、日本伝統の文化を重んじなければならない、心身を鍛える武道教育が必要だ、国際社会では国力を豊かにし強い軍隊を持ち外国と対峙していかなくてはならない、国力を豊かにするには原子力発電所は不可欠である」となる。

話を戻すが、鷲澤は長野県の学校掃除教育は他県とはちがうのだと信州教育の差別化を意識し、佐々木訓導の言説を借りながら、机上学習だけではなく掃除のような体験活動の教育的意義を主張する。訓練には実行が肝要である、言説だけでは到底真の訓練のできるものでない、そうした見地からすれば生徒に教室掃除をさせることは教育上もっとも重要な課業の一つとであるのだと力説する。雑誌「信濃教育」を見る限り、長野県には東京のような学校掃除論争があったわけではないが、「創意あふれる教師」[54]であり教育実践研究のリーダー的存在であった鷲澤の主張に対して、その後強い反論がなされなかったこと自体、多くの教師達がおよそ鷲澤と同様の掃除観を持っており、鷲澤の主張を受け入れたのだと見てもよいのではないだろうか。

この鷲澤の文章が発表されて以降、「信濃教育」には掃除に関する記事がしばらく登場しない。東京で学校掃除論争が展開されていた頃、わずかにその消息を伝えているにすぎない。消息とはやや下った一九一四（大正三）年の記事「結核と教室掃除」を指す。記事が掲載された「信濃教育」第三三一号は、巻頭からいくつかの論説・研究・雑纂・思潮と載せた後、中央における教育的動向を簡単に伝える「彙報」のひとつとして「結核と教室掃除」[55]を載せている。「彙報」とは、今日的に言えば「中央における教育動向」あるいは「教育関連情報」といったところか。

◯結核と教室掃除

鹿子木香川縣知事は今回訓令を発して校内の掃除を児童に課する事を禁止したり右に付樫田博士が学習院教室の掃除中十五分間に直径三寸許りの円形硝子器に沈降したる細菌の数を調べたるに一は三百六十八個一は四百六十六個一は六百三十七個の多数ありしといふ比較的清潔なる学習院の如き所に於てすら此の如く多数の細

菌あるを見れば其他の各小学校にては勿論此以上あるなる可し是等の細菌は眼に入りては『トラホーム』となり皮膚に着きては湿疹となり肺に入りては結核となる事故差向き東京都大阪の如き大都市の各小学校にては児童に課したる掃除の作業をば香川縣の其れの如く此際断然禁止する必要ありとて衛生界の一部に於て頻に唱へられつゝあり

この号が伝える彙報は全部で二〇項目近くあり、この報だけが際立って詳細というわけではない。また論争について他の号でとり上げられたり論文が掲載されたりしてはいないことからすると、東京で巻き起こっていた学校掃除是非論争に対して、長野県ではそれほど過剰な反応はなかったと見てよいだろう。

記事の内容は、学校衛生的観点から掃除禁止の根拠を提示し、東京大阪などの大都市の小学校で「此際断然禁止する必要あり」とする衛生界からの主張があるとしている。ただし、「衛生界の一部に於て」と断り書きを付けているあたりに、この記事の執筆者の意図らしきものが見えなくもない。東京地区の新聞紙上で展開された論争では樫田博士[56]のような医学界からの発言が多いのだが、当時の長野県には医学界関係者の絶対数が少なかったことも手伝ってか、この彙報以降の雑誌を調べてみても、医学界からも教育界からも反応は見い出すことができない。

一方清水福市は、当時の長野県の状況について「三　本県内における状況」として、次のように紹介している[57]。

関係する所余りに直接なれば余輩は此に其実情の記述を憚ると雖も小県郡医師会は之が禁止を決議し県医師会の問題たらんとせしも医師間にも禁止に反対する者多くして本県医師会に於ては遂に問題とならずして已みたり我が郡の先覚瀧揮清顕氏は演説に新紙上に其禁止の不可を主張し県当局に対しても大いに像警する所ありたり□聞する所によれば本県当局に於ても一問題として攻究する所ありたりといふ県内の新聞に於ても多少論議する所ありしが県下教育者間に於ては此禁否問題を問題らしきものとして取扱ふもの殆どなく寧ろ其狂態を一笑に付するのみなりき然れど掃除方法の改善につきては各相当に攻究をなし衛生上大に改むる所あり本作業

が教育上より見て従来に比し一層効果の顕著なるべきは期して俟ふ所なり

清水によれば、長野「県下教育者間に於ては此禁否問題を問題らしきものとして取扱ふもの殆どなく寧ろ其狂態を一笑に付するのみ」であったという。

彙報に紹介されている樫田博士に対しても、清水は鋭く反論する。学校掃除は衛生上有害だとする樫田の主張は推定推論推断にすぎず、「薄弱なる根拠にては到底人をして首肯せしめること能はず」と断じる。清水は言う。

禁掃論者即ち香川県当局者及其の医師社会の論議の根拠は如何香川県訓令は「往々種々ノ病原菌ヲ有スルモノト推定シ得ベシ」といひ論者は単に「有害なり」といふ結論を下せるのみにして其推定の根拠として何ら明確なる材料を示さず唯樫田博士が学習院の教室につきて調査せる所によれば十五分時間の掃除中に直径三寸許の硝子器に沈降したる細菌の数四百乃至六百四種の多数なりしといふ事実を聞けるのみ而して其細菌なるものが全部病原菌にあらざるは当時学習院が大々的の善後策を講ぜざりしにつきても知らる即ち今日論ずる所の病原菌の存在は多くは推定に過ぎざるなり細菌よりもむしろ恐るべきは塵埃の結膜掀衝より起る呼吸器粘膜炎症なるべし之とても直接間接の諸原因に因るものにして必ずしも塵埃吸入が主原因とはならざるなり以上の如く病原菌の有無確実ならず塵埃の被害又明瞭ならずとすれば其根底は単に常識的に「塵埃混在の空気を吸入するは有害なり」といへる漠たる推論に過ぎざるなり而して如何なる場所に於ても多人数の集合する以上絶対に塵埃の飛散を防ぐこと能はざれば本問題は更に適切に之を表述すれば塵埃混在量の多少如何の問題となるなり学習院の教室すら斯くの如しとすれば他の小学校に於ては勿論之れ以上といふ推断は抑も誤りの基にあらずや身分の階級若くは貧富の程度と清潔とは必ずしも比例せず今日地方小学校の大部は学校衛生上よりも寧ろ訓練上の主要事項として校舎内外の清潔に勉め家庭寺院等に優るとも劣らず到底学習院の教室乃至東京市内一部小学校の如き比にあらざるなり小学校の教室が果して衛生上黙止すべからざる程多量に塵埃の飛散するや否やは事

実問題なれば論者は宜しく現場につきて実験し且其の塵埃中に如何なる病原菌が如何程混在し如何なる次第によりて人体を害するかを調査研究して然る後それを根拠として論議すべきなり一部学者の発表したる机上の空論に雷同し「或は然らん」「然かく感ず」などと云へる薄弱なる根拠にては到底人をして首肯せしめること能はず

ここに展開される清水の論理は、見事というほかない。衛生派の医学専門家である樫田博士に対して、塵埃と発病との因果関係は不明瞭である、つまり塵埃を吸ったからといって必ずしも発病するとは限らないと指摘する。至極当然のことである。自らを科学者と任ずる医学博士に対して、非科学的だと指摘したわけだ。そのように安易に即断してしまう根本的な問題は、「塵埃混在の空気を吸入するは有害」だという常識的判断に過ぎないのだと論破する。樫田は一見科学的な判断を下しているようでありながら、実は非科学的な常識を根拠にしているにすぎないと。

さらに、学習院の教室に塵埃と細菌が多いのだから他の小学校はそれ以上だろうと推断することも、その根本には差別意識があるのではないかと手厳しい。身分や貧富と清潔かどうかという問題は別である、学習院のような高級学校よりも身分にも富にも恵まれないから清潔ではないとは言えない。むしろ地方の小学校では校舎内外の清潔に努めており、そういう現場に行ってきちんと実験し調査研究をした上で根拠を明らかにするべきである。一部の学者が机上の空論で言っていることに雷同して、そうであろう、そのように感じるなどと薄弱な根拠で主張しているようでは到底皆が納得できるわけがない、というのである。病気を引きおこす原因は目に見えない細菌だったという西洋医学の新知識を手に入れた医学者達が、新知識であるが故に、不確かな根拠と論理によって安易に結論だけを導き出してしまっている。清水が鋭く指摘したのは、そうした科学者達がときとして陥る陥穽だった。地方の一教育者であった清水が、中央で活躍する科学者を科学的論理的に論破したのだった。そこには、信州教育の担い手としての自覚に基づいた清水の矜持ともいうべきものを見る思いがする。

雑誌「信濃教育」が彙報で「衛生界の一部に於て頻（しきり）に唱へられつ丶あり」と伝えたのは、清水が雑誌

「下伊那教育研究所報」に論文を発表したのと同じ一九一四（大正三）年であった。清水がこの彙報を読んだうえで、樫田に対して反論しているかどうかは定かではない。両者に関連があるのかどうかは不明だが、彙報の執筆者には清水と同様の論理と判断があったのではないか。「一部に於て」と書き、「頻に唱へられつ、あり」と書いているこの短い一文の中に、些か皮肉を込めて突き放すような冷静な態度があると感じるのは私だけだろうか。それは、清水が「寧ろ其狂態を一笑に付するのみ」と断じていることとも通じる。「信濃教育」の初代編輯人（編輯主任）は村松民次郎であり、この彙報もおそらく村松が執筆したものであろう。村松がいかに優れた人格者であり、明治末・大正初期の信州教育界の精神的指導者であったかについてここで触れる余裕はないが、この彙報が載った号には編輯主任となって初めての巻頭論文として「教育に於ける教師本位と被教育者本位」を発表している[58]。尚、村松の門下のひとりに西尾実がいることも附記しておく。

清水福市は一九一五（大正四）年に論文「児童掃除禁止問題（二）」を、（一）と同様の「下伊那教育研究所紀要」に発表している。（一）（二）を合わせると、掃除論争の概略とその批判検討、学校掃除の実際的方法の提案等、その内容は詳細を究めているが、そうした清水の提起に対してその後際立った反応を見い出すことはできない。発表誌が「下伊那教育研究所紀要」であることから類推すれば、雑誌が長野県下伊那郡下の特定の読者の目にしか触れなかったためだとも考えられなくもない。あるいは、その当時の長野県下に起きていたなんらかの教育事情に起因しているとも考えられる。

実は同年大正四年二月、人格主義教育学と思想上の関連がみとめられる東西南北会によって、長野県師範学校長星菊太辞職勧告事件が起きている[59]。これに連座して休職処分を受けた長坂利郎など、信州には自由主義教育を標榜した教師達も多かった。また、翌大正五年には諏訪教育会主催の夏期講習会で西田幾多郎が「現今の理想主義」を講演しているが、西田のこの信州への最初の来講は、東京高等師範学校で学友であった長坂と西田門下の務台理作との人脈から実現したものだった[60]。このように当時の信州には哲学を学ぼうと集まる教師達も多く、大正九年には信濃哲学会が発足している。学校掃除論争中、信州においては以上のような哲学的動向が見られた。こうした自由主義的向学の気風が信州の教師達にあったことが、信州において大きな学校掃除論争の展開を見なかったこととなんらかの関連をもっているのかもしれない。

ところで、信濃教育会では毎月常集会を開催していたが、そこではさまざまな論議が交わされた[61]。『信濃教育会五十年史』[62]によれば、最初の常集会で論議されたのは、学校掃除を含む学校管理運営に関わる事柄であった。詳しい内容まではわからないが、記録上に表れる最初の論題が明治二〇年六月の「学校掃除ノ事ニツキ」であり演者は有賀盈重であった[63]。「役員職員一覧表」を見ると、有賀は会発足二年目の明治一八年から二四年まで理事を務めた人で、その年次の常集会の内容を示す一覧表を調べてみると、演題・談話・討論と区分けされたもののうち、演題として「将来小学校教員ノ注意」(明治二〇年二月一五日)、「箱仕掛教員ニツキ」(同年六月一〇日)、「本会組織ノ改正ニツイテ」(二一年一二月九日)、「伊澤氏褒賞試験ノ報告」(同年四月一四日)、談話として「学校掃除ノ事ニツキ」(明治二〇年六月一二日)を上程している。有賀が談話「学校掃除ノ事ニツキ」を上程した同日には、有賀以外の理事からの談話として、この掃除に関する他は「小學校の教員ニ就キ」「小學校女生徒ノ體育ニツキ」「小學生徒ノ管理ニツキ」などであり、それらと関連づけて推察するに、掃除については専ら学校衛生管理に関する観点から扱ったものと思われる。有賀の他の演題からも同様の推察が成り立つだろう。尚、上述の鷲澤は、明治二五年六月一二日の常集会において「東京及び隣縣學校視察状況」という演題で登壇していることを附記しておく。

第三章　大正初期から戦前まで

前章では、明治から大正期にかけての学校掃除論争と、当時の長野県における学校掃除論議について見てきた。この過程は、江戸期における養生思想を取り込むかたちで明治初期に出発した学校掃除が、学校衛生学的観点を再確認しながら新たな姿へと醸成されていく過程であった。同時にまたそれは、西欧列強に対峙できる軍事的国家力につながるような国民の身体を創り上げることこそが、教育の最大目標であるという国民的意識を育む過程でもあった。上述の信濃教育会常集会における「小學校女生徒ノ體育ニツキ」（中野精一郎氏談話）にしても、こうした観点から女子児童の体操や遊技について論議したものであり、「国家は強壮な国民を要求するが、虚弱・多病の女子がどうして健全な子どもを産むこと」[64]ができるかという問題だったのである。学校現場にはおそらく児童中心主義的な発想に立つ掃除指導観を持った教師もいたのであろうが、そうした個人の良心のようなものは覆い隠されるようにして戦争へと突き進んでいったのが、この時期の日本国家であったと言えるのではないか。

ここからはさらに、論争後の大正初期から太平洋戦争中にかけての時期に、帝国主義的国家思想が学校掃除観の中にどのようなかたちで尖鋭化し顕現していったかを見ていくことにする。

大正初期の学校掃除観——湯原元一の場合

湯原元一（ゆはらもといち、一八六三—一九三一）は高名な教育学者であり、彼の来歴は比較的よく知られている。近代日本の教育者であり文部官僚でもあった[65]。佐賀藩に生まれ、東京帝国大学医学部を卒業するが、医師にはならずに文部省に入省。全国各地の公立尋常中学校で教諭として教鞭をとり、新潟県庁北海道庁に出向して教育行政に携わった後、再び教育現場に復帰し、第五高等学校教授に就任。一九〇七（明治四〇）年には東京音楽学校長（後の東京藝術大学）に就任。一九一七（大正六）年には東京女子高等師範学校長（後のお茶の水女子大学）、一九二一（大正一〇）年には旧制東京高等学校初代校長に就任している。これから検討しようとしている『教育及び教育學の改造——実際的教育の主張——』[66]は、東京音楽学校長当時の著書である。

湯原の教育姿勢は、欧米流の自由主義教育を基調とし、生徒の主体性を重んじたものであったらしい。したがって、湯原の勤労教育観あるいは学校掃除観が、当時の一般的なそれに対して先進的なものであった可能性は高い。

湯原の女子教育に関する考え方も、社会の変化をいち早く取り入れ、新しい女性の生活様式や意識の変化もある程度容認した上で、「国家の活力になるよう導いていこうとの意図」に基づいたものであった。それは女性の持つ社会的可能性を「国家に吸収していく試み」でもあったと、蔵澄裕子は分析している[67]。この言説を敷衍すれば、湯原の教育観がいかに自由主義的であったとしても、結局は国家への個人の貢献という発想を免れるものではなかったということであろう。湯原が一九二二（大正一一）年に上梓した『新制　女子修身教本』の分析から、蔵澄はそのように結論づけているのであるが、それに先立つこと六年前の著書『教育及び教育學の改造——実際的教育の主張——』にも、湯原の勤労教育観が示されている。

学校掃除については、この著書の第二〇項で「勤労教育と学校掃除問題」と題して論じられている。「運動嫌ひは勤労を厭ふの一證」から始め、「勤労を卑しとする長袖主義」「教育の力を過信する勿れ」「社会自ら勤労の必要を感ずるを要す」「小学教育に於ける勤労」「其方法には工夫を要す」と続けた上で、「小学校児童の掃除は是か非か」と論理が展開されている。

そもそもこの著書は五九八頁にも及ぶ大著であり、その序言には著者の本著への想いが端的に語られている。この僅か七行の序言から、湯原の批判的合理的精神を見て取ることができる。彼はこの著が当時の教育及び教育学に対する「不平の聲」であり、その「改革に関する要求の一端」であるとする。そして、個々の論文を収録した本書ではあるが「その精神は終始一貫」しているとし、「組織的意見は他日を期して」発表すると述べる。現今の教育に対して

「合理的又、実際的」ではないとする批判的精神に基づいて著しているのだという。確かに第二〇項にしても、児童に掃除をさせることの是非に関して「合理的又、実際的」に主張しようとする論理の運びを見ることができる。ただし、その際もっとも注目にしなければならないのは根拠と結論だ。

湯原のもっぱら主張するところが教育における勤労主義の重要性であることは項題からも明らかだが、彼は「総ての教育の問題を勤労の上に集中させたい」とまで言い切る[68]。そしてその信念を根拠として、「其方法には工夫を要す」ると条件づけをした上で、「小学校児童の掃除は是か非か」の結論を述べようとする。そうした信念の由来は、商工業が盛んで社会が健康と勤労に価値を見い出している欧州にある。

湯原の見地からすると、学校掃除の方法にはなんらかの工夫を要するというのであるから、いったいどのような工夫が、換言すれば掃除という活動の場にどうような条件づけが必要だというのであろうか。読者は、「其方法には工夫を要す」という小項目の題名を見た後、湯原はいったいどのような工夫を示すのだろうかと期待しながら本文を読み進めることになる。するとどうだろう、その期待は見事に裏切られてしまう。湯原は自説については論理的に述べることをせずに、「考へ方によっては尚多くの議論の余地があらふ」と結んでしまっているのだ。問題点だけを指摘し、自らの答えは示さないままだ。

湯原の論理展開をもう少し詳しく検討してみよう。彼は最終的に学校掃除の是非について論ずる必要から、まずその前段として「其方法には工夫を要す」と書き起こした辺りでは、「小学校に於いては如何にして此勤労の気風を実地に作業上から養成すべきか」とする問題意識を示し、「之は外国の例などに考へても頗る研究を要する問題である」と解決の方途を欧州に求めようとする。そして、「今其手近い一例としては、最近に起った處の掃除問題がある」と問題の所在を示しておきながら、例示したのは実は掃除以外の事例である。事例とは、授業中にペン軸を集めさせた際級長が怪我をしたことが教育的越権行為に当たるかどうかを問われた裁判で、越権行為ではないと主張する教師側が勝訴したことを挙げる。先述したように学校掃除是非論争における賛否が、教育的意義か衛生的問題かという観点からなされていると知っている読者にとって、この例示はいかにも唐突で目眩ましに遇った思いさえするだろう。論点相違の虚偽と映るにちがいない。さらにその後、「さて此事と掃除とを比較して見るに」といきなり話を元に戻し、「学校当事者に於ては今日の場合掃除を課するに就いて相当の理屈を有って居る」と学校掃除を単純に肯定し、「併し」と附記して議論の余地があると結ぶ。

このような展開は、論点先取の虚偽行為というものだ。有り体にいえば短絡的である。論証のようでいて論証にはなっていない。〈論点相違の虚偽〉〈論点先取の虚偽〉は共に論理学の用語だが[69]、湯原が展開している論理は、本人がそれと認識している確信犯的なものか否か、それこそ議論の余地があるだろう。今でも一部の政治家や研究者には、同様の傾向が見受けられるが。

湯原がなぜペン軸を集める際の怪我の事例などを挙げたのか、おそらく彼は学校掃除の現場で起きるさまざまな具体的事例を挙げることができなかったのではないか。いかにも学者的であり現場性に乏しい。

いずれにせよ湯原はここまでを前提として書いたうえで、いよいよ「小学校児童の掃除は是か非か」について述べる。ただし、最後に読者が蹴躓いて転ばないように予め言っておけば、湯原は「是か非か」の結論を論究できていない。

小学校児童の掃除は是か非か

勤労はケルシェンシュタイナー流に言へば生産的でなければならぬ、其事をした為に何等精神上に進歩、若しくは所得がなければ教育上の勤労としては甚だ価値の少ないものである、児童に掃除をせしむれば、清潔の観念を養ひ、自分の事を自分で始末すると言ふ心持を幾分味ひ得さしめるであらうが、併し之は仕事に伴ふ結果であって、仕事其のものから直接産み出さるゝものではない。仕事其物は甚だ機械的で特別精神上に何等の発展を認むべきものではない。又仕事を学校訓練の一手段とするには、それが直接教育に関係のあることでなければならぬ。例へば掛図を用意するとか、水注しを以て配水するとか、或は黒板を拭くとか言ふ様なことは、教授に直接関係のある勤労である。尚其上に此場合には児童の頭には此仕事は自分の教授を受くるが為、又教師の委任を果すが為と云ふ考が自ら浮んで来る。然るに掃除に至っては前に述べた如く間接には訓練上効果があらうが、どうもこんな関係はない様である。軍隊で兵士に掃除を課するのは軍隊生活の必要に基くもので、之は軍隊教育の為ではないと思ふ。好しさうであっても之を小学校で学ぶ必要はない。要するに掃除其ものの教育との関係がまだ十分明白でない。之を訓練上に欠くべからざる手段と観るべき理由は更に一段の討究を要することと思ふ。若し掃除を以て時弊を矯正する一手段として課すると言ふならば、それも一理あるが、併しさうするには他にも色々必要な事があるから、学校の規則から改めてその仕事の範囲を広げなければならぬ。今日の規則のままでは単に訓練上必要である言ふ理由で勝手な仕事を課すると、動もすれば教師越権論など持ち上って来ることを免れない。況んや危険がないならば兎も角であるが、苟も専門の学者が衛生上危険である言ふに於ては、之を矯正するだけの反対の論拠を有たない限り、若し萬一児童に不幸なことでもあれば、相手次第で直に学校に対して損害賠償等の問題を惹起す。さうなくとも学者の意見、而も日本一流の学者の意見が危険であると言ふ事に一致する上は、政府に於ても之を不問に付して置くと言ふ訳にはゆかぬといふことになるであらう。若し自分一個の所見を言へば、掃除をさするのは其結果はよいと思ふが、併し理屈を言へば前述の如く幾られも言へる。而して又此理屈に対して何人も或る程度までは屈服しなければならぬから、そこで茲に勤労の必要を説く序に掃除問題をかりて、その方法に於ては当事者の細心の注意と研究とを促すのである。[70]

（後略）（旧字体は平田が新字体に変更した）

彼は冒頭で以上のように述べ、ケルシェンシュタイナーを引きながら掃除というものは生産的でそこには何らかの精神的進歩が見られるのかと投げかけ、掃除における「仕事其物は甚だ機械的で特別精神上に何等の発展を認むべきものではない」と断じた。要するに、掃除には教育的な意義はないというわけである。

ケルシェンシュタイナーといえば労作教育である。そこでいきなり少し横道に逸れるが、玉川学園創設者小原國芳の全人教育において、掃除がどのように考えられているかを一瞥しておくことにする。いわゆる作業教育論の系譜がペスタロッチ[71]からケルシェンシュタイナーへとつながるものである以上、ここで小原の労作教育に触れておくことで湯原の主張をより深く理解するための一助としたい。

　ペスタロッチは、子どもの自発的活動を尊重するルソーの教育思想の代表的実践者であるが、ペスタロッチにおける作業は経済活動と結び付いており、作業は経済的自立の手段の基礎と考えられていた。その影響を受けていたケルシェンシュタイナーもまた同様に、作業は収入を得ることの基礎になると考えた[72]。小原國芳はこの理念に深く共感し玉川学園を創立し、「労作によって知行合一の強固なる意志と実践力を持った人間形成」を目指したのだった。玉川学園の労作教育については、インターネット上の学園サイトに詳しい説明があり、創立者小原の多くの著書からも知ることができる。

　小原は著書の各所で労作教育に触れて書いているが、掃除に関する記述は意外なほど少ない。たとえば「美育」に関する部分で、「自ら植え、作り、工夫し、縫い、染め、張り、繕い、洗い、掃き……かくてこそ真の美育も達成されると思う」[73]（傍線は筆者）と述べ、さまざまな作業の一部として位置づけられているに過ぎない。小原の労作教育においてもあらゆる作業は健・富と結び付けて考えられるため、もっぱら精神性の向上や内面形成を図ろうとする考え方に立つような掃除活動（その代表的なものが自問清掃）は、労作の中では教育的活動としては初めから度外視されているのではないだろうか。

　以上のような労作教育に関する理解に立って、再び湯原の言説に戻ってみることにしよう。すると、彼が掃除における「仕事其物は甚だ機械的で特別精神上に何等の発展を認むべきものではない」と断じている背景が見えてくる。湯原は、「所得がなければ教育上の勤労としては甚だ価値の少ないものである」と述べる。彼のケルシェンシュタイナー理解からすれば、掃除とは、予め決められた場所を決められた方法できれいに汚れを取り除く機械的な仕事であり、何らかの生産活動でもなければ収入につながる作業でもない、それをやったからといってなにか特別人間的な成長が認められるようなものでもないというわけである。そう述べておいて湯原は、教授に直接関係してはいない掃除というものを、「訓育上に欠くべからざる手段と観るべき理由は更に一段の討究を要することと思ふ」とし、「要するに掃除其のものの教育との関係がまだ十分明白でない」と鋭く指摘する。これは是非論争における学校掃除賛成派に対する苦言となっている。

「掃除さするのは其結果はよいと思ふ」とはっきり書いているし全体の文意からしても湯原自身が掃除賛成派であることは明らかだが、物言いは学者らしく慎重極まりない。「若し自分一個の所見を言へば、掃除さするのは其結果はよいと思ふが」と述べておきながら、「併し理屈を言へば前述の如く幾らでも言へる」と条件をつける。そして結語として、「そこで茲に勤労の必要を説く序に掃除問題をかりて、その方法に於ては当事者の細心の注意と研究とを促すのである」としている。

学校掃除論争の渦中から一歩退いた湯原の態度は、学者らしい振る舞い方であり、冷静でより客観的だとも言えるかもしれない。学校掃除反対派が主張する衛生論に対して、賛成派は「専門の学者が衛生上危険がある言ふに於ては、之を矯正するだけの反対の論拠を」有つべきであり、ましてや「日本一流の学者の意見が危険であると言ふ事に一致する上は、政府に於ても之を不問に付して置く訳にはゆかぬといふことになるであらう」[74]とする指摘には、確かに頷けるものがなくもない。

しかし残念ながら、彼もまた掃除賛成派でありながら、掃除の教育的意義や根拠を示すことができてはいない。教育の勤労主義が湯原の教育論の核心であるにも拘わらず、その肝心の勤労の中に掃除を教育的に意味づけることができていない。つまり、掃除と教育との関係をまだ十分明白にできていないのは、外でもない湯原自身なのである。

このように自分では問題の所在を指摘しただけで終わっていながら、学校教育の当事者に対しては細心の注意と研究を促すというこの学者的姿勢は、なにも今に始まったことではなかった。湯原がここですべきことは、西欧的勤労教育の文脈の中に、学校掃除の教育的あるいは人間形成的意義を位置づけて示すことだろう。それをしていないのは、この著書が諸論文を収録して成ったものであるから言及できなかったためなのか、あるいはそれができていないのは、学校掃除というものの教育的意義を、西欧の勤労教育あるいは労作教育の延長上だけから捉えようとすることの限界性を示しているのか。私は、後者だと思う。日本固有の伝統に基づいて実施されてきた学校掃除を、西洋の教育思想だけを手がかりに意味づけようとすることには無理がある。

掃除を「甚だ機械的」だと決め付けている湯原の言説から想像するに、おそらく彼は学校掃除を殆ど体験したことがなく、家庭でも掃除は婦女子まかせで自分ではいっさいやらなかったのではないか。家庭における掃除洗濯片付けなどは、体験してみればわかると思うがたいへんに創造的な仕事であり決して機械的なものではない、幸田露伴の例[75]を引くまでもなく。

公立尋常中学校教諭の経歴をもつ湯原だが、エリートである彼は子どもと共に掃除をするという体験を持たなかったのではないか。日常的な実体験がないから、掃除には教育的な価値はなく「甚だ機械的」だとしか見えなかったのだ。そういう体験なき者が、「若し自分一個の所見を言へば、掃除さするのは其結果はよいと思ふが」と生活感覚的に結論を下してしまい、学者としては教育的な意義づけも示さないまま、学校教育現場の当事者には一層の工夫と研究を求める。日常の生活感覚としては日本人的でありながら主張する教育思想は西欧的であり、その意味では、学校掃除反対派の医学関係者達が、おそらく一度も便所掃除をしたことがないのに西欧医学の知識をふりかざして衛生面から声高に反対を言い募っていたことと変わらない。

ここまでは大正期学校掃除意識の一例として、湯原元一の主張をとり上げ見てきた。ここからは続く昭和初期から戦中期を見ていく。

最初にとり上げるのは、一九二七（昭和二）年発刊の大内惣吉著『保健衛生と學校兒童掃除問題』[76]という小冊子である。大内の主張を丹念に辿ってみると、学校掃除を廃止すべきだとする廃掃論の背景に、実は優性思想があったこと、その優性思想は知識人達に広汎に受け入れられていたこと、そして優性思想はやがて戦争に向かう大きな渦の中に巻き込まれていったことがわかってくる。

昭和初期の掃除論議——大内惣吉の場合

大内惣吉著『保健衛生と學校兒童掃除問題』の奥付には非売品とあり、著者の住所は「東京府豊多摩郡澁谷町下澁谷一五六〇番地」となっているから、内容から推し量ってみても、この小冊子は東京在住の内科医師大内惣吉が自説を公表するために自費出版したものと思われる。冊子の最終部分には、廃掃（掃除を廃止するの意）は「何よりも緊急な問題で且つ學校醫諸君には賢明なる眼識を欣ふ者である」と締めくくっているからには、大内は僅か五〇頁のこの冊子を、自説を広げる目的で自費出版して学校医などの医学関係者に配布したにちがいない。最終文は、「賛成の方々は端書一葉にて賛意を表されん事を乞ふ」と結んでいる。

本著は、学術的な研究において、「保健」概念に関わる重要著書として着目されたことはあったもの[77]、学校掃除との関連でとり上げられることはなかった。しかし、ここでは学校掃除という新たな視点からの再検討を試みたい。一九四五（昭和二〇）年の敗戦に至る一五年戦争の直前に刊行されたこの冊子は、最後は学校衛生論者の学校掃除廃掃論として結ばれている。つまり一見それは単なる学校掃除衛生論であるかのように見える。しかし話はそう単純ではない。

冒頭に「自序」を配して後、最初の項題はなんと「優性學上より見たる大和民族」であり、優性学と民族の関係から説きおこされている。その後「廃掃問題」「治療医術に優る予防医学」「予防医学」「廃掃問題と婦人」「都鄙に別あり」「教師側より見たる掃除」「細菌學上より見たる掃除」「道徳の根底より見たる廃掃」と続き、最後が「附言」となる。これらの項目順だけを見ると、「自序」から「優性學上より見たる大和民族」と説きおこす点にしても、その後にいきなりの「廃掃問題」を提起するという展開にしても、話の進め方は些か唐突で性急な印象を与える。その唐突さ性急さの原因は、いくらかは大内個人の性格に由来するものかもしれないが、彼が信じた思想や彼を包んでいた社会状況を視野に入れながら検討し理解すべきものであるちがいない。

まずは、説きおこし方について見てみよう。大内は、この小冊子の冒頭の「自序」で、なんと「無機有機の界なき太古と「廣漠百萬光年の彼方」の宇宙から語り始め、人間は「自然に反抗する驕兒として跋扈を恣まゝにして居る」と嘆き、「驕慢の心を戒愼する事一日も早き民族こそ永遠の生命を地球の上に印する」と詠う。僅か六行しかない序文だが、こうして壮大な構想から始まる。大内の関心は、いきなり掃除問題には向かわず、宇宙や自然の法則の中に生きる人間を、民族という単位で見たときのあり方へと向かう。この六行の後にややフォントを落として一行ばかりの但し書きが付く。「二十二年前学窓より日本海、戦々報に胸を躍らせつゝ、奨士の偉勳を仰ぎ微んりと雖も小軀聊か国家の犠に供せん心に誓った當時の純情を顧み忸怩しつゝ」と。

大内が言う日本海海戦とは、一九〇五（明治三八）年日露戦争においてアジアの小国日本が西欧列強の大国露西亜のバルチック艦隊を撃滅し世界を驚愕せしめたあの戦いのことである。彼は今も尚その当時の純情と興奮の中で語っている。日本人的視点からすれば大勝利であったこの日露戦争が、日本人にとっていかに精神的高揚をもたらすものであったか、また二〇年以上経っても尚その「純情」を想い現状を鑑みて「忸怩しつゝ」憂慮し、大内をして遂に筆を執らしめるに至ったほどのいかに大きな出来事であったかがわかる。

その大内が「廃掃」を主張する根拠は、結局は「細菌學上より見たる掃除」が衛生上いかに危険な行為かということであり、その点では十数年前の掃除論争における廃掃論者の科学的根拠と変わりはない。しかし、彼は「優性學上より見たる大和民族」と題する項目から説きおこしている点が大きく異なっている。彼は当時の結核療法研修会に参加していた記録も残る内科医師であり、後に小児結核に関する著書[78]を上梓しているが、廃掃の論拠も結局は病理的には結核予防という観点からなされている。ただし内科医である大内が優性学と大和民族という語を使用していることからすると、当時隆盛してきた優生運動となんらかの関わりを持っていたと推測してまちがいないだろう。この冊子の「自序」が、今のわれわれの目からすると一見現実離れした壮大すぎる書き出しであることも、優生学との関連で理解しなければならないだろう。

そこで、大内の主張の検討に先だって、当時の優生思想の動向を見ておくことにする。

日本優生学の動向

日本優性学に関する際立った動きとしては、一九二四（大正一三）年に後藤龍吉が日本優生学会を設立し機関誌

「ユーゼニックス」創刊したこと、次いで一九二六（大正一五）年に池田林儀（いけだ・しげのり）が機関誌「優性運動」を発刊したことを挙げることができるだろう。ただし、これらの動きが日本における優性学・優性思想の出発を意味するものではない。実は、その流入ははるかに早い。

そこでここからは、ハンセン病や被差別部落やアイヌ民族問題との関連で長年優性思想について探究してきた藤野豊の言説を中心に、近代日本における優性思想史を概観する。なぜ藤野の仕事をとり上げるのかと言えば、彼の労作である『日本ファシズムと優性思想』[79]が研究対象としている時期が、前述の大内が著書を上梓した時期とぴったり符合しているからである。つまり、藤野の研究に沿って優性思想を見ていくことで、大内の言わんとする主張の背景が自ずと明らかになっていくものと考える。

そもそも優性学あるいは優性思想とは、一般的な辞書における意味としては、人類の遺伝的素質を向上または減退させる社会的要因を研究して、悪性の遺伝的素質を淘汰し改善をはかることを目的とした応用遺伝学の一分野である。一八八三（明治一六）年、イギリスの遺伝学者でありダーウィンの従弟にあたるフランシス・ゴルトンによって提唱され始めたもので、ユージェニックス（ユーゼニクス）ともいう。

この学説に依拠し、それを具体的な政策として実行したといえば、誰しもまずナチス政権を思い浮かべるだろう。アーリア人種の人種的優秀性という神話に基づいて、ドイツ民族の生物学的質の向上と良質な人口増殖を推進するべく民族衛生政策に着手し、結婚の制限・禁止、断種、果ては虐殺をも実行したことは周知の事実である。それは、優性思想を背景とした極端な「生命と健康の国家管理」[80]であった。

ダーウィンが『種の起源』を刊行し、進化論を発表したのは一八五九年だが、ダーウィンの従弟で東京大学生物学・動物学教師であったエドワード・モースによって、この進化論が日本に紹介されたのが一八七七（明治一〇）年。まさにこの頃から日本は近代国家への道を急速に歩み出していった。当初文明開化の思想として日本に流入した進化論とそこから派生した優性思想が、やがて富国強兵政策と結び付くことで、生物学の問題としてよりは社会科学の問題、すなわち社会ダーウィニズムとして受容されていったのだった[81]。二〇世紀初頭にかけて、この学説の洗礼を受けなかった日本の思想家は殆どいなかったと言っても過言ではない[82]。ちなみに、「天は人の上に人を造らず」と謳ったかの福沢諭吉にしても、この行の後を注意深く読めば、明らかに「人種改良」論に基づいて天賦人権論を唱えている[83]。また遺伝学者はもちろんのこと、東京大学綜理加藤弘之を初めとする知識人、政治家・官僚・軍人・医学者を初め、賀川豊彦ら社会派キリスト者、平塚らいてうら婦人運動家によっても、優性思想は支持されていった。いずれにしてもそこにあるのは、人間の心身の健康には遺伝的要素が決定的な影響をもたらすという優性思想特有の遺伝への極端な過大評価であった。

しかし、優性思想は決して過去のものではない[84]。ヒトゲノムが解読された現在、遺伝子検査による妊娠中絶や精子バンクあるいは将来のがん予防のための切除手術などが話題になっているが、いずれも背景にあるのは優性思想だということを見落としてはならないだろう。優良な遺伝子への志向や排除すべき遺伝子への配慮といった発想は、優性思想そのものだと言ってもよい。遺伝子組み換えやクローン技術や競走馬の血統を話題にし、新型出産前診断について語るとき、そのたび毎に現代に生きるわれわれもまた自らの優性思想を問われているのだ。

明治期から昭和期にかけての優性運動・優性政策のなかで子孫を残すべきではないとされたのは、いわゆる「劣等者」と言われる人々であった。身体障害者、精神障害者、ハンセン病患者、結核病患者、梅毒等性病患者、アルコール依存症、てんかん、常習的犯罪者、薬物中毒者、また被差別部落民、アイヌ民族、反体制派、果ては晩婚者、低能児、そしてそれらの人々の血縁者等々、今であれば社会的弱者と表現されるような人々、理由なき差別を受けているような人々、社会的少数派のすべてを含んでいた。そこには当時すでに科学的には原因が遺伝ではなく感染症であることが解明されていたハンセン病、結核等の病気すら含まれていた。病気は遺伝しないが、病気に罹りやすい体質は遺伝するという論法によって。

結局のところ優性運動の核心は、劣等者は子孫を残すことないよう自らすすんで任意に、必要によっては強制的に断種すべきであるという世論を喚起し国民的関心を高めること、政策としては断種法を成立させることであり、その究極の目的は国防の観点から国民の健康と体位を向上させ西欧列強に対して軍事的優位に立つことであった。つまり、当時の優性思想は医学や遺伝子学の理論を無視した非科学的なものであり、優性運動は極めて政治性の強いものであった。

それは、黒船来航以来体格的に劣等者と自らを位置づけた黄色人種である日本人が、民族的優秀性に磨きをかけて白人種の西欧諸国に対峙し打ち勝たなくてはならないとする劣等意識に裏付けられて駆られた積極性の発露だったとも捉えることができるだろう。

近代日本におけるこうした優性思想の歴史的展開は、藤野豊によれば、およそ次のような七つに時期区分されるという。第Ⅰ期明治維新～日露戦争期、第Ⅱ期日露戦後期、第Ⅲ期第一次世界大戦期～一九二〇年代前半、第Ⅳ期一九二〇年代後半～一九三〇年代初頭、第Ⅴ期一九三一年～一九三七年、第Ⅵ期一九三七年～一九四五年、第Ⅶ期戦後期である[85]。

大内惣吉が当該書を出版したのは第Ⅳ期にあたる。この時期は、「日本医師会・日本赤十字社も優性思想の普及に乗り出し、日本民族衛生学会も設立されるなど優性思想を受容する世論が成立し、政府も優性政策の必要性を認識」[86]した時期であった。ただし少々細かいことを言えば、大内の著書刊行年月日は一九二七（昭和二）年五月二七日であり、田中義一内閣が人口食糧問題調査会を設置して優性政策論議が始まったのが同年七月七日、内務省が「民族衛生の施設に関する意見如何」を日本医師会に諮問したのが同年一〇月二八日であった[87]。したがって、「日本医師会・日本赤十字社も優性思想の普及に乗り出し」とされているが、大内は医師会総会で優性論議が本格化するに先だって著書を刊行していたことになる。

藤野の研究では第Ⅳ期における池田林儀の優性運動について検討したうえで、優性思想が日本ファシズムの国策の中に定着し総合的な医療・衛生政策の基盤となったとする見解を示し、「それを可能にした背景には優性思想を受容する民衆的基盤がそれ以前に形成されていた」[88]と述べている。この言説にしたがえば、在野の内科医であった大内惣吉[89]による著書刊行は、優性思想の民衆的基盤形成に向けての大きな流れの中に発現したそのひとつの証跡と見ることができるだろう。時代は、コレラ対策に追われた「健康」の時代から、結核予防対策に移行した「体質」の時代であった[90]。

優性思想の全体像を把握しようとする際、この第Ⅳ期以降の優性運動こそ日本ファシズムとの関連で検討しなければならないのだが、本章での当面の目的は大内が著書を刊行した当時の優性思想の動向を知ることにある。そこでこれ以上は優性運動の動向に踏み込むことを一旦止め、大内の著書の内容検討に入っていくことにする。

優性思想と大内惣吉

大内が「自序」の末尾で、「二十三年前学窓より日本海、戦々報に胸を躍らせつゝ、奨士の偉勲を仰ぎ微んりと雖も小軀聊か国家の犠に供せん心に誓った當時の純情を顧み忸怩しつゝ」と記したことはすでに紹介した。日露戦争の勝利がひとりの日本人青年である大内の純情をいかに高揚させたか、そこを出発点として国家というものの存在がいかに個人に強く意識化されたかが、このわずか二行から滲み出てくるかのようである。

優性思想の動向からすれば、日露戦争後に優性思想論議が本格化し、第一次大戦後は国家総力戦体制に備えて日本民族の質的向上が具体的に論じられ、「断種法」の是非をめぐる論議も活発化してきていた。日露戦争後欧米では黄禍論が高揚したのに対し、第一次大戦後の日本では、ヨーロッパの激戦による青年男子人口の激減した今こそ人種的に優位に立ち得る絶好の機会とも映っていた[91]。大内の著書が発刊されたのは、そうした時期である。だからこそ大内は「自序」の終わりを、「驕慢の心を戒愼する事一日も早き民族こそ永遠の生命を地球の上に印する」と括っている。大内が見ていたのは、「永遠の生命を地球の上に印する」日本民族の繁栄する姿であったのだろう。「戒愼する事一日も早き」と記す裏には、今こそその好機だと逸る想いがあったにちがいない。

さて大内の著書は、最初の項を「優性學上より見たる大和民族」と題して始まる。これが八頁分。そのうちの三頁分程度は図表を提示。それ続く第二項は「人生の永遠性より見たる教育の位置」、そして第三項目がやや唐突な感じで「廃掃問題」となるが、ここは僅か七行で半頁分しかない。分量は少ないが内容は本著の主題提起であるから、その前の第一・二項で主題設定の理由が述べられているというわけである。まずは、その第一・二項を分析してみよう。

大内は、自身が理解した優生学的見地から「現在の我国家に照合する」と「其文化が絶頂に達せし時既に衰亡の朕兆は機微の裏に胚胎して居る」と論を始め、自由と放縦の跋扈する現況を嘆く。「機質的方面としても酒精中毒者、精神病者及結核患者か（ママ）日々夜々増加して全人口の過半数を占め人類総体質の平均値の低下しつ、あるを否定し得ないのも事実である」と、極端な現状認識を述べる。世相を嘆き、アルコール中毒者、精神病者、結核患者が増加する現状を、人類全体の体質を低下させているとも言う。人類とは言いながら大内は全人類のことを心配しているわけではない。彼の頭の中には我が大和民族のことしかない。コレラなどの疾病について例示していないのは、健康問題がこの当時「体質」の時代へと移行しつつあったことを示しているだろう。そして、人口は増加しているが質的な増加かどうかと問うて、「生産率」と「死亡率」の推移を表すグラフを提示する。グラフ「各國ノ生産率」「各國ノ死亡率」には「永井博士著人生論より」と出典元が附記されていることから、当時優性運動の中心的な存在であった永井潜著『人性論』から大きな影響を受けているらしいことがわかる[92]。

そこでまず永井潜の『人性論』を少し見てみよう。永井は「人種衛生と民族の興亡」と題する章の中で、グラフを示しながらさまざまな分析を行っている。しかし彼は、一九一四年から一七年にかけてヨーロッパで展開された第一次世界大戦をまるで勘案していない。というのは示された数値は、なんと戦争中に死亡率が低下していることを示しているのである。常識的にどう考えてもおかしいし正確かどうかも疑わしいと思うはずだが、そんなことには一切触れていない。一カ所だけ戦争に触れて、英仏独等においては生産率が「段々と下つて居る、而して最近に於いて戦争の為に其趨勢が愈々激しくなって来た」[93]と記しているが、死亡率については「欧羅巴各國に於ては年と共に著しく其数が下つて居ることが明瞭に見られる」[94]とも述べているのだ。つまり生産率に関しては戦争の影響を認めるが、死亡率については度外視している。そもそも戦時中に各国が正確な死亡率を公表することは防衛上あり得ないし、戦時に死亡率が下がるとはいったいどういうことであろうか。また戦場となっている諸国とそうではない日本とを比較して、「吾が邦に於ける生産率は従来漸を逐ふて上うて来た」[95]と評価することが適切だろうか。永井には、こうした疑問はいっさい浮かばないようだ。

これらのグラフを提示するまでに、永井が展開している論理にも驚かされる。種族と個人との関係について、生物学的見地から次のように主張する。「一個體即ち小我を、種族即ち大我の為に喜んで犠牲に供せなければならぬ」[96]「一而死と云ふ一個體即ち小我を殺す剣は、種族と云う大我を活す活人剣である事を考へなければならぬ」[97]と、生物体からすればたとえ多少の細胞たる個人が消滅したとしても、その生命体本体である種族が生き残る方が重要だとする論理である。結局は「好ましからざる素質を有せる階級の人が子供を余計造つて繁栄」することが問題であり、「好ましき素質を有つて居る階級の人に子供が出来」[98]ること大切だというわけである。進化論的生物学の大法則は「所謂社會活動説即ち社會を一つの生物として取扱ふ學説」であり「確かに其所には一面眞理があると思ふ」[99]と、これが永井が展開する論理の前提となっている。進化論的生物学の論理を社会に対して直接当てはめるやりかたは、大胆というよりは乱暴というものであろう。正に机上の論理、優性学者らしい感性と言わなくてはならない。彼にとっては結論がまずあり、その後に優生学的論理のこじつけがくる。

翻って大内はどうかとみると、熱心なひとりの町医者として奮闘していた彼が[100]、こうした言わば個人の存在や生命を無視するかのような言説をそのまま受け入れたのだろうかと疑問に思う。医者である大内の相手は病弱者達であり、日常的にそういう人々の治療にあたりながら、内面では「一個體即ち小我を殺す」ことを容認していたとは考えにくい。往診に出かけるひとりの医者は、医療現場に身を置いて、実際の治療に当たりながら人の生き死にと直接に関わっている。その大内が、永井の言説をそのまま受け入れたのだろうか。

先述したようにこの後大内は、小児肺炎に関する著書（大内一九三五）を刊行したが、その著の「後記」によれば、前半部分の論文は「昭和六年に或新聞に連載されたもの」[101]だという。八七頁あるこの著の後半は「附・現代の世相を見て感ずるまゝに」とする随筆で、本著は多分、先に新聞紙上で発表した論文を前半に配し、後半に随筆を書き下ろして編集したものと思われる。内容を見ると、書き下ろした後半部分に大内の本音がより赤裸々に語られているように感じられる。文章の最後に近い「〔十一〕最後の断案」[102]の中で、人口増加、食糧分配、社会罪悪と貧窮などに対する「具体的論」を提示し「産児制限」について触れている。「何れにしても文化が進めば此の問題は各々真面目に考へなければならない問題である」と、次のように述べている。

さしあたり産児制限を施行せんとせば優性学的の見地から施行すべきである。一、殺傷犯者　二、盗癖者　三、癩病、重症結核病、重症黴毒、精神病者の或者、慢性重症、アルコール中毒者、四人以上子女を有し制限を好む人。右の人々に於て避妊法を教授するものである。或は強制的に施行するのである、産児制限はたゞに自己の貧窮困苦を救済する経済上のみの理由にあらず、身心ともに健全なる後継者をつくり種族を曳船に維持することがその究極の目的である、即ち然らば子孫をつくるには其量の多きより寧ろその「質の最善」を期することが生殖、結婚の目的に外ならぬのである。

大内のこうした主張を読むと、医療現場に身を置いていた者であるからこそ子孫の「質の最善」問題に対する意識が逼迫したものであったことがわかる。そうした現実感があったからこそ大内は、一見すれば机上の論とも受けとれる永井の説を直接的な問題として受けとり学校衛生問題へ、そしてその延長線上にある学校掃除問題へとつないでいったにちがいない。ただし仮に一〇〇年後の今日のように社会福祉・社会保障、あるいは生活保護・保険・給付金などの概念や制度があったとすれば、感染症であるとわかっていたハンセン病や結核、あるいは治癒可能なアルコール中毒者までも、内科医である大内が例示することはなかったのかもしれない。

ところで永井は、ヨーロッパと日本の死亡率を比較して、日本で死亡率が高いのは「公衆衛生が……未だ至らない所が多い」[103]からだとも述べている。大内は、永井が提示した数値をそのまま表に作り直して援用する。たとえば、「拂國に於る能才（ママ）の子孫」[104]を表Ⅰ[105]に、「大都市に於ける生産年齢期の婦人の平均産児数」[106]を表Ⅱ[107]というように。

大内の論理の運び方はいたって単純で、永井の提示する数値を根拠として援用しながら、ほぼ同様の主張を繰り返していく。しかしいったん話が衛生問題に及んだ時点からは、永井の優生学的前提には触れることがなくなり、大内の表現は実に微妙なものに変化していく。彼はこんなふうに書く、適者生存の真理が「ドフリースの突然変異説やダァウヰンの自然淘汰説やラマルクの廢用萎縮説等が適者生存の眞理を物語て居る様に変化が其根底を成て居る事を認めない訳には行かない／生物進化の眞理が是等科学説のみに據て成立して居るか否かは別として少なくとも適者生存の大法則は疑のない一大事実である」と[108]。諸説が物語るように適者生存の真理を認めないわけにはいかないと言いながら、これらの諸説だけで「成立して居るか否かは別として」と断って、それでも「少なくとも適者生存の大法則は疑のない一大事実である」と結論している。適者生存の法則（真理）の根拠となる諸説を持ち出して裏付けておきながら、その根拠を葬り去って後、結論だけを残している。つまり、示した根拠は別として結論は結論であるというわけだ。根拠の理解は論理的でありながら、結論の出し方は感覚的である。知的な理解と生活者としての判断が微妙に一致していないとも言える。

大内がなぜこのような論法に陥ってしまったのか定かではないが、希有なほどの知的好奇心に満ちあふれていた町医者としての大内が、当時最新の知識であった優性思想への憧れと、その思想をそのまま現実に当てはめようとする学者の言説との間の違和感を、医療現場の当事者としての感覚から無意識のうちに埋めようとした結果ではなかったかと私は想像する。

大内はこうも言う、「好ましき優秀者……世界文化創始者……は劣者と成て淘汰されて減少している」「此の事実を証明する為に永井博士の著人生（ママ）論の中より内容を拝借して諸君に示して見様う」と。ハーバート大学エール大学ニューヨーク大学卒業生に関する調査結果をそのまま引用し、「以上も永井博士の人生論より抜粋したものであるが何の調査報告を見ても優秀素質の人々の生産率は漸減して居る事は実際である」[109]と。大和民族に関わる危機感を述べる根拠を、いつの間にか永井著書に示された欧米の数値の無批判的な引用によってすり替えてしまっている。ここにも結論ありきとする論理の綻びが見える。

さて、続く第二項の項題は「人生の永遠性より見たる教育の位置」となっている。二頁余りしかないこの項で、大内はいったん天に昇って地に降るような大胆な論理を展開してみせる。「明治の文豪」高山樗牛から始まり「哲学的生物学者」スペンサー、コペルニクス、シルレルと来てキリストの「地の上に満よ天の下に殖よ」と引いておいてから、論法は急旋回して結局は「我等は已れが民族の栄えを極力計画せねばならぬ民族の永遠性を計るには先個人の心身共に健全を計る事が急務である即ち個体の充実を計画せねばならぬ」「教育と云ふも元来個人の健康を基礎としての事である」と、文豪や学者や詩人や神の声がいきなり教育と個人の健康へと繋がる。そして記述は、「体育が是れに伴わなければ切角の知徳も水泡に帰する故に文部省も学校衛生は重要なる項目」として清潔法を制定したことに及び、「学校衛生は児童及教職員の生命に至大の影響あるもの」と来て「就中児童の教室掃除は看過すべからざる大問題である」と結んでいる。

勤勉家の大内だけに、清潔法と教室掃除の関連をいきなり言うには飽き足らず、古今東西の知識を披瀝した後に、近年読了した永井潜の大著『人性論』より得た優生学の知見を軸として独自の廃掃論を展開してやろうと意気込んだ様がありありと見えてくる。いかにも急旋回と思えるほどの論理展開でありながら、彼の中では充分に壮大な展開になっているのだろう。ここまでが、第三項で「廃掃問題」を提起するための設定理由を述べた第一・二項の内容であった。

次にいよいよ第三項「廃掃問題」が登場するが、ここはわずか七行しかない。しかしここにこそ大内の学校掃除是非論争に関する認識が端的に表現されている。掃除問題は長い間の懸案であるが、「一方は衛生上の見地から一方は教育上の効果から又一方は経費上の関係から問題が紛糾して居る」と論点を三つに整理している。学校掃除是非論争の内容についてはすでに述べたが、論点をこのように整理したことは当を得たものと言える。しかし、そう述べた後一挙に二点は退けてしまう。「現今では教育上の効果云々と云ふ上からは識者は廃掃に傾て居る」「実際の所何と云っても経費問題である然し吾等の僅の経費を惜しむ為児童を犠牲に供して宜いものであろうか」と、教育的観点と経済的観点については今更検討するまでもないかのように断じてしまっている。そして、「児童に掃除を課して居る様であるが是等は最も危険と認めざるを得ない」と衛生的観点のみを残し、ほぼ結論めいたことを提示している。実はこの後の項で大内は、経済的な観点からの検討と独自案の提案、若干の教育的な観点からの検討をしているが、それについてはもう少し先にいってから触れることにしよう。

こうした観点の単純化や言い切るような物言いは、「畏友」である川野通成が伝える大内の人となりと通じなくもない[110]。川野が語る大内の人物像からは、「一度君が口からほとばしる理論は、人格者として、為政家として、医者としての議論と思ふ」と、熱情に駆られるように持論を展開する姿が彷彿として浮かんでくる。「為政家」とは、「長年名誉職である第十二区長」を務めていたことを指すらしい。「ときどき君が往診の途上、人力車上で書籍から眼をはなさず読書してゐられるのを見受けます」「蔵する書籍は八千部を越える」というから、勤勉家・読書家そして情熱家としての大内の姿が浮かんでくる。自説に有利な議論の単純化は、そうした人物にありがちなことかもしれない。いずれにせよ、大内にとっては、学校掃除問題は結局のところ学校衛生問題であると言えば事足りるということだろう。検討する前から結論は出ているような記述の仕方の中に、自説に対する大内の自信を見る思いがする。

さてこの項の後、「治療医術に優る予防医学」「予防医学」「廃掃問題と婦人」「経済上より見たる伝染病」「経費支出の方法」「第一案　市町村費によりて掃除補助人を置く事」「第二案　各児童の保護者か児童一人に就て一ヶ月十銭宛仕出する事」「結核の伝染と幼年期」「反対意見と其批評」「時移俗易を知らざる当事者」「統一病」「都鄙に別あり」「教師側より見たる掃除」「細菌學上より見たる掃除」「道徳の根底より見たる廃掃」と続き、最後が「附言」となる。

どの項においても、大内は一貫して自らの主張とその根拠となる事実を示すという精神を貫いているように見える。殊に「反対意見と其批評」では、学校掃除問題に直接触れている。「却説反対意見の代表的なもの二三を掲げて尚其評を試みて見様う」と全部で一二もの反対意見を挙げ、それらにいちいち反論している。この場合、反対というのは廃掃に反対、つまり子どもに学校掃除をさせるべきだとする主張を意味している。一二にまとめられた反対意見の典拠はおそらく新聞であろうが、大内は明記していない。概略は次のようだ。

（一）教育的効果の為是非幼児から掃除を果する必要ありとする説　a．自治的精神の涵養　b．労働的訓練。

（二）学習院でさへ廃掃して居ないのに吾々の学校に廃掃する必要なし

（三）道路や電車中の黴菌や塵埃を解決せずして学校のみを如何に清潔に衛生的に廃掃しても其効果なし
（四）結核菌でもチブス菌でもそれに打克てこそ真実の衛生だという田舎の学校医の意見
（五）学校は廿四時間中僅の六時間より居住しない大部分の時間は自宅の塵埃中に居住する自宅では掃除もする埃の立つ事もする学校丈で無掃除にしたとて大した効果はあるまい
（六）外の小学校が廃掃しないで実行して居るに我校のみが卒先して制限的掃除をする必要なし
（七）掃除は体育の目的に最も良く適合して居ると盲信して居る人がある様だ
（八）廃掃すれば児童が教室を粗末にし無責任になる恐れがあると
（九）或る人は黴菌は吾人に必要な者である黴菌が居なければ吾人は生活を持続する事は出来ないと云ふではありませんか
（一〇）自分の内は学校以上に不潔な處に起臥して居るから掃除させる位は何でもない
（一一）或る名士は余に斯様な事を放言した事がある「学校教室の掃除位で病気に感染する様な虚弱の子供は死んだ方がよい
（一二）或る公吏の放言には学校掃除位で病気になる様な子供は廃掃して居る学校に転校したらば可なり

大内は、逐一論駁していく。論駁する根拠は衛生的見地であり、「今日物理化学生理解剖細菌衛生病理学の諸学を否定する勇気があるか」と迫っている。

廃掃反対の意見のいくつかは、現在にも通じるものがある。たとえば（一）や（八）などは、今日の掃除論議の中でも登場する。現代的と言えば、「教育的効果」を説く論者に対しても、大内は「是れでも掃除を絶対に必要とするならば左様な論者は掃除学校と廃掃学校との教育的効果の数理的比較を余等に示す義務がある」と述べ、実証するからには比較検討する対照群を設定した上で教育的効果を数値化して提示すべきだとする科学者的態度をもって迫る。人は数値的な根拠に弱いものとは、いつの時代にも見られる傾向だろうか。

かと思えば、（一一）については、「社会の文化促進に貢献する」知識階級の人々を列記して反駁する。「一二を挙げて見るならば」と、ショペンハウエル、モウパアサン、クライスト、ニツチエ、バアンス、バイロン、シルレル、王陽明、頼山陽、周瑜、ケプレル、ガリレオ、ニユトン、ハルレル、ワツト、ダーヰン、ライプニツク、ロツク、諸葛亮孔明、スピノザ、コント、ジユリアスシザア、アレキサンダ大王、セントポーロ、マホメツト、ナポレオン、高山樗牛、尾崎紅葉、厨川白村、石川啄木等々とまだ続くが、挙げているのは一二どころではない。読書家大内の面目躍如というところか。

いずれにせよ、客観的根拠に基づいて結論を導こうとする態度のことを科学的だとすれば、学校医大内に一貫しているのは衛生論者としての科学的姿勢だと言える。

次の「統一病」以下の項では、（その当時の）科学的調査結果の数値を根拠として示しながら論駁していく。たとえば、「一説には父兄其他上司が学校を参観に来る事が屢々ある其節学校の掃除の行届て居る事を自慢の一つにする為に全児童を毎日掃除せしめて居る学校があるとの評も聞た事があるが、まさか教育者が自己の虚栄心を満足せしむる為に児童を犠牲にする等の考へないと余は信じて居る」[111]と、昨今の学校関係者にも耳の痛いような一節もある。また、「大正十五年十一月廿五日　東京市衛生試験所長　医学博士　横手千代之助」による「東京府渋谷町加計塚尋常小学校　試験検査書」に拠って、掃除前と掃除中の「細菌聚落数」を具体的に示した上で、「此の数を見て無関心に放任して置く父兄は無神経である／諸君は諦めてはいけない団結せよ団結せよ正義の為国家社会の為ならば団結して初一念を貫徹すべきである」[112]と呼びかけたりもしている。

大内が掲げる論拠を現在の眼から見れば、彼が科学的だとして指摘した「細菌聚落数」にしても実は漠然とした数値でしかない。「聚楽」した細菌の総数がそのまま問題なのではなく、細菌数がどのような種類の細菌の合計数を指しているのか、またそれらの細菌数と発病との関連の有無、つまり発症菌量が解明されなければならない。そのような瑕疵は認められるものの、大内自身はあくまで姿勢として科学的であろうと努めていたことには間違いないだろう。大内が自身に課すのは、あくまでも科学的であらんとする態度であり、科学の進歩が歴史的制約を受ける以上、彼がその当時最先端とされた科学を根拠に論理を展開しようと試みた態度は正しい。

先に指摘したように、大内の論理展開には多少結論ありきとする面が見られなくもないが、辻褄が合ってさえいれば現実と乖離していても構わないというような学者的姿勢ではなく、廃掃という結論にどうにか科学的根拠をもって迫ろうとした市井の内科医としての現実感がある。市井の内科医に見られるそうした姿勢こそが、藤野が指摘するような優性運動の広汎な浸透を物語っているともいえるだろう。

かつて一九一〇年代に展開された学校掃除是非論争においては、廃掃論者は細菌学の知見に拠る主張を展開していた。清水（一九一四）が行った論争のまとめに見られるように、その背景には一部ではあるが優性思想があったことも見逃してならない。しかし優性思想は、新聞紙上での論議には表立ったものとしては出てきていない。石井・浅見らによる学校掃除論議の研究においても、優性思想に対する着眼はない[113]。

一九二七（昭和二）年に発刊された大内の著書について、ここまで行ってきた分析・検討を通して明らかになったように、一九一〇年代の学校掃除論議と二〇年代のそれとの違いは、前者に比較して後者には優性思想が色濃いかたちで顕れるようになった点にある[114]。それは、明治初期にもたらされた優性思想が、福沢諭吉等最先端の西洋思想を知る知識人の専有物であった段階から、大内のような市井の知識階級にまで広汎に拡がっていったことを物語っていると言ってもよいだろう。もう少し慎重な言い方をとるとすれば、大内の著書を検討したかぎりにおいてはそのように捉えることができるだろう。仮にそうであるとすれば、そうした捉え方は、藤野による優性思想研究の時期区分の指標とも一致していることになる。

二〇年代以降の時期を見ると、劣等者を断種し優秀者が盛んに繁殖することで種族を繁栄に導こうと考えた優性思想・優性運動も、やがて帝国主義体制が確立されていく過程において、必然大和民族の優秀性と繁栄という考え方と結びついていくようになる。ただその結び付き方は、ある種の矛盾を孕んだものだった。優秀者の繁殖によって民族の質を高めることで、単に量的な人口の増加は抑制され、食糧確保問題も解決されるとする本来の考え方は、いつしかまったく逆の「産めよ、殖やせよ」という質より量を謳うスローガンに飲み込まれていってしまう。そして皮肉にも、一九三〇（昭和五）年に始まった健康優良児表彰制度によって、優秀者である彼らは優秀な兵士の卵となって戦場に送られ、結果として他の人々に比較して高い死亡率を示すこととなった[115]。質的に優秀な個人を増殖し民族の繁栄をもたらそうと考えた優性思想の展開が、優秀者の死亡率を高めるという逆の結果に結実してしまったのである。

当時としては学問的にも相当に説得力を持つ内容であったはずの大内の著書が、「非売品」として発行され、どのような人々に配布されて読まれ、どのような反応を呼び起こしたかについては現時点では定かではないが、世相も学校教育も本人が願ったような廃掃論に傾いていかなかったことだけは事実だ。それどころか学校掃除は、戦時国防教育の中で集団訓練の重要な活動の場として新たな衣を纏っていくことになる。

こうして江戸期の養生思想を含み込みつつ明治初期に出発した学校掃除は、衛生論や優性思想と結び付きながら戦争との距離感を縮めるように展開し、いよいよ戦時体制下の国防教育の一翼を担う体系化された計画的教育活動へと変貌していく[116]。

第四章　戦時期

現行の学校掃除形態において、道具や区域を誰が担当するかという分担制を採用することは一般的だろう。それは学校掃除を、分担制による集団活動の場と考える発想に立っていることを意味している。さらにいえば、集団行動と規律を訓練する活動だと考えるからだろう。逆に掃除は個人活動であるから分担はしない、という発想の掃除は殆どないだろう。このように現在の学校掃除であまりにも一般的常識的に実施されている分担制と集団活動という発想の起源は、いったいどこにあるのだろうか。本章では、この問題を追求する。

今私は分担制による集団活動と書いたが、学校では、分担制と集団活動とはほぼ同義である。集団活動であるから分担制をとるのであり、掃除区域や道具を分担することは集団活動であることを前提としている。そうした発想とは逆に、分担はするがいつ掃除をやるかは各自の採択に任されているとか、集団で一斉に掃除をするがどこをどのように誰とやるかなどについてはまったく分担しないというような方式の学校掃除はない。すでに別のところで述べたように、自問清掃の外にそのような発想と方法をとった掃除を私は知らない。

これから戦時における学校清掃について、いくつかの著書を手がかりに見ていくことにする。

国民学校躾の修練実践

安藤圭助の『国民学校躾の修練実践』[117]は、一九四一(昭和一六)年一二月の太平洋戦争勃発の直前九月に発行されている。三月に「国民学校令」が公布され小学校が国民学校へと改組されているから、国民学校発足から開戦直前までの状況を知るための貴重な資料だといえよう。

文部省編纂の『学制百年史』によれば、国民学校の目的は、「国民学校ハ皇国ノ道ニ則リテ初等普通教育ヲ施シ国民ノ基礎的錬成ヲ為スヲ以テ目的トス」に要約されているという[118]。「皇国ノ道」とは、教育勅語に示された「国体の精華と臣民の守るべき道との全体」をさし、「端的にいえば皇運扶翼の道」と解したのである。すなわち国民学校では、「教育の全般にわたって皇国の道を修錬」させることを目ざしたのである。「初等普通教育」とは国民学校の内容を示し、「基礎的錬成」とは、教育の方法を示したものであるとされた。この初等教育改革の顕著な特色は、その具体的な方法の上に多く現われた。国民学校教育の方法は「錬成」であって、「錬成」とは「錬磨(ま)育成」を意味し、「児童の陶冶(や)性を出発点として皇国の道に則り児童の内面よりの力の限り即ち全能力を正しい目標に集中せしめて錬磨し、国民的性格を育成することである。」と定義された。知性や理性に訴える欧米的・自由主義的方法を大幅に制限し、心情に訴え、身体で覚えさせて習慣化することを、「師弟同行」して行うことである。もともと糸偏の「練成」ということばは、日露戦争後の陸軍下士官や兵を教育するときに愛用されていたが、これを国民学校令では金属を鍛える金偏にして「錬成」としたのであった[119]。国民学校の発足した年の一二月に太平洋戦争が起こり、錬成の教育はいやが上にも強化された。「錬成」、「道場」、「型」、「行」、「団体訓練」というようなことばは、国民学校の教育方法論としてしばしば用いられた。そして、自由主義・個人主義というようなことばは、非国民的用語として極端に排撃された。当時は、一年生はおろか幼稚園児までも、朝の宮城遙（よう）拝につぐ団体行進や、かけあし訓練が強いられた。また礼法とか礼節が強調されたが、一五度とか三〇度の礼のしかたを正確にするため、大きな定規を作って、いちいち児童のからだに当てて指導した学校もあった。

本著の「はしがき」によれば、著者の安藤圭助は千葉県印旛郡六合村国民学校長であり、「教育者二十三年の間……「行」じたもの」を著したのだと言う。安藤は、国民学校が日本人的「在り方」に「在らしむ」べく躾というものをネラったことは実に達見であると、国民学校成立の主旨を捉えている。そして、「教へる者と教へられる者との一体の姿、これが躾の出発点であり帰結点である」[120]として、本文では一貫して教師の在り方を主題として書き連ねている。したがって、全編が二一八頁に及ぶ大著であるが、意外なほど「皇国の道」とか「錬成」については語られてはいない。「国民学校に於ては、教育全般が躾であり、皇国民錬成である。その根本義はこの信念への教育であると同義と解することが出来る」[121]とあるのみ。あとはすべて教師の在り方について述べ、教師の生き方を問題にしている。いくつか引いてみよう。

特別用事なき限りは児童と共に行動せよ。そこに教育の奥義がある。真の児童性は遊戯の中に現れるものなのである。児童の表裏を視ぬくこそ、真の国民学校教育者である。（四三頁）

掃除が一つ徹すると他の諸事が自ら成る。自ら出た掃除のやり方は授業の法と一致する。頭からガミガミ掃除を強いなくとも教師の真剣な態度には自ら児童は感服する。それが躾である。（一〇四頁）

便所の不潔は学校長、教師の責任であって決して児童や小使の責任ではないといふ事を断じていひたい。国

民学校躾の教育はそこにある。（一一五―一一六頁）

『掃除はよく出来たが用具の後整理が悪い。』とよくいふが、掃除は綺麗にするばかりが目的でなく、掃除を通して人間を錬成するのである。……人格を修練する為には一切の「行」的な仕事をしなければならない。掃除の結果ばかりをのぞんで、過程を考へない様な作業は何等価値が無い。（一一八頁）

教育は一にも教師、二にも教師、三にも教師である。……躾の徹底は教師の人格に因するものであることを深く知るべきである。（一七九頁）

躾といふことは、垂範の現れたものである。躾とは命令では無い。強要でもない。教師の人格が自ら児童に及ぶ「力」である。教師が無言で汗を流し乍ら児童と共に働けば、児童は自ら教師の働き振りに感動して働くもので、よき教師の行動がやがてよき躾として児童の人格に現れて来るのである。（一八七頁）

躾の徹底はニコヤカな處に発生して、ニガ蟲をつぶした様なブツブツした所には生じないのである。それが権力で押しつぶしたり、強制強壓であって教育ではないのである。……教師を恐れたり、教師の顔色を見乍ら仕事するところには躾は徹底しない。（一九四頁）

礼や挨拶は、人と人との誠の心の現れである。児童が心から挨拶したなら、教師も誠心もて挨拶を交してやらねばならない。児童の敬礼に対して帽子をとって答礼する先生が何人あるか。（二〇七頁）

先づ教師の修練が躾の教育には最も大切であるといはねばならぬ。（二一四頁）

安藤の主張は現在の眼から見ても極めてまともなものばかりである。彼は学校教育の本質論の正道を語って一歩も退くところがない。少々精神論に偏りがちではあるが、現在の教師論としても十二分に通用するだろう。太平洋戦争開戦直前にこうした言説が通用していたことは驚きでもある。開戦直前の彼の言説には「行」「錬成」「型」はしばしば使われているが、「団体訓練」「組織」は登場しない。

国防教育としての学校掃除

国民学校への改編の動きの中で、各地の師範学校附属小学校を中心に、国民学校教育のあり方に関する予備的理論的研究がいくつかなされていく。たとえば、埼玉県師範学校附属小学校『国民学校案の実践に関する研究』（一九四〇）、広島高等師範学校附属小学校『国民学校案の研究』（宝文堂　一九四〇）、長野県師範学校附属国民学校『国民学校教科の実践的研究』（一九四一）などである。これらはいずれの研究も結局は、戦争に向けていかに「錬成」するかという本来は教育の目的であってはならない非教育的目的と、教育方法においてはなるべく子どもの心身の発達や興味に留意しながら合理的方法によらなければならないとする、矛盾する両者の「つじつまが合わされていた」ものであった[122]。しかしそこには、戦時という極度に制約された社会的条件の下で、教育的良心を持つ優秀な教育者達がとらざるを得なかった苦渋の選択が表現されていると読まなければならないだろう。つまり戦時中に皇国を叫んだ教師達が敗戦後突如掌返しをしたわけではないのだ。これから批判検討しようとする土方恵治『国防国民学校経営』[123]も、基本的にはそうした文脈において理解するべきだろう。

「子どもの自由と解放」が精力的研究人生の一貫したテーマだったあの霜田静志にしても、戦争中に語った「叱らぬ教育」の根拠はなんと古事記だった。「叱らぬ教育なるものは国祖天照大御神の御身を以て示されたる教育の大道なることが明らかになった」[124]と。また、「錬成の教育」については「大国主命の物語に実によく現はされてゐる」[125]と。「叱らぬ教育」という自身の教育的確信を語るための苦肉の策がそれであったのだろう。当然ながら霜田は戦後においては、ニイルを語ってもアマテラスは語らなかった[126]。

土方恵治の来歴については、彼の多くの著書から知ることができる[127]。戦前戦中戦後を通して川崎の教育を牽引したひとりであった。一九八八（昭和六三）年には、長年の功績により第一七回川崎市文化賞（教育）が授与されている。師範学校卒業当時を二十歳前後だとすれば、驚くべきことに三〇歳前後ですでに五〇〇頁に及ぶ大著『行の訓育』[128]を上梓している。しかもそれは、冒頭で「本著は教育理論の書ではなく、教育戦線第一線に於ける血腥き現地報告の手記である」と述べながら、具体的実践的であるばかりかすでに体系的な書となっている。優秀な頭脳の持ち主だったにちがいない。全体は、序篇生活行による訓育一新、天篇一日の生活行、地編国民学校案の全体行事体系、人篇各月の生活行とする序天地人の四篇構成で、天篇の七に「掃除行」について一八頁にわたって扱われている。

われわれが今問題にしたいのは、一九四五年を境に土方の言動がどのように変化したかではない。一九三九年発行の『行の訓育』と一九四二年発行の『国防国民学校経営』の学校掃除に関する記述がどのように変容したのかを見なくてはならない。しかしそれは両者の異同を分析的に検討し、国民学校の準備期と実践期の共通点や相違点を明らかにすることではない。分析的にというのであれば、先に安藤の著書についての検討で得た〈集団〉〈訓練〉〈組織〉等の語の使用量を視点とした定量的な検討もあり得る。だがここではそうした検討を執るべきではない。土方が「行」の教育に国防教育の鎧を着せようとしたとき、いったいどこに着目し何を強調したかを見なくてはならない。なぜなら、霜田がそうであったように土方もまた、内面に己の教育的本質論を譲ることなく一貫させたまま、外面的には国防教育の鎧を着けて変態している可能性が高い。意識的にそうしたのかあるいは無意識にそうなったのかはわからないが。霜田はおそらく意識的に古事記を持ち出した。土方はどうだろうか。

土方の言説を見ることによって、われわれはおそらく学校掃除が、戦争に向けて体系化された原理に基づく集団組織的な訓練の場へと質的に変化していく端緒を見ることになるであろう。

土方恵治『行の訓育』

国民学校案準備期に発行されたこの著は、予め相当に詳細な目次案を練り上げた末に書かれたものと思われる。理論から始め実践を導く論法で語られ、原理と構想の提示から具体的実践案に及ぶ。学校教育の全体を視野に入れて余すところなく書き尽くそうする、教育現場を知り尽くしている土方ならではの内容となっている。しかし後に刊行された『国防国民学校経営』においても同様であるが、理論や原理に関する学術的な背景がどこにあるのかはあまり定かではない。どこからそのような原理や論理が紡ぎ出されたのか、あるいは参考文献は何なのかなどについては不明の場合が殆どである。つまり、ある特定の学者名や著書名が示されて、記述の一部が引用されることは殆どない。

しかし本著ではその例外を見い出すことができる。「序篇生活行による訓育一新」の「三生活行による訓育の指導原理」で「一、主観的指導原理」として「行」について定義する部分である。ここで土方は東洋大学学長大倉邦彦の名を挙げ、著書の一部を引用する。本文中に著書名は示されていないが、大倉の諸著作を調査してみたところ、それは『勤労教育の理論と方法――宗教的行としての集団勤行――』[129]であることが判明した。

土方は大倉を引用して「行」の定義を示す。「行はその体験を通して内在の霊を呼覚し、永遠の生命・無限の力に連なる自己の生命を掘出することである。さうして今迄とは違った精神的動向を生み出すことである」と[130]。この引用に先だって、「霊肉一体の前身全霊を以て行ふ真剣なる自然即価値の作務を行といふ」と定義づけてもいる。「頭と胸と手足とを肚に統一する訓練である」ともしている。また、頭 Head と胸 Heart と手 Hand の三つのHをハラ(肚) Hara の一Hに統一する訓練が行の訓育型態の主観的方面である、と[131]。

ここにすでに数回登場した〈訓練〉という語は、本文中の至る所に頻出する。「行」と〈訓練〉とは言い換え可能な一対のものとなって語られているわけである。土方は自由主義・個人主義を否定し全体主義を主張する。新訓育は「国是即校是即級是即生活是」の訓育であり、いつも大日本帝国実践道である教育勅語の「中心帰一の原理」=忠孝・「全和産霊の原理」=億兆一心・「没我顕眞の原理」=誠心が必要である、と説く[132]。

それでは「掃除行」の内容を見てみよう。文章構成としては、指導精神・生活行規格・生活道場実践公開の三項から成り、それぞれに原理と行動規格と行動の具体例を示している。指導精神は三つ示され、第一に「清浄無垢なる心情」として「我等の教室を、我等の運動場を掃除するのではない。聖場の掃除をさしていただくのである。我自らが奉仕するのである」と。第二に「宗教的行としての勤労作業」であり、生産のために掃除するのでもなければ不浄だから掃除するのでもない。「聖域を掃き清めることによって――行ずることによって自己の人格を修練していくのである」宗教的行として行じてゆくのである、と言う。第三に「勤労作業の本質」として「誰が何時何処をやるか」が明確にされていること、「いつも総ての人が働いていること」、それには仕事の分量と時間に照らして配当人員が無駄なく配当されていることが必要である、としている[133]。

生活行規格については、教室内大掃除をとり上げ表にして示している。表は一から十二の作業順序に対して、行・行法・行精神・備考の四項目が配されている。たとえば、順序一については、行は「勢揃」、行法は「一振鈴をを合図に校庭集合　二当番長家長整頓」、行精神は「大石良雄仇をうつ際に於ける勢揃の心境」、備考は「服装（男子）一後鉢巻　二洋服上着をとる　和服着物をまくる　三マスク　（女子）一手拭をかぶる　二作業ズボン　三タスキがけ四マスク」などとなっている。その後合図の太鼓が連打されて各作業場に向かう。組長の指揮の下、はたきかけや硝子窓清掃、床板清掃を数名ずつの班に分かれて行い、整頓、査閲、敬礼、手洗、掃除査閲記録簿に記入して終わる。行精神は作業中の心構えについて示されているが、「落ちついて、無言で、機敏に」とか「ホーキは圓くつかって四角にはく」「掃除道具にも生命あり」「自己の責任を完全に果たすと共に、機関説にならず、他と協調すること」、査閲では「掃除の欠点をみい出すことにつとめず、美点の発見につとめ、欠点は愛を以て指導し、匡正する親心の精神」などと示されている。

生活道場実践公開では、規格で示した内容をさらに詳しく文章化して説明している。掃除査閲記録簿の雛形も示されている。道場であるからには、「寒い氷の冬も、暑い水の夏も常にかはらず素足で作業する。これは児童のみ強ひるのではなく、教師先づ範を垂れて、児童に行ぜしむるのである。教師は監督者ではない。求道者へのよき導師である。導師なればこそ同行であらねばならぬのである」とも記されている[134]。

ここに示される掃除内容は、全校で取り組む大掃除に際して教室内掃除はどのようにするかという事例である。全校で取り組むため、まず全職員児童が校庭に整列後、校長が全身全霊丹田より発声して「大君の聖域を掃除させていただきますことをありがたく感謝いたします。云々」と誓願して始める[135]。続いて各場所へ移動、教室内掃除に当たる一組は一五人でこれが三人ずつの五班を編成。たとえば、はたきは「第五班の二人が教壇の中央上から左右に分れて順次窓を後方へはたいてゆく。その間に第四班までの十二名の児童は各受持分担の硝子窓を拭きにかかる。云々」と作業の分担や流れについて詳細に示されているが、そこには子どもがひとり残らず無駄なく合理的に動くシステムをいかに構築するかという発想が貫かれている。

皇道主義的自治の姿も提示される。もし仲間のものが遊んだり怠けたりしていたら、真面目にやっている子等が皆で「わるかった。しっかりやります。ゆるして下さい」と頭を下げて反省するまで責める。これが「皇道主義社会に於ける自治の姿」であり「デモクラシー社会に於ける自治にはこれがない」「統制されるものと統制するものとが同じ自分達であるところに日本自治の特質がある」と[136]。土方が言う自治の姿とは、社会の末端に位置する者同士が互いに統制し合うことによって個人が自他の自由を主張し合うことのない没我情況を作り出すような機能のことを意味するらしい。

この自治という語は、一般的には一九四五年以降になって頻繁に使われ出したかの印象があるが実はそうではなく、かつて新聞紙上で展開された学校掃除論争においてもしばしば登場していたのだった。自治はさまざまな社会構造と結びついて、それぞれ異なる意味を帯びる。皇道主義的自治も民主主義的自治も封建主義的自治という使い方も成り立つだろう。徳川時代における自治は、集団指向的な平等原則を機能させていただろう、たとえば五人組のように。大日本帝国実践道においては「没我顕眞の原理」が必要であると考えていた土方は、皇道主義的自治は中心（最終的には天皇）指向的な没我情況を出現するための条件と理解していたようである。

土方恵治『国防国民学校経営』

本著書の目次を一見した印象を言えば、硬質だということ。第一部から始まり、全体は五部構成。第一部日本学の全国的教育体制、第二部戦時特設教育行、第三部日本世界精神の躾、第四部日本学の教科修練、第五部日本学の学校経営月別動態。一瞥してわかるとおり、「日本学」なるものが前面に押し出され、「戦時特設」「日本世界精神」「月別動態」と表現が格式張る。第一部は九章から成るが、「第一章登校教育形態」「第二章朝修教育形態」などと章題の語尾はすべて「形態」で統一され、第八章に「掃除教育形態」がくる。第二部の章題もすべて何々形態、第五部の章題もすべて何月の経営動態と統一されている。このように土方の表現が儀式張ったものとなっている心境をどう理解するか。

『行の訓育』で「登校」と表現された内容が「登校教育形態」に、「朝の修養」とされたものが「朝修教育形態」に、「掃除行」が「掃除教育形態」へと変化した。内容にどの程度の変化があったのかを見ると、少なくとも掃除に関するかぎりにおいてほぼ『行の訓育』からの転用であり大差はない。『行の訓育』の「七掃除行」で一八頁費やしていた内容を、『国防国民学校経営』では二分割し、第一部第八章「掃除教育形態」と第五部第三章「六月の経営動態」に転用している。前者は大掃除について、後者は日々の掃除について述べたものとなっている。

今私は内容において大差はないと言ったが、実は異なる点が三つあり、それこそが本著の特徴である。一つは日々の掃除について扱うようになったこと、二つに奉仕の強調から禊祓の強調への変化、三つに集団訓練と組織への着目。一つ目は集団訓練の日常化という意味で三つ目と係わる。

第八章「掃除教育形態」の副題は――「禊祓」掃除行――となっており、明らかに前著とは異なる。確かに前著の中でも、清浄無垢なる心情は日本精神の特徴美である天照大神の御精神そのものだと述べてはいるが禊祓には言及しておらず、掃除行は校舎が不浄だからきれいにするのではなく聖なる場を掃除させていただく奉仕であることを強調していた[137]。一方本著土方(一九四二)では、第八章冒頭の「指導理念」をいきなり「国民学校の教育に於ける掃除は、「禊祓」の精神によって行はれねばならぬ」と切り出す。指導理念として示されることは二点あり、第一はこの「禊祓」、第二は「集団勤労作業」の徹底。「禊祓」については二頁半を割いて説明している。そこでは古事記や垂加神道の山崎闇斎の言質などが持ち出され、「教育に於ける掃除も一日の罪汚れを洗ひ浄め、聖なる修業場になさんがための禊祓であるといへる」と神道的意味づけがなされている。このように掃除を、奉仕ではなく神道的に意味づけし強調している点こそが前著とは大きく異なる特徴だと言える。

さらに大きな特徴となっているのは、指導理念の第二に挙げられた「集団勤労作業」の徹底である。ここに至って学校掃除は、集団訓練であると明確に意味づけられることとなった。少々長くなるが、その部分を引用しておこう。

第二の掃除教育に於ける指導理念は、「集団勤労作業」の徹底といふことである。学校に於ける最も基本的にして、而も日々行ぜられる集団勤労作業は実はこの掃除作業である。世界教育界の動向として、全体に対する個人の責任を自覚せしむる教育、即ち集団訓練が重視せられてきた。集団訓練とは個の教育を常に全体との関連に於て営むことであり、個人に或る仕事を為さしむるに際して、その仕事が全体に於て、如何なる意味を持ち、従ってそこから如何なる責任が生じて来るかを自覚体認せしむる教育である。（中略）今日よりは、児童相互が特定の指導者に服従して、一つの仕事に協力するといふ習慣を修練せねばならぬのである。この集団訓練「億兆心ヲ一ニシテ」、「中心ニ帰一、協力スル」教育形態は、戦争現地に於て最も希求せられつつある問題である。[138]

ここで土方は、毎日の行として行われる集団勤労作業である学校掃除に注目し、掃除は集団訓練の場であるとする立場を明確にする。そして集団訓練を、「個人に或る仕事を為さしむるに際して、その仕事が全体に於て、如何なる意味を持ち、従ってそこから如何なる責任が生じて来るかを自覚体認せしむる教育である」と定義する。さらにその教育目的は、児童相互が特定の指導者に服従して一つの仕事に協力するという習慣を修練するためであり、そうして修練を通して指導者に服従して行動できるような人間形成をすることが戦闘の場では最も求められているのだと教育目的の設定理由を述べている。別言すれば、学校教育においては戦時に即応するため、日々の掃除を集団訓練の場と捉え、命令一下即座に行動できるような習慣形成を修練する必要があるのだ、ということだろう。

全体が常に個人に優先するがゆえに、土方の論理には最早矛盾はない。戦争遂行という非教育的教育目的と個々の子どもの興味関心に即した合理的教育方法をとるべきだとした、目的と方法との矛盾はない。後者を「欧米植民地化教育の自由主義形態」と称して否定し去ったがゆえにない。『行の訓育』において語られていた「自己の人格の修練」「鏡の如く曇りなき心」「水も漏らさぬ計画の中にのみ黙動はあり得る」などの指導精神は影を潜め、『国防国民学校経営』においては「聖なる修業場になさんがための禊祓」「集団訓練」「型を修練する」などが語られるようになっていく。「自己の人格の修練」ではなく「中心と根源と全体のために己の個を如何に行ずるか」が問題であり、自己の形成に換わって全体のための個が問題とされるようになったのである。

次にこうした理念を実現させるための実践形態について、土方は二つの条件を挙げる。組織の問題と掃除作業時刻の問題である[139]。まず後者について見ると、土方は次のように述べている。

初四以上の児童が同時的に禊祓の行をなすといふことが最も理想的なことであるので、「即ち全部が、同時に、同一物を）―掃除時刻を一定にしておくことが必要である。学級単位の平面的自由主義掃除作業は、自分の学級の都合といふことのみから割出されて行はれてをつたもので、行にはなつてゐなかったのである[140]。

この記述からすると、当時は掃除時間が統一されておらず学級毎に適宜行われていたようである。掃除作業を集団訓練として行うのであれば、時刻と時間を全校で統一することは必要最低条件となる。現在の学校では、全校が同時刻に一五～二〇分間程度揃ってやることが一般的であるが、この当時はカリキュラムや日課のかなりの部分が学級担任の裁量に任されていたのだろう。掃除時刻についても、昼休みを終えて午後の第一時が始まる前に設定することを提案している。実は現行の学校掃除もおおかたは、この時間帯に実施されている。土方のこの提案はすでに八〇年程前のものであるが、この時期に全校一斉清掃の時刻と時間が慣習化したとすれば、現行の学校掃除になんらかの影響を及ぼした可能性はある。

次に組織についてであるが、土方は「自分の学級を自分の学級の児童によって行はせる」掃除は、「自由主義時代の遺物であった」とし、自分が学校に仕える学校一大家族観と集団訓練の大義からして「隣組単位の掃除組織」が妥当だと主張する。それは国防国家教育の観点からしても、「平面的な同学年単位掃除から立体的な隣組単位の組織」することが妥当であると。初四以上の児童を異学年混合の隣組組織に分団して高等科児童を組長にし、登校も掃除中も同様の生活単位組織で訓練することを主張する。こうした組織化は、現在でも集団登校や縦割り清掃と言われるものに見られるが、いずれも異年齢の子どもを混合した少人数組織を作り、上学年の子どもが指導者となって下学年の子どもに指示や注意を与え、集団として滞りなく動けるように訓練しようとするものである。

土方は、こうした二条件を確認した上で毎週土曜日施行の大掃除作業の内容について説明する。「五班の一人はバケツに水を汲んでくる。……五班の一名は二個のバケツを代る代るとりかへてくる。この間五班の他の二名は廊下を拭く。……床の雑巾がけが終ると各班二名が机を始の位置に運ぶ。他の一名はそれを整頓する。……五班は水すて、ゴミすて、お花の水とりかへ等……第一班から第四班までの児童は受持区域の窓の鍵、カーテンをしめる」というように、「仕事は総べて分業によって少しのすき間もなく、運轉されてゆく」[141]。このように、掃除作業は徹底した分担と分業によって展開されていくが、これが彼の言うところの集団訓練の内容である。

こうした説明の内、前著土方（一九三九）にはなかった主な事柄は、はたきかけの手順説明に古事記神話を持ち出していること、査閲記録簿によって掃除成績優秀賞を授与することなどである。はたきかけの手順として中央から始めて左右に分かれて行っていくことは既に前著でも述べられていたが、土方は本著で古事記神話の中から「中ツ瀬」に関する記述を持ち出し二頁余りにもわたって理由付けに使っている[142]。それは殆どこじつけと言ってもよいくらいの内容ではあるが、土方が本著を著すにあたって古事記を充分に読み、自分が良しとする掃除手順ついてなんとか古事記を根拠に語ろうとした苦労の跡と見える。掃除後の手洗いにしても、前著では単に衛生・健康の面から理由づけされていたものが、手洗いには「日本民族の浄めの信仰を見い出せる」とも付記している[143]。

以上述べてきたように、土方（一九四二）の特徴は、一つには従来からの主張の根拠を殊更古事記の記述に求めたこと、二つには学校掃除を日々行う集団訓練の場と捉え直し、訓練として実施するための条件としての組織化のあり方と時間設定について具体的に示したことであった。国民学校準備期に上梓された土方（一九三九）から実践期に上梓された土方（一九四二）には、そのような変容が見られた。それは、太平洋戦争開戦前から開戦後にかけての学校掃除形態の変質である。

開戦後に上梓された土方（一九四二）において、国防教育の一環としての学校掃除のあり方について語ろうとしたとき、日本的世界観である日本学なるものを持ち出して中心帰一・全体大和・部分没我を主張し古事記による理由付けを試みた意図は明白である。意識的こじつけ、衒学的韜晦と映る。

土方は、日本的世界観を説明しようと「日本世界宇宙根源的真理」と題する一章を設けているが、その内容は、理解しようとする意欲すら失いそうになるほど殆ど理解不能なものだ[144]。土方も何かの文献を参考にしたと思われるが、出典は示されていない。章題も実に不可思議な日本語であり、「的」までのどこからどこまでが何を修飾しているのか定かではない。単語としては、日本／世界／宇宙／根源／的／真理であるが、的の前に並ぶ四つの単語の修飾関係がよくわからない。一見大事そうな単語をとにかく並べてみたという感じだろうか。たとえば佐藤通次『皇道哲学』[145]に当たってみても、この章題の意味を理解することはできない、況んや内容をや。正に衒学的であり意識的な目眩ましであろうが、書いている著者自身がいつしか自ら韜晦に陥り、なにかしらそれらしきものを信じるようになってしまうこともあるのかもしれない。そうした場合は、中心帰一とか日本世界精神とかの言葉だけが内容を問われることなく使用されていくようになるだろう。

一方、学校掃除を日常的集団訓練の場と捉え組織化と時間設定を示した実践方法は、極めて具体的合理的なものと映る。土方は両著の序において、これは「実践報告である」とも「経営実践そのものの中に、日本的世界観の生ける姿態を躍動させた」とも書いているからには、すでにこの方法は実践に移されていたと見える。戦時中掃除の時間だけではなく、学童疎開先での集団生活などにおいても、このような軍隊型に組織化された集団訓練が教育の一環として継続されていったとすれば、敗戦後においてなんらかの集団行動を構想したり実施したりする際にも、その方法だけが採用されたとしても不思議ではない。すなわち学校掃除の集団訓練的性格や組織化や時間設定などの方法や制度面が、戦後へと継承された可能性はある。

国民学校に皇国臣民錬成のための修練道場であることが求められたとき、学校掃除を集団訓練の好適地と捉えて実践したのは土方ばかりではなかった。教科学習などと比較すれば、学校掃除は学校生活全体の中で、集団訓練の場として再編しやすい領域であったとも言えよう。

縦の組織で真剣協力規律——国民教育の新構想

元宮崎県師範学校教諭下地惠常と東京高等師範学校訓導小島忠治の共著『国民学校の新構想』（一九四二）[146]の特徴は、前編で「明治以後の教育の発展」を歴史的に概観した上で、後編において「国民学校の前進」と題して国民学校教育構想の本旨から学級経営までを扱っている点にある。

前篇第三章「国民学校を地につける（二）」の第二節「生活訓練の諸相と重点」の中で団体訓練の実践内容を示している。「団体訓練には組織が必要であることは言ふまでもない」と述べて組織の単純化を主張する。なぜなら「組織はなるべく単純で命令が一途に出て速かに伝り、敏速に適確に行動が起される」[147]ものでなければならないからである。組織は、「横の組織」と「縦の組織」による。横とは学級・学年の訓練組織を、縦とは三学年以上の全校的訓練組織を指す。この縦の組織によって、全校行進、清掃作業、高等科防空防火訓練（少年団）等を行う。清掃作業は「日常的団体訓練」に位置づけられ、訓練の重点は「真剣　協力　規律」だと掲げられ、「学校、学級、集団（班）の成員としての自覚（責任）をもたせることがもっともたいせつである」とされた[148]。

ここで注目しなければならないことは、集団訓練と組織化は一体のものと理解されている点、清掃が日常的訓練に位置づけられている点、全部で八形態示された訓練の重点として他形態と共通性がなく清掃独自の重点とされたのが協力と規律である点、清掃は学級学年毎ではなく異学年児童によって縦に組織された集団訓練の場とされた点などである。したがって、日常的に行われる清掃において、上学年の児童からの命令が速やかに伝わり清掃が敏速に行われるようにすることが協力や規律を育てることになり、成員としての自覚と責任感を持たせることになると考えていたことがわかる。

このような学校掃除の組織化は、当時の日本社会が至る所隅々まで軍隊型の組織に再編されたことの証左とも言える。隣組や町内会などの一般社会はもちろんのこと、集団疎開した児童の生活班などにも、こうした上位から下位への「抑圧移譲」の組織化が遂行されたのだった[149]。そして、戦後も拭い去ることのできない記憶となって人々に共有されたことは想像に難くない。

清掃訓練実施案――信濃教育会松本市部会

この実施案は、信濃教育会松本市部会が『国民学校経営ノ具体的方案』の附録として提案したものである[150]。本資料は今回の調査で、下伊那教育会館図書室内から私が発見したものであるが、紐で綴じられた謄写版の冊子の表紙には『国民学校の本旨に則る学校経営の具体的方案　信濃教育会』との題があり、松本市部会の案の表紙左肩に「第一問」と付記されている。このことから、信濃教育会本部が各支部に対して方案提示を要請し、松本市部会はその答申として本方案を提出したものと推測される。

「清掃訓練実施案」の題名が示すとおり、日常の清掃作業を訓練と捉えて指導するための案となっている。「第五時限ヲ清掃作業ノ訓練時間トシ左ノ方法ニヨリ訓練指導ヲナス。」と始めて、まず作業時間について規定している。「昼食時間（二十分）後三十分間ノ休憩ヲナシ・ベルヲ合図ニ各学年一斉ニ作業ヲ開始シ・作業時間二十分間ニテ終了ノベルヲ鳴ラシ二十分間休憩シテ次ノ授業ニ入ル」と、時刻と時間を一斉にとること、行動単位を学年毎にしているのが特徴であろう。訓練事項は四点で、清掃観念の徹底、勤労精神の昂揚、集合整列解散における規律の重視、用具の愛護。ただし、清掃観念や勤労精神の具体的内容については示されていない。

各自が所持するマスクをかけること、便所に使用する雑巾は学校で準備すること、腰掛けは机上に上げないことなど衛生面に関する注意事項はあるものの、この訓練を実施することによって子どもにどのような力を付けるのかなどは示されていない。そのことによって却って、毎日二〇分間程度の掃除を行うことが日常化していたこと、また学級ではなく学年単位での集団訓練の場として清掃が捉えられていた実態をうかがうことができる。

国民学校の清掃訓練――東京高等師範学校附属国民学校

東京高等師範学校附属国民学校内初等教育研究会編集発行の研究紀要『戦局に即応する教育の非常形態とその運営

児童敬礼法　国民学校の清掃訓練』[151]を見ることにする。

本紀要は一九四三（昭和一八）年に発行されているが、内容は題名が示すように大きく三つの項目から成る全七〇頁である。このうち、「戦局に即応する……」は初めから一九頁まで、「敬礼法」がその後五〇頁までの三六頁で最も多く、「清掃訓練」は最終頁までの一八頁となっているから、頁数だけを見れば「戦局に即応する……」と「清掃訓練」が同程度、「敬礼法」はそれらの倍程度となっている。この研究紀要は「第一輯」となっていることからすると、これら三項の頁数の割合が問題であるというよりは、第一輯に三項が併記されたことこそ問題にしなければならないだろう。第一項の「戦局に即応する教育の非常形態とその運営」は、戦時における国民学校の教育原理を示そうとしたもので、これが冒頭に掲げられることは肯ける。問題は、そこに敬礼法と清掃訓練が併記されたことにあるのだが、詳しくは後のほうで述べることにしよう。

初等教育研究会

ところでこの学校は言うまでもなく現在の筑波大学附属小学校の前身であるが、その歴史的起源は学制発布に遡る。一八七二（明治五）年の学制発布を受けて今の湯島聖堂のある昌平坂学問所跡に設立された官立のに附属して、翌年創立された日本初の小学校である。東京師範学校は一八八六（明治一六）年高等師範学校と改称され、翌々年以降に附属学校として小学科の他に尋常中学科、高等学校が設置されている。附属小学校は一九四一（昭和一六）年附属国民学校と改称されたが、本著は同年の研究紀要第一号である。戦後、当校は一九四九（昭和二四）年東京教育大学附属小学校となり、やがて一九七八（昭和五三）年東京教育大学の閉学に伴って現在の筑波大学附属小学校と改称された。先述した掃除論争の口火を切った一人である嘉納治五郎は、この国民学校長を第三代（一八九三年九月二〇日から一八九七年八月二〇日）、第五代（一八九七年一一月一九日から一八九八年六月二〇日）、第九代（一九〇一年五月九日から一九二〇年一月一六日）と長く勤めた。掃除論争は、第九代当時の一九一五（大正四）年頃のことである。

東京高等師範学校は、設立当初から「教育の総本山」と称され、長らく広島高師とともに近代日本の中等教育界に大きな影響力を及ぼす存在であり続けた。また長期にわたり校長を務めたの下で、日本の学生スポーツ発展の中心的存在でもあった。

東京高等師範学校に附属するこの小学校の教育が、日本の教育界全体に一定の影響力を持っていたことは想像に難くない。この研究紀要の発行元である「初等教育研究会」は開戦前から長きに亘って日本の教育を牽引してきたと言っても過言ではないだろう。一九一二（大正二）年にその前身である「全国小学校訓導協議会」の第一回が同会主催によって開催されたのを皮切りに、現在も「筑波大学附属小学校初等教育研修会」として継続されてきている。

この冊子が発行された時期が、一九四三（昭和一八）年一一月であったことも偶然ではない。この年の初め頃から、日本軍の劣勢は日増しに明らかになってきていた。二月にはガダルカナル島撤退、五月にはアッツ島での全滅、六月にはいよいよ「学徒戦時動員体制確立要綱」が閣議決定された。この要綱は、文部省編集の『学制百年史』（昭五六）によれば、「学徒の戦時動員体制を確立」することがねらいだったとされる。九月には「現状勢下における国政運営要綱」が閣議決定され、これに基づいて一〇月に「教育ニ関スル戦時非常措置方策」が決定された。この研究紀要は、その方策に沿うかたちで全国に範を示す意味を込めて一一月に著されたものだと推測される。当世風に表現すれば、文科省モデル校が戦時国民学校教育モデルを提示したということだろう。

戦局に即応する教育

初めに示された「戦局に即応する教育の非常形態とその運営」には、まずもって教育原理が示される。冒頭で述べられる現状認識は、早くも劣勢となった戦局について次のように表現する。「今や、決戦的戦局は、日日緊迫を加へて、国家の総力を動員すること愈々急であり、戦局の刻々の進轉は、国家一切の機能に対してその即応を要求すること益々切である」[152]と。また、「国民学校の教育は、戦局の変化に即応してその形態を変容して、その運用を滑らかにすべきである」[153]と。研究の目的が、ここに提示されている。

その後は、実に執拗なほど理詰めに論理が展開されていく。まず「戦争に対する教育の本質を究明する」、そうして「教育の本質を深く究めるほど、戦局に対して適用の範囲を拡げ、その関係の緊密度を加へることが出来る」のであり、「国民学校教育の形態を戦局に即応して変容することは、平時の教育形態を破壊したり、浅薄にしたり、脆弱にしたりするのではなくして却って、これを拡張することであり、深化することであり、強靱にすることである」と研究目的が詳しく述べられる。つまり、「非常時の教育を深く究めるほど、平常時の教育の意義を纏め、深め、豊富にする」[154]というのである。

現在の常識的な見方すれば、こうした論理の展開は恐るべきものである。教育の本質が戦争の目的と合致するのは当然のことだとする論理であり、こういう論理が構築されうるという意味で、学校教育とはなんと罪深いものだとも思う。結局はさまざまな論理を駆使した挙げ句とどのつまりは、戦争肯定の教育推進である。しかしこう述べたすぐ後で、「か丶る措置がどこまで続けられるかわからぬけれども、如何なる場合にも教育の原理に立還って、文化と人性の全一的発展に対する態度と方法とを用意していなくてはならない」[155]と補足している[156]。そこに微妙なずれを感じる。「か丶る措置がどこまで続けられるかわからぬけれども」云々とする文章には、いかに論おうとも教育の原理と戦争とは矛盾するものだとする自覚が見え隠れしている。

このずれを、戦争推進を前提とした積極的戦争推進のための教育的論理的欺瞞（＝恰もそれが教育的真実であるかのように恣意的に嘘を付くこと）と理解するか、それとも教育の本質と戦争との矛盾をどうにか乗り越えなくてはならない教師達の苦悩と理解するか。私はある著書に接するまでは前者の理解だった。しかし、今は後者であると思いたい。著書とは、張さつき著『父・木村素衛からの贈りもの』[157]。張氏は達意の文章によって、戦時中における西田哲学の俊英木村素衛と信州の教師達との交流を描いた。そこには戦局が悪化する中でも木村から熱く学びとっていこうとする胸を打つような真摯な教師達の姿があり、深い感動を呼ぶ。日本の心ある教師達は概ねそうであったと私は思いたい。信州の教師ばかりではなく、東京の教師達もそうであったと思いたい。そういう立場に立つことによって、附属国民学校初等教育研究会の教師等が採用した「御破算の原理」[158]が意味することも了解されてくる。

御破算の原理

「御破算の原理」とは、従来の発想に基づく論理構築が破綻したとき、自覚的に用いられた一種の欺瞞的論理だと読みとることができる。文章はまず戦況に対する現状認識を述べ、教育原理は何かを提示した後、それでは国民学校教育の教育原理は何かを述べるという手順で展開されていく。教育原理の究明は「原理を問うてその位置を決定しその意味を限定しなくてはならない」として、「目的原理」「構想的原理」「方法的原理」が次々に提示される。

まず「国民学校の教育目的は、「皇道の道に則りて」皇国の道を実現することが根本的目的である」[159]と大前提が提示される。だが、「皇道」や「皇国の道」の内容がいったいどのようなものかについては具体的に語られることはない。哲学風な表現で済まされていく[160]。「皇道」「皇国の道」「大御心」「国体」などがいったいどういうものなのかと深く追求しないことこそが、当時の常識であったのかもしれない。「目的原理」に続いて「構想的原理」について語られるが、ここでも内容追求はされない。そして構想を実現するための「方法的原理」として突如登場するのが「御破算の原理」である。さらに方法的原理に基づいて採用されるのが「発生的方法」であるが、それはあたかも今日の小学校生活科の原理に似ている。「御破算の原理」を教科書について見るならばと切り出して、原理に基づく発生的方法について具体的に説明している内容は、今日の生活科学習において個々の活動と体験を組織して知識化し習得させようとする主旨に酷似している。「児童の全一的、具体的の生活経験に立ち戻り、その成長してゆく線に沿うて進む。そして、その主体的な内部から成上り上る力を養ひ、其経験事実を処理しつゝ、そこに知識を見い出して、これを経験に織り込みつゝ進んでいく」[161]というものである。こうした方法論自体は、おそらくそれまでの初等教育研究会の研究の中から生み出されてきたものにちがいない。知識の習得とその習熟の形態を統一的に捉えようとしていた、この当時の教育界の動きとも一致している。それは「知識の習得を子どもの身につき方の側から捉えようとするものであり、錬成という人間関係性方式に対応するもの」[162]であったと言える。

しかし従来の初等教育研究会が追求してきた教育の原理を、目的・構想・方法においても発展的に戦争に適用しようとすることは論理的に不可能であり、そうした論理が破綻したとき、今までの研究や発想を一切白紙化する「御破算の原理」という些か文学的な表現でその矛盾を乗り越えることしか彼らには残されていなかったのではないだろうか。それは彼らがおそらく自覚的に行った自己防衛策であったのだろう。矛盾を自覚しつつ意識的に自らについた嘘。ただし「元来、本稿は講演の参考資料として筆を執ったもの」[163]だというからには、自分に対してついた嘘を確信へと変質させ、それを根拠に人を説得しようとする意図的な行為ではあった。この学校が置かれた位置と役割を考慮すれば、「記述の精粗は一ではないが、これで擱筆する」とどこかで論理の破綻を自覚したように締め括っている文章表現の奥に、苦悩する心情が垣間見られるような気はする。この著の奥付によれば、発行代表者は「窪田寛治郎」となっている。仮にこの部分の記述が窪田の手によるものだとすれば、筆を措く直前の窪田の中に、思わず個人的な感情を吐露しなければすまないほどの葛藤が潜んでいたにちがいない。

御破算の自覚

教育の本質に対する善意を背後においた自覚的欺瞞と、戦意高揚の熱情に駆られた無自覚的な欺瞞とは当然ながら異なるだろう。しかし、欺瞞はいつしか自覚的なそれから無自覚的なそれへと変質していく恐れがある。初めは見かけ上の変装だけのつもりが、いつしか本質的な変態や内容的な変容へと、自己の中ですり替わっていく。

自分自身についた嘘がいつしか自分のなかで真実に変わっていくのだ。たとえば原子力発電所に対する安全神話のように。安全ではないと断言はできないのならば安全であると言えないはずもないのだから安全だろうと思い込もうとしていた意識が、初めはまやかしの論理による嘘だと自覚されていたのに、やがて安全にちがいないという独断となりいつしか安全であることは疑いようもないものだと神話的無意識へと変質していったように。あるいは存在して欲しいと切望したＳＴＡＰ細胞が、存在しなければ説明がつかないものである以上存在するにちがいないのだと変わり、やがてはじめから確かに存在していたのだと捏造されたように。

ひとたび成立させた御破算の原理と発生的方法という論理は、そこに論を立てたという一点において根拠となり、もはや検討の対象とはならない圏域へと移行していったのかもしれない。しかし私は、欺瞞的論理に苦悩しながら日々を過ごした教師達も多くいたのではないかと思いたい。戦局が急迫してきたこの頃、時を同じくして信州に、木村素衛を慕って教育の本質を真摯に学び取ろうとしていた教師達がいたことを、唐木順三に私淑して児童中心主義を主張し続けた湯澤俊のような小学校教師がいたことを私たちは知っているのだから。東京にもまた、そうした教師達がいたにちがいない。この「戦局に即応する教育の非常形態とその運営」という文章は、修辞に溢れ内容としては論理的に完全に破綻しているのだが、私はそこに教師達の善意と苦悩を読みとりたいと思う。

児童敬礼法

「戦局に即応する教育の非常形態とその運営」が言わば理念を示そうとした理論編であるとすれば、続く「児童敬礼法」「国民学校の清掃訓練」はその実践編である。続いて、「児童敬礼法」について少し見ておこう。今私は実践編であると書いたが、「児童敬礼法」の冒頭「例言」[164]にそのことが端的に示されている。

二、したがって、本報告は、当校に於ける児童の実際生活に基づき、従来の慣習を基礎としたが、文部省制定の「礼法要綱」によって、十分にこれを検討し、更に「陸軍礼式令」その他を参考にして、児童の学校生活に適切なるものたらしめんことを期した。

文部省制定「礼法要綱」と「陸軍礼式令」を参考にしていることから、敬礼も戦局に即応するよう「総合統一して、一定の基準を」定める目的で示されたことはまちがいない。「児童敬礼法」は詳細を極めている。二三例示すれば、「一、附属国民学校児童は、学校教職員に対して、直接教を受けてゐるとゐないとにかかはらず、必ず敬礼を行ふ。」から始まり、「十六、途上では、長く立ちどまって挨拶などしてゐてはいけない。敬礼後、談話の必要があれば、通行の妨にならないところに行くか、または歩きながら話す」という具合に、この場合は礼儀作法と言われるものから通則として示されていく。戦前戦中ならではのものとしては、たとえば「第五章　奉安所に対する敬礼　一　毎日登校の際と下校の際、奉安所に対して敬礼を行ふ。敬礼は奉安所の正面に立って行ふのを本体とするが、通路の関係で奉安所の傍を通らない場合は、奉安所の方に向かって敬礼を行ふ。」とか、「第十二章　食事　一　昼食は教師と児童と会食するのを本体とする。食事の用意が整ったらば、教師は「いただきます」と言って、着席のまま、一礼して食事にかかる。」とたいへん事細かい。戦時も含めた生活上のさまざまな所作に関するマニュアル集である。掃除中の敬礼についても示されている[165]。

第十一章　作業

一　毎日校舎内の清掃を行ふ。
　洒掃は各班毎に所定の場所に集合し、班長の指揮に依って行ふ。班長は掃除用意の合図と同時に、各の場所に班員を整列せしめ、人員を点呼し、監督の教員に対して敬礼を行ふ。敬礼は一般の敬礼による。掃除の終ったときもこれに準じて敬礼を行ふ。

二　掃除中、主事若しくは職員、その他の人が、巡視することがあっても、一一敬礼するに及ばない。必要ある場合は、班長は作業を中止せしめ、「敬礼」の号令によって敬礼させる。この際礼を受けて答礼するものは、主事若しくは上席者一人とし、他は答礼しない。

このように細部に亘って所作作法の手順や中身をできるだけ具体的に示すことは、どのような効果をもたらすだろうか。示されたものはあくまで標準ということだろう。冒頭の例言では、この点に注意をはらって、次のように述べている[166]。

四　礼法は生活の則であるから、もとよりこれを尚びこれにしたがはなければならないが、実際の運用は、事態に即応し、時に応じて宜しきを制し、学年の高下なども十分考慮の中に入れなければならない。この意味に於て、ここに定むる事項は、これによって徒に児童を拘束して窮屈を感ぜしめたり、形式の末に走って敬礼の本義に遠ざかり、却って生き生きした児童の性情を歪曲することのないやう、取扱上に注意しなければならぬ。

ここにも「生き生きした児童の性情」を重視しながら教育を進めていこうとする教師達の心情が見えなくもない。所作作法の標準を示しながら、それが単なる「形式の末に走って敬礼の本義」から遠ざかっていってしまうことのないように配慮する真摯な姿勢だと言えなくもない。しかし、示された標準はいつしか基準となり規則となって、形式として一人歩きしていくのではないか。戦局が悪化するほどに、その形式化は進むだろう。そして戦争後も尚その形式の多くは生きながらえる可能性すらある。

国民学校の清掃訓練

さて「児童敬礼法」に続く「国民学校の清掃訓練」は、いきなり「皇国の隆替、東亜の興廃を決する大東亜戦争と切り出され、「今日の国民教育の成果の如何は大東亜建設戦の勝利を決する重大なる条件である」[167]と謳う。すなわち、現今の国民教育で成果を出すことができるかどうかが、戦争勝利の重大な条件だというのである。工業生産力や軍事力や作戦の問題ではなく、教育の成果の如何が戦争の勝敗を決するというのであるから、とてつもない宣言をしたものである。教育力こそが国力の基礎であるとする発想はあながち間違いではないだろうが、「戦力の源泉たる次代の国民の錬成に邁進せねばならぬ」とは、少しばかり飛躍がなくもない。話はここから「清掃訓練」の必要性と重要性にいきなり及んでいく。

大東亜戦争勝利と清掃訓練とは三段跳びにつながっていく。戦争に勝利するための国民教育の実践に当たっては、「児童の日常生活そのものを質実剛健にし、不撓不屈の精神を養ひ、勝ちぬく戦力の増強につとめねばならぬ。児童の日常生活を引き締め、質実剛健な生活態度を作る訓練は、清潔整頓であり、学校清掃訓練である」[168]と。また、「大学」の書によれば「先づ受ける基礎的な躾は掃除と礼法であった」と。あるいは、「日本古来の修業の方式をみるとき、皇国民の基礎的な修業をなす国民学校の教育において、日々坦々として実践するところの清掃作業は大きな教育的意義をもつのである。国民学校における日々の清掃作業は、愛校の精神の発露であり、心身を錬成する師弟同行的修練であり、皇国の校舎・校地を大切にし保存して行く御奉公の道である」[169]と。清掃があらゆる教育的行為の基礎だとする言説は、清掃がすでに伝統的な慣習として実施されてきていたこともあり、教育の本質・原理を持ち出すまでもなく了解されてしまうらしい。ここでは戦争と教育の本質とを、どう原理的論理的に接合させるかというような面倒な論理の構築や己の良心との葛藤などは必要とはされない。三段跳び論法でいけばいいのだ。現在でも通常、学校掃除の教育的意義とか必要性などはまともな議論の対象とはならない。それでも掃除は実施され続けている。掃除はやるのが当たり前であるし、やらなければ困るだろうと誰でもが思っているので批判的検討などは必要とはされない。ここで提出されている根拠も、儒教経書の「大学」からの一節と、典拠が不明な「日本の古来の修業方式」のふたつだけ。執筆者の教養の深さは感じられるが非論理的だ。だがしかし、当時から見れば説得力はあり納得されたのだろう。

われわれがここで特に注目しなくてはならないのは、清掃と組織との関係である。教育的な場における掃除は、古来の修業方式では師弟同行の形態をとり、学校掃除という集団活動においても明治期以降基本的には師弟が個対個の意識を持ちつつ同行する修業の場であった。そうした修業方式を基本的発想としていた学校掃除が、戦局に即応した国民学校教育の活動に位置づけられることによって、組織化された集団訓練の場へと変容したのである。そして学校掃除を組織的活動の中で個人を育成する訓練の場とする発想は、おそらく戦後へも継承され現在に及ぶ。それでは、組織化された清掃訓練について見ていくことにしよう。

「第一章　清掃訓練の構想」については先ほど見てきた通りだが、全体は次のように構成されている。第一章　清掃訓練の構想、第二章　清掃訓練の組織、第三章　清掃作業の実際、第四章　清掃訓練の諸相、第五章　清掃訓練の要諦。全一八頁。

第二章冒頭に、清掃訓練と組織との関係が端的に示されている。

皇国民を錬成していくのには組織の中において訓練することが肝要である。命令や指示に従って忠実に行動し、協力共働していく国民的生活態度は、修練組織の中においてもっともよく訓練されるものである。—国民学校の清掃訓練も横縦の修練組織の中においてなされねばならぬ。[170]

繰り返すまでもないが、目的は戦局に即応する国民的生活態度の育成にある。態度とは、命令・指示に従って忠実に行動し、国家のために協力共働することを内容とする。そういう態度は組織の中での訓練によって修練される。清掃訓練の組織は、横の組織と縦の組織をもってする。「横の修練組織は学年、学級の同程度の児童をもって組織する」「縦の修練組織は初等科三学年以上の程度の異なる児童をもって組織する」とされた。

組織図が示されているが、横の修練組織は、担任を頭にしてその下に学級常会、級長副級長、班長会議が置かれ、それらの下に一〇名から一五名程度の班が構成された。朝の始業前清掃はこの組織で行い、「作業は担任の指導監督のもとに級長・副級長・班長の指図によってなす。」

縦の修練組織は、主事を頭にして下に総務、教養部、職員週番・児童週番、それらの横に職員会議、教養部と週番の横に清掃班長常会が置かれた。午後の授業前に行う清掃作業は、この組織によった。掃除担当部署（清掃場所）は学期毎の交替と比較的長期間にわたり、担任と班長は一年間変わることなく同じ部署を担当した。その理由は記されていないが、上記のような訓練目的を考慮すれば、組織の中で命令・指示に従って忠実に行動できるようになるためには、一定期間の時間を要したということであろう。教養部・週番は職員会議・班長常会できまった事項の実践指導に当たり、「時折清掃状況の成績を発表し、清掃についての反省をうながす」、教養部は清掃訓練の指導本部として「清掃用具の世話から、清掃班の組み分け、日々の指導監督をもなす」[171]とされたから、現在でいうところの清掃教育担当職員ということか。週番という制度は私の小学生当時一九五〇年代にも行われていたが、朝・清掃時・放課後に校内を巡視し、窓開けや戸締まり、清掃時の注意などが仕事として課されていたように記憶している。おそらく戦前戦中期から継承されたものと思われる。

現在でも、学級学年毎の掃除を「横割り清掃」、異年齢異学年の班を構成して行う掃除を「縦割り清掃」などと称して実施している学校がある。特に縦割り清掃では、組織を重視してリーダー意識を育てることを目標に掲げている場合が多い。この附属国民学校の場合は、横の組織図から算出される児童数を縦の組織に当てはめると、縦割り班数は三五、班員数は一二名から一八名程度となる。私は軍隊組織について殆ど無知だが、この班員数は分隊か班程度に当たり、その長を軍曹か兵長とするもっとも実戦的な小集団であると考えると、一班の員数はこうした軍隊組織を参考にした可能性がある。

第三章では清掃作業の実際について、詳細に示されている。特徴的な事柄をいくつか引いてみよう。初等科一・二年生の教室と体育室は使丁が当たる。使丁（してい）とは学校用務員の旧称である。清掃方法は担任班長の指揮で、①太鼓の合図で各部署に集合、②点呼用具調べ、先生に礼、③窓を開放し、高いところからはたきをかける、④掃き方は教壇より後方に向かい隅々まで注意してはく、云々と⑧まで細かく示されている。清掃の心得として、「清掃作業は学校を磨き、心を磨き、お国に御奉公する大切なつとめであることを自覚させ」る[172]。「机の清掃日をおき、机の内外を清掃し、机に対する感謝の念を深める」[173]ことも示されている。

第四章の清掃訓練の諸相では、心構えについて説いている。ひとつには、心構えについて講堂訓話・学級訓話・修身授業を通して、心身を錬磨して「学校を愛し皇国に御奉公を致す道であることを自覚させ、実践行動により体得せしめねば」[174]ならない。ふたつには、清掃時の服装が大切であり、体操の服装が適当であること。みっつには、「清掃の方法と心得」に従って、そのとき、その場で注意を与え、同時に「ほめたり、おだてたり根気よく手をとって導くこと……清掃訓練の鍵は師弟同行である」と述べている。清掃行事についても七点挙げられているが、それらは「清掃強調週間」「年末のすすはき清掃」など今日にほぼ継承されている。

ここまでの引用ですでに明らかだが、学校掃除是非論争の中で争点の中心となっていた細菌や衛生問題などは一切登場してこなくなっている。最早廃掃論への反論や配慮なども一切なされていない。戦局は廃掃論などどこかへ吹き飛ばしてしまったのである。学校掃除の実施は何人も疑問の余地のないほど当然の大前提となってしまい、その上に立って、どのように組織化するかが問題とされる段階に至ったということであろう。高度に組織化された集団活動を通して、皇国民としての個人をどのように錬成していくかが具体的に提示されているわけである。

第五章の清掃訓練の要諦では、「清掃訓練こそ皇国の道に則る生活訓練であり、大東亜を建設せんとする次代の皇国民の資質を培ふ重要なる訓練である。清掃訓練の要諦は皇国の道に則る生活理念を根基とし、学校を磨き心を磨く心構を培ひ、清掃の修練組織の中にあって協力一致して各自が各自のつとめを果たさせることにある」[175]とまとめている。この要諦に述べられている「皇国の道」云々の行を、仮に「民主的な理念」とか「自主自立の精神」と言い換えたとしたら、殆ど現在にも通じると感じる人は多いのではないか。たとえば、「清掃訓練は、自主自立の精神に則る生活理念を基礎として、学校を磨き心を磨く心構えを培い、清掃の修練組織の中にあって協力一致して各自が各自のつとめを果たそうとする態度を養うことにある」とすれば、素直に頷く人達は多いのではないか。殊に「学校を磨き心を磨く心構えを培う」という行などは、受け入れられやすいだろう。

民主主義における権利と義務という観点から見ると、「各自が各自のつとめを果たす」という場合の「つとめ」は義務に当たるだろう。しかし、ここで主張されるのは「修練組織の中で」果たすべき個人の「つとめ」であって、その背景にある社会が帝国主義的皇国なのか民主主義的日本なのかによって、内容は異なる。ここで語られる「つとめ」は殊更ひらがなで表現されるが、われわれが今義務という場合とは些かニュアンスが異なる。なぜなら、今義務というとき、その一方には必ず権利が想定される。義務と権利は一対の概念である。ここ言われる「つとめ」は対の概念ではなく、個人が国に対して一方向的に奉仕すべきことを内容とする。皇国に奉仕すべき一員として、遂には天皇という一点に収斂していく片務的ハタラキのことを「つとめ」と表現しているのである。

要諦の最後は教師の心構えが示されて締め括られている。「口だけの注意や激励だけではだめである」「師弟同行全身をもって導いて」いかなくてはならない、「指導者たる職員の熱意と献身的な努力とに」よらなくてはならない、「職員の協力一致の実践根気こそ唯一のものである」と。ここで教師に求められる誠実さは時代を超えているが、問題はその誠実さが目指す方向性だろう。誠実で真面目な教師であればあるほど、多くの満蒙開拓団を送り出したという過去があるのだから。

現在においても、「この校舎は皆さん生徒が市から三年間借りたものである。卒業するときは、元より（入学したときより）きれいにして返さなくてはならない」と訓話して、徹底掃除を導入した中学校長がいたと聞く。正確にはこれは間違いである。これとは対極的な考え方もある。「校舎はどこもかしこも全部教材である。掃除の時間には校舎を教材と考えて、きれいにするだけではなくどうか心の勉強をする時間にしてください」と導入した校長もいたという。前者は徹底分担マニュアル方式の学校掃除であり、後者は自問清掃の学校である。両者のちがいは、話し方のちがいではなく目指す方向性のちがいである。どちらの教師も誠実だろうが、方向性は異なる。

掃除の本質がある——湯澤俊の教育観と掃除観

戦局急を告げるこの時期にあって、実は東京高等師範学校附属国民学校の掃除観とは対照的な掃除観を持つ人物が信州にあった。湯澤俊その人である。

湯澤は、一九四三（昭和一八）年に論文「掃除」[176]を雑誌「信濃教育」に発表する。論文が発表されたのは、太平洋戦争における日本の敗戦が色濃くなりつつある時期であった。米軍がサイパン島に上陸、軍部があの無謀と言われるインパール作戦を強行した前年でもある。この年の二月に日本軍は、戦死者餓死者二五〇〇〇人に及んだ結果遂にガダルカナル島からの撤退を開始し、九月にイタリアが無条件降伏した。国内では一〇月に「教育ニ関スル戦時非常措置ニ関スル件」が通達され、神宮外苑競技場では出陣学徒壮行会が開かれ、一二月には文部省が学童の縁故疎開促進を発表したのだった。

こうした戦時下にあって、湯澤は「掃除には掃除の本質がある」と述べ、ただ言われるままに動くような子どもにするための訓練ではなく、教師は子ども自らが問題に気づくような「鍵」を与えたり「楔」を打ち込んだりしなくてはならないと主張している。「それさへ摑んで居、子供達から言へば自ら動いて行くならば、案外類似した問題は解決されて行くのではないか」とも述べ、今日教育で問題にされる主体性や問題解決能力や「生きる力」などにも通じる内容を主張したのである。戦時下という状況を考えたとき、このような児童中心主義に立つ良識ある教師が存在していたことに驚かされる。湯澤は論文のまとめとして、次のように述べている。

近頃掃除を團體訓練の面に於て取り上げられて来た事は掃除の考へ方の一飛躍である[177]。併しややもすると、そこに團體的行動のみが掃除の如く考へられ易い點がありはしないか。掃除をかりて團體訓練をなさんとすることは考へて見なければならない。掃除には掃除の本質があると思ふ。この本質の上に立つての團體訓練でなければならないのではないか。さもなければ、掃除でなければ錬ることの出来ない團體訓練の意味が成り立たない。掃除には掃除以外には躾けられない特質といふものがある。一斉に箒を持ち、雑巾をかけることが團體訓練ではない。そこには一人々々の自ら動く心の働があつて而も全體に貫いてゆく時始めて掃除を通しての團體訓諫になり得ると思ふ。今日はややもすれば、(單に掃除ばかりではないが)子供達の心が働かず、只言はれるまゝに、命ぜられる事を機械的に繰り返されて行く傾向がありはしないか。そこには何の創造も発展もない。一體錬成といふ事は最も具體的な姿をもつものであると思ふ。私はまだ教職にたづさはつたばかりの當時、農業の先生に教へられた一言を今に忘れられない。「教育といふ事は羊の群を後から追つて行く様なものだ」。この言葉は有難い。どうかすると私共は先を急ぐのあまり、すぐに橋を與へ、時には引つぱつて了ふ。子供に苦しませ、考へさせ、工夫させるべき機會を取つて了ふ。「土と兵隊」の映画の中に一人の兵士が二羽の家鴨の首に縄をつけて引つぱつて行く場面があつたが、家鴨は一向歩かうとする意志はない。無理やり引つぱつて行く。丁度あの様なことが教育の上にも私共は為してゐるのではなからうか。もつと、じつくり見届けて居る事が大事ではないか。何か為すかを、何んな風な物の扱ひ方をするか、箒の動かし方はどうか。そこで苦しませて見るがいい。どうにもならなかつたら、其處で鍵を與へればいい。さうすれば其の後は之に類似した事はどんどん解決してゆくと思ふ。近頃朝會などに注意事項が多すぎるといふ事は誰しも感じて居り、又口にする事である。確かにもつと單純化する必要があると思ふが、ただ少くしたつて、どうにもならない。それよりも、もつと子供の心の動きの研究がなされなければならない。結果の綜合からのみの訓練研究でなしに、一歩手前にもつと力強く楔を打ち込まなければならないと思ふ。それさへ摑んで居、子供達から言へば自ら動いて行くならば、案外類似した問題は解決されて行くのではないか。先頃鈴澤先生のお話の中に隠徳といふことがあつたが掃除など考へる時誠に尊いお話であつたと思ふ。（傍線は平田）

湯澤は、八ヶ岳連峰を望む小学校にあって、十一月下旬の寒い朝掃除をする際に水が「ヌクトイゾヤイ」（温といぞヤイ）と言い合う子どもたちの姿に感動し、「掃除が只命令により、機械的に動いてゐる間は、かうした生活は味はれない。心にゆとりが無いから。掃除を通して、こんな所も体得出来るのではないかと思った」と言う。また、他学級の女生徒が寒い朝折角温まった部屋の窓を「先生に朝は必ず明けろと言はれてゐます」と機械的に開け放つ様を見て、「子供の心が働かない、其場其時に心をくばる態度」がなければ「いつまでたっても子供は伸びない」と述べ、「こんな時の処置が掃除の間に培はれていくのではないだろうか」と掃除に教育的意義を与える。「掃除には掃除の本質がある」とし、「掃除には掃除以外には躾けられない特質といふものがある」と主張し、団体訓練や錬成などの言葉の元に行われている教育活動に対して、「今日ややもすれば、（単に掃除ばかりではないが）子供達の心が働かず、只言はれるまゝに、命ぜられる事を機械的に繰り返されて行く傾向がありはしないか」と、現行教育のあり方に対して疑問を呈している。当時の社会状況の中で湯澤の主張が多数派でなかったことは確かだろうが、このように公に主張しないまでも内心湯澤に共感を覚える教師は一定数いたのではないだろうか。

子どもの心が働く

しかしこの時期には当論文の掲載誌である「信濃教育」も戦時体制の影響をまぬがれることはできず、当時の国策路線に沿った論文が多く散見される。そうした時期にあっても、「信濃教育」には「個人の学問研究の成果や教育指導に関する論説、実践などきわめて重厚なる論陣」[178]がはられていたようであり、湯澤のこの論文はおそらくその典型的なひとつであると言えよう。

湯澤はあくまでも「掃除には掃除の本質がある」とし、子どもたちが自ら心を働かせなければなんの創造も発展もないと主張している。湯澤の主張に対して、この号の編輯主任であった土屋弼太郎は「編輯室より」（編集後記）で次のように評価を与えている[179]。「掃除は日常の瑣事である。しかしこの瑣事の中にも訓練上・修行上の大きな問題がある。ひとり掃除だけではない。食事にも靴のはき方にも問題がある。これらの事柄が常住坐臥継続して指導される所に訓練の要素がある。瑣事も生涯を貫いて行はれるやうになると底光りがしてくる。この呼吸がわかれば錬成も本物になる。」と。しかし、この土屋の評価は当たらない。湯澤は掃除の中に、日常的瑣事を継続する重要性を見い出しているのではなく、子どもの内面に育つべき心が何かを問うているのである。土屋にはそれがわかっていない。土屋の評価は戦時状況下としては妥当なものかもしれないが、結局は訓練や修行や錬成の本質（彼はこれを「呼吸」という）を瑣事の継続性と捉えているのに対し、湯澤は掃除の本質は子どもが自ら動こうとするような内面の形成にあるのだと主張しているのである。

論文執筆当時の年齢が三〇歳代前半であったこと、また昭和一八年という時代性を考慮すれば、この湯澤の主張は驚くべきものだといえる。それはまた、七〇年後の未来である現在においてさえ斬新でありしかも本質的である。内容が本質論的であり、現在の掃除教育に対する警鐘ともなっている。

余談であるが、湯澤はアララギ派の歌人であり教員でもあった松井芒人（源衛）の実弟となる人で、論説執筆当時は上伊那郡赤穂尋常高等小学校訓導として勤務していた。戦後の一九四七（昭和二二）年から新制中学校制度の発足とともに長野県上伊那郡中川村南向中学校長（兼青年学校長）して二年間勤め後長野県教育委員会指導主事、一九六九（昭和四四）年から八年間は中川村教育長、一九七二（昭和四七）年から五年間は中央公民館長を兼務して中川村の教育に尽力し、二〇〇六（平成一八）年九五歳で亡くなっている[180]。

たとえ少数派でも

湯澤は「近頃掃除を團體訓練の面に於て取り上げられて来た」と述べているが、これは東京高等師範学校附属国民学校研究紀要の発行以前の状況であるから、研究紀要発行がきっかけとなって掃除を団体訓練の場にする考え方が拡がったわけではないと知られる。すなわちすでにそうした状況が教育界にあり、研究紀要はそれを受けてより理論的体系的にまとめることを意図したと捉えるべきだ。湯澤はこうした動向に対して、自説が少数派であることを承知した上で苦言を呈する意図を持って執筆したのであろう。

すでに見てきたようにこの時期の軍国日本には、学校掃除を集団活動の訓練の場と考えて、縦横に組織化された集団の中で指示・命令に従って速やかに行動できるような個人を育成していくことが、戦争遂行の必須条件であり学校教育の目的だとする発想が一般化していた。

そうした状況をかつての学校掃除是非論争における論点であった鍛錬修養・衛生保健・集団訓練に即してみると、鍛錬修養については個々人の心身修養の次元から国家に奉仕するための組織内個人の錬磨の次元への転換があったこと、掃除における衛生保健問題は度外視されてしまい、組織化と集団訓練が際立って前面に強く押し出されてきていたことを意味している。つまり学校掃除は、個々人の精神修養の場から体系化された組織的集団訓練の場へと変貌し、戦局に即応する国防教育の一環として位置づけられたのである。そして訓練や鍛錬は、錬成会（運動会）や防空訓練はもとより学校生活のあらゆる場面に浸透し実施されていった。このようにして子どもたちは、学校における集団訓練というかたちで太平洋戦争に参加させられていった。

さかしらな態度ではなく——久保田浩の学級経営

国民学校初等科五年の学級を担任した久保田浩による著、『国民学校初五の学級経営』[181]は、実に構造的かつ具体的な学級経営の全体像を記した著書である。先に紹介した湯澤と久保田との距離は、その教育的発想においてかなり近い。久保田は戦後初期、奈良吉城プランの実践を初めとして、生活教育幼年教育に大きな足跡を残しているが、まずは本著の内容に入っていくことにしよう。

久保田は、「私の学級では、清掃作業は重要な一日の錬成行と考へられてゐる」と述べている。清掃時刻は午後第一時の終了後、着替えて分担区域に集まり、班長の号令で整列、敬礼、静思、誓ひ（仕へます、考へます、やりぬきます。）の作業前の行をすませて仕事にとりかかる。その際、「一切無言、仕へる気持ちで終始しなければならない」としながら、「よい作業のために考へることが大切」と一人ひとりの子どもが考え工夫しながら作業する重要性を指摘した上、単に掃除すればよいのではなく「床を拭ひ光らす事が磨心の行でもある」[182]としている。

久保田は、皇国教育に携わる者として「上御一人の大御心に副ひ奉らねばならないのであります」[183]と記しながら実は、随所にその児童中心主義的教育観を語っている。たとえば清掃時に各班を廻って毎日児童と一緒に雑巾を持ち床を拭くことにしているが、自分を手本せよという「さかしらな態度ではなく、お互の心と心に流れあふものを尊みながら、やらねばならないと思つてゐる」という。久保田がいう「さかしら（賢しら）」とは、自分が教師ぶって上から子どもたちをこうしてやろうとするような態度のことであり、率先垂範の姿勢などすべきではないということなのである。それは師弟同行における師弟という関係性を根本的に問い直すことにもなるだろう。こうした心境からは、組織と行動訓練によって子どもを統制しようとする発想とは対極に立つ教育観がうかがえる。あるいは、「私たちは、自分等の作業が更に徹底するやうに作業計画表（作業の誓、本週の目標、作業分担、その氏名及び目標を記入する）を各班ごとに持つてゐる」と久保田が記すとき、何気なく使う「私たち」という表現の中にも、彼独自の教育観が漂っているように感じられる。久保田の基本姿勢は戦後も変わることなく、戦後初期教育として知られる吉城学園プランの中にもそれを見い出すことができる。

黙行による考える清掃——兵庫県福崎国民学校

国民学校教育の真義を如何に実践するかが求められているとき、「教養研究会」に寄せられた百数十編の中から模範となる一六篇を選び、まとめられたのが教養研究会編輯部編『国民学校実践報告集　我が校教育の誇』[184]である。ここに兵庫県神崎郡福崎国民学校大谷一雄の「清掃教育」が収められている。報告集という性格上、この報告も全体一三九頁中の七頁でしかない。本校の思念する清掃、本校の行ずる清掃、結びの三項から成る。

思念として表明されるのは、「西洋的な考」に対する「東洋の特異性たる行的な観念が加はつた根強い、そして豊かな精神内容を持つ」東洋的日本的立場である。西洋的な考え方では、清掃は整理整頓という衛生的見地からでしかないが、清掃の根本義は「清掃とは己が心を磨き、己が身を清むることなり」と。この学校で職員の手で編まれた小冊子『清掃考』には、この根本義が示されているという。また、「清掃は偉大なる教育行である。偉大なる教育的価値の存するものである」と。

続いて『清掃考』の項目だけが列記されているが、この冊子は教師が先ず清掃の本義を徹底するために編纂されたという。「昼食前二〇分とり、清掃特設時として、全校一斉に清掃訓練をなす」、「清掃には全児童全職員が参加する」と特記している。それまでは放課後に学級毎に自由に行っていた清掃を、昼食前に全校一斉に行う「特設時」を設けて行う、時間としても二〇分間が最適であると述べている。この特記から推測するに、時間を特設する前までは清掃は学級担任任せの状態で、放課後当番の児童だけで行われ、担任によっては自分では清掃せずに子ども任せの状態であったのだろう。清掃時間の長さについても「これより短いと十分に行へず、長くなればだらだらとした気分になる事は今までの経験から感ぜられる」ともしている。

現在の小中学校では昼食前後に二〇分間程度全校で清掃することは一般的であり半ば常識であるが、こうした形態は、おそらく一九四一（昭和一六）年からの国民学校実践期に一般化し、それが戦後に継承されたと見てよいのではないだろうか。つまり現在実施されている学校掃除の形態は、戦後になってから新たに考案されたものではなく、戦中期の国民学校で一般化されたことが継承され現在に至っているのではないか。われわれはこのように、過去において形成された形式や形態や集団的な記憶の中で、教育活動を行っていることを自覚しなくてはならないだろう。

執筆者の大谷がこの報告の中で強調していることは、そればかりではない。むしろ彼の主眼は、「黙行による清掃」と「考へる清掃」にある。黙行とは、「清掃中口をきく者は絶無」となるような状態を言う。これによって、仕事の能率も倍化し器具の破損も非常に少なくなるとしている。その後に大谷が付記することに、彼の確信が見える。「しかしこの黙行は絶対に教師の威圧によるものであつてはならぬ。あくまでも児童の自覚による黙行でなければ、非教育的な手段となつてしまふ」と。そして、「ポンプの水一つ汲むにもポンプの原理を考へながら汲む」ような「考へる清掃」を本校では強調していると。

この学校で実践される黙行・考える清掃は、組織化された集団訓練としてのそれではない。衛生的な側面にも消極的である。それよりもむしろ個人の内面を問題にする修養の考え方が強調されているところに特徴がある。先ほど触れたように『清掃考』は項目が示されているだけで内容は定かではないが、「第一考　本義　意欲　責任　師表　実践　恥を知れ　大和　意識　愛護」となっているところか推測するに、集団より個人を、衛生や訓練よりも修養に重心があることは間違いないだろう。

この学校のように、戦中期においても、すべての学校や教師が掃除の組織化と集団訓練へと傾斜していったのではないこと、またそうした教育実践を高く評価する人々がいたことも確認しておきたい。

掃除形態の確立と制度化

一九四五年に至るまでの学校掃除論を見てきた。そこには戦局の展開と共に深まっていく教師達の屈折した、苦悩に似た感情の動きが読みとれた。その乗り越え方にはときとして、自己の教育的確信は決して譲らない強かさも垣間見られた。

どのような情況下にあっても、教育目的の根本に迫っていけば当然ながら非戦に辿り着く。子どもを導く教育方法も、興味や関心に即した合理的なものであるべきことも明らかである。戦時中、教育の目的が本来結び付くはずのない戦争遂行にすげ替えられることによって、目的と方法とは決定的に矛盾したものとなった。戦時に即応して目的を戦争とし方法を統制的にすれば矛盾は起きないから、多くはそのように振る舞った。渋々振る舞った者もいれば、振る舞っているうちに本気に転じてしまった者もいたろう。戦時はそのように虚偽に充ち満ちた社会生活を進行させた。そして戦後になったら大方はまた皆翻った。

教師達の中には、矛盾に苦悩しながら著書に著した人達がいた。土方恵治は衒学的韜晦とも言えるほどの一貫した皇道主義的教育論を構築し理論武装してみせた。初等教育研究会は、端々に自己矛盾を滲ませながら戦時に即応する教育方法を提起し説明しようと試みた。信州の湯澤俊は少数派を自認して、児童中心主義の教育観を披瀝した。久保田浩は皇道主義を一応は肯定してみせておいてから自説を並立的に提示し、大谷一雄は皇道については殆ど言わず、東洋的日本的立場から清掃の根本義は個人の修養にあり黙行し考えることの重要性を主張した。

彼等には学校掃除の、集団性と訓練的側面、個人性と修養的側面に対する重心の差が見られる。前者はこの時期に学校掃除に新たに付与された側面であり、後者は明治期以来持続されてきた側面である。

もう少し一般化していえば、戦中期後半の国民学校教育実践を通して、組織化と集団性と訓練は一連の活動方法として繋がりをもったものとなった。一方、掃除には人間形成の教育的意義があるとする価値観は一貫して放棄されることがなかった。両者は本来関連的に捉えるべきであるが、集団性や関係性を問題にするときは組織化と訓練が強調され、人間形成を問題にするときには個人が強調された。その意味で、集団性における個人の人格形成が問題にされることはなかった。個人に優先する集団性か集団性を無視した個人かの二者択一であり、両者に配視した人格形成が問題にされたのではない。

集団性における個人の人格形成、あるいは関係性における個の確立という問題が、その後の学校掃除実践のどの時点で教育的課題とされ、どのようなかたちで具体化されていくかを注視しなければならない。少なくとも管理主義的掃除指導がなされているかぎり、その課題化も実践化もないのであるが。

学校掃除の内容に係わる集団と個人の問題とは別に、戦中期には、学校掃除の必要条件や実施形態が明確化され一般化された。実施時刻は昼食の前または後、時間は二〇分間程度が適当とされ、全校で同時刻に同時間一斉に取り組む、全職員全児童が参加するなどである。昼食前か後に全校一斉同時刻同時間という学校掃除の制度化であった。

学校掃除に関して戦中期に確立されたこれらの内容（＝組織化された集団訓練）や制度化（＝全校一斉同時刻同時間）は、敗戦による社会的政治的構造のパラダイムシフトにもかかわらず、すべてが放棄されることなく戦後に持続されていくこととなる。ある部分は暗黙の内に制度として、ある事柄は共有化された記憶となって。

第五章　戦後教育の中で

太平洋戦争後の学校掃除指導意識について検討する。本稿の冒頭において現在の掃除実施形態と指導意識について見たが、ここまで見てきた戦前までの指導意識を一足飛びに現在に適用することはできないだろう。そこで戦後の指導意識について見ていかなくてはならないわけであるが、戦後と一口にいっても七〇年間あり、いくつかの期間に区分しながら検討する必要がある。

ただし本稿はもともと、学校掃除指導意識の歴史的沿革を年次的に扱って明らかにしようとはしていない。確かに戦前までの検討でも一応いくつかの期間に区分しながら行ってきたが、その区分方法は、予めなんらかの視点を導入して期間ごとに資料収集を行ったというようなものではない。期間によっては、資料が比較的多くある場合もあれば殆どないような場合もある。したがって期間は、諸学の知見を参考にしながら学校掃除論議の文脈に沿って、あくまでも便宜的に行った区分であるにすぎない。

その結果戦前については次のようになった。一八七二（明治五）年学制公布以前、学制発布から明治期（およそ一九〇〇年代まで）、一九一〇年代（学校掃除是非論争の頃）、一九二〇年代（優性思想が一般化した頃）、一九三〇年代から一九四五年まで（満州事変から敗戦まで）。最後の期間は一五年戦争の時代なども表現されるが、ここはさらに二つに区分し、国民学校令公布と太平洋戦争開戦の一九四一（昭和一六）年までを開戦前、一九四一年から一九四五年までを戦中期（あるいは戦時）と表現し、さらにこの戦中期を、開戦から一九四三（昭和一八）年までを戦中期前半、戦局が行き詰まったそれ以降を戦中期後半とした。また、敗戦後を戦後と表記する場合には、それと対比するかたちで一九四五年以前を（戦中期も含めて）戦前と表現した。

いずれの期間においても、社会や政治によって学校教育は強く影響を受け、決してその逆ではなかった。影響によって大きく変化した点もあれば、殆ど変わらなかった点もある。したがってこれらの期間区分は、学校教育が社会や政治情勢と深く関わっている以上、学校掃除論議に関するあるまとまりを示していると同時に、歴史的区分とある程度一致していることは言うまでもない。

さて戦後についても戦後は最早終わったとか終わっていないとかいうような論議もなされているように、さまざまな定義がなされている。戦後はすでに終わったと言いながらも、同時に今年は戦後七〇年に当たるなどとも表現しているからには、一九四五年が歴史の結節点であるとする意識は消えてはいない。そこでここでは、さしあたり次のように考えておきたい。

国民総生産が戦前水準を回復したのが一九五五年頃であり政治情勢も勘案してそこまでを仮に戦後とすれば、一九五〇年朝鮮戦争勃発、一九五一年サンフランシスコ平和条約あたりまでを戦後初期、それ以降を戦後後期としておきたい。この他に、政治情勢の変化と教育界の変貌を視点にして、戦後二〇年間というような大きな括りでの表現も用いられる場合がある。したがって、戦後の学校掃除指導意識を検討するという場合には、一九六〇年代後半辺りまでを視野にいれて、戦後初期（一九四五年から一九五一年まで）、戦後後期（一九五一年頃から一九五五年まで）、その後（一九五五年から一九六〇年代後半）というように期間区分しておくことにする。

後に詳しく述べるように、学習指導要領における学校掃除の扱いは一九六〇年代後半以降現在までに大きく変化してはいない。また、自問清掃の実践が一九七〇年代から始められて一九八〇年代に徐々に理論化が進み、九〇年代初頭に竹内隆夫著『自問活動のすすめ』が刊行されたという経緯も勘案すると、自問清掃前史を検討する場合に、その対象を一九六〇年代後半辺りまでとする判断は妥当だと考えられる。

以上のような期間区分を前提として、戦後の指導意識を検討は一九六四（昭和三九）年刊行の『特別教育活動の理論と方法』を中心に行う。本著の刊行時期はまさに戦後二〇年ほど経った頃であり、しかも先に検討した東京高等師範学校附属国民学校の後身である東京教育大学附属小学校初等教育研究会が発行したものである。

この検討に入る前に、戦後学校教育における掃除の扱いに関して、学習指導要領を概観して予備知識を得ておくことにする。

学習指導要領改訂とともに

過去一五〇年間に及ぶ学校掃除を大きな流れとして捉えれば、江戸期に藩校や私塾や寺子屋で朱子学を基とする養生思想を背景として実施されていた掃除が、明治期にドイツから入ってきた学校衛生観を加えるかたちで学校掃除として成立していった。その後の戦前までの経緯はすでに見てきたが、第二次大戦後は新たにアメリカから保健衛生の教育観が加わり、現在に及んでいる。

一九四七（昭和二二）年制定された教育基本法（第一条）には「心身ともに健康な国民の育成……」、学校教育法（第一八条）には「健康、安全で幸福な生活のために必要な習慣を養い……」など「健康」という記述が見られるが、戦後アメリカから導入された健康観が、学校掃除にどのような影響を及ぼすのかという問題意識は一応持っておきたい。

同年示された学習指導要領（試案）はあくまでも手引という立場であったが、その第二章には学校掃除の教育的意義に着目した記述が見られる。

児童の生活　（一）第一、二学年児童　六—八歳　（一四）おもな勤労としては、（男女とも）掃除。ざうきんがけ。子守など。（二）第三、四学年児童　八—一〇歳　（七）おもな勤労は（男女とも）掃除。子守りなど。（三）五、六学年児童　一〇—一二歳　（五）勤労としては、掃除や子守りのほかに家業の手伝い、たとえば、麦かり、稲かりのような仕事をするようになる。（四）第七、八、九学年生徒　一二—一五歳　（九）勤労としては、女子は炊事のほか家業の手伝いが著しく、男子は家業の手伝いが著しい。（五）第十、十一、十二学年生徒　一五—一八歳　（掃除に関する記述なし）……もちろん、以上は、わが国児童の一般的な発達についてみたもので、地域のちがいによって、いろいろ違ったものが見い出されるだろうし、児童青年一人一人に個人差のあることも見のがしてはなるまい。それらは直接一人一人に接する教師が、かれらとともに生活して、よくその生活を見て、確かめるのほかはない。ここには、ただ、一般的な状態を見て行く手がかりを述べたに過ぎない。（傍線は平田）

一九四八（昭和二三）年には「学校清潔方法」が示されたが、これは大正一五年の「方法」とは異なり、「学校における清掃の指導訓練は、衛生教育の一環として系統的に実施させ……」とされ、衛生教育、保健教育の一環としての掃除が協調された。清掃指導ではなく「清掃の指導訓練」という表現を用いている辺りに未だ戦前の匂いが感じられるが、学校掃除を衛生教育であり保健教育の一環であると捉えているに注目したい。学校清潔方法の内容は、日常・定期・臨時と従来どおり区分され、日常清潔方法には清掃の方法が一二項目にわたって細かく述べられている。いずれにせよ戦前同様に、学校を清潔に保つために清掃員を雇うというような発想はなく、学校掃除は当然子どもにさせることを前提として書かれていることにはちがいはない。

一九四九（昭和二四）年学習指導要領（試案）体育科、一九五一（昭和二六）年「試案」の全面的改訂、一九五八（昭和三三）年には学校保健法が制定され学校清潔方法は廃止された。

一九六一（昭和三六）年文部大臣「学校環境衛生の基準」について諮問、一九六四（昭和三九）年に「学校環境衛生の維持管理について参考にされたく……」と答申された。一九六五（昭和四〇）年文部省は『学校環境衛生の解説』を発刊、「……定期環境衛生検査においても、児童生徒の発達段階の考慮のもとに適正にこれに参加協力させれば、保健教育上意外の成果をもたらすのではないかと考える。……」とした。

その後、一九六八（昭和四三）年学習指導要領改訂がなされ、「道徳」で身の回りの整理・整頓、「体育」で保健活動としての清掃とのみ記載された。したがってここでも児童生徒に毎日の学校掃除を義務づけているわけではない。学期末などに実施される大掃除は「勤労生産的行事」として位置づけられた。

続いて学習指導要領改訂は、一九九七（昭和五二）年、一九八九（平成元）年、一九九八（平成一〇）と実施されたが、学校掃除への言及はなされなかった。

ところが、二〇〇八（平成二〇）年の改訂において部分的ながら初めて学校掃除に触れた文言が登場した。その解説編においても、「特別活動の全体計画」に学校掃除を位置づけることが示された。明治以来の政府の教育施策中、日常的な学校掃除に言及したという点において、画期的な出来事であったと言えるだろう。これによって掃除教育が進展するとは考えがたいが、すでに実施されている学校掃除に教育的意義を認めその実施の法的根拠を示したという点では画期的だった。

特別活動でとり上げられたからといって、学校掃除を毎日必ず全員で実施しなければならないとされたわけではない。現に都市部郊外のある小学校では、急激な児童数増加によって全校で毎日掃除すると分担区域に多すぎる人数が配当されてしまう事態になるため、隔日で全校の半分ずつの学級が掃除するなどという方法をとっている場合もある。これしも全校が毎日同時刻同時間一斉に掃除をすることが暗黙の前提になっているわけであるから、全校一斉同時刻同時間という学校掃除の制度化は最早一般的なものとなっており、学習指導要領作成者（文科省の官吏や執筆担当者である学術経験者）にとっても、毎日学校掃除をすることには何の疑問もわかなくなっているという証拠だろう。

学習指導要領と学校掃除

学習指導要領中の学校掃除の扱われ方について、もう少し詳しく見ておくことにしよう。

主に見るのは、学習指導要領一九八九年版（以下、学指要一九八九）、同一九九八年版（以下、学指要一九九八）、同二〇〇八年版（以下、学指要二〇〇八）、小学校学習指導要領解説特別活動編二〇〇八年版（以下、小解特二〇〇八）、中学校学習指導要領解説特別活動編二〇〇八年版（以下、中解特二〇〇八）である。これらに明示された学校掃除に関連する記述は、次のようであった。

学指要（一九八九）には、家庭科〔第五学年〕に関連した記述が見られる。

C　家族の生活と住居　家庭における家族の仕事や役割が分かり家族の一員として家庭の仕事に協力できるようにする。

ア　家族の仕事や役割が分かり、自分の立場や役割について考えること。

イ　自分の分担する仕事を工夫してできること。身の回りの整理・整とんや清掃の適切な方法が分かり、気持ちよく住むことができるようにする。

ア　収納の仕方を工夫し、自分の持ち物の整理・整とんができること。

イ　材質や汚れに応じて適切な清掃ができること。品物について活用の仕方が分かり、不用品やごみを適切に処理できるようにする。

（傍線は平田）

ここにある「清掃の適切な……」とは、「家族の生活と住居」に関する事柄であり学校掃除を指すものではない。

学指要（一九九八）においては、学校掃除に関連する記述は見られない。ところが、学指要（二〇〇八）に次の記述が登場した。

（傍線は平田）

〔第五学年及び第六学年〕〔共通事項〕
（二）日常の生活や学習への適応及び健康安全
エ　清掃などの当番活動等の役割と働くことの意義の理解

学校掃除が初めて明記されたのである。これは、明治以来政府あるいは官庁が、学校掃除の教育的意義について認め学習内容として示した初めての公文書（法的根拠を有する文書）である。つまり学制発布以来一〇〇年以上にわたって、わが国政府は、学校掃除の重要性を認めながらも学校衛生普及の一施策としての立場をとり続け、子どもが学習すべき内容とはしてこなかった。その立場から一歩踏み込んだこの表記は、学校掃除の教育的意義について公的に認め、学習内容として明示したという点で画期的であった。

しかし明示されたとはいっても、記述には若干の検討を要する。「清掃などの当番活動等の役割と働くことの意義の理解」の文意について分析してみよう。

この記述を分節化（分節／分節）してみると、「清掃などの当番活動等の／役割と働くことの／意義の理解」ということになる。第一分節はさらに、「清掃などの／当番活動等の」となる。さらに、「清掃／／などの／当番活動／／等の」となる。したがって、ここにおける文意を素直に了解するとすれば、「清掃」は当番活動（等）の例示として扱われていることになる。

当番とは、「順に入れ代わってする仕事の、番に当たること。また、その人。」（大辞林）を意味する。辞書的な意味に即して清掃を当番の一例だと解すれば、現在多くの学校で毎日全員が行う学校掃除には当たらないことになる。しかし結論を先にいえば、この「清掃」は、現在行われている日々の学校掃除そのものを指していると解するのが妥当だろう。

係活動と当番活動

そもそも、学級活動における係活動と当番活動の違いは何か。係活動は、学級生活を楽しく豊かなものにするために、児童の必要感から設置されるものである。これに対し、当番活動は、日常の学級生活にかかわる役割分担であり、生活遂行上なくてはならない活動を指す。主に、日直や掃除、給食といった仕事である。

実際の学校生活においては、日直や給食当番が輪番制をとることが多いのに対し、掃除は全員参加で行われる形態が殆どであろう。学級内において一部の子どもが輪番で掃除当番を実施したり、月水金曜日は奇数学級が掃除し火木曜日は偶数学級が掃除をするというように、学校内で学級輪番制をとったりしている学校も見受けられはする。しかし現状は、多くの学校で全員参加によって毎日掃除が行われている。したがって、毎日全員で掃除を行っている場合に、それを掃除「当番」と表現してよいのかという疑問が生ずる。日直や給食当番を当番活動と表現することには違和感がないが、毎日全員で行う掃除を「当番」制と表現してよいかどうか。

また、かつては児童数が多く一部の子どもだけで掃除当番をしても間に合っていたのだが、少子化が進んで子どもの数が減ったために、毎日全員で掃除しても分担範囲が広すぎて手が回らないというような状況すら出てきているという。このような状況では、当番制などできるはずもない。

以上のような状況も踏まえ、また学級活動における主な活動を係活動と当番活動の二つの領域に区分けすることが一般的であることも考えると、掃除を係活動に含めることは不自然であり、理屈の上では必然的に当番活動に含まれることとなる。そのため毎日全員が掃除を行う体制の場合でも、当番と表現されると了解することが妥当というものだろう。

当番とは「順送りに仕事の番に当たること」を意味するというのが本来の意味だが、期間を決めて道具や役割や分担場所をだんだんと交代しながら行うことが一般的であるから、それを輪番制、つまり当番制で行うシステムだと解することもできなくはない。さらに、学術的な特別活動研究においても、当番活動という語句が全員参加の掃除においても使用されている研究事例も散見される[185]。

小解特（二〇〇八）には、次のような記述も見られる。

特別活動は、望ましい勤労観・職業観を育成したり、児童が自ら現在及び将来の生き方を考えることができるようにしたりするなど、キャリア教育としての役割も有している。たとえば、係活動や委員会活動、清掃などの日常の当番活動、奉仕的行事におけるボランティア活動などの指導を充実することによって、望ましい経験や体験を通して、集団やみんなのためにチームで働き貢献することの意義や大切さを実感するなど、望ましい勤労観や職業観を自ら形成することになる。（三九頁）

エ　清掃などの当番活動等の役割と働くことの意義の理解　日々の学級や学校の生活を維持するため、児童に清掃をはじめ当番活動に取り組ませている学校が多い。（四四頁）

これらの指導は、学級活動の授業時数を充てない朝や帰りの時間、児童が当番活動を行っている時間などに行うことが中心となるが、学級活動においても適切に取り上げ、計画的に指導する必要がある。その際、清掃の他にも、給食、日直、飼育、栽培などの当番活動や学校内外でのボランティア活動などの活動を具体的に取り上げた多様な指導方法を工夫することが大切である。（四八頁）

清掃などの当番活動については、当番活動の役割と働くことの意義の理解を図るための指導を学級活動で行うものであり、全校で分担して行っている清掃活動や個々の児童が日常的に行っている当番活動の時間を標準授業特赦に含むことは適切ではない。（五五頁）（傍線は平田）

同書にはさらに、当番活動の性格を「やらなければならない」ものだと捉えて、「児童の必要感から設置される」係活動とは区別する次のような記述も見られる。

ウ　係活動は日常の学級生活に密接にかかわる役割分担であり、やらなければならない当番活動と異なり、児

童の必要感から設置されるものである。（七一頁）（傍線は平田）

以上見てきたように、学指要（二〇〇八）・小解特（二〇〇八）においては、係活動などと併記されている箇所を対比しながら検討してみると、日直や給食当番のように輪番制で行われるものの他に、毎日全員で実施する学校掃除も「当番活動」と表現している。

一方中指要（二〇〇八）には、「清掃」あるいは「掃除」という文言は見当たらないが、中解特（二〇〇八）には次の記述が見られる。

学校教育には、教育課程には位置付けられていないが、教育的意義が大きく特別活動と関連が深い、朝の会や帰りの会、日常に行われている清掃や日直などの当番の活動、さらに、放課後等に生徒の自主的、実践的な活動として行われる部活動などがあるが、これらとの関連などについても、特別活動の全体計画に示しておくことも大切である。（一〇九頁）（傍線は平田）

このように現行の中学校学習指導要領には清掃・掃除という文言そのものはないが、特別活動の解説では当番活動として意味づけられ、特別活動の全体計画に位置づけるという方向性が示されたのである。これは、明治期以来の学校教育施策として画期的なことだったと言えよう。

位置づけられた学校掃除

かつて「学習指導要領試案」（昭和二二年）においては、児童生活における掃除の重要性が示され、中学校では掃除という記述こそないが、「望ましい勤労観・職業観の育成」へと発展的な表現となって示されていた。六〇年後の中解特（二〇〇八）における学校掃除の取り扱いも、記述展開のかたちとしては試案の流れを踏襲しており、小学校における清掃を中学校における勤労観へと発展させるというものとなっている。

このような史的経緯から推察すると、学校掃除が二〇〇八年版学習指導要領に初めて明記されたことは、教育的意義を認めて積極的に位置づけたというよりは、学校現場における現状を追認したと捉えるべきだろう。つまり、「日常に行われている清掃」という表現を用いて学習指導要領の本論ではなく解説に示し、日直や部活動などと併記して、すでに「日常に行われている」現状を追認して「特別活動の全体計画に」位置づけるべきであると表記されたのである。

実際には当然のごとく実施され続けてきた学校掃除であるが、戦後の昭和二二年と二六年、続いて三三年、四三年、五二年、平成元年、一〇年と改訂されてきた学習指導要領において、学習内容としては一度も明示されることはなかった。それが、ここに至って、控えめではあるが遂に学習内容として示されたのである。

しかしながら、学校掃除は、学習指導要領に明記されているかどうかとは別に、従来当然のこととして実施されてきている。学校運営の具体的目標に掲げたりグランドデザインに位置づけたりしている学校も少なくない。また、掃除に力点を置いて学級経営をしている担任教師も多い。このように学校現場では、学習指導要領という根拠を持たないまま、なんらかの教育的な意義を認めつつ教育課程の一環として日課に取り入れられている。

学指要（二〇〇八）に「清掃などの当番活動等の役割と働くことの意義の理解」と明記されはしたが、「当番活動等の役割」とはなにか、「働くことの意義」とはなにか、それらをどのように「理解」させるのかは、今後の課題である。あるいは、特別活動の授業で「意義の理解」をさせることと実際に働く活動の場をどのように関連させるのか。また、それらの総体である学校掃除そのものの教育的意義を明らかにすることも課題である。このように学校掃除が学習指導要領に位置づいたかに見えたとしても、なんら問題が解決したわけではなく、学校掃除研究は学術的にも実践的にも未だ不充分であると言わざるを得ない。

学習指導要領と特別活動

現学習指導要領において特別活動の中にわずかな位置づけを得た学校掃除であるが、特別活動はそもそもどのように扱われてきたのだろうか。

明治後期から、各学校では修学旅行や運動会などの学校行事が独自に企画され、その教育的な意義が認められていた。また、運動部などの部活動の設置とともに学校内の自治会的な活動も盛んになっていった。しかし、教科とは別に特別活動という分野が確立されていたわけではない。言うまでもなく学校教育に特別活動という教育的分野を設定するという発想は、第二次大戦後アメリカからもたらされたものであった。

一九四七（昭和二二）年には学習指導要領が試案という形で発表された。この中に自由研究という教科があり、通常の教科で学習したことを有機的に発展させて学ぶ時間として想定されていた。教科「自由研究」は、現代の特別活動の原型になったと言われている。しかし教科「自由研究」については、理解が進まず現場における適切な実施も困難であったため、その後の学習指導要領の改訂時に廃止され、小学校では「教科以外の活動」に、高等学校では「特別教育活動」に再編された。

この後、初めて「文部省告示」とされて準法令的な性質を帯びた一九五八（昭和三三）年告示の学習指導要領では、小学校・中学校・高等学校を通じて「特別教育活動」に名称が統一された（ただし、特別教育活動には学校行事が含まれていなかった）。その後、一九六八（昭和四三）年から一九七〇（昭和四五）年に告示された学習指導要領では、それまで包括されなかった学校行事を統合し、名称が「特別活動」に変更された。

つまり、一九五一（昭和二六）年学習指導要領が改訂されたが、これは一九四七年版教科課程を教育課程に改めたものであり、試案にあった自由研究は廃止され、小学校は教科と教科以外の活動、中・高等学校は教科と特別教育活動とに全体が整理されたのだった。一九五八（昭和三三）年学習指導要領改訂では、小中学校は教科・道徳・特別活動・学校行事などに、高等学校は道徳を除く、教科・特別教育活動・学校行事の三領域にまとめられた。一九六八（昭和四三）年学習指導要領改訂では、再び学校行事が統合されて、小中学校は特別活動、高等学校は各教科以外の教育活動とされた。一九七七（昭和五二）年学習指導要領改訂では、小中高一貫の観点から特別活動に統一された。一九九八・一九九九年学習指導要領改訂では、総合的な学習が新たに盛り込まれたのだった。

こうした改訂の意図について、鬼頭明成は、変化する子どもへの対症療法的なものであり、「実際はより長期的展望のともにつくりあげられた国家のための国民育成策である」と断じている。鬼頭の分析によれば、戦後学習指導要領の変遷を見ると、特別活動の意義づけは、発足時には自発性・自主性を重んじて集団生活の中で個性の伸長を図ろうとする目標であったものが、集団生活への協調によって帰属意識を高め奉仕精神を涵養することを目指すものへと変わってきているという[186]。鬼頭は、校内暴力もいじめ問題も、「国家的課題を優先した子供不在の教育政策がもたらした結果である」と主張した。言うまでもないが、個人から集団指向性へと向かう同様の傾向を、われわれはすでに開戦前から戦中にかけての時期に見てきた。

鬼頭の指摘は直截な表現であるが、基本的にはまちがっていないだろう。改訂の方向性を決定づけているものは、政治的経済的情況の変化であり、特別活動が自主性・自発性の尊重から集団の規律・責任の重視へとシフト・チェンジしてきたことは事実である。政治情勢の変化が教育政策転換の決定的要因であることは否定しようがない。殊に一九四〇年代後半からの東アジア情勢の変動が、アメリカの対日政策を変化させ日本に教育政策転換を迫った。そして高度成長が始まる一九五〇年代後半から保守政権による学校教育への「反動化」攻勢がかけられた結果、五六年教育委員会公選制廃止、五七年勤務評定実施通達、五八年小中学校学習指導要領全面改訂と「道徳」新設、そして六〇年代になっての高度成長に必要な人材育成政策の導入、進学率の急上昇と受験競争の出現へとつながっていく。

戦後初期教育実践の無視と特別教育活動

久保田浩は、戦前戦中の自らのスタンスを「一種のファシズム」だと反省し、文化の享受者である教師は、子どもへの直接的指導を控え環境整備と文化的コミュニケーションをとるべきだとする方向へと転換していく[187]。その実践が戦後初期教育「吉城プラン」として知られている。それは、「まさに子どもたち自身による子どもたち自身のための生活づくりの取り組みであり、それ自体が日常的な生活活動を最も自然にあるがままの形で教育内容化する試みであった」[188]。子どもの生活活動を中心の核に据え、そこから外側に向けて教育内容を構成していこうと発想した特別活動の原型であった。

プランの内容は、理論的指導者であった馬場四郎との共編『日常生活課程』[189]に詳しく述べられている。終戦後復員して教育現場に戻った久保田は、「子どもたち自らの手で自らの生活を創り上げていくことのできる場として学校が生まれ変わらなければならない」[190]とする自覚から出発したが、彼の考えた日常的生活活動の中で、掃除はどのように扱われているだろうか。

全三五〇頁の本著中の一章「日常の生活」において、学級朝の会・終りの会・自由時間・安全な生活と並んで「清掃作業」については九頁程[191]扱われている。冒頭では、清掃作業も「クラス・サービスの底に流れている気もちで考えてみたいと思います」と切り出す。そして「そうじをきれいにさせようという結果ばかりねらっては、やはり強制になろう」[192]と考え、掃除への導入も、低学年の子どもが汚れた所を清めようと自然に箒や雑巾を持ったときを糸口にして「そこからしぜんにはいっていきたいもの」とする。

掃除を強要せず、態度や心構えの指導をしながら、必要に応じて雑巾のかけ方などの技術を丹念に指導する。その後は、時間や建物・施設や道具数・人数などについても、与えられたものをそのまま受けとるのではなく合理的に改良していくように指導する。改良しながら、その心構えについても説いていく。衛生的見地、共同での能率性、合理的な拭き方、道具や方法の工夫等、久保田はそうじの時間は子どもたちの重要な生活の一部と考え、学年が上がっていくにつれて、子どもが「たえず、考えながらそうじすることを要求する度合い」を強めていく必要を説いている。「考えながらそうじする」ことは強制の排除を基本とするから、久保田の主張には、訓練・修練・集団・分担・組織・指示・命令・統制等の用語は登場しない。その代わりに、科学的発想に基づく衛生的見地、能率性や工夫、非合理性から合理性への展開などの発想が見受けられる。

このように久保田の日常生活課程論は、「子どもの外側にある内容を方法的に生活化するものではなかった」。子どもの内側から、生活そのものを新たに創造しようとする試みだったとも言えよう。

しかし後に文部省によって提示された「特別教育活動」は、久保田等による戦後初期のこうした問題提起を、「全く切り捨てて教科外活動を制度化し形骸化」した。その結果として子どもの日常的生活活動は、「教科外活動という枠の中で子どもたちの生活そのものとは別の次元で形式的にあつらえられた生活へと質的変容を遂げた」[193]と、安井一郎は指摘している。

特別教育活動の変容と掃除指導

安井が指摘した問題点は、特別活動の本質に関わる。特別活動の内容を、子どもの生活そのものから立ち上げていこうと久保田等が発想したのに対し、文部省が提示した「特別教育活動」は、内容を子どもの生活とは別次元のところで予め形式的に整えておき、その枠組みに子どもの生活を当て嵌めようとしたものだった。安井が指摘した「質的変容」とは、本質に関わる発想そのものが変質したことを意味しているのだ。

その変容について、もう少し詳しく見てみよう。二冊の「小四学級経営事典」がある。二冊とは一九五一年版[194]と一九五九年版[195]であり、前者は一九五一（昭和二六）年の学習指導要領改定直後の版、後者はその後ということになるが、両辞典における特別教育活動や学校掃除の扱い方について比較検討してみることにする。

学習指導要領改定直後の五一年版は、全体が十一編から成り、そこに加えて「アメリカの初等中等教育」などの六資料が附録する。「第九編保健衛生」の中に「清掃作業」の項目が数頁にわたってとり上げられている。巻末索引によれば、他に二カ所清掃に関する記述が見られる[196]。

「清掃作業」は、「一、掃除用具の使命と、その取扱方法」「二、掃除の分業」「三、掃除のようす」「四、清掃と保健上の諸注意」「五、掃除の秘訣」の五つの中項目から成り、いずれの内容もかなり具体的に記されている。たとえば箒については、「箒の両面が平均に使われることと、床面に穂先が直角にあたるように使用するということが大切。」とか、ツベルクリン陽転者は「他から見れば健康者同然であるから、掃除を免除する理由をうまく話して、子供達に納得させる必要がある。」とか、「窓硝子の外側をふく時は頭を室内において、手だけ外側に出す。」等々、学校現場で実際に指導する教師の視点から詳細に述べられている。

「掃除の分業」についても、はたき係四人、はく係五人、机腰掛係八人（内四人はたき係）、ふく係五人、水汲係二人、硝子係五人（はく者五人でやる）などと示されているが、こうした徹底分担制の功罪については学校掃除実施形態の箇所ですでに述べてきた通りである。

「掃除のようす」の内容は、手順についての事細かな例示である。①から⑮まであり、②では「はたく者が前後左右から始める。（はたき終わるのが二分間）」、⑤では「はく場合は木の目通りにはく。合せ目の芥は箒の背の方で掃くとよい。半分の端迄はいたならば、ちりとりで取る。ごみを取らずに教室のあと半分の方にはきやると、ちらかり易いし、はき終る迄、教室の細かい芥のために埃が立つからである。（時間は三分）」、⑥では「次にふく係は、はいている間に雑巾を用意して待機している。はき終ったならばすぐにふきにかかる。清掃で能率的にやるのはここである。一回毎に雑巾を洗っていたのでは、非常に時間がかかる。そうかといって同じ雑巾面で何回もふいていたのでは、床面をふかないと同じことである。そこで、雑巾を二つ折りにすると雑巾の面が四つ出来る。この四面を無駄なく使わせることが必要で、この辺にも生活の能率化指導があろう。然し小さな雑巾の場合は二つに重ねると同じことになる。……」と誠に詳細に亘っており、管理型の清掃指導が好きな教師が読んだらそれこそ手をたたいて喜びそうな内容となっている。完全なる徹底分担システム方式の作業が目に浮かんでくる。

執筆者一覧を見ると、この部分の執筆者は当時横浜市磯子区磯子小学校教諭吉田貞雄である。吉田氏は「五、掃除の秘訣」で、「教師は顎で指示したり、監督がましい態度を取るよりも、子供と一所に仕事をするところに生きた指導があり、生きた教育がある」と記しているが、右に示されたような作業分担や手順に従ってきぱきと作業することは、指示や監督とは矛盾しないということであろうか。確かに教師や班長が号令をかけて指示や命令をしているわけではない。しかしこうしたシステム化された掃除というものが、いかに管理主義的な発想に基づいているかは、現行の実施形態に関して検討した際に指摘した通りである。

執筆者一覧の中には、先に触れた土方恵治（このとき教育研究所員）の名も見受けられるが、執筆者達はいずれも戦争体験者であるにちがいなく、であるならば戦時における国防教育としての集団訓練的清掃方法が、彼等の裡で果たして完全に否定され放棄されたといえるだろうか。否、執筆者達はむしろ未だに共有化された集団訓練的方法の記憶の中にいて、無意識にうちに掃除方法についても語っているのではないだろうか。

ところでもう一カ所清掃についてとり上げられている箇所は、「第三編学級組織　学級活動の分担」においてである。小項目一五の内の第一三番目に示されている。そこには㋑から㊁まであり、㋑は掃除の前提としてなるべくごみを出さないこと、㋺は学級全員で毎日掃除をし区域は一週間交替制とすること、㋩は清掃は「放課後の問題ではなく教育計画として日課」に位置づけるべきこと、㊁はしぶりや結果を「どんな観点からみたらよいかを学級会で相談し、係りは評価をしておき、機会をとらえて発表することとする」とされている。

㋑㋺㋩はいずれも教師側からの視点で書かれ、㊁も一見子どもの視点から書かれているようには見える。しかし注意深く読むとわかるように、文末表現は「する」と書かれていながら、実は相談させ評価させ発表させるという教師側からの視点が隠されていることに気づく。学級会のかたちはとっているが、これが果たして自主的と言えるかどうか。子ども自身が自主的・自発的に問題に気づき、自らより豊かで楽しい生活を作り上げていこうとするような学級会を目指しているのだろうか。その前提となる教師の発想は、はたして民主的なものに転換しているといえるのだろうか。戦後初期子どもの自発性に依拠して出発したはずの特別活動であったが、民主的な教育方法について語る言質の後ろ側には、実は執筆者達――戦前戦中戦後を通じて教育に携わった教師達――が戦時に培った集団訓練的発想が見え隠れしているのだ。

それでは、五九年版はどうか。五一年版『新学級経営事典』は後に大幅改訂され、五九年版『新版学級経営事典』は次の学習指導要領の全面改定が発表されたのを受けて、さらに改訂されて刊行する運びになったと言う。全体は、基礎編・実際編・研究編・資料編の四編より成る。特徴としては、実際編に多くの頁を用いていること、「四つの柱の内容が相互に有機的関連を持って互に呼応しあい、問題の解明ができるよう」配慮されたとする。執筆者には、再び土方恵治（このとき新城小学校長）の名が見える。

しかし、この五九年版の巻末にある索引項目の中には、最早清掃の語はひとつもない。目次を見ても、清掃に関する項は見当たらない。登場するのは、「六　学級経営と特別教育活動」の「二　学級奉仕活動の運営」に上げられた事例として安全係・時計係等三〇余の係が例示された後に、「このほかに、清掃グループ（輪番制）と日直とがある」[197]とだけ記されているにすぎない。五九年版では、こうして清掃活動は項目を立てて述べられることもなくなり、奉仕活動の一例として示されるだけになってしまっている。


このように学校掃除は、学習指導要領が改訂される度毎に、要領中の文言としても、またそれを受けて解説する辞典中の項目としても、固有の存在感を失っていく。学習すべき内容の圏外に押し出され、徐々に学級経営の全体性の中へ解消されていってしまったのである。

だからと言って学校掃除が行われなくなったわけではない。否むしろ確固たる日常的活動として、各学校で実施され続けていく。その結果どのような事態が生じたか。掃除指導は一人ひとりの教師に任されてしまい、教師個人の経験知に基づく指導方法に拠らざるを得なくなってしまった。そして個々の教師達が着想した方法は、個別的であるが故に個性的であったかといえば、まったくその逆であった。教師達は戦時中に制度化された実施形態を適用し、縦横に組織化された集団活動としての掃除像をイメージして管理主義的指導に走って行ったのである。

第六章　事故と事件

学校掃除は身体的な集団活動であり、その活動内容や範囲は多岐に亘るため、意外に事故が起きやすい。ここでは学校掃除に係わる事故や事件について触れ、以降の予備知識としたい。

近年は木造校舎を殆ど見かけなくなったが、掃除中における事故原因は、かつての校舎が、今ほどには安全性に対して配慮されていなかったことによるだろう。論争にまで発展しなかったものの、重大な事故が起きる度に学校掃除の教育的意義や要すべき配慮等が問題にされてきた。

以下、それらの事故や事件について追ってみるが、ここでの検討は、掃除活動と施設との因果関係ではなく、あくまでも教師の指導や指導観がどう問われたのかという観点からである。

先に掲げた沖原豊による研究書の中では昭和三〇年代から四〇年代にかけての事故や事件がとり上げられているが、それらを参考にしながら代表的な事例についていくつか見ておくことにする[198]。

女生徒墜落死事件

一九三一（昭和六）年、学校掃除中に起きた窓からの墜落死事故は深刻なものであった。二階の窓ガラスを拭いていた際落下、女生徒が頭蓋底骨折したのである。その後もたびたび似たような事故が起きる。事故後には、木製の窓枠は外れやすく不安定であること、窓枠の高さはどのくらいだったか、どのような姿勢で拭いていたか等々の問題点が議論されたにちがいない。当然こうした場合、子どもにやらせるべき作業の種類や範囲というものが問題視される。あるいは担任の指示や監督がどうであったかも問われるだろう。

一九七〇（昭和四五）年度の記録（教育研究会編『教育情報総覧Ⅲ』）では、小学校九八八〇件、中学校五二八〇件、高等学校七八〇件の事故が報告されている。たとえば、ひっくり返したバケツの水で滑って転倒顔面強打、昆虫取りに夢中になりガラスで手を切る、外れかかっていた金具で掌切創、焼却場の鉄の棒で火傷、窓拭き用洗剤が目に入る、プール掃除で転倒前歯破損等々である。

こうした事故が損害賠償請求事件にも展開している事例もある。たとえば上記事例の女生徒墜落死事件の場合は、両国署が訓導を業務上過失致死死罪として送局した。結果としては、刑事責任を問われるほどではないと不起訴とはなっているが。

子ども数、校舎建築材の質や構造なども考え合わせてみると、子どもたちが多様な活動を行う学校掃除の場で、かつては大小さまざまなこうした事故や怪我が多かったことは容易に想像できる。

掃除当番取り消し請求事件

学校掃除という文言が学習指導要領中に明確に記述されていないことを理由に民事訴訟も起きている。一九六二（昭和三七）年、札幌地方裁判所における掃除当番取り消し請求事件がそれである。学校掃除に関しては有名な事件である。

原告は札幌郡手稲小学校六学年和泉保子、被告は設置・管理者である手稲町及び小学校長高橋五郎。正式な事件名は「校舎清掃作業禁止請求事件」[199]。裁判結果は「却下」で、主文としては「原告の訴をいずれも却下する。訴訟費用は原告負担とする」。裁判官は「石井敬二郎、長西英三、福島重雄」。参照法令は「行政事件訴訟法一一条」であった。

原告が主張する学校掃除の法的根拠として挙げたのは、次のような内容であった。

①学校掃除は、学校教育法、同法施行規則、小学校学習指導要領に全く規定されていない。

②仮に特別活動に含まれるとして、特別活動〔の内容〕を定める権限はない。

③仮にそうでないとしても、特別教育活動を受けるか否かは任意的なものである。

④仮に特別活動に含まれるとしても、特別教育活動は自主的・自発的活動が基礎であり、自発的意志もないのに課すのは違法。

⑤仮にそうでないとしても、教育活動として掃除を課すことは違法。諸外国の多くはさせていないし、便所掃除をさせない学校は数多く存在する。

⑥仮にそうでないとしても、便所掃除を課すことは児童福祉法第一章、憲法第一八条にも反する。また、清潔な環境維持は町が経費負担をすべき義務であり、児童の義務ではない。

原告側は以上の六点を挙げて札幌地裁に申し立てたが、結果的には却下された。その理由としては、学校で実施される掃除は公権力の行使には当たらないこと。掃除当番は、教育目標達成のための教育活動の一環であることなどであった。学校教育法第一八条と小学校学習指導要領では、自律心・整理整頓・環境美化の心構え・勤労尊重・公徳心の養成は示され、校長は教育目的達成の一環として掃除当番を課している、とされた。

さらに、学校で行われている教育課程は、学習指導要領の範囲内だけに留まってはいないこと。範囲外に及ぶ場合は、学校教育法や学習指導要領の主旨に沿っていること。そして、学校掃除がその学校が実施する教育活動の目的達成の一環として行われていること等が改めて確認されたかたちになっている。

長年習慣的に行われてきた学校掃除に対して、一定の法的根拠を与え、教育的意義を問いかけたという点で多くの示唆を含む事件であった。

損害賠償請求事件

学校掃除に関連した損害賠償事件として、一九六四（昭和三九）年と一九六九（昭和四四）年に起きた三つの事例を見ることにする。

事例一　一九六四（昭和三九）年福岡市立堅粕小学校で六年生担任林カヲリ教諭の指導監督のもとに授業の一環（学校行事として指導計画案が教育委員会に既に届け済みであった）として廊下を、ワックスを使って掃除していた。日常的な作業ではなく、月末大掃除での出来事であった。男児が同級生と衝突、閉鎖性脳挫傷となり翌日死亡した。ワックスを使っての掃除はいつもとは少し異なる雰囲気の活動であり、子どもたちが喜んで作業する姿が目に浮かんでくる。原告は男児の父親他、被告は福岡市。結果としては、担任には過失はなく、市の国家賠償責任も認められなかった。判決理由を見ると、担任の林教諭が十分安全に配慮した事前指導をした上で作業に取りかかったこと、突発的な事態に「危い」と叫んですぐ対応していること、過去に同一方法による作業を行っており作業は整然となされていたことなどを評価している。

事例二　一九六九（昭和四四）年尼崎市立大庄荘学校六年男児の投げた箒が他の男児の眼に当たり、視力が一・五から〇・〇二に低下した。両親は、男児両親と市を相手に損害賠償請求したが認められなかった。高裁に控訴したが一九七六（昭和五一）年棄却、上告したが一九七八（昭和五三）年最高裁から棄却された。

この事例では男児が箒を投げたようであるが、このように掃除道具はたびたび遊び道具に変わる。箒がバットになったりバケツがグローブになったりする。今でもインターネットで「箒　野球　掃除」とキーワード検索をかけると、驚くほど多様なものがヒットしてくる。

沖原の前掲書にとり上げられたこれら二事例の他にも、データベース検索によって判例等を調査してみると、その他にもいくつかの事例を見い出すことができる。

事例三　担任の過失があったとして学校側に損害賠償責任が認められ、国家賠償法一条が適用された事例である[200]。一九八九（平成元）年京都市立山ノ内小学校四年生のXが、教室を掃除中、暖房用ガスストーブのホースに足を取られてバランスを崩し、ストーブの上の金ダライに触れて熱傷を負った事故について、担任教諭に過失があったとされた。担任は、熱湯がこぼれる可能性を容易に予見できた、また机や椅子の移動作業させる前にゴムホースを片づけるべきであり安全配慮上の注意義務違反があり、担任にこの過失があったことにより事故が発生したと判断された。

当然のことながら、裁判所はクラス担任黒田のり子教諭の安全配慮義務と児童Xとのことに限って言及しており、担任教師の学級全体への掃除指導の在り方については触れられてはいない。実際には、その学級でどのような形態の掃除が実施されていたのかが問題とされるべきである。担任黒田教諭が学級で実施する掃除にどのような教育意義を求め、区域・分担・手順等のどのような形態の掃除を実施していたのかという掃除活動の全体像の中で、必要な安全配慮が何であったのかが問われるべきだろう。この事件の場合には、場面がたまたま掃除中であったというだけで、教育活動の場としての教室環境の安全的原則そのものが問われたと捉えるべきではないだろうか。

この他に、一九九二（平成四）年に中学女子生徒が大掃除中に三階教室の窓を拭こうとして転落し頚髄損傷等の傷害を負った事故[201]、平成八年高校柔道部生徒が練習前に練習場の清掃中に先輩性からプロレス技をかけられ重症を負った事故[202]などが散見される。

いずれの事件においても、判決理由等において教師の掃除指導の在り方について言及されているものはない。掃除当番取り消し請求事件にしても損害賠償請求事件にしても、学校掃除に関わって訴訟となった事件を裁判所で審議する際には、その事象の何が原因でどう結果したかという因果関係のみが問題なのであって、教師の指導観や掃除指導方法の適否の全体が問われることはなかったということである。

第七章　戦後教育の変貌

清掃活動の位置づけ――特別教育活動研究会編

戦後二〇年近く経った一九六四（昭和三九）年、先に検討した東京高等師範学校附属国民学校の後身である東京教育大学附属小学校から、特別活動に関する研究をまとめた著書が漸く刊行された。『特別教育活動の理論と方法』[203]である（以下、『理論と方法』）。

内容はその著書名の通り、特別教育活動の教育的な意義から始まり他領域との関連、教育構想、組織と運営等々、特別教育活動の全体像を明らかにしようとしたものであった。全体二三九頁中、学校掃除については「第四章第四節清掃活動」として五七頁を割いて扱われている。現在刊行される特別活動関連の著書と比較してみても、清掃活動について全体の四分の一近くも取り扱うことは異例と言ってよいだろう。時は、全国特別活動研究会が活動を開始し、一方で掃除に係わるさまざまな事件が起き、社会情勢としては東京オリンピック開催の直前の頃でもある。

『理論と方法』は、学校長であった東京教育大学教授中野佐三の「特別教育活動によせる期待」とする一文に始まる。中野は、「特別教育活動はそれが自発的自治的活動であることにその特質がある」[204]と述べ、本著が明らかにしたいことは「児童の自発的要求を可能なかぎり受け入れること、この上に指導計画を作成し、実施に当っては児童とともにいっそう具体的な計画にねり直し、実施すること」、しかし「児童の恣意を許すようなことになってはいけない」[205]としている。

まず第一章総論では、特別教育活動の歴史的過程や組織と運営等に関する基本的な考え方が述べられている。今後清掃活動に関する部分の検討をする前提として、まずはこの基本的な姿勢について見ておくことにしよう。

歴史的過程の捉え方として、戦前から一九六一（昭和三六）年までと、それ以降研究一年目の一九六二（昭和三七）年から本年というように大きく二分する立場をとっている。昭和三六年までは「戦前には、週番制度を用い、生活訓練部に相当する訓育を主とした時代もあったのであるが、終戦後は教科研究を主とする研究部と、児童の生活指導を柱にする生活部の二本建てで学校運営」がなされた。しかし児童会部が新しく発足しているのに、級長・副級長という戦前からの役員制度を用いて、週番と児童会活動とを併行させ「そこから容易に脱皮できないまま過ごしてきた」という。それを一挙に道徳の特設、学校行事の整備、生活部のきりかえを行なって昭和三七年から「新しい考え方」に立って発足した、と述べている。したがって、戦前戦中戦後を通じて古い考え方が一貫していたと自己評価し、一九六二（昭和三七）年を結節点として、それ以降は新しい考え方に立って再出発したと捉えているわけである。言うまでもないが、一九六〇年代初期における日本社会の大変革の一端をここに見ることができる。東京オリンピックはもうすぐ目の前に来ている。

便所掃除との関連でいえば、東京都下水道局のホームページで東京都の下水道事業の展開を知ることができるが、それによれば、明治中期の「神田下水」に始まり太平洋戦中期に旧市域の普及状況八〇パーセントに達していた下水道が、戦争によって打撃を受けたものの、一九五八（昭和三三）新下水道法制定されて後、オリンピック開催時には一〇〇パーセントとする都市計画が進行していたという。この学校の便所に関しても「使用前後に水を流す」[206]とあり、すでに水洗になっていたことがうかがえる。日本社会がオリンピックを一つの到達点と見据えての社会的インフラ整備、学校環境整備、教育課程の見直しと脱却と再出発が図られていた時期だったのである。東京教育大学附属小学校における変革もおそらく社会全体の胎動に呼応するかたちで始まったのではないだろうか。目を転ずれば、全国特別活動研究協議会という組織もこの数年前から活動を開始している。

『理論と方法』では、特別教育活動を「五本だて」と捉えている。現行の特別活動は、児童会学級会クラブ活動の三つの柱とされるのが通例であるが、『理論と方法』では、そこに交通安全教育を図る必要から校外活動と、さらに清掃活動を加えた五本とされている。

清掃活動の基本目標として、主たるものとしては着実、その他に自主・集団・健康・個性・情愛を挙げている。清掃活動によって上級生と下級生が友情で結ばれることも強調している。詳しくは後述するが、学年学級を解体して異年齢グループを構成して清掃作業を行うことで、「上級生が中心になり先頭にたって活動し、よく下級生をいたわりながら仲よく清掃作業に参加する」、このように「学級集団をはなれて、同じ学校に学ぶという友情にむすばれることは、学校集団としてのもり上がる力をつくり、やがては祖国愛へつながるものと思う」としている[207]。祖国愛にまで言及したことには、少々驚かされる。

今私は注意深くこの部分の引用をしたが、ここに示される異年齢グループ構成のイメージは、上下が「いたわりながら仲よく」というものであり、後に示されることになるイメージとは少しばかり異なっていることを予め断っておきたい。

さて次に、他領域と特別教育活動との関連について述べている点についても検討を要する。特に教科学習との関連を定義している部分には、この学校の教育課程観が表れていると言ってよいだろう。「〔教科〕学習で得られた知識技能をじゅうぶん発揮する場が特別教育活動であり、理解されたものが実践行動を通して、初めて実を結ぶものといえる」[208]とする。この点は、後にやや異なる言い方で繰り返されることとなる。たとえば「清掃活動の位置」について、「各教科で得た知識、技能の能力化という重い役をになっているのである」と。あるいは「学力の能力化」と表現して、「抽象化された場で養われた力（つまり学力）を、どのようにして社会に生きて働く力（つまり能力）にしていくか」[209]と。換言すれば、教科学習で抽象的にわかったこと（＝学力）を特別活動でより具体的なできること（＝能力）に変容させなくては社会に出ても役に立たないのだとする考えに立っている。こうした教育課程観・学力観に立って、本著の理論と方法が構築されていることを、まず確認しておきたい。

しかし一見真っ当そうに見えるその考え方は、果たしてそうなのだろうか。この考え方をさらに展開していくと、教科では知識だけを習得し、習得した知識を活用して問題解決能力や応用力を養う場は別に設けるのだとするカリキュラム論に近いことになる。現行の教科学習と総合学習との関係は、殆どこのかたちになってしまっている。知識の習得の場と活用能力を育成する場とを分離するという考え方である。その一方で、教科学習の中で知識の習得からその活用能力までを一貫してつけるべきだとする、いわゆる教科の総合化という考え方がある。知識の習得と思考力の育成とを分離しないということである。知識内容とその活用方法を分離して学習させようとしても、本来知識というものは活用方法と切り離して習得することはできないはずであり、だからこそ内容と方法は分離すべきではないとする考え方である。私はこの考え方に立つ、故に『理論と方法』の立場はとらない。

「わかる」と「できる」

もう少しこの点について指摘しておくと、この学校の基本的な立場は、教科で学習する内容は社会生活から離れた抽象度の高いものであり、特別教育活動で学ぶ内容はより社会生活に近いもので、抽象度が低い具体的なものであるとしている。そのように考えるから、学習内容の抽象度の高低（具体性の多少）の視点から、教科、特別教育活動、社会生活と順に位置づけられる。つまり教科と社会とをつなぐものが特別教育活動だとする。だからこそ、教科での学力を社会生活で役立つ能力に高める教育的な場が清掃活動である、と位置づけるのである。こうした立場を前提とするから、清掃活動は特別教育活動と「並列であってもいいし特活の中に含まれるものであってもいい」[210]とする位置づけが当然ながら導き出されてくるわけである。

一方私は、特別教育活動の教育的意義が「なすことによって学ぶ」ことであるとすれば、「よって」の意味を次のように捉えている。この領域の学習は、まず行為から入り「できる」ようになってからその意味を遡源的に「わかる」ようにするという方向性をもっている。それに対して、教科学習はまず意味内容が「わかる」ことから入り、それができるようになるまで習熟させるという方向性の領域である。両者は学校教育に不可欠な領域であり、その違いは入口の違いであって、社会性へ向けての順序性の問題ではない。教科と特別教育活動（⊃清掃活動）との区別は、「学力から能力へ」という順序性の問題ではない。相互に並行的な学習領域の学びの方向性の問題――または学びへの入口が異なるという問題――だといえる。「わかる」から入るか、「できる」から入るかの違いである。今はこれ以上立ち入らないが、私の立場と『理論と方法』の立場とは、基本的に異なっていることを指摘しておきたい。

いずれにせよ、清掃活動を含む特別教育活動と教科との関連性や教育的位置について、上述のような立場を明示していることは、『理論と方法』の大きな特徴の一つである。

その特徴は、同時期に全国特別活動研究協議会から刊行された『これからの特別教育活動のあり方――その本質と指導――』[211]（以下、『これからの特活』）と比較してみると、尚更よくわかる。『これからの特活』の中では、教科と特活は並立的な「相補一体の関係」と表現されている。「相補一体の関係」とは、私の立場に近いものを感じさせる。しかし、この著は特別教育活動の全体像を示そうとして編まれた四〇〇頁に及ぶ大著であるにも拘わらず、清掃活動についてはなんと殆ど無視している。わずかに学級会の事例の一つとして掃除に関する事例が示されているに過ぎない[212]。

同様の傾向は学校教育現場での児童会活動の部会設置の実態にも現れている。同書が示す都内小学校に対する調査によれば、児童会整備（美）部を設置している学校は半数程でしかない[213]。

このように、全国を視野に入れた研究会が発行する著書での扱われ方を見ても、また学校現場での実態を見ても、清掃活動をなんらかのかたちできちんと教育課程に位置づけようとすることに対して、一般的には関心が低かったことが窺える。

だからこそ『理論と方法』において、清掃活動を独立した活動（柱）と意味づけ、特別教育活動を、清掃活動・児童会・学級会・クラブ活動・校外活動の五本の柱から構成されるとした意義は大きい。清掃活動を重視した独創的な解釈であったと評価される。

「第四節清掃活動」の筆致

ではいよいよ『理論と方法』の中で、清掃活動についてのどのように書かれているかを見ていくことにしよう。

「第四節清掃活動」を読んで、まず驚かされるのは筆致である。こうした研究書は学校としての研究成果を披瀝するものであるから、ふつうは「本校では○○○と考えた」とか「われわれの立場は、○○○である」とか、職員集団を代表して述べるかたちをとって客観的に記述される。しかし著名あるいは他の節との比較においても、この節の筆致だけが論考的ではなく随筆風であることは些か奇妙に映る。特定の個人が随筆を書いているような筆致で書かれているのである。

　冒頭では「おはなし」と称して五つの挿話が示される。試験はできるがストーブの火は燃やせない二人の男子、掃除を始めた頃の新鮮さがなくなってしまい注意されないとできないという六年生の姿、暑い教室の窓を誰も開けないという気づきのない姿や気づいてもしない姿、誰かがきれいしてくれるだろう思って便器に給食の食べ残しを捨てる姿、すすんでゴミを拾おうとはしない姿など。これらの挿話全体を「役立つ子を育てたい」と題して語り、最後にまとめとして、各教科の指導にまかせておくだけでは「自分のからだを動かすことをおっくうがらない子ども」を育てることはできないとして、特別教育活動の必要性をうかがわせている。ただしそれは、「私は……育てたい」[214]といった個人的な口調で展開され、共同研究の成果を示すというよりは個人が私見を述べている印象すら与える。

　書き手はおそらく、全体の文意からして清掃部担当の主任だと思われる。清掃活動研究に取り組み始めた過去二年間の紆余曲折を、赤裸々に吐露している。実践をまず優先して後に理論化を図ろうとするその姿勢に、私個人としては共感しながら読むことができた。現場で同様の仕事を担当した経験がある私には、書き手である清掃部担当者の苦労が十分に伝わってきた。

　いずれにせよこの語り口が本節の特徴のひとつである。全職員の方向性が一致し成果が体系的にまとまる以前の経緯について、推進役である清掃部が個人的な視点からどのような研究的意図をもって進めてきたのかを伝えようとした文章だということであろう。

　さらに読み進めていくために、注目しておきたいことがいくつかある。さまざまな考えを持つ教師達が紆余曲折を経ながら学校としてひとつの方向性を作り出していく過程で、推進役の清掃部が何を課題としどのように提起していったか、そこにどのような志向性を読みとることができるか、さらに推進役の教師からの提案に対して、他の教師達がどのように反応したか、そうした能動と受動の中に教師達のどのような意識を読みとることができるか。

幸い本著には、研究が開始された前年度までの実態が記され、開始一年目・二年目の取り組みも別々に記されている。その内容を年次を追って比較しながら見ることによって、これらの点を読み取ることができるかもしれない。

清掃活動研究の経緯

研究開始の前年（昭和三六年）までの問題点として六点が示されている。第一は時間について。清掃時間は放課後学年毎に一〇分間から三〇分間とばらつきがあり、授業している隣で清掃しているというような難点があった。第二に、大掃除は学年学級毎不定期に行われていた。第三に、指導教官（清掃係）は計画だけで、実際の指導は各学級担任任せになっていた。第四に、人数配当も担任任せだったため、全員が清掃にあたる学級もあれば交替制のところもあった。第五に、清掃区域は手が回らないところがあり、階段・便所・運動場・講堂などはすべて用務員と事務員に任せられていた。そして第六に、用務員は四名いたが、とても手の及ぶ範囲とは思われなかった[215]。

この学校の戦時国防教育においては、掃除の実施時刻と時間を統一し一斉に行う方法が採られたことについてはすでに見たが、戦後いつからかそうした形態は行われなくなり一五年間程経った頃にはこのような状態になっていた。

研究が開始された一九六一（昭和三七）年清掃部職員が二名になり、それまでの活動を分析反省していくつかの提案がなされた。清掃時間は毎日五時間目前の一五分間をとり全校一斉に行う。全員が毎日清掃を行い、交替制はとらない。指導者も一体となって行う。範囲を拡げ、便所なども含めて子どもが行う。この提案内容は、現在行われている学校掃除形態とほぼ同様である。

こうした提案に対して、他の教師達からさまざまな意見が出されたが、どうしてまとまらなかったのは便所掃除についてであった。本著ではその後五頁を割いて、便所掃除について記している。便所掃除反対の声は強く、議論百出であった。「終戦後、児童の便所掃除は駐留軍の布告により止められたはずである。また、我が校は伝統的にそんなものはやってない」という意見から、そのような不浄なところは児童にやらせるべきではない、衛生的見地から見ても伝染病に感染したらどうするか、用務員がやるべきで児童がやれば道具の費用もかかるとか、文部省や当局、医者、保護者から反対が出たら困るというような、かつての学校掃除是非論争を彷彿とさせるような意見などが出された。文部省にも問い合わせたが、決定的な返事はもらえず、結論的には学校の実態に応じて自主的に注意してやってほしいとのことだったという。この辺りの文部省の態度も、学校にお任せという点で一貫している。

提案者としては、新しい学校集団のあり方から「自分の学校は自分たちの手ですみずみまできれいにしているんだ」という自信と自覚を持ってほしいと一歩も退かず、「便所掃除をやめれば、われわれの改善案の主旨は半減される」[216]と結論を次回に持ち越して、実施可能な学級から実験的に便所掃除を実施していく方法を採る。そして具体的な「便所清掃指導の要領」を示して実地指導を提案して再び三度討議会を開き、遂に大便器は触らせない等の四点の合意を得て、さらに一カ月後に原案を修正して全職員の一致を得て便所掃除が実施されることに決した。「われわれ［提案者である清掃部の二名のことか］としては、この長い話しあいをとおして、学校集団の新しい方向への自覚と、自己自身の成長を覚えた」という。

便所掃除をやるかやらないかを新しい学校集団の在り方——学習指導要領に示された特別教育活動の目的に沿ってということか——という視点から、あくまでも議論を尽くす民主的な手続きを経て決定しようと努力したことは確かである。しかし、今幾度読み直してみても、清掃係の彼等がどうしてそこまで便所掃除にこだわったのかは正直よくわからない。学校生活に係わるすべての場所を例外なく、すべての児童が掃除をすることを標準と考えたからなのだろうか。便所掃除を提案すれば、衛生等を理由に反対があることは十分に承知していたはずである。

明治期以来の学校掃除論議の中で、絶えず衛生論争が展開され便所掃除はその中心的な話題であった。それが戦時国民学校期においてのみ棚上げされたことは、すでに見てきた。一九六〇年代前半になって学校掃除実施計画を立案する際に、国民学校期の便所掃除が想起されていたかどうかは不明だが、再び重要な論点とされ結局は衛生面に配慮するかたちで実施されていくようになる。その経緯は、かつての掃除論議の過程と酷似している[217]。

この年度の指導方法はかなり具体的な次元の取り組みにまで及んでいる。掃除中にレコードを流す、時間経過や重点をアナウンスする、清掃部教官が全校を巡視し指導助言する、各週の重点目標を定め徹底する、各学級から一名ずつ清掃部員を出し毎週反省会を開くことなどが行われ、指導方法が具体的に確立していった。清掃指導研究初年度の総括として、「清掃活動は、単なる奉仕活動ではない。学校教育目標の一環をになう教育活動として、はっきりした位置づけを求めようと考えた」と述べて、係としての課題も明示されている。

異年齢グループ活動の提起

こうした成果に立って研究二年次の指導目標が示された。清掃活動は学校教育目標の一環をになう教育活動であると明記され、「他領域、他教科での学習を十分」生かすこと、学年毎ではなく異年齢のグループを編成して「縦・横を考慮した集団意識を高める」こと、異年齢グループの中で「働く喜びを味わう」こと、清掃指導の徹底をはかり指導内容を明確化すること、「作業の能率化」をはかることなどが掲げられた。

研究二年次に「勇気をだして」提起されたのは、異年齢グループ活動だった。「勇気をだして」と言っているのは、提案が大胆なものであり反対も想定され、提案者自身も思い切った内容であると自覚しているという意味であろう。

提案者によって想定されていたグループ活動とは、「上級生がそれ以下の学年を統率指導して清掃活動にあたらせよう」とするもので、「ここに、清掃活動の教育的意義はいっそう前進した」と述べている。グループ活動を実践してみた長所としては、「上学年は下学年をよく注意指導」し、下学年は「すなおにうけ入れるようになった」、短所としては「下級生におしつけ」ている、上級生に任せるようになったために「仕事の配分」がうまくいかない可能性も生まれた、「清掃用具の管理」に「責任をもたない」ようになった等であった[218]。

理念と実践との齟齬

長短所として挙げる文言に端的に顕れているように、提案者がイメージするグループ活動は、上から下への統率が効いた小集団によって効率化された清掃である。それは、『理論と方法』の冒頭で理念として語られたような上下が

「いたわりながら仲よく」する清掃活動とは、些か異なっている。実践形態はいつの間にか掲げられた理念からは異質なものになってしまっている。学校長の中野教授が掲げた「期待」や理念と、現場の実践方法とが齟齬をきたした。

上学年は下学年をよく注意指導し、下学年がそれを素直にうけ入れるようになった姿は、上下が「いたわりながら仲よく」する清掃活動だとはいえないだろう。そういう上下関係性が育ち、効率化された清掃が行われるような集団活動になることが、はたして特別教育活動の教育的意義なのだろうか。少なくとも『理論と方法』の理念として掲げられた目標は、現場で実践する担当者の方法において微妙に変質していることは確かである。

「縦・横を考慮した集団意識を高める」ために、研究二年次へのステップアップを考えたとき、現場担当者のイメージしたものが当初の理念から知らず知らずのうちに変質してしまう原因が、いったい何かを特定したりその心理的プロセスを解明したりすることは困難かもしれない。しかし変質へと向かう志向性そのものを見ることはできる。よりよき集団づくりを求めて清掃活動のあり方を探究したとき、上からの統制、組織化、指導を徹底し効率化してきれいに掃除された結果を求めようと提案したとき、彼が持ち出した方法は、戦時国防教育で採られた方法と酷似していたのだ。意識的に援用したのか、それとも無意識のうちに似たものになったのだろうか。

彼はまた、提案に際して厳密な理由を説明しなかった。なぜ説明しなかったのか。それは彼自身の体験に基づく記憶に由来しているからなのか、あるいは説明する必要がないと彼が判断するほどに他の教師達と共有化された記憶に由来するものであったからだったのか——、いずれにせよ彼は他を説得するために理由を示す必要を感じなかったのだ。

共有化されていた指導観

一方この提案を受けて、便所掃除には強く反対する者達がいた。しかし反対の根拠は、一五年前に出されたＧＨＱからの命令であったり、五〇年前の学校掃除論争と変わらないような衛生論であったりした。この学校の便所はすでに水洗化されていたにもかかわらず、である。自らの教育観に基づく反対表明ではなかったのだ。

賛成反対の論点は専ら便所掃除の可否に絞られていて、縦横に組織化された活動によって集団意識を高めようという本来の提案主旨には及んでいない。そして便所掃除の可否は、衛生的問題をどう克服するかに尽きる。つまり、そこを克服する具体案さえ了解されれば容易に解決されるのだろう。

賛否の両者は、真の意味で対立していたのであろうか。あるいは、その対立は根本的なものであったのだろうか。対立というよりはむしろ、両者に共有化された指導観のようなものが存在したことを証明してはいないだろうか。

たとえば、全校が一斉に同時刻同時間清掃活動に取り組むことが了解されたとしても、その実施形態は学級や学年に応じて自由に考えるという選択肢もあり得る。そこがなぜ論点にならなかったのか。あるいは、異年齢のグループを編成して「縦・横を考慮した集団意識を高める」ためには、掃除以外の場を考えるという選択肢もあり得る。しかしそういう論議は生まれなかった。生まれなかった背景には、なんらかの共有化された意識や指導観が存在したはずであり、それがひとつの志向性を生み出したのではないか。

敗戦後一〇数年経ったこの頃、学校掃除は、戦後初期に一旦リセットされたものの再び戦時体制以前のように担任任せになってしまっていた。それを学校の教育課程に明確に位置づけ、働く喜びを味わうことのできる場として充実させようとしたとき、教師達の中で、上下の組織化と集団づくりと能率とが自ずと意識化された。別な言い方をすると、教師達の中からは、異年齢に組織化して注意し合うことに本当に教育的意味があるのか、注意し合うような関係性によって民主的な集団意識を育てられるのか、たとえ能率が悪くても試行錯誤を繰り返すような場にしたほうが自主性が育つのではないかというような、それまでの学校掃除についての発想の転換は生まれなかったということだ。

それどころか、戦時国防教育で目指されたような掃除形態へと向かって行ってしまった。便所掃除については反対した教師達も、上からの統制と組織化、指導の徹底と効率化によるきれい清掃には反対しなかった。なぜなら統制と組織化、徹底指導と効率化は、彼等の一致した欲求だったからだ。つまり彼等の志向性とは、管理清掃への憧れである。

教師達はこうして、能率を優先し組織化された集団づくりをするために、学校掃除を活用しようと努めていくようになる。ある者は無意識的に、ある者は流されるようにして、そしてある者は強い意志を持って。

存在感が失われていった学校掃除

先に『学級経営事典』における特別活動と学校掃除の位置づけに関して比較検討を行い、一九五〇年代終わりには、清掃活動は固有の存在感を失って姿を消し、学習指導要領の改訂に合わせて編まれた学級経営の全体の中へ解消されていってしまったことを指摘した。同様の傾向性を、この学校の清掃指導研究の推移の中にも読みとることができる。今検討してきた『理論と方法』は一九六四（昭和三九）年に刊行されたものであるが、その五年後の一九六九（昭和四四）年に同研究会から刊行された『特別活動——特別活動の内容と指導の構造』[219]（以下、『内容と指導』）では、どのように扱われているだろうか。

清掃指導は、学級会活動、クラブ活動、学年集会・学級委員会、各種委員会活動などと並んで五つ目の柱として「清掃活動・通学分団」と位置づけられてはいる。全体二五〇頁の内わずかに六頁半[220]だけではあるが、過去の研究成果を活かした位置づけだと考えてよいだろう。この学校では、未だそのようにして生き残ってはいたのである。しかし、六頁半の内初め三頁半が解説で、その後の三頁は「指導の実例」であることからすれば、どう見ても特別活動中の核とは言い難い。

『内容と指導』の冒頭で、清掃活動をなぜ児童活動の中に位置づけたかについて、「児童の常時活動として、自主的な共同の意識を持った実践活動として見れば、特別活動の目標に沿ったものの中に位置づけることができる」と述べている。「常時活動」とは、毎日全員が参加して一定時間清掃することを意味している。「共同の意識」とは、「きたなくなった場所をきれいにする」という出来映えに関する意識を指すらしい。実施形態としては「二年生以上の児童を学級を解体して、混成の集団をつくってする」ことは定着したらしく、『理論と方法』で示された方法がここでも踏襲されている。「上級生といっしょにやることによって育つ人間関係がある。お互いに仕方を学び合い、能率的にやる方法を工夫してやる」と、異年齢小集団を採る理由も述べられている。あとは、学校行事・美化委員会との関連について、常に「どうすればよいか」が問われる意図的な活動でなければならないこと、その場に応じた流動的な指導計画であるべきこと等について簡単に触れている。

この文章で注意しなければならないことは、「自主的な」と「学び合い」という二つの語である。その後に示されている実例は脚本仕立てになっており、第一日・第二日・第七日・反省会の様子を描き出している。しかし、そこには自主的な姿も学び合う姿もない。上学年リーダーの子どもが型どおりに進めたり教えたりする姿であり、清掃手順をお復習《さらい》いしたり取り組みのよい人やよくない人を簡単に挙げ合って拍手したりするような姿しかない。いったいどこが自主的で、なにが学び合いなのかわからない。「次第に、全体を見る目が出てくる様子が、明確にわかる」とされているが、私には不明確にしか見えない。

文責者板垣慧は「四月当初のなすべき計画にしたがって、自主的に、全員がある目的に向かう方向が決定づけられていった」とも記しているが、「自主的」と「ひとつの目的に向かう」ことには矛盾はないのだろうか。自主的とは初めは当然個人から発するものだが、それが（教師もそうあるべきだと考える）集団としてのなすべき計画にしたがって、ひとつの方向に決定づけられていくと簡単に書いてしまってよいのだろうか。ここに示されているのは、自主的とは言いながら、上学年の子どもが下学年の子どもになすべき事柄を一方的に教えながらリードし、集団としてひとつの方向へと向かっていくような姿である。ひとつの方向に向かうようになったのは、異年齢の混成小集団で清掃活動を実施しているからであって、自主性が育った結果ではない。

このように、『理論と方法』で特別教育活動と並立あるいは包摂されると位置づけられた学校掃除は、『内容と指導』では、実施形態は踏襲され依然として重要な柱として位置づけられてはいるものの、扱われる分量や質においては明らかに後退している。この傾向性が進展すれば、『学級経営事典』中でそうであったようにおそらく、学校掃除は独自の存在感を失って全体性の中に解消される方向へと進み、制度化された実施形態のみが継続されていくことになるだろう。

ちなみに時代は一気に下るが、この学校が一九九〇（平成二）年発行した著書『特別活動「学ぶ力」を育てる授業づくり』[221]においては、最早清掃活動の項目はない。その代わり語句だけが何カ所かに拡散して登場する。学級指導の年間指導計画中に三月の目標として二カ所（二三三頁と四三三頁）、委員会活動例として一カ所（六六頁）だけである。この時点で清掃実施形態が依然として異年齢混成グループによっていたかどうかは不明だが、清掃活動は特別活動研究の重点課題ではなくなり、教育課程の中で独自の存在感を失って日常化してしまったことは確かだ。

教育界の変貌または変わらなかったこと

人は皆文化の中に生きる。教師も例外ではない。文化とは時間と空間の構造の全体である。だから自分に自覚があろうがなかろうが、人は一定の歴史的経緯の先端で、あるいは一定の空間の末端で、過去からの蓄積と他の人や物からの影響とを受けながら考えたり行動したりする。

一般的にそういうことであるならば、教師もまた、過去の集合的記憶からまったく自由であることはできない。しかし、自己の教育観の背景にいったいどのような価値観があるのか、また己が善とするその根拠がいったい何であり、それはどこから来ているのかといった自覚は、殆どないままに日々何事かに必死に取り組んでいる。

教師が駆使しようとする具体的な教育方法も、その殆ど否全部と言ってよいか、まったくの無から自己が産み出したものではない。本や新聞から得る情報も直接誰かから与えられた影響も、それらもまたなんらかの背景やつながりを持っているものであろう。背景やつながりは、空間的に無限に横に拡がり時間的に過去の出来事と深くつながる。さまざまな知識や記憶は無意識のうちに共有化され、集合的記憶となる。記憶は歴史ほどに因果関係の厳密さを求めない。それは想起であり、自覚的ではない。

それならば戦争の惨禍を挟んで、戦前と戦後はまったく質の異なる世界だと言えるのだろうか。確かに戦中期までの国防教育と戦後の民主教育とは異なる。しかし、そこに生きて暮らし仕事をした人々の多くは同じ人達なのだ。だからこそ、どう変わりどう変わらなかったのかが問われなくてはならない。

戦後教育の出発はよく言えば自由と模索、悪く言えば混乱と混沌のうちにあり、民主的方向性と反動的保守性とが同時進行するような過程であったと言えるだろう。

佐藤忠男は戦後の教育を概観してこう述べている、「戦後二十余年の日本の教育の歩みは、ごく大雑把に見れば、いったんある程度うえから与えられた教育の自由が、ふたたび、文部省の力によって強引に統制されていった過程であるということができる」[222]と。佐藤は教育現場の具体的な有様の誠実な証言として、水野一茂『裸の教師――ある反骨二〇年の記録――』[223]をとり上げている。

裸の教師・水野茂一の反骨

序文にあるように、ここには日本の教師が「権力」という壁に面し、あるいはそれを背負うことで、どういう反応と変貌を繰り返したが如実に描き出されている（勝田守一）、またそこには初心をつらぬく人生のたたかいにおいて、水野という反骨の一教師がいかに不退転（竹内好）であったかを見ることもできる。勝田が記すように、水野茂一『裸の教師』は、みごとな戦後教育史の生きた断面を描き出している。

水野が言うところの反骨とは戦いのことであり、本著は一小学校教師の闘争のノンフィクションである。何に対する戦いか、重層的にさまざまな面を描き出されているが、鍵語をひとつだけ取り出すとすれば「エセ民主主義」[224]だろう。

水野は自身の戦争体験（予科練）から出発して、エセ民主主義者の典型として五人の校長を徹底的に追及していく。彼が校長達に見たのは、「人間としての転向と堕落」[225]であり「妥協や追従」[226]であった。それは「戦前、特に昭和にはいって、文部省や県学務課からの訓令にしたがって、一生懸命部下の学問・思想状況を監視・束縛した校長たちと少しも変化していない」[227]姿であり、「文部省・教委の示すものが、年々戦前と同じ質のものになってきているとき、そのワク内でのみ熱烈に研究・実践することは、本人がどのように考えようとも、客観的には戦前教師とまったく同じ罪を犯すことになる」[228]のだという。

水野の「基準」が何かと言えば、いい教員とは「いわゆる立場などということにとらわれず、いつも、どれが一番子どもの成長にとってプラスになるかということだけ」[229]なのであった。

水野の追及は日本人全体にも及び、「明治以来、日本は多くの文化を海外から摂取したが、その致命的な欠陥は、本質を海に沈めて、表面的な理解に終わったことにある」[230]とし、民主的になったはずの戦後においても樵の部落の人々に対する差別感が厳然と存在した事実に対して、「敗戦という民族にとって重大な事実が、民衆にとっては、なんらの内面的影響も及ぼさなかった証拠の一つ」[231]だと断罪する。

彼が理想と捉えていたのは、尊敬して止まない群馬県島小学校長斎藤喜博の学校経営であった。そんな彼が描く掃除の様子はこうだ。

三年生の掃除区域が、昇降口をあがったところの長い廊下であった。教室の掃除は子どもたちにまかせて、私はいつも当番にあたっている子どもたちと、廊下の掃除をした。雑巾がけをしていると、髪が垂れ下がってきて邪魔になるので、手拭で頭を包んで、子どもたちの先に立って、廊下をはいずった。三年生の子どもにとって、体力的にどうなのか。子どもたちは、どう受け止めているのだろうか。徹底的に磨かせるべきなのか。一応汚れをぬぐわせればいいものなのか。……ある日、主任をとおして校長が、廊下の掃除をもっとしっかりやらせろと命令してきた。偉い人の視察が近づいたからであった。私は三年生として、ほんとうによくやっているいることを述べ、主任も校長も実態を見もしないでなにを言うかと反論した。主任はなまいきだと言った。私は教室以外の掃除には子どもを出さないと宣言した。やることはちゃんとやっているという自信が、私を強くしたのだった。三日目に主任があやまってきた。私は、校長室や職員室にのほほんとしていて、指導も、実行もしないでおきながら、なにかというと、〝子ども〟を責めたり、追い立てる先輩たちに、そのころから腹が立って仕方がないのであった。[232]

ここに描き出された校長や主任の言動は、表面的には民主主義や民主教育を叫びながら、内面においては戦前から継続する妥協と追従の精神に基づいて、自らを省みることなく、より下の者に対して指示や命令を下すようなエセ民主主義的な姿であり「超国家主義の心理」[233]である。掃除という場面にそうした内面が露呈しているのである。

物語が進行するにつれ水野の矛先はより尖鋭化していく。そして遂には離職する。それは彼自身に原因があったとも、彼を取り巻く情況がそうならざるをえない方向にますます変貌していったとも考えられるが、おそらくその両方であったのだろう。確かに佐藤がまとめたように、水野が描き出したのは、戦後二〇余年間に、一旦与えられた自由が再び上からの力によって統制されていった教育界の姿があった。

戦後学校教育の反動化

小熊英二もまた、高度成長期に教育界が大きく変貌した状況について、多くの証言を交えながら描き出している[234]。敗戦直後の教育は、物質的には荒廃と貧困の極みから出発したこと。しかし教員や生徒たちには、二度と悲惨な戦争を繰り返すまいという切実な願いと、民主的で平等な国として新しい日本を再建していく気運が存在した、と述べている。革新的な考えをはっきり持つ教師は少数であったが、それが職員全体をリードできるような社会情勢であったのだ。

しかしこうした状況は長くは続かなかった。政治情勢が変化し高度成長が始まる一九五〇年代後半から、保守政権による学校教育への「反動化」攻勢が強まっていった。五六年教育委員会公選制廃止、五七年勤務評定実施通達、五八年小中学校学習指導要領全面改訂と「道徳」科の新設。そして六〇年代の決定的な変化は、高度成長経済に必要な人材育成政策が教育に導入されたことと、進学率の急上昇と受験競争の出現だった。受験競争という事態は旧制高校当時にもあったが、こうした状況をマスレベルで経験したのは初めてであった。さらに六〇年代後半には「登校拒否」が注目されるようにもなった。こうした状況と並行して、校内では生徒会活動やホームルームが沈滞化していく。

小熊はまた別のところで、戦前戦後のナショナリズムの断絶と連続性に言及し、「敗戦後の教育学者や教師たちは、おそらくは自分でも意識していないうちに、刻印された「「国家目標」を探すという」行動様式に拘束されたまま、失われた「国家目標」の代用品を探すという状態を、敗戦後も一〇年以上にわたって継続していた」[235]と述べている。こうした連続性の背景に、教育界では敗戦による公職追放は殆どなされず、人材そのものが連続していたという事情があったことは言うまでもない。

敗戦によって失われた国家目標の代用品を探そうとする行動を、教師達は一〇年以上にもわたって継続していたというわけである。教師が無意識にうちに学校教育の反動化の波に飲み込まれ、その波に乗って進んでいったとする小熊の指摘には、よく注意を払わなければならないだろう。

日本近代が行き着いた皇国日本の中心帰一たる天皇が、一神教的現人神となって「中空構造」の空を埋める存在となったのにもかかわらず、敗戦後には退位することもなく自ら宣言して人間になってしまったことを、教師達はどう受けとめたのであろうか。戦争遂行の最高責任者が戦争責任をとらなかったことによって、国家権力の末端で抑圧を行使した教師達は、加害者から被害者に転じたというわけだろうか。国家目標もなくなり現人神もいなくなった跡に再びぽっかりと空いた穴を、教師達はいったい何によって埋めようとしたのであろうか。被害者になった教師達は、むしろぽっかりと空いた中空を自覚化できなかったからこそ、易々と反動化の波に飲み込まれていったということなのかもしれない。

抑圧委譲の根拠が喪失されたからこそ、彼等は国家目標の代用品を探そうとする行動をとったのであり、そういう自己を自覚化出来なかったからこそ反動化の波に乗ったのだ。先に見たように、反骨の教師水野茂一が描き出したのはそういう「エセ民主主義」者としての教師達の姿であった。

戦後への継続

ここまで『学級経営事典』『理論と方法』『内容と指導』などの検討によって、一九六〇年代後半にかけての戦後二〇年間の、学校掃除指導の変化と継続について見てきた。

教育課程における学校掃除の位置づけが、徐々に独自の存在感を失って遂には姿を消し、学校経営の全体性の中に解消されていった過程を辿ってきた。それは特別活動と並立あるいは包摂されるかたちで自発性・自主性の育成を目指して出発した学校掃除が、組織化された集団性と制度化（毎日全校一斉同時刻同時間実施）の性格を強めながら、教育的意義を問い直されることのないまま学校経営の中で日常化されていった過程である。その結果、掃除指導は個々の教師に任されることになっていく。そうして一人ひとり教師達は、自らの経験知や指導観や教育観に基づいて、（学校掃除の教育的意義を根本的に問い直すことなく）日々きれい清掃を目指して指導にあたらなければならなくなっていった。

戦後学校教育の反動化と称される情況の中で、学校掃除は、独自の存在感を失って後も制度（活動）そのものは継続されていく。教育的意義を問われることなく日々の活動だけが継続していくとなれば、学校掃除が場所をきれいにすることだけを唯一最上の目的として日常化していくことは当然だろう。学校掃除指導において個別化された教師が、なんらかの方法論を生み出そうとした際、集団指向性が顕現化し注意や指示に溢れる指導に傾いていくこともまた当然のことである。

学校掃除の方法論を自分なりに工夫し実践しようとした教師達は、おそらく誰ひとりとして、戦前の教育に立ち帰ろうと自覚的に働いたわけではないだろう。否むしろ逆であった。戦中教育の体験者あるいは被体験者であった彼等は、鍛錬とか錬磨とか錬成とか強制などの言葉には敏感に反応した。しかしそれにも拘わらず、採用した掃除指導方法には無意識のうちに戦前戦中のそれと共通した意識や発想が多く見られる。もはや皇国も錬成も言わなかったが、今度は祖国とか集団意識とか学び合うとか言った。表現は変わったが方法論の中身には、実は戦前戦中から戦後へと続く意識の継続を認めないわけにはいかない。この意識は、別言すれば共有化された記憶である。

集団指向性と管理清掃

一九六〇年代に学習指導要領改訂に沿って新たな清掃指導方法を構想しようとした教師達は、意識的に戦前戦中の実践や著書などを参考にしたわけではない。むしろ単なる知識技能主義におちいるとまた戦前と同じ過ちをおかすことになってしまうという強い思いを持って、どうやれば教育的合理的能率的に掃除できるかと考え実行した[236]。そして取り組み出したその実践をさらなる段階へと発展させようとしたとき、彼等は、縦横に組織化された清掃活動によって集団意識を高めることを目指したのである。

縦横に組織化された集団活動という発想は、このときまるで則るべき枠組みのようにはたらいて、企画者を集団指向性へと方向づけた。戦時国防教育における清掃教育構想と同じ方向へと。

子どもの身体を縦横に組織化された活動によって統制しようとする意識、あるいは統制したくてしかなくなってしまう願望、あるいはどうしても当て嵌めたくなってしまう枠組みとしての体勢順応主義的集団指向性。その枠組みこそが、共有化された記憶であるにちがいない。

この場合の共有化された記憶とは、教師による子どもの身体統制や集団規律を指す。あるいは教師が子どもを思いの通りに管理する学校掃除像への憧憬であったとも言える。憧れにも似た想いを自己の深層に潜在化させながら、よりよい集団意識へと導くよりよい学校掃除像を目指したとき、教師達によって共有化され潜在化された記憶が深層から起ち顕れ、管理清掃へと方向づけていった。

集団指向性は、すでに本稿の冒頭で検討したように、現在実施されている掃除形態へと確実に継承され反映されている。あるいは班長方式に、あるいは徹底分担システム方式に、あるいは精神主義的鍛錬修養方式に。それらの方式では、如何に効率的にきれいにするかという目標が暗黙裡に背景としてあり、道具も場所も役割も徹底的に分担すれば、子どもは自らすすんで能率的に動くようになるとする掃除観で貫かれている。そこでは個人の自発性・自立性よりも集団の統制や規律が優先され、集団における責任や義務が優先される。その結果、教師による指示や注意はなんの疑問もなく受け入れられ、指導に熱心な教師による管理主義的清掃指導が蔓延していくことになる。

個人の記憶と社会集団

戦後学校教育の反動化とそれに呼応するように改訂されていった学習指導要領や、学習指導要領に沿って実践されていった各学校の教育課程において、学校掃除は徐々に存在感や独自性を失っていった。学級会や道徳において、ときどきとり上げられる生活諸問題のひとつとなっていく。ただし存在が目立たなくなったからと言って制度と記憶が失われてしまったわけではない。

戦後三〇年ほど経った一九七六（昭和五一）年長野県公立小学校教員となった私の狭い経験から振り返ってみると、その頃はどこの学校でも昼食後の二〇分間程度全校で一斉に掃除が行われていた。掃除する区域は、校務分掌に位置づけられた清掃教育係が年度当初に提案した学年毎の分担を、学年内で相談して学級毎に割り振り、学級担任は年度の初日に学級会や学級指導の時間を使って分担区域等を決めていた。昼食後に全校が一斉に掃除することは一般的であり、この実施形態は定着していた。清掃教育係は分掌中では比較的重要な係とされており、三〇代から四〇代の中堅教員がなることが多かった。学校掃除は重要な教育活動であるとする認識も、昼食後に全校一斉同時刻同時間に掃除するという制度も、管理主義的発想に基づく掃除指導方法にしても、戦後三〇年を経た一九七〇年代には一般化していたのではないだろうか。

すでに見てきたように一九六〇年代後半までに、学校掃除が学習指導要領や教育課程の全体に薄く拡散していったとき、その教育的意義づけや方法は、結局のところ個々の教師任せになっていった。つまり学校掃除は、大学の教師養成教育で殆ど扱われることがなく、勤務する学校の校内研究の主題となることもなく、それゆえに各学校が開催する対外的な公開研究会の主題としてとり上げられるはずもなかった。しかし日常的な学校掃除には教育的意味があると固く信じて疑わない清掃係や担任教師によって日々実施され、重要な評価領域となっていく。

個々の教師任せになったということは別の言い方をすれば、一旦その教師が管理統制的発想を強めれば、一挙に管理的色彩の濃い活動へと変化する可能性を準備したということでもある。また学級担任が掃除をどの程度重視する学級経営を行うかという差が、行動や生活態度に関する子ども評価の差となって表れるということでもある。たとえば義務や責任という観点から掃除を重視する担任教師は、通知表や指導要録の行動に関する評価欄や総合所見に、その子どもの掃除中の態度を強く反映させるだろう。掃除を重視しない教師は、義務や責任感については、掃除活動とは異なる領域、たとえば係活動の取り組み方から評価することになるだろう。担任任せになるとは、そのようなことも意味している。

ところで掃除を重視する個々の教師が、子どもたちに掃除の大切さを精神主義的に語るにせよ、学級目標に加えるにせよ、あるいは徹底分担による掃除システムを提示して実行させようとしたり、掃除をサボったときはクレジットポイントが減っていくというような方法を考えついたりするとき、その指導意識や方法はいったい何に由来するのであろうか。

養成教育において学ぶ機会がなく、校内研究の課題にもならない学校掃除の意義や方法について、教師達は皆その体験者であるがゆえに、少なくとも語ったり思いついたりすることはできた。各々が語り実践する学校掃除の意義や方法は、もちろん近くにいる同僚からの影響もあろうが、彼等自身がかつて小中学生当時に被指導者として体験した掃除活動を無意識のうちに参照しているだろう。彼が想起している学校掃除の記憶は、現在の自分の視点から思い起こす過去の先輩教師達が実践した指導方法である。その先輩教師にも同僚があり先輩があり学生時代があった。そこには正統的周辺参加による肯定的継承もあり否定的継承もあるだろう。いずれにしても過去の体験の想起は、時空を超えた教師集団のコミュニケーションと捉えることができる。

教師は同時代に生きる同僚達との横の、過去の先輩教師達との縦の、直接的あるいは間接的つながり（＝コミュニケーション）の中で紡ぎ出された学校掃除に係わる指導観や方法論を、社会集団として共有しているのである。だからこそ個々の教師が着想する指導方法は、個人的な思い出や記憶という次元を超えて、教師という社会集団に共有化された事柄に基づいている。別の言い方をすれば、教師の身体は、延髄や脊髄に共通した感覚がしみ込んだ身体になっているのである。すなわち個人的な体験や知識の有無という問題ではなく、社会集団としての教師の体質や行動様式の問題である。

身体統制と学校掃除

共有化された記憶については、社会学者吉見俊哉が運動会に関する研究の中でも言及している。

一八八〇年代（明治二〇〜三〇年代）を通じて並行的に起きた運動会の発達と軍事演習の大規模化という現象は、明治国家による教育と軍事の両面での規律＝訓練的な国民訓育システムの急速な整備であったという[237]。また運動会は「新たに編成されつつあった近代国家と人々の集合的な記憶や日常的実践」[238]がせめぎ合い、からまり合い、接続されていった新しい儀礼＝祝祭の場であったと。

吉見は、運動会が国家による身体統制の場となっていく経緯を解明している。「明治国家の〔文部大臣森有礼を初めとする〕エリート達がそのイデオロギー装置たる学校という空間に装塡しようとしていた国民の身体をめぐる戦略」[239]について、兵式体操論に代表される森有礼の教育思想の特徴は、児童一人ひとりの身体を、日本が国民国家として「新生」するために必要とする主体＝臣下の身体へと調教する身体工学的な装置として学校を捉えた点にあったという。森にとっての学校とは、教科・訓育・管理等が有機的に統合され、児童各人の身体に働きかけ、彼等を国家のための主体として構成していくための技術の総体であった[240]。

吉見によってこのように解釈された森有礼の教育思想は、やがて国家戦略として継続的に展開され、その最終段階である一九四〇年代に至る。そのとき国家権力の末梢的存在であった学校教師が、国民学校の国防教育を構想するにあたり、子どもの身体を少国民の身体へと統制することを教育目的に据えて、（行事である運動会よりも）日常的実践の場であった学校掃除を、組織化された集団訓練の場として捉え直したとしてもなんの不思議もない。学校教育は国家による身体統制の場であるとする教育観は、戦時国防教育において学校掃除を組織化された集団訓練の場にしようとした発想と共通しているからである。

戦後初期には、一旦自発性自立性への着目があったものの、徐々に反動化していった教育政策に呼応しながら学習指導要領が改訂されていく。改訂主旨に沿って学校掃除独自の教育的意義を見い出そうとしたとき、縦横に組織化された集団活動によって子どもの身体を統制しようとする指導方法が再現される。やがて学校掃除は学習指導要領の中での独自の存在感を失っていき、指導は個々の教師に任されていってしまう。すると個々の教師は、またもや集団指向的な管理主義的指導へと傾斜していったのである。

そこには、明治期以来国家が、延いてはその権力の末端に位置した教師が、学校掃除について追求して止まない身体統制への誘惑とも言うべき共有化された記憶（＝集合的記憶）が見え隠れしている。

集団的記憶と学校掃除指導

吉見が述べる〈集合的記憶〉とは、モーリス・アルヴァックスが提出した概念である。この概念は、「記憶を間主観性の次元に向けて開いた」[241]と評価されている。つまり記憶とは個人的主観であるとする通念に対して、アルヴァックスは、個人的な記憶も常に社会的制約を絶えず受け「社会的枠組み」に準拠するものであること、したがって個人の記憶も「共同主観的ともいうべきもの」[242]であることを提示した。もう少し言えば自己が体験したことのない過去の出来事であっても、他者の記憶と共に共有化する可能性がある。過去の記憶は、現在を生きる人々によって再構成され、新たな記憶として書き換えられ共有化されていくというのが〈集合的記憶〉という概念である。

集合的と冠しない場合の一般にいう記憶という概念を、通常われわれは単に過去の出来事や事柄をそのまま思い浮かべる行為のように思いがちであるが、実は記憶とはそもそも現在の状況に合わせて特定の出来事を想起し意味を与える行為なのである。その意味で記憶（あるいは想起）は、今・此処・我に立脚した現実主義だと言えよう。

集合的記憶にはどのような種類があり、世代間でいかに伝達されるかなど、いくつかの検討すべき点はある。[243]しかし、記憶が単に個人の所有物ではなく、ある集団のコミュニケーションによって共有化されたものであるとするアルヴァックスの考え方は傾聴に値するだろう。アルヴァックスは言う、個人の「思考の流れはその源泉を、そしてその流れの大部分を、われわれが結び付いている種々の集団の思考の内に持っているのである」[244]と。

この集合的記憶という概念装置を適用して考えれば、戦前戦中戦後にかけての、教師達の学校掃除指導観に共通性が認められることの意味を、教師間で共有化された「集団的な記憶」[245]として理解することが可能となるだろう。

開国以来欧米列強と対峙するために直走ってきた近代日本において、遂に学校掃除は、皇国臣民の錬成を目的とした組織的集団訓練の場とされた。敗戦後一端は自発性自主性を育てる場として着目され教育的意義を与えられたかに見えたが、学習指導要領が改訂されるにつれて徐々に独自の存在感を失い担任任せとなっていく。そのとき個々の教師によって想起された管理清掃の記憶は、ひとつの枠組みとなってはたらき、またもや組織化された集団活動として構想されていく。個人の自発性や自主性の発露は保証されていない。学校掃除は、個人よりも集団が優先された活動の場として蘇っていったのである。個人の個性や自由よりも、集団における規律や責任感や義務が強調された。

このように学校掃除に向かう教師達は、集合的記憶の枠組みに沿うように、無意識のうちに上からの統制によって子どもを指導しようとし、管理主義的な自己存在についても無自覚のまま過ぎてきてしまった。無意識性無自覚性は、現在実施されている掃除形態や指導方法となって顕れている。現在を生きる教師達さえも、開国以来の歴史的過程における論争や著作や実践の流れの中で、教師集団の内に固有に形成され共有化され記憶化された指導観に基づいて行動しているのである。

もちろん戦前戦後を通じて管理統制主義的体質を自覚した教師はいた。湯澤俊や久保田浩や水野茂一は、自らの管理主義的な体質にも気づいていたからこそ、子どもの自発性や自主性の発露をどのように保証するかについて悩み工夫し提案したにちがいない。しかし、そうした教師は多数ではない。

現在の掃除指導に見る管理主義的傾向の一例を挙げるとしよう。掃除の時間になると清掃指導係のある教師が全校放送のマイクを握る。「さあ今日も全員黙って働きましょう。……まだ北校舎の方から声が聞こえます。今しゃべっている人、すぐに黙りなさい。……まだ聞こえる、黙れっ」などと、ほぼ一〇分間にわたって呼びかけ続けるのだという。この教師も、誠実に熱心に子どもをよくしたいと思ってやっているのだと答えるだろう。彼はときどき自慢する、「この学校は統率がきいていて、この市内の一番校だ」と。彼には自分の指導方法が戦時清掃指導方法と酷似していること、自分が戦時国防教育の継承者だという自覚はおそらくまったくない。教科の研究会では、彼もまた「子どもが自ら問題意識を持ち、友達と共同で問題解決を図るようにするための指導はどうあったらよいか」について研究するのだろう。彼の中では、掃除指導と教科指導の矛盾は自覚化されない。そして彼のような教師は概して、校内では押し出しが強く声高であり熱心であり誠実であるだろう。他の教師達は、それを容認するか引きずられるか。

このままでよいのだろうか。日本の教師達は今いったん立ち止まり、自分が管理主義的学校掃除指導観という集合的記憶のままに振る舞っていないかどうか、自己を見つめ直す必要がある。今のままの掃除指導を振り返ることなく、熱心に注意や指示を多用して統制する管理主義に陥ったり、あるいはすべてを放棄して子どもたちに丸投げするような放任主義に堕したりしてはならない。管理でも放任でもない第三の通路を探すべきだ。

第三の通路

幸い殆どの日本人が、学校掃除に教育的な意義を認めている。学校掃除は世界的に見ても固有な活動であり、放棄するのではなくよりよく活かす路を探るべきだ。それは偏狭なナショナリズムに向かうことではない。むしろ日本発の教育改革の方途ともなり得るだろう。

だからこそ学校掃除に真に民主的な視点を導入することによって、一旦今までの指導方法を捨て、単に形式や行動を統一して済ませることなく内容を吟味し捉え直して再構築する。集団を優先して成果主義や効率化に走ることを止め、非効率的であったとしても子ども個人が人間的に成長する活動とする。学校掃除を教育課程に明確に位置づけられた学校の独自活動として、いじめも暴力もない民主的人間関係づくりに資する活動に再構築するべきである。

そのためには、集団指向性を放捨する発想の大転換が必要だろう。掃除は場所をきれいにするものだという大前提すら疑ってみなくてはならない。ひとりの抜け落ちもなく全員が額に汗して働いている理想の掃除像も捨てるべきだ。子どもは元来掃除をサボるものだとする子ども観も払拭することが必要だろう――そういう教師は、自分は掃除が嫌いだから子どもも嫌いにちがいないと思い込んでいる。どんなに非効率的だとしても、自発性の発露を信じて徹底して待つことに賭ける挑戦を開始しなければならない。

かつて加藤節は石田雄の著書[246]について、石田はデモクラシーによっていかに「開かれた集合的記憶」を作り出していくかには言及していないと疑問を呈した[247]。

この言説を学校掃除に引き寄せて考えると、これまでの管理主義的学校掃除指導観が閉ざされた集合的記憶に基づくものだとすれば、今後作り出していくべき開かれた集合的記憶とはどのようなものなのだろうか。

おそらくそれは子どもにとっても教師にとっても、真に民主的な人間形成や教師成長に資する学校掃除プランの創造ということであろう。注意や指示の学校掃除を超える掃除教育プランを創造しなければならないのだ。

竹内隆夫が創案した自問清掃は、そのためのひとつの答えであった。管理清掃を超えていく第三の通路がそこにある。

関係性の中で

私がかつて自問清掃と出合う以前、毎日熱心に巡回し注意や指示や命令を多用していたとき、あるいは分担と訓練とによって子どもは育つのだと信じて疑わなかったとき、徹底と組織と効率とを至上と発想していたとき、それは確かに新卒で出会った先輩教師からの影響は強くあったのだけれど、嬉々として管理的指導に向かおうとする体質を、私はもともと持っていたのだ。その体質はしかし、私個人が固有に持ち合わせていたものではなく、われわれ日本の教師が集団として共有していた一般的体質でもあった。その意味で、私という個人は、単独でそこに立っていたのではなく、過去からの共有化された記憶の中に生きていたのだ。近代日本が行き着いた先の戦争の、敗戦のそのまた先の先端で私はひとりの教師として管理主義的清掃の記憶の中に生きていたのである、多くの教師達と共に。

われわれは今管理清掃の記憶という轭から解き放たれ、注意や指示の溢れる掃除指導から脱出しなければならない。縦横に組織化された集団活動としての掃除像を払拭しなくてはならない。徹底分担によってシステム化された掃除方法に拠らないで、子どもたちの中に民主的な関係性が生まれ、同時に個の確立が為されるような方法論を見つけ出さなくてはならない。集団が個に優先されるのではない、集団の関係性の中で形成される個の自覚を追求しなくてはならない。

自問清掃には、縦横に組織化された掃除活動によって集団意識を高めようとする発想はない。掃除は元より集団活動ではあるが、自問清掃では集団が個人に優先されることはない。しかし個の確立は関係性の中で為されていくものであるから、関係性の育成は重視されている。

関係性の育成は、自由に働く他者の迷惑にならないように無言で過ごそうとすることや、無言のうちに気働きしながら助け合って働く協働性、また個々が分担を超えて独自の視点から活動することを全体の効率性に優先させている。したがって特定の場所・道具・仕事内容の分担は原則として決めない。その結果自問清掃は一見、効率が悪く能率的ではなく合理的ではないように見える。さらに、注意や指示も一切しないように、教師には厳しく禁則がかけられている。おまけに、掃除をやるか休むかも子ども自身で自由に選択できることになっている。

こうした革新的な自問清掃の登場によって、管理清掃と決別するはずであった。教師達は、注意や指示の管理主義的学校掃除指導を卒業できるはずであった。しかし話はそう簡単ではない。学校掃除は今もって教師による指示や注意に溢れている。学校掃除によって子どもの身体が統制されているかぎり自問清掃前史は終わることがなく、残念ながら今も終わってはいない――組体操が今も運動会の華であるように――。なぜなら、その共有化された記憶は未だに消えることなく、個々の教師の内に潜在化されて息づいているだろうから。

戦後七〇年とよく表現される。学制公布が一八七二（明治五）年であるから太平洋・アジア戦争敗戦までがそこから七〇年余り。学制公布から現在までのちょうど中間地点に敗戦が位置する。学校掃除の視点からすれば、前半七〇年間の日本近代で構築された掃除指導観は、後半の七〇年間においても依然として想起され実践され続けている――ただし、現状に疑問を抱く教師だけに変革の可能性は拓かれる。

現今学校教育が政治情勢や経済界の声に呼応しながら変貌していくのを見るとき、管理清掃指導の記憶はまたもやむくむくと起ち顕れ、指示や注意が好きで堪らない指導熱心な教師達が頻出するかもしれない。教師達はそのように、管理主義的掃除指導観を脳の記憶中枢どころか延髄にも脊髄にも浸透させて十分に身体化している。

したがって今後再び学校掃除が教育的意義を認められて再評価され登場するとすれば、その方向性はおそらくふたつ。一つは強制的(!?)奉仕活動として、今一つは縦横に組織化された活動による集団意識づくりの装置として、義務や責任についての意識を高めることを教育的目的としながら。後者について言えば、学習指導要領特別活動に示された責任や義務の項目に依拠しながら作成された掃除指導案が、すでにインターネット上に散見される。作成者は、学校現場の教師達だ。これらが行き着く先は、詰まるところ国家のための個人の教育であり、個人の幸福のための教育ではない。

われわれは今他者との関係性の中で個人の人格形成がなされるような教育を目指さなくてはならないのだが、関係性と人格形成とがいつしか逆転してしまい、集団作りのための個人のあり方を追求することになってしまっていないか、よくよく注意を払わなければならない。

1 ポール・コナトン 社会はいかに記憶するか――個人と社会の関係―― 新曜社 二〇一一 五一頁
2 竹内隆夫 自問活動のすすめ 第一法規 一九九一等の竹内隆夫先生の諸著書。また、平田治 子どもが輝く魔法の掃除 三五館 二〇〇五、平田治 学校掃除と教師成長 一莖書房 二〇一二 等々を参照。
3 TOSS岡山サークルMAK 子どもたちが自ら進んで動く掃除システム作り小事典 明治図書 二〇〇七
4 沖原一九七八 一五四―一七八頁
5 日本教育新聞二〇一二年一〇月二二日記事 育つ若手教師の風景【第一一回】笑顔が戻った交換ノート 東京都立川市立立川第一中学校後編
6 平田治 水中眼鏡異聞 「事実と創造」No.一八四 一莖書房 一九九六
7 鈴木大拙 日本的霊性 岩波文庫 一九七二

8　加藤周一　日本文化の雑種性　文藝春秋　一九六九　一四頁
9　同書　二六頁
10　加藤周一　果して「断絶」はあるか　自選集2　岩波書店　二〇〇九　九六頁
11　加藤周一　日本文学史序説　筑摩書房　一九七五　二四頁
12　丸山眞男　歴史意識の「古層」　筑摩書房　一九七二
13　同上書　五—六頁
14　同書　二八—二九頁
15　同書　四一頁
16　大島建彦　御巫理花　掃除の民俗　三弥井書店　一九八四
17　同上書　六頁
18　同書　一四頁
19　同書　二三頁
20　石川淳訳「十　天若日子」『古事記』　筑摩書房　一九六六　三七頁
21　http://www.teramoto.co.jp/school/history.html　（二〇一四年五月二三日現在）
22　前掲書　一四七頁
23　同書　頁
24　田中敏　実践心理データ解析　新曜社　二〇一〇　五七頁　などを参照のこと
25　同上書　一四五頁
26　同書　一四七頁
27　同書　一八六頁
28　同書　一八七頁
29　鄭松安　養生思想と教育的学校保健の成立（一橋大学大学院社会学研究科博士論文）　二〇〇一
30　http://www.soc.hit-u.ac.jp/research/thesis/doctor/?choice = exam & thesisID = 61

31 前掲書　四二―四五頁
32 同上書　四五頁
33 同書　四八頁
34 同上
35 同書　三四八頁
36 同書　三四九頁
37 同上
38 同書　三九一頁
39 同上
40 渡辺京二　黒船前夜　洋泉社　二〇一〇、逝きし世の面影　平凡社　二〇〇五など。
41 沖原（一九七八）一〇九頁
42 これらの記事は、浅見（二〇一〇）でとり上げられているものである。読みやすさに配慮して、主旨を損なうことのないよう注意しながらわたしが現代語に訳した。
43 浅見（二〇一〇）三九頁
44 広島大学教育学部研究紀要二五　一九七六　四九―五九頁
45 上越社会研究№二五　上越教育大学社会科教育学会　二〇一〇　三一―四一頁
46 浅見（二〇一〇）三九―四〇頁
47 児童掃除禁止問題（一）　研究所報第九号　下伊那教育研究所　一九一四
48 前掲論文　三九―四〇頁
49 信濃毎日新聞社開発局出版部編　長野県百科事典 補訂版　信濃毎日新聞社　一九八一年　三六一―三六二頁、及びhttp://www.shinkyo.or.jp/index.html を参照。
50 以下原典より引用する場合、比較的長い引用の場合は旧字体のままにして原典の雰囲気が残るようにし、文章中などに短く引くものについては読みやすさに考慮して新字体を用いるようにする。

51　鷲澤八重吉　小学校生徒にさする教室掃除に就いて　信濃教育會雑誌第百七十號　一九〇〇　一七―一八頁

52　中村一雄　信州教育とはなにか――信州近代の教育論潮――　下巻　信州教育出版社　二〇一一　七四頁、中村一雄　信州近代の教師群像　とうほう　一九九二　二一二―二一六頁

53　東憲一　嘉納治五郎の啓蒙雑誌「國士」　東京外国語大学論集第八三号　二〇一一　三五三―三六二頁

54　中村一雄　信州教育とはなにか　下　信州教育出版社　二〇一一　七四頁

55　結核と教室掃除　信濃教育　第三三一号　一九一四

56　樫田五郎は、優性運動の機関誌「廓清」に論文「精神病学上より観たる遺伝と環境」も発表する優性思想の持ち主であった。また、鹿子木も訓令の趣旨説明中でユーゼニック（人種学）に触れており、樫田・鹿子木らは、優性思想から少なからず影響を受けていたことが伺える。優性思想に関しては、大内物吉の著書について検討する際に詳述する。

57　清水福市　前掲論文

58　中村一雄　信州教育とはなにか　下　信州教育出版部　二〇一一　五―一三頁

59　中村一雄　信州近代の教師群像　とうほう　一九九二　一九三―一九六頁

60　同上書　七六―八四頁　及び　金井徹　務台理作の信濃教育会における役割の検討―信濃哲学会を中心とした京都学派との関係に着目して―　東北大学大学院教育学研究科研究年報　第六一集第二号　二〇一三　一三―二八頁

61　中村一雄　信州教育とはなにか　下　一三八頁

62　信濃教育会　信濃教育会五十年史　（信濃教育会九十年史　上）　一九七七

63　前掲書　五五九―五六一頁　六〇九―六一三頁

64　中村一雄　前掲書　一六八頁

65　上村直己　若き日の湯原元一とテオドール・ケルナー論　九州の日独文化交流人物誌　熊本大学　二〇〇五　七七―八〇頁

66　湯原元一　教育及び教育學の改造　秀英舎　一九一六

67　蔵澄裕子　近代女子道徳教育の歴史　東京大学大学院研究科教育学研究室紀要第三四号　二〇〇八　五二―五三頁

68　湯原　前掲書　五〇九頁

69　思想の科学研究会編　新版哲学・論理用語辞典　三一書房　一九九五　四〇一頁、粟田・古在編　哲学小辞典　岩波書店　一九八七　二六二頁

70　湯原　前掲書　五一二—五一四頁

71　本稿の別のところで述べるように、自問清掃の発想原理のひとつにペスタロッチ思想が挙げられるが、自問清掃創案者竹内隆夫は、学校掃除を経済や収入とはいっさい結び付けて考えていない。

72　豊泉清浩　作業教育論の系譜について——ペスタロッチー、ケルシェンシュタイナー、デューイ——　群馬大学教育学部紀要第五九巻　二〇一〇　一六三頁

73　小原國芳　自由教育論　小原國芳選集四　玉川大学出版部　一九八〇　三九二—三九三頁

74　同書　五一三—五一四頁

75　幸田文　あとみよそわか　父・こんなこと　新潮文庫　一九九七　九三—一三一頁

76　大内惣吉　保健衛生と學校兒童掃除問題　一九二七

77　南谷直利・北野与一　「保健」の語誌的研究　北陸大学紀要　第二三号　一九九九　三三三頁。ちなみに、大内の著書名は右記の通りであるが、扉には「保健衛生と」ではなく「健康衛生と」と誤植されており、訂正表にも記載されている。当時は未だ「保健」「健康」「衛生」などは新しい概念であったために一般的に規定は曖昧であり、それぞれの概念の違いは殆ど意識されることがなかった。その結果、印刷所での植字作業や編集の段階で錯誤されてしまい、こうした誤植が起きたのだと推測することもできる。

78　大内惣吉　小児肺炎の素人としての療養　：附・現代の世相を見て感ずるまゝに　大内内科小児科医院　一九三五

79　藤野豊　日本ファシズムと優性思想　かもがわ出版　一九九八

80　同上書　一五頁

81　同書　五二頁

82　同書　五三頁

83　同書　三七四—三八五頁

84　石原千秋　百年前の私たち　二〇〇七　三一—四六頁も参照のこと。また、学術的研究ではないが、グレイム・ドナル

ド　偽科学・珍学説読本　原書房　二〇一三　六七―八四頁も参考までに。

85 太平洋戦争後については、たとえば、松原洋子　日本――戦後の優生保護法という名の断種法　優生学と人間社会第五章　講談社　二〇〇〇　一七〇―二三六頁が参考になる。

86 同上書　四九―五〇頁

87 同書　一一四―一三一頁

88 同書　八一―八三頁

89 東京都中央区立図書館電話番号帳アーカイブに記載が残る。番号帳にある電話番号は、著書奥付の記載と一致している。http://www.library.city.chuo.tokyo.jp/pdf/archives_tel/syouwa04/128_o.pdf

90 鹿野政直　健康観にみる近代　朝日新聞社　二〇〇一　四四―四七頁

91 藤野前掲書　五六頁

92 永井潜　人性論　実業之日本社　一九二三　三六八―三七一頁。尚、大内が出典を永井著『人生論』としているのは間違いで、実際には『人性論』。現在本著を所蔵している公立図書館の中にも、誤って「生」の字を用いて所蔵リストに表記しているところが散見される。永井が優性学に基づいてわざわざ「性」の字を用いている意味は大きく、この誤記は見過ごせない。一九二三（大正一二）年版の奥付によると、初版は一九一六（大正五）年、その後翌年に再版、翌々年訂正三版・訂正四版と続き、一九二三（大正一二）年版は増補五版である。大内が援用したグラフは初版にはなく、この増補版に登場する。したがって大内が読んだのは、一九二三年版であると推察される。本著はその後一九二九（昭和四）年に人文書院から、戦後の一九四七（昭和二二）年にも村松書店から再版されている。四五〇頁余りの大著であるが、これだけ継続的に再版されたということは、永井個人の熱意もさることながら、優性思想が広汎に拡がり関心を集めていたことを物語っているのではないだろうか。

93 永井前掲書　三六九頁

94 同上書　三七〇頁

95 同書　三六九頁

96 同書　三六〇頁

97　同書　三六一頁
98　同書　三六七頁
99　同書　三六二―三六三頁
100　大内（一九三五）「序」に、大内の知人が日常の姿を紹介している。
101　大内（一九三五）八七頁
102　同上書　八〇―八六頁
103　同書　三七二頁
104　同書　三六七―三七七頁
105　大内前掲書　五頁
106　永井前掲書　三八三頁
107　大内前掲書　五頁
108　同上
109　同書　五―七頁
110　大内惣吉（一九三五）の「序」
111　大内前掲書　三九―四〇頁
112　同上書　四五―四七頁
113　先に掲げた石井（一九七六）、浅見（二〇一〇）などを参照のこと。
114　二〇年代初めの一九二二（大正一一）年五月文部省において全国学校衛生主事会議が開かれ、学校清潔法改正の必要如何に関する諮問がなされた。その答申案では改正の必要ありとされたが、追加修正事項として最初に指摘されているのが、学校掃除に関する事柄である。児童生徒に掃除をさせる場合の注意事項が明記されている。掃除をさせる者は学校医が健者と認めた者に限る、受持教師が必ず指導監督すること、必ず専用のマスクを用いること、便所唾壺その他衛生上特に注意を要する場所はやらせないこと、清掃後は必ず手足を洗うことなどの五点であった。この資料からも、二〇年代初めにおいては学校掃除が衛生との関係から論議されていることをうかがうことができる。川村兼五郎編著　法規活用小學校の

實際經營と管理法（下巻）　教育行政研究會　一九三一　五六九―五七〇頁
115 北澤一利「健康」の日本史　平凡社　二〇〇〇　二二二―二二七頁
116 尚本文中では触れなかったが以下の言説も参照した。松下禎二　衛生百話　博文館　一九二〇　三〇九―三一二頁、関口好雄　海兵団　海国社　一九四三　四七―五三頁、岡田道一　学校衛生　大正一二シリーズ名内外教育叢書第一二巻　内外出版　四四―四六頁、水木梢　教育の経済化と産業化　高踏社　一九三一　九九―一〇一頁、水木梢　続首席訓導学　高踏社　一九三四　三五一―三六二頁、国分正憲　小学校に於ける実際的訓練の研究　東京出版社　一九一六　二五七―二六六頁、友納友次郎　小学教育の根本改造　目黒書店　一九二〇　二九三―二九七頁、西山庸平　生活としての学習　聚英閣　一九二五　六八―七一頁、中田市男　人間教育に立脚せる小学校農業科取扱の実際　池田大正堂　一九一三　一一一―一二三頁、与謝野晶子　人及び女として　天弦堂書房　一九一六　六七―七三頁
117 安藤圭助　国民学校躾の修練実践　啓文社出版　一九四一
118 以下、http://www.mext.go.jp/b_menu/hakusho/html/others/detail/1317696.htm　を参照。
119 城丸章夫　管理主義教育　新日本出版社　一九九一　頁八〇。ただし城丸は、著書『集団主義と教科外活動』（明治図書　一九六二）において、「教科外活動」として学校掃除にまったく触れていない。城丸の立場からは、学校掃除に教育的な意義を認めていないということであろう。特に「集団を育てる手段としての文化活動」にそれがないことの意味は大きい。
120 安藤圭助　国民学校躾の修練実践　啓文社出版　一九四一　一―四頁
121 同書　一九八頁
122 天田邦子　国民学校の教育実践構造――長野県師範学校附属国民学校の事例を中心として――　上田女子短期大学紀要　二〇一二　一八一頁
123 土方恵治　国防国民学校経営　帝国出版協会　一九四二（以下、土方一九四二）
124 霜田静志　皇国日本の生活と教育　刀江書院　一九四二　七一頁
125 土方（一九四二）八二頁
126 霜田静志　叱らぬ教育の実践　黎明書房　一九九五

127 一九三〇（昭和五）年神奈川師範卒業。川崎市田島体験学校、神奈川師範附属訓導、教育技術研究所員、川崎市教育研究所長、中野島小学校長新城小学校長、ＰＴＡ「家庭と学校」編集長、教育技術連盟理事、川崎市小学校道徳研究会会長。
128 土方恵治　行の訓育　モナス　一九三九（以下、土方一九三九）
129 大倉邦彦　勤労教育の理論と方法――宗教的行としての集団勤行――　三省堂　一九三八　六五頁
130 土方前掲書　一五頁
131 土方（一九三九）一四頁
132 同上書　一二頁
133 同書　一〇五―一〇八頁
134 同書　一一三頁
135 同書　一一四頁
136 同書　一一九頁
137 同書　一〇五―一〇六頁
138 土方（一九四二）六二―六三頁
139 同書　六三―六四頁
140 同書　六四頁
141 同書　七二―七三頁
142 同書　頁六八―七〇　一二四頁
143 土方（一九三九）一二二頁、土方（一九四二）一二五頁
144 同書　一頁、一二八―一三〇頁
145 佐藤通次　皇道哲学　朝倉書店　一九四一
146 下地恵常・小島忠治　国民教育の新構想　同文社　一九四二
147 同書　一六七頁
148 同書　一六八―一七一頁

149 小熊英二〈民主〉と〈愛国〉――戦後日本のナショナリズムと公共性―― 新曜社 二〇〇二 三八―四一頁
150 信濃教育会松本市部会 清掃訓練実施案 国民学校経営ノ方針附録 下伊那教育会館所蔵 一九四二
151 東京高等師範学校附属国民学校内初等教育研究会『戦局に即応する教育の非常形態とその運営 児童敬礼法 国民学校の清掃訓練』一九四三。尚、同会は国民学校教育に関する基礎的な研究を既に行い成果を公表している。同会 国民学校の基礎的研究 大日本図書株式会社 一九四〇、全六四五頁にも及ぶ大部の著書である。
152 前掲書 二頁
153 同上書 四頁
154 同上
155 同書 五頁
156 林尚示の学校カリキュラム統合に関する研究によれば、本紀要の研究内容は国民学校実践期における目的論的統合を背景に置いている。林尚示 昭和一〇年代の学校カリキュラムにおける統合の問題に関する研究――東京高等師範学校附属小学校・国民学校の教育実践を中心として―― 日本教育方法学会紀要第二三号 一九九七 五―六頁などを参照のこと。
157 張さつき 父・木村素衞からの贈りもの 未来社 一九八五
158 前掲書 一〇頁
159 同上書 八頁
160 皇国の道は実践的事実に具はり、説明を媒介とするけれども、皇国の道そのものの説明にはない。道は皇国民の実践過程の内容そのものの中に内在しつゝ、而かも、内容を超えた「はたらき」としてその内容を統配する。道に於て実践があり、実践に於て道がある。（八頁）
161 同上書 一〇頁
162 木村元 一九三〇―四〇年代教育における制作的認識の諸相 一橋論叢第一二一巻第二号 一九九九 二〇〇頁
163 同上論文 一九頁
164 同論文 二〇頁
165 同論文 四五頁

166 同論文　二〇頁
167 同論文　五一頁
168 同論文　五一―五二頁
169 同論文　五二頁
170 同論文　五三頁
171 同論文　五四頁
172 同論文　五九頁　尚、この記述に続けて、心得の一番目として「身支度をしっかりし、口を結んで真剣に働くこと」と明記されている。「口を結んで」とは「無言で」いうことであるが、当時の躾訓練においてはこの無言は行動の前提とされていた。同時期の国民学校体錬科実践に関する研究の中で、鈴木明哲は「遊戯競技であっても……無言の実践という方向で実践されたとき……抜け殻となり、戦時下教育目的に合致する有効な運動内容に転化していた」と指摘している。鈴木は、無言を重視した大谷武一に対して、無言ではなく児童等の自発的創造を重視した松本千代栄とを研究的に対比しているが、戦後舞踏教育を推進した松本が後に「無言＝non-verbal の表現と伝達の世界に……表現のよろこびを拓きたい」と記している点は興味深い。鈴木明哲　奈良女子高等師範学校附属国民学校における体錬科実践――躾訓練をめぐる問題――　教育史学会紀要五三　二〇一〇　四三―五五頁、松本千代栄編著　表現の世界　大修館書店　一九八五　まえがき
173 同上論文　六〇頁
174 同論文　六一頁
175 同論文　六八頁
176 湯澤俊　掃除　信濃教育第六七七号　信濃教育会　一九四三　四五―四九頁
177 湯澤の論文が掲載された雑誌が三月発行されている。一方東京高等師範学校附属国民学校の研究紀要は同年一一月に発行されているから、湯澤はこの研究紀要を読んだ上で論文を書いてはいない。
178 信濃教育会　信濃教育会九十年史　下　一九七七　八六頁
179 同号　八〇頁
180 中川村誌編纂刊行委員会　中川村誌　下巻　近代・現代編／民俗編　二〇〇五　三五五―三五六頁　四〇四頁、及び現

中川村教育長下平達朗氏による履歴書調査、湯澤氏ご家族への聞き取り談話等。
181 久保田浩　国民学校初五の学級経営　晃文社　一九四三
182 同書　一八九―一九一頁
183 同書　二頁
184 教養研究会編輯部編　国民学校実践報告集　我が校教育の誇　国民学校文庫一　教養研究会　一九四二
185 毛利猛　小学校における「縦割り班」活動の現状と課題　香川大学教育実践総合研究八　二〇〇四　二三一―二三五頁
186 鬼頭明成　学習指導要領にみる特別活動の位置づけと学校教育の課題　大正大学心理学研究所紀要第五号　二〇〇七　四四頁
187 大島崇「「吉城プラン」と久保田浩の教育思想形成――文化的創造活動と教師の位置に着目して――　九州大学大学院論文集第一二号　二〇一二　三〇頁
188 安井一郎　戦後初期における日常生活課程論の理論的基底に関する一考察――久保田浩の「生活づくり」論を中心として――　日本教育方法学会紀要教育方法学研究第一五巻　一九八九　四三頁
189 馬場四郎・久保田浩　日常生活課程――子どもの学校を育てた記録――　誠文堂新光社　一九五一
190 安井前掲書　四五頁
191 久保田前掲書　二八九―二九七頁
192 この行に続いて、その理由として「かならずしもおもしろいものではないからです」と述べている点はやや気になる。掃除を文化的創造活動だと捉えるならば、こうした言質は生まれないと思われるが、ここではこれ以上言及しない。
193 安井前掲書　四六―四七頁
194 教育技術研究所編　小四学級経営事典　小学館　一九五一
195 教育技術研究所編　新版小四学級経営事典　小学館　一九五九
196 二カ所のうち「清掃指導……一〇〇」とされているものは本文中では見当たらない。この他索引にはないが、「新しいしつけの指導」の中に「分担協同」（分業）と「同時協同」に係わって、わずかに学校掃除に関する記述が見られる。
197 前掲書　二一〇頁

198 沖原前掲書　二〇五―二二五頁
199 出典は「行政事件裁判例集一四巻三号七〇七頁」に拠る。
200 京都地裁平五（ワ）第五八三号、損害賠償請求事件、平六・四・一八第二民事部判決、一部容認・確定
201 平成八年一二月二七日／大坂地方裁判所／第一二民事部／判決／平成五年（ワ）九六六四号　損害賠償請求事件　請求棄却
202 平成一三年三月一三日／横浜地方裁判所／第六民事部／判決／平成一一年（ワ）二〇五四号　損賠償請求事件　一部容認、一部棄却
203 東京教育大学附属小学校特別教育活動研究会　特別教育活動の理論と方法　東洋出版社　一九六四
204 同上書　四頁
205 同書　五―六頁
206 同書　二二〇頁
207 同書　七―八頁
208 同書　一一―一二頁
209 同書　一七三―一七五頁
210 同書　一七六頁
211 全国特別教育活動研究会編　これからの特別教育活動のあり方―その本質と指導―　東洋館出版社　一九六四　五九―六七頁
212 同上書　五六―五七頁
213 同書　二九五頁
214 同書　一七二頁
215 同書　一八三―一八四頁
216 同書　一九一頁
217 掃除論議の過程がこのように共通した経緯を辿ることを、どう考えたらよいのだろうか。一九六〇年代に生きる教師達

が、一九一〇年代や一九二〇年代の学校掃除論議を直接体験したわけではない。あるいは戦時の国民学校期に体験したであろう便所掃除を含む組織的集団訓練としての学校掃除（指導）が、まったく同じ場所の同じ内容のものでないのは当然である。論議や実践は、連続的ではない。しかしそれでも、教師という社会集団におけるさまざまなコミュニケーションによって伝播され共有化されたなんらかの意識の連続性を考えないわけにはいかない。彼等が想起する基盤となっているのは、間主観的に体験されてきた学校掃除（指導）の集団的記憶である。この点は、後に改めて詳しく述べることにする。

218 同書　二一七—二二三頁
219 東京教育大学附属小学校初等教育研究会編　特別活動——特別活動の内容と指導の構造——　東洋館出版社　一九六九
220 同上書　一六三—一六九頁
221 筑波大学附属小学校初等教育研究会　特別活動「学ぶ力」を育てる授業づくり——重点事項をおさえた教育課程の編成——　明治図書　一九九〇
222 佐藤忠男　解説・戦後教育の思想　教育の思想　戦後日本思想大系一一　二九頁
223 水野茂一　裸の教師——ある反骨二〇年の記録——　徳間書店　一九六七
224 同上書　二一九—二二一頁
225 同書　二〇一頁
226 同書　二二五頁
227 同書　一七五頁
228 同書　一九四頁
229 同書　一九三頁
230 同書　六〇頁
231 同書　八八—八六頁
232 同書　四九—五〇頁
233 参照　丸山眞男　超国家主義の論理と心理　世界　岩波書店　一九四六・五
234 小熊英二　１９６８〈上〉——若者たちの叛乱とその背景——　新曜社　二〇〇九　三九—六〇頁

235 小熊英二〈民主〉と〈愛国〉――戦後日本のナショナリズムと公共性――　新曜社　二〇〇二　三九四頁
236 『理論と方法』一七四頁　一八〇頁
237 吉見俊哉ら　運動会と日本近代　青弓社　一九九九　一九頁
238 同上書　八頁
239 同書　九頁
240 吉見俊哉　運動会という近代―祝祭の政治学―　現代思想二一巻　青土社　一九九三　六九頁
241 安川晴基「記憶」と「歴史」――集合的記憶論における一つのトポス――　藝文研究二〇〇八　慶應義塾大学藝文学会　二九六頁
242 岩崎稔　モーリス・アルヴァックスの「集合的記憶」　未来三三七号　一九九八　二三頁
243 コナトンの前掲書を参照のこと。
244 モーリス・アルヴァックス　集合的記憶　行路社　一九八九　一六一頁
245 石田雄　記憶を忘却の政治学――同化政策・戦争責任・集合的記憶――　明石書店　二〇〇〇　二四六頁
246 同上書
247 加藤節　書評　歴史・理論・実践のトリアーデ――石田雄『記憶と忘却の政治学』――　成蹊法学五三　二〇〇一　一八七―一八八頁

第二部　自問清掃とはなにか

第一章　独創的学校掃除教育プラン

学校掃除が今どのように行われているか、日本人ならば誰でも一応はイメージできるのではないだろうか。ほぼ全員が体験者であるし、大人になってからも参観日などの折に目にすることがあるかもしれないから。

しかし、「自問清掃」という学校掃除はどうか。「無言清掃」なら聞いたことがあるが、自問清掃は初めて聞くという人が多いのではないか。自問清掃はそれまでの学校掃除観を根本からひっくり返すような独創的な学校掃除プランであるが、案外知られていない。

そこで、まず自問清掃について考案者の説明に即してできるだけ客観的に全容を把握し、その上で私なりの見解をいくつか呈示したい。考案者自身が暗に呈示しながら未整理だった事柄や充分に語らなかった事柄、あるいは今まで議論の対象とはならなかったような事柄についてである。つまり、それらの私見は、今後明らかにしなければならない課題であり仮説でもある。

自問清掃は、長野県の教師であった竹内隆夫[1]が考案した掃除教育プランである。竹内が自問清掃プランについて、まとまった形で上梓しているものに三点ある。著書『自問活動のすすめ／自らの生き方を問う子どもたち』（竹内一九九一）、論文『自問教育のすすめ』（竹内一九九二a）、リーフレット『自らを高める自問教育／新たな発想による清掃活動』（竹内一九九五）である[2]。

以下、竹内の記述表現をなるべく生かす方向で引用し、プランの全体像を見てみたい。引用元は、二点目に挙げた論文である。これは、第四一回読売教育賞最優秀賞を受賞した応募原稿を、受賞記念に竹内自身がコンパクトな形の冊子としてまとめ直したものである。

プランの全体像を概観する前に、自問清掃を考案するに至る経緯について、竹内がどのように説明しているかを見てみよう。

この案に辿り着くまでの二〇年間ほどは、子どもに掃除をさせることによって「働く喜び」を体得させるなどということは不可能だと思い込んでいたのだという。その間の自らの体験と共に、今もよく見受けられる掃除方法の問題点を、次のようにタイプ化してまとめている。

小世話型：どうしても小世話をやきたくなる。なかには真面目に働いている者もいるのに怠け者を見逃すわけにいかず、「どうしたの？」「ぶらぶらしないで早く」「まだよごれているでしょう」などと子どもの尻を叩くようにうるさく小世話をやいてしまう。その結果、教師の目を避けようとするようになってしまう。

班長方式：担任だけでは分担区に目が届きにくいことから各班の班長に統率責任を持たせる方法で、これも広く行われている。熱心な班長ほどは小世話が多くなりみんなから嫌われやすい。

反省会方式：作業終了後に班ごとに短時間反省の話し合いを行わせる方式で、怠け者への非難攻撃が多くなる。「長所だけ言うことにしよう」と促すと、反省会はきれいごとになり、偽善的な行為をそそのかすということにもなりかねない。

役割分担方式：作業量をほぼ平等にし、怠けることができないように個々の作業を時間毎に細分化する。全員が機械の歯車となって働けるようにプログラム化し、順次交替させる方法。結局、子どもは使役されるだけでは精神性は高まるものではない。

話し合い方式：ホームルームや道徳の時間で「なぜ真面目に働けないか」を議題に話し合わせる方法。有言不実行者がいる限り、話し合いをさせても実践に結び付く保証はない。

率先垂範型：「師弟同行」とか「率先垂範」と言われが、今の子どもは家庭でも働かせていないので、教師が働いていても一向に気づいてはくれない。最後はたまりかねて怒るということになってしまう。

その他：よく働く者をみんなの前で賞賛する。「黙って働こう」などとスローガンをペタペタ貼り出す。よいクラス悪いクラスを放送で流す。宿題を忘れたからと制裁として居残り清掃をさせるなど。

竹内は、従来型掃除を大きく以上の七つに分類して示した。実は、竹内はこれらの方法をひとつずつ自分で実践してみながら「紆余曲折」を経た結果、自問清掃プランを考案したと述べている[3]。いずれの型も、勤労愛好の精神などとは程遠い結果に終わる場合が多かった。それに対し自問清掃にとり組んだ結果、生きる姿勢が向上し、その態度は他の日常生活にも家庭生活にも学習やクラブ活動にまでおよび、さらに進学先の高校から感謝されるなど校風は一変した。県下で最悪の事態に陥っていた中学校が、生徒指導の模範校と評価されるに至った。それは個々の生徒の自発性を重んじ、愛と信頼を貫き通した自問清掃の成果であると主張したのである。

竹内は、従来行われてきた掃除方法を批判的に乗り越え、長い実践的思索の末に「働くことはこんなに楽しいことだったのか」と生徒からいわれるようになったその方策を、段階・目標・主旨・子どもの反応（作文）という観点から次のように示している。

導入

脳生理学の時実博士から指導を受け、人間にとって「意志力」を養うことの重要性と清掃活動の場が最適であることを、全校講話によって生徒に納得させた。本来清掃の目的は結果がきれいになることであるが、このプランでは目的と手段を逆転させ、作業は意志力などを高めるための手段（教材）と位置づけた。人間だけが備えている自発性を生かすために、教師の側からの圧力（指示・命令）を一切排除しなければならないと考え、全職員生徒に理由を説き納得を得た。教師は作業中指示は勿論一切語りかけないで生徒を信じ、自発性の発露を待ち続けることにした。

〈子どもの反応〉

皆無言で働くようになるなんてすごいことだと思う。今は始まってから何分たっても皆やろうともしない。私は班長として仕方なくやっている。皆やる気がないから仕方なく水くみを人に頼む。皆平気でしゃべりまくっている。遊んでいて何もしない人が多い。やる人だけが決まっているので、つい注意してしまう。本当にこの状態から抜け出す

ことができるのだろうか。（中一男）

第一段階　「がまん」と「やる気」の育ち

この案は「させられる」のでなく、終始自発性を拠り所とするので、教師側からの説得は参考意見として与え、受け入れるか否かは生徒側の判断に任せるように説明する。従ってすぐ仕事が見える者と遅い者との開きを勘案すれば、少なくとも二・三カ月の幅を見込んで待ち続けなければならない。「人に迷惑をかける権利は誰にもないこと。それが民主主義の『自由』を大切にする意味であることをわからせ、働いている人に聞こえる声はつつしむ努力をしよう」と呼びかけた。もし、うっかり私語を始めたら、その人にはあえて作業の場から離れてもらい、迷惑をかけずに働けるように心がととのうまで休んで自問するゆとりを与えることにした。

〈子どもの反応〉

私もはじめはペチャクチャしゃべっていた。他人の迷惑など考えてもみませんでした。でも、今こうして黙って仕事ができるようになり、他人の立場になってみると、近くのおしゃべりがとても気になってきました。いままで何度も平気で働いている人に話しかけてしまったことを思うと、とっても迷惑だったんだなあ。なぜ話しかけていたんだろう。つくづく悪かったと思えてくる。（中二女）

第二段階　人の心を汲みとる力

半年ほどかかったが、作業の場から話し声が消え、休む者がいても皆が黙って働くようになった。しかしこれも不都合であって、「そろそろ机を運ぼう」などと、指示を下す人が居た方がよいと思うようになる。そこで、新たに無言で働くことの、もう一つの効用を説明して納得をはかる。誰もしゃべらないので、互いに友達の動きに注意しながら次の作業を判断しなければならなくなる。この「気働き」こそ、社会人になるためには学力以上にきわめて大切な能力であること。これが身に付いていないために公徳心が欠ける。これが育てば真の協力協調が生まれ友情が深まる。

ものであることを理解させた。

〈子どもの反応〉

清掃中、人のじゃまをしないで休んでいる人を思いやることで、友達を思う心が育ってくるのです。自問の清掃は私を教えてくれたすばらしい先生のような気がします。（小六男）

この一年で明らかに友達の悩みがくみとれるようになったし、人を思いやる心に成長したことがはっきりとわかる。これは僕にとって中学校生活での、最大の収穫であった。（中三男）

第三段階　所属感を深める

友達の心が汲みとれ、お互いの作業に手を貸す姿が多くなると作業もはかどり、短時間で一通りの清掃が終わるようになる。そこでその時期を見て、余った時間の処理について次の新しい提言を行った。たとえ数分でもよいから終了のチャイムまでは清掃以外何でも有益と判断できる仕事を見つけて働くことにする。終わりが揃わないと他へ迷惑をかけることもあるので、終了の合図で無言を解き、用具の始末にはいる。短時間に新たな仕事を見つけようと努めることは、脳生理学で明らかなように前頭葉の細胞を刺激し、創造性を育てることにつながる。この発見の喜びによって学級における自分の所属意識が深まり他から評価を受けるとさらに存在感を増し、「させられる」意識は消え、喜びの時間に変わってゆく。

〈子どもの反応〉

私は自問の清掃をやるまでは、こんなにいろいろなことに気がつかなかったのです。ゴミがないのではありませんでした。いくらでもあったのです。ただ自分に見つける力が足りなかったからなのです。心さえしっかりさせてやれば、いつまでも掃除は続けてやれるものだと思ってやれるようになりました。この掃除は今の僕にとって、とても大切なことを教えてくれたと思います。（小五男）

第四段階　感謝の心を確かめる

次は清掃活動と愛校心を関連づけることによって謝恩の心を自問させようと考えた。日頃お世話になっている机や腰掛けであるから、雑巾を持つ手に「ありがとう」という感謝の気持ちを込めてぬぐうとき、その行為は精神性の向上につながる。感謝の心で働けそうもなかったら働くか否かを自分で確かめ、しばらく作業にはいるのをやめて自問するゆとりを与えることにした。この段階での自らに心に問う姿勢から「自問活動」とか「自問清掃」という名称にしたのである。このように行体験を通じて自分にどれ程感謝の心があるかを自問することになり、自覚的に感謝の心を高めることになる。

〈子どもの反応〉

私が感謝しなければならないものはたくさんありました。こうやって勉強できるのも校舎があるからです。それに床や机、いすは、私が勉強できるように助けてくれています。木も生きていたんです。それをカッターで傷つけたり、墨や絵の具で汚したり。机にも私たちと同じように心があるんです。私が感謝しなければならないものは他にもあります。（中略）両親や先生や友達がいてこそ勉強ができるのです。少しでもそれらの恩を返すためにこの清掃をしっかりやりたいと思います。（中三女）

第五段階　正直な心に

自問活動の最終段階では、裏表のない清らかな心で過ごすことの爽やかさを実感させる場としてとらえようと考えた。心に正直な生活の爽やかさを実感させ、それを保障してやるためには、先生が見ている前でも堂々と休んでよいことにする必要があると考えた。いよいよ最後の仕上げとして、どんな理由であれその理由は問わず、この時間を休むか働くかの判断を自己決定させることにした。これは第四段階までが、ほぼ達成してからにする。

〈子どもの反応〉

前にはしかたなしにいやいやながら働いていて、自分の本当の心ではなかったのです。自問ではやる気が出なかったり、仕事が見つからない日は、邪魔にならないように座っていていい。やる気になったら、どんどん仕事をさがして働くのだ。自分の意思で働ける。やるのも休むのも自分の心に問いかけて自分で決めるから自由です。自分の本心なのです。自分の心を見つめ、美しい心がわいてくるのを待って、その心にしたがって働くので気持ちがいい。一生懸命になってやる気でやればやるほど、自分の長所がたくさん見つかってくるので、清掃がうんと楽しくなった。（小五男）

以上が、五段階の掃除教育プラン自問清掃である[4]。

第二章　自問清掃の特徴

それでは竹内が示したプランについて、次の五つの観点から検討し、全体構造を把握して特徴を明らかにしたい。

・立案の背景としての社会的教育的状況
・説明の展開方法とプランの構造
・独特の指導方法
・従来型清掃指導方法からの脱却
・〈無言〉の意味：「自問清掃」と「無言清掃」の比較検討

社会的教育的状況

自問清掃プランの内容検討に入る前に、竹内がこのプランを立案した当時の社会的教育的状況を把握しておくことにする。プランの成立に関する歴史的意義を明らかにするためではなく、竹内の説明は、子どもや社会に対する現状認識から論を起こすことが多く、したがってプランの理解をより深めるという趣旨から、社会的教育的状況を把握しておくことにする[5]。

竹内は著書の中で、「なぜ今、自問か」と題して、「両親と祖母を刺し殺した中学二年生の事件が起きてから一か月ののち、日本世論調査会が全国親子関係の調査を行った」と説き起こし、子どもの現状を「異星人のような現代っ子」と表現した[6]。そして、リーフレット（竹内一九九五）では、赴任した中学校で出会った過酷な現実から語り始める[7]。竹内が赴任した高社中学校は、前年県下最大の集団万引き事件を引き起こしていた。竹内校長は、そうした状況の中で自問清掃を提唱して取り組み、参観者に「まるで修行僧だ。同じ中学生がなぜこうも変わるのでしょうか」と言わしめるほどの成果をあげたという。このように、竹内は、その当時の社会的教育的状況や現前の学校事情に対して、強い危機意識を持つことから出発している。

ここでは岡村美保子の報告[8]を参考しながら、竹内が高社中学校で自問清掃に取り組んだ一九七〇年頃から九〇年頃にかけての教育的状況について、簡単に振り返ってみることにする。

一九八四年臨時教育審議会は、「個性重視の原則」「生涯学習体系への移行」「国際化、情報化など変化への対応」などゆとり教育の基本となる四つの答申をまとめた。また、一九八九年改正され、一九九二年度から施行された学習指導要領では、いわゆる「新学力観」が打ち出された。具体的には、学習内容及び授業時数の削減、小学校の第一学年及び第二学年の社会及び理科を廃止して、教科「生活」を新設。一九九二年九月から第二土曜日が休日に変更された。

その一方でこの時期、校内暴力といじめが社会的な問題になっていった。校内暴力は、一九七〇年代終盤から社会問題として注目されるようになり、暴力事件数はピークを迎えた。一九八五年頃から沈静化に向かったが、これに代わって学級崩壊やいじめが急増するなど、新たな問題が見られるようになったのである。竹内は、こうした社会的教育的状況を強く意識しながら、赴任した中学校の現実に直面した結果、自問清掃を提起したのであった。

竹内が子どもの現状やその対応について語るとき、凶悪事件・いじめ・不登校・校内暴力・学習指導要領・道徳教育等に関する記述が随所に見られるのは、こうしたことが背景にあったからだった。また自問清掃は、こうした社会的教育的な状況へのひとつの解決策でもあった。現に竹内は、自らが校長として赴任した中学校において過酷な荒れと遭遇し、自問清掃を実践してめざましい成果を上げ大きな注目を集めた[9]。ただし勘違いしてはならないことは、結果として解決策の提示となっているのであるが、竹内の本意はむしろそこにはない。竹内の問題意識の根本は、そうした状況に対して無力であるばかりか非本質的とさえ映った道徳教育の現状への警鐘であったと見るべきだろう。

竹内は言う、「道徳」の時間も「生徒指導」の時間も、いずれも深刻な現状を救うにはほど遠い。実践活動と遊離しており、心にとどく指導になっていない。今の道徳の授業は、行為と理念を切り離し、概念をもてあそび頭でっかちな子どもにしている。「道徳的行為のできる生徒にするには、実践の場をくぐらせることが絶対条件」なのだと。

竹内が四〇年前に鳴らしたこの警鐘はそのまま、道徳的意識が日常生活における行為と結びつかない特別な教科「道徳」への警鐘ともなっている。確かにそこには、子どもの実生活の視点から見た一貫性も統一感もない。七〇年前の国防教育で見られたような「修身」授業と軍事教練のような一貫性もない。

発想の逆転

自問清掃成立の過程を辿りながら、説明の特徴や手順について見てみよう。

竹内が示した導入段階でのポイントは四点ある。これらのポイントは、実際に導入して実践しようとするときに教師が心得ておかなくてはならない要点だと理解したらよいだろう。一つは時実利彦の脳生理学の知見の援用、二つには教師側からの圧力（注意や指示）の排除、三つ目には二カ月から半年ほどの期間を想定すること、そして学校掃除の目的と手段を逆転させるという発想の転換である。

三点目までについては後に詳述するとして、ここではまず四点目に示した「目的と手段の逆転」について検討してみよう。「逆転」とは、発想の逆転である。目的と手段を逆転させる。通常の学校掃除の場合、きれいな学校環境を整えることが目的であり、そのための手段が掃除ということになる。これを逆転発想する。掃除という作業は意志力などを高めるための手段（教材）と位置づけ、きれいになったかどうかという作業結果のよしあしは問わない[10]。つまり、掃除＝きれいにすることが目的という発想を逆転させ、学校掃除は意志力などを高めるための手段（教材）だと位置づけて、きれいになったかどうかは二義的な問題だとしてしまうのである。掃除は場所をきれいにする目的で行うという常識を覆し、手段として位置づけるという逆転発想は驚くべきものである。

また、生徒に対しても教師に対しても、「丁寧な解説」や「理由を説き納得」を得ることを重視する。さらに、教師の姿勢としては、生徒を〈信じて待つ〉こと、教師も〈一介の作業者〉に徹すること。これは、学校掃除の時間における指導の放棄とも捉えられかねない。学校掃除の時間における掃除行為を、きれいにするという目的ではなく、意志力を高めるための手段だと発想を転換することを踏まえなくては、容易には理解されないだろう。

竹内は、「はじめは戸惑いも見られたが」とさらりと表現しているが、教師への説明・説得には相当のエネルギーを費やしたにちがいない[11]。また、「全校でとり組むには、あらかじめ全職員による意識統一が必要だ」という声が出るものであるが、体験のない者（教師）に事前に頭で理解させることはきわめて難しいと述べ、校長が学校経営方針としてとり組む重要性と覚悟について暗に示している[12]。自問清掃導入段階において、竹内は、生徒に対してばかりでなく教師に対しても、まずは体験することを要求したのである。

教科教育方法論の適用

次に、導入段階に続く各段階の説明の方法について見てみよう。

竹内は step by step の発想に基づいて、説明を展開していく。傍線部分に注目して読んでいただきたい。

〔第一段階は〕半年ほどかかったが、……ようになる。そこで、……〔第二段階として〕もう一つの効用を説明して納得をはかることにした……一通りの清掃が終るようになる。そこでその時期をみて、余った時間の処理について次の新しい提言〔第三段階〕を行った。……次は〔第四段階として〕清掃活動と愛校心を関連づける……自問活動の最終段階〔第五段階〕では、……。[13]（傍線は平田）

竹内の説明は、単に感情に訴えて精神論を語るのではなく、あくまでも合理的に展開し説諭と説得に努めるようとする姿勢に貫かれている。そして、「……ようになる。そこで、……」などの表現から見てとれるように、あるひとつの段階が達成されると、必然的に次の要求内容が生まれるのでそれに続く次の段階を提示する、という論理の展開である。こうした論理の展開方法は、「私は道徳教育にあっても、プログラム学習、自発学習、発見学習と同様な考え方を導入し」と述べていることとも符合している[14]。

竹内が、プランを五段階の構造に仕立てようとした発想の背景には、「プログラム学習、自発学習、発見学習と同様な考え方」があった。教科教育研究における方法論の、道徳教育への適用といえる。ある段階での課題が克服されると、そこを足場にしてさらに次の課題に立ち向かう新たな段階が準備される。自問清掃は、あたかも系統的学習のようにひとつずつステップアップしながら、最終目標に向かっていこうとする構造的なプランとして組み上がっているのである。

構想の経緯

次に、五段階の構想を組み上げた経緯について見ることにする。

竹内の段階的な構想は、著書上梓（一九九一年）に先立つこと数年前から、かなり具体的なものとして仕立て上げられていたようではある。プランの全体像を一枚の表にした『自問教育の構造』（以下、表一九八八という）は一九

表Ⅱ―1　表と著書等の差異

項目	表	著著等
思いやり（奉仕）の心	全段階	第２段階・第４段階・第５段階
脳生理学	全段階	導入・第１段階
民主主義の自由と平等	全段階	第１段階・第４段階
原理	前頭葉・民主主義	脳生理学・美学

八八年頃に作成されたものであるが、ここには段階的プランの完成像が見られる[15]。

この表と、後の著書（竹内一九九一）・論文（竹内一九九二ａ）・リーフレット（竹内一九九四）の四点を比較してみると、いくつかの差違が見られる（表Ⅱ―１）。

表（一九八八）では「思いやり（奉仕）の心」「脳生理学」「民主主義」について全段階に係っているが、著書等ではそれぞれ主に第二・四・五段階、導入・第一段階、第一・四段階でとり上げられている。また、表（一九八八）では「原理」として「前頭葉」「民主」とあるが、著書等では「脳生理学」「美学」が挙げられている。比較してみると、僅か数年の間に項目に対応する段階等がより緻密化されていることがわかる。それには、次のような経緯があったのではないだろうか。

表（一九八八）に先立つ著書『自らに問うということ――中学生への提言――』（竹内一九七九）においては、「自問清掃」の命名の由来は「創造性を育てるため」とされていた[16]。この説明は、論文（竹内一九九二ａ）の中で、第四段階で自らに問う姿勢を目指すから「自問活動」「自問清掃」という名称にしたのだと説明している記述とは、一見矛盾しているように見える。竹内（一九七九）は、『中学生への提言』と題して信濃毎日新聞に各回読み切りのかたちで一六回連載の記事を集めた著書である。そうした記述形式による制約を勘案するとしても、一九七九年以前の時点においては、未だ五段階プランとしては整っていなかったのではないだろうか。

「自問清掃」という名称にしても、高社中学校での導入当初は「無言清掃」と称していたものが、徐々に「自問清掃」という名称へと変更されていったようである[17]。全体構造についても、高社中学校で導入した当初は、子どもの現状等を総合的なけしきとしており、構造化された五段階プランとしては整っていたわけではない。その後、一九八八年頃までに自問清掃プランを構造として組み上げ、さらに数年の間に項目に段階を振り分けて対応させる等の精緻化を図り、著書『自問活動のすすめ』（竹内一九九一）において、より明確な構造的プランとして提示されたのではないだろうか。

高社中学校で実践を始めた頃の事情については、当時の様子を窺い知ることのできる資料がある。『高社中学校創立二〇周年記念誌』（以下、『二〇周年』）・『高社中学校創立三〇周年記念同窓会会員名簿』（以下、『三〇周年』）には、当時を振り返って書かれた職員や生徒の作文が多数掲載されているが、これらの中には、「無言清掃」「自問清掃」の両方が混在している。回想として書かれた文章であるから、職員・生徒として在籍していた当時の記憶と、その後「自問清掃」という名称で定着していった事実とが取り違えられている可能性を完全に否定することはできないまでも、一定の事情を把握することはできるのではないか。

たとえば、『二〇周年』には、「私達の入学とともに始まった無言清掃は二年間続いた（昭和五〇年二年女子）」（二二頁）、「自問清掃活動の徹底についての係案が職員会にかけられ……（昭和五〇年勤務職員）」（二三頁）、「当時の校長でいらっしゃった竹内先生が勧められた無言清掃が、学校中に新しい息吹を生み出しました。特に無言清掃は、またの名を自問清掃というように、……（昭和五〇年生徒会長）」（四二頁）、「「無言清掃」とか「自問清掃」と呼ばれているものです（五〇年度卒業生）」（一〇六頁）、「一年生の頃、私達がまず無言清掃を最初に実行しました。……それがしだいに自問清掃となっていき、……（五一年度卒業生）」（一〇八頁）等の記述が散見される。（以上、傍線は平田）

『三〇周年』には、「私がこの自問清掃ということを知ったのは、高社中学校にお世話になる前のことで……書物『自らに問うということ』を読んで知ったのである。（昭和五八年より勤務の職員）」（二〇頁）という記述も見られる（傍線は平田）。また、著書『精神性を高める教育――学校づくりの記録――』（竹内一九七五）には、高社中学校で導入した当初は「無言清掃」と表記されている[18]。

一方、リーフレット（竹内一九九五）には、プランの構想過程について語られている。

［竹内自身の］クラス担任としてはここが最後でした。五年六年と担任している時に、やっとこの構想がまとまり、自分のクラスで実施し、勤労愛好という仮説の実現を見たのです。……自分にできるかできないかのハードルを五つ用意しました。生徒はひとつのハードルを越すごとに実感として自らの成長が自覚できたのです。（六頁）

高社中学校に導入するはるか以前の学級担任当時を回想して語られたこのような記述はあるが、『二〇周年』『三〇周年』には五つの段階を想起させるような生徒や職員たちの記述を見い出すことができない。また、著書（竹内一九七九）中にも五段階の指導に関する記述は見い出せない。

以上から推察すると、自問清掃が五段階の構造的なプランとして完成された経緯は次のようであろう。高社中学校で「無言清掃」として実施された始めた当時（竹内一九七五以前）においては、後に五段階として構造化される諸要素は順序立てられてはおらず、随所に散りばめられるようなかたちで説明されていた。そして、著書『自らに問うということ』（竹内一九七九）当時には、自問清掃と改名されながら徐々に構造化され、表『自問教育の構造』（竹内一九八八）頃遂に構造化されたプランとなった。さらに、子どもの現状と各段階での目的や条件を対応させるかたちで精緻化が進み、著書『自問活動のすすめ』（竹内一九九一）で五段階の明確なプランとして完成されて提示された。自問清掃は、このような経緯を辿って五段階の構造的なプランとして完成されたのである。

プランへの疑問

五段階とは、均一的にステップ・アップする階梯を意味しているのだろうか。竹内は第四段階の説明の冒頭で「次は……」と改めて書き出し、三段階までとは些か口調を変えている。第四段階とその後の第五段階が、第一・二・三段階とは質的に異なっていると意識づけているようである。実はここに、意味的質的な区切り目がある。

第四段階で積極的に求められるのは自らの心に問う姿勢であるが、この掃除方法を「自問活動」「自問清掃」と命名した理由はそこにあると述べているように[19]、竹内が「自問」活動の核心を第四・五段階に見ていることはまちがいない。私が知る実践者の中にも、「三段階までは自分から外に目が向けられ、四段階からは目が内向きになることを求められる。だから、四段階からがほんとうの自問だ」と解釈している者がいる。ただし、実際にはそれぞれの実践者によって、五段階はさまざまな様相としてイメージされているようである。

三段階までと四・五段階とは質的に異なることは確かだが、いったいどのように異なるのか。いずれ詳しく検討してみなくてはならない。

ひとまずここでは「仕事を休んでもよい」ことの意味づけが、三段階までとは異質なものとなっている点だけを指摘しておきたい。第一段階の最初から導入される「休んでもよい」という条件は、四段階からは違う意味づけられ方として説明されている。

なぜ五段階なのか

次に、なぜ段階が五つなのかという問題である。五つあるということは、別言すれば、竹内が五つの徳目を選択したことを意味していると言えないだろうか。文部省が唱える徳目主義的道徳教育からの脱却を目指していた竹内が、学習指導要領に示された徳目から選択したという意味ではない。人間教育を目指して五つに集約した力を、〈意志力〉〈情操〉〈創造力〉〈感謝〉〈正直〉と表現したのだ。それらの内容と言葉は、いったいどのようにして選び取られたのであろうか。

竹内が「異星人のような現代っ子」として表現したその当時の子どもの実態一九項目[20]を、自ら分析し分類した結果として五つに集約し、それらを逆に目標という形で五段階にしたのだとは考えにくい。現状分析から入って問題点を整理し、次にそれらを課題化して、さらに目標設定をするというような思考方法には寄らなかったのではないだろうか。

最終の五段階に〈正直〉を置いたことは井島美学からの影響だと推量するとしても、ではその前の第四段階がなぜ

〈感謝〉でなければならなかったのか。これらの五つがなぜ選び取られ、なぜその順序に配列されたのか。私はそこに、美術家であった竹内が、論理の隙間を埋めるように直観的思考を以てした美学的展開を感じる。ただし中学生向け提言として書かれた著書に、段階の中に〈感謝〉を位置づけた理由らしきことが、僅かではあるが次のように述べられている。

その頃私は、禅寺などで私自身掃除を好きになる修行にはいったりして考えました。結局自分の胸中に毎日使わせていただく校舎への感謝の心が育たなければどうしようもないことに気づきました。感謝の心が弱い者に働かせようとするのは、まちがいだと気づいたのです。どんなに汚れていてもいい。この心が育つのを待つべきだ——と気づいて新方式を編み出したのです。[21]（傍線は平田）

それに続けて、「この方式では、まず生徒に次の約束を交わすのです」と述べて、一〇項目を挙げて説明している。「約束を交わす」という表現にしても五項目ではなく一〇項目だという点にしても、第四段階を〈感謝〉とする充分な説明とはなっていない。また第四段階の説明をする際に社会的教育的状況とつなぎながら〈感謝〉の重要性を説明することは散見されるのだが、それがなぜ第三の次に、そして第五の段階に先だって設定されなくてはならないのかについて、合理的に説明しているとは到底言い難い。そもそも〈感謝〉とはどのような概念として捉えらるべきなのか、竹内は〈感謝〉ついていったいどう考えていたのだろうか。

第三章　独特の指導方法

自問清掃は独特の指導方法をとる。独特とは、通常の学校掃除における指導方法や事柄との比較においてという意味である。自問清掃の指導方法に初めて接した教師は、戸惑いを隠せないのではないだろうか。日常生活でも学校生活でもあり得ない独特の方法だからである。

実生活と学校掃除

近年の家庭生活では、子どもたちが掃除する機会は減りつつある。各国比較も公表されているが、便利な生活様式への転換によって、掃除を含む家事全般に子どもが関わりにくくなったことは事実だろう[22]。

家庭で掃除を体験しなくなった子どもたちが増える中で、学校掃除の指導方法についての著書も刊行されている。すでに述べたように、教員養成課程において学校掃除について学ぶ機会がないまま新卒担任になった若い教師は、どのように掃除指導をしているのであろうか。殆どが前担任のやり方を踏襲するか自分の小中学校時代の記憶に基づくか、あるいは隣の教室の真似をするしかないだろう。こうした事情に呼応するかのように、掃除指導のマニュアル本も刊行されている。代表的なものに、『子どもたちが自ら進んで動く掃除システム作り小辞典』（ＴＯＳＳ岡山　明治図書　二〇〇七）がある。小中学校の教師二〇名以上が共同で執筆した現場性の高い内容となっている。どうしたらサボる子どもがいなくなるのかという問題意識にもとづいて、道具の扱い方から分担表の作成方法に至るまで細かいノウハウが示されている。そこに一貫しているのは、徹底分担によって子どもたちが進んで動かざるを得ないようなシステムの構築である。進んで動かざるを得ない環境を仕立てることで、果たして「自ら進んで動く」子どもの育成が可能かどうか、また進んで動くことと進んで働くこととは同義ではなく、動いたからいったいなにが育っているのか等々、議論の余地があるだろう。しかし、示されている指導方法はきわめて具体的であり、著者たちが現場の声に応えようとして書いたのだとすれば、そこに現場の教師達が抱えている問題性も垣間見える。

特に若年の教師にとって学校掃除の指導は実にやっかいなものとなっているだろうが、結局自分の経験知に頼らざるをえない掃除指導には限界がある。たとえば、校舎構造の変化に伴う道具の違いや分担方法の違い、少子化による分担範囲の拡大、家庭における労作機会の減少など、さまざまな困難へも対応しなくてはならない。道具の問題ひとつとってみても、教師の掃除活動に関する観念は恐ろしく遅れているとしか言いようがない。かつての木造校舎はなくなり密閉性が高くなった近年の校舎内で、旧来どおり座敷箒を使って綿埃を巻き上げながら掃除に取り組んでいる姿も見かける。座敷箒を自在箒に変更しようとは考えられないのである。

あるいは近年の職員構成を考えてみると、子ども時代に隙間だらけの木造校舎で育った世代の教師、セメント造りで梅雨時の湿気対策で悩まされるリノリウム床の校舎で育った世代の教師、密閉性が高くデザイン性の豊かな校舎で育った世代の教師等々、教師達の世代間では経験知の違いがかなり大きい。ぴかぴかに黒光りするまで磨き込まれた木の床を目指して雑巾がけに精を出した世代の教師にとって、現在のように密閉性が高くて綿埃がたまりやすいうえ、床材の材質を理由に水拭きが禁止されているような構造の校舎の掃除は、方法にしても使用する道具にしても格段のちがいがあり戸惑うばかりであろう。

さらに、家庭での掃除方法にも大きな変化が見られる。校舎同様に気密性の高い構造の一般住宅では、ゴミは主に綿埃であり、使用する道具も化学薬品をしみ込ませたモップが主体となり、雑巾がけをする機会はますます減ってきた。なかには、雑巾がけなど殆どやらない家庭もあるのではないか。雑巾がけする親の姿を目にすることがなくなった子どもたちは少なくない。

こうした環境の変化の中で、水拭き雑巾の絞り方が身についていない子どもが急増しているは当然である。自分が床磨きに精を出した世代の教師達にとっては、子どもたちが雑巾絞りをできなくなったことや、垂直ではなくやや斜めに柄を取り付けた座敷箒を正しく構えて使えないことが気になって仕方がない。反対に雑巾がけなどにはあまり関心を示さない教師達にとっては、こうした世代の差や経験知によるちがいはさほど気になる問題ではないのだろう。そして、掃除体験が少なく道具の使い方がわからない上に、掃除に関心が乏しく社会力が身に付いていない子どもたちは、掃除をサボる。

このように現場の教師達による、子どもの動かし方に関する具体的なノウハウへの要求は高まっている。全員の子どもがなるべくサボることなく動くような学校掃除をイメージした上で、具体的な指導方法を知りたがっているである。

指導しない指導

実生活での掃除事情の変化などによって、学校掃除の具体的な指導のノウハウが求められているにもかかわらず、自問清掃では、従来一般的に行われてきた指導方法をとらない。一般的な掃除指導方法に比較すれば、自問清掃で採用する指導方法はまったく独特である。竹内が示したのは、教師が行う（あるいは、行わない）指導方法として三点。指示・命令・注意をしない、ほめない・叱らない・比べない、仕事を休んでもよい。

今私は指導方法と書いたが、◯◯しない、働かなくてよい、というものであるから、指導方法というよりは指導そのものの放棄と考えたほうがよいかもしれない。いったいなぜこのような独特の方法を用いるのか。その独特さにはどんな意味があるのだろうか。

予めその結論を述べてしまえば、竹内は、学校掃除を教材として捉えているからである。目的は子どもの自主性や自律性の育成であって、掃除はそのための手段（＝教材）だと捉える。竹内は、何の実践も伴わず机上空論だけに終わっている現下の道徳教育に強い危機感を抱き、教科教育方法論を道徳教育に適用しようと考えた。学校掃除が、子どもにとって生きてはたらく教材となる、つまり教材化されるためには、実は合理的説明による説得説諭とともに、これらの独特な指導方法が不可欠な要件なのだと考えたのだ。

指示・命令・注意をしない

教師が子どもに対して「指示・命令・注意をしない」趣旨について、竹内は、教師達は迷惑行為を見逃しがちであるのに、揃って行動できないと叱るような管理意識が強く、指導の合理性が弱いと述べている[23]。「私ども［教師］は、とかく人への迷惑行為は見のがしながら、揃って行動ができないと叱るという管理意識が強く指導の合理性が弱いようです。ですから、このプランでは、先生方に迷惑行為以外は一切の指示命令をやめてもらったのです」と。

そう考えて学校長である竹内が提案したところ、「それでは私達は何もしないでよいのですか」「怠ける生徒を注意してもいけないのですか」「まじめな生徒をほめてもいけないのですか」と疑問が次々に出され、ついに「そんなばかなこと」と詰め寄る教師もいたのだという。学校現場に長く身を置いた竹内が、自戒を込めて語る実話である。

しかし学校現場の状況をよく知るからこそ竹内には、何としても一五分間の掃除の時間だけは、迷惑な話し声のない作業に集中できる場にしたいという強い思いがあった。そして、まじめに働こうとする生徒がいるのに、なぜその生徒が仕事をしやすいように守ってあげようとしないのか、その方が疑問だと考えたのだ。ただしこうした思いとは裏腹に、自分が提示する独特の指導方法に対して、理解は得ることは難しいだろうということも覚悟もしていた。

成果が現れるのには数カ月間を要すること、そこを乗り切ることがプランを軌道に乗せるための難関であり[24]、「指示や命令を下すもののいない状態にしないと自発性が発揮できない」と述べている[25]。竹内は、生徒の可能性を信じあくまで待ち続けることにし、「教育は師弟の信頼によってなりたつ」と主張した[26]。ペスタロッチの思想を援用して、教育における信頼とは裏切られても尚より厚く信頼をかけ続けることであるとし、「一切の指示命令をやめます」と宣言して子どもに全幅の信頼をかけたのである[27]。

竹内の説明によれば、「指示・命令・注意をしない」ことの趣旨はこうだ。まじめに働く人の自由を守らなくてはならない、声で注意し合うことは働く人の自由を奪う迷惑行為である、迷惑意識は自発的に黙るようになってこそわかる、そのために子どもを信じ「指示・命令・注意をしない」でじっと自発性の発露を待ち続ける、そして一人の監視者もいない環境を作り出すのだと。こうした発想の原点は、子どもに全幅の信頼をかけるというペスタロッチの思想であると、竹内は言う。

掃除中「指示・命令・注意をしない」というのは、掃除中は一切指導をしないという独特の指導方法だが、教師達が諸手を挙げてこれに賛同するはずはない。むしろ、疑問や反発を持って受け取られるだろうことは容易に予想がつく。従来の掃除指導方法に立つ教師達にとって、「指示・命令・注意をしない」ことがどれほどの困難を伴うことか、想像に余り有る[28]。子どもに注意を促し、適切な指示を出すことを生業としてきた教師が、その一切を封じられてしまうという事態は想像を超える苦しさを伴うのだ。私自身後々体験してやっとわかったことなのだが、耐え忍ぶようなこの数カ月間は、子どもの変化を待つ時間であると同時に、教師自身が変容していくための重要な時間でもある。指示・命令・注意ができないという制約の中でこそ生まれ出てきた子どもの変化に、誘われるようにして教師の変容が促されていくのである[29]。

師弟同業・率先垂範と称して、教師と子どもが共に働くことが励行される学校掃除はよく見受けられる。また、「無言清掃」や「心を磨く掃除」と称して、教師も子どもも黙って共に働くことが励行される場合もある。しかし、教師に対して「指示・命令・注意をしない」という禁止事項を積極的に課すような方法は、自問清掃に固有だ。仮にこうした励行や禁止事項がなければ、教師は掃除の時間においても、授業等の日常と同様の振る舞い方をするにちがいない[30]。

掃除中子どもに対して「指示・命令・注意をしない」という禁止事項が課されることによって、実は教師は、何気なく振る舞ってきた日常の「自然的態度」に対して自己省察を促される。この禁止事項は、掃除という活動場面における教師の自己省察の強い動機づけとなっているのである。注意や指示をしない教師は、子どもと同質な〈一介の作業者〉とならざるを得ない。そこから自問自答しながらひたすら作業する状況が生み出され、結果として徹底して「待つ」人にならざるを得ないのである。

信じて待つ教師

「待つ」という行為が、教育研究においてどのように扱われてきたかを見ると、医療現場、看護教育、障害児教育、療育、不登校児自閉症児への対応、カウンセリングなどの研究には多数の事例を、また教科研究の中にも若干は見い出すことができる[31]。しかし管見によれば、通常学校における教育研究において、「待つ」ことに積極的に着目した研究を見いだすことはできない[32]。誤解を恐れずに言えば、子どもの心身の状況がより深刻なものであればあるほど、「待つ」ことの教育的な意義が問われているというのは皮肉ですらある。一刻を争うような待てない教育状況こそが、「待つ」ことの重要性をあぶり出していると言えるかもしれない。

ところで「待つ」ことを巡って積極的な発言の多い鷲田清一は、「待つ」とは、「育てる」という他動詞ではなく「育つ」という自動詞で表記したくなるのであり、「育てる」というよりも「ああ育ったなあ」という感覚だと述べている[33]。鷲田は、子どもの姿を「未来完了態」として教師の期待通りに「育てる」のではなく、教師が己を開いた状態にして「待つ」ことによって訪れる「ああ育ったなあ」という感覚こそ重要であると主張する。つまり、「待つ」ことは、窯変というよりはむしろ発酵になぞらえることができるとし、「相手がおのずから発酵しはじめる、そのように関係の布置としての場が熟れるのを待つということである」というのである[34]。

鷲田の言説を自問清掃に引き寄せてみると、子どもの「自発性を生かすために教師の側からの圧力を一切排除しなければならない」として、竹内が示した教師の行動規範「指示・命令・注意をしない」は、単なる禁止事項ではなく実は「待つ」ことの要請を意味している。鷲田が「開け」と表現しているのは開示的な関係のことであり、教師は「指示・命令・注意をしない」状況で、「教師の期待通り」の姿を探し求めて「待つ」のではない。教師が子どもと同質な〈一作業者〉となって〈信じて待つ〉という「絶対的信頼関係」が成り立つことを指すのである[35]。「指示・命令・注意をしない」の教育的意義は、これだ。

教師がじっと〈信じて待つ〉ことによって、子どもに自発性の発露が保証され、ひとりの監視者もいない環境を作り出される。こういう発想に立つ学習材としての自問清掃が、実際に活きてはたらく教材となるためには、「指示・

命令・注意をしない」ことこそが不可欠な要件なのである。

しかし現実の活動においては、指導することを事としてきた教師がそう容易く〈一作業者〉となることなどできるものではない。だからこそ作業者に徹しきれずに思わず注意してしまったり、指示を与えたくなってしまったりする従来の自分自身との矛盾や葛藤の渦中に身を置くことになる。こうして教師にとって学校掃除は、指導の場から自分自身と向き合わざるを得ない場へと変質する。それは学校掃除が、教師に自己省察を促す教師教育の場となることの可能性をも意味している。

今まで述べてきたように、教師が掃除中に「指示・命令・注意をしない」という指導方法について、三点を指摘することができる。一つは、〈信じて待つ〉ことで「絶対的信頼関係」成立への架橋となるという教育的意義が見い出せること。二つには、指導規範として機能することで、学習材としての自問清掃が教材化される。つまり、教材化における不可欠要件であること。三つには、子どもへのはたらきかけが禁止されるため、省察の方向は子どもに向かわず、教師自身の自己省察への動機づけとなっていること。これら三点はそれぞれ、存在、性質、作用の面から見た特性を表している。

ほめない・叱らない・比べない

「指示・命令・注意をしない」とする禁止事項は、学校掃除の活動場面における教師への指導規範であった。これに対して、「ほめない・叱らない・比べない」は、教育活動全般にわたる教師の行動指針あるいは指導指針といえる性格のもので、単純な禁止事項と理解しないほうがよい。

一般的な社会通念からすれば、ほめない等の禁止よりも、むしろ逆にほめることが推奨されるほうが多い。なるべくよいところを見つけてほめること、叱るべき時は叱ること、誰かと比べて競わせてやる気を引き出すことなどが推奨される。しかし、竹内は、「もうひとりの自分に尋ねて自己決定がはかれるような自主的な態度を育てたい」と考え、「ほめない・叱らない・比べない」とする教師の行動規範・指導指針を提示したのである[36]。

竹内はそれぞれの趣旨を概ね次のように述べている。ほめないことと叱ることを控えるのは、「自己決定がはかれるような自主的な態度を育てたい」からなのだと。

昔から日本では「ひとつ叱って三つほめ」などと言い、ほめたり叱ったりして導く事は当然と思われています。が、これは幼児期のことであって、自覚ある子どもにする段階では当たらないことでしょう。先生にほめられた時はうれしいでしょう。が、次にこの先生が見えればどうなるか。再びほめられようと意識したり、怠けまいとすると思うのです。また一度叱られると次には叱られまいと構えるでしょう。このように教師を意識するようになればなるほど人の顔色をうかがい消極的になるかもしれません。先生はまわりの生徒にも知らせる意図で大きな声でほめるのでしょうが、教師の判断が生徒とずれている場合も多いと思うのです。なるべく人を意識しないで、もうひとりの自分に尋ねて自己決定がはかれるような自主的な態度を育てたいものです。他人よりも、もうひとりの自分がよろこぶからうれしくなるという子どもにしたい。教師はそれに共感を示す程度がよいでしょう。

さらに、比べないことの趣旨については、「道徳や人生観」は他と競わせることで養われるものではないと考える。

しばしば成績のよいクラスと比べて競争心をあおろうとします。……ましてこのプランは皆の自問を待って進むのですから、急がせることに意味はないのです。先生からの圧力が強ければ早く形は整います。が、個々の心が熟したとは言えません。道徳や人生観のことで他のクラスと比べたり競争心をあおるなどは意味のないことでしょう。

竹内は以上のように考えて、「自主的な生徒にするには、ほめることも、叱ることも、比べることも問題で良策とは言えません」と結論づけている。そして、「そこで先生方に、教科ではどの子にもわかるまで教え、生徒指導ではほめるな叱るな比べるな、とお願いしました」と、教科指導と生徒指導との根本的な違いに立って、生徒指導における教師の基本姿勢として「ほめない・叱らない・比べない」と提案したのだった。

私はこれらを引き受けて、モーセの十戒に準えて「三戒」と称して別のところで詳しく解説した[37]。私の解釈では、それらは単なる禁止ではなく戒めとして捉えるべきである。

竹内の言う第一の戒め〈ほめない〉の真意は、感動を伴わずに作為的にほめることを諌めることにある。作為的操作的にほめることがなくならないかぎり、真の教育的人間関係を築くことはできない。教師や親が、作為や操作という意識を捨てて、子どもの小さな変化にも感動できるような人間になること。そしてそれを、何の駆け引きもなく素直にIメッセージとして表現できるようになること。つまり、〈ほめない〉とは、ほめてほめてほめまくることができるような大人の存在を想定した逆説的表現である。

第二の戒め〈叱らない〉は、実は本気で叱れなくなったら終わりだという意味である。叱るという背後には、怒りという感情があることは確かである。さらに、その感情の背景には、生きていく上でこれは譲れないというその人の価値観が存在するにちがいない。この子のこの行為は人間として絶対に許すことはできない、という価値観を持っていることは重要である。その意味で、怒りを感じなくなることこそ問題である。怒りを感じる背景にも、感動する背景にも、実は相通じる価値観が存在しているはずである。しかしだからと言って、やたらに子どもを叱りつけ恫喝し恐怖心さえ感じさせて、思いのままに動かそうとしたら、それこそ軍事教練のようになってしまう。〈叱らない〉という戒めがあることによって、叱りそうになったとき、あるいは思わず叱ってしまったとき、「それは本当に教育的に意味のあることなのか」「それは人間として正しいのか」と問い返すチャンスが生まれる。

〈比べない〉という第三の戒めは、教育には絶対競争を持ち込んではならない、などという非現実的なことではない。多少の競争、あるいは競争心は否定されるものではない。よい意味での競い合いは、個人や集団を充分活性化する。運動会の徒競走で、最初は各人が全力で疾走し、ゴールの手前十メートル辺りからは横一列になって並んでゴールするなどというナンセンスなことをやった学校があるそうだが、勉強でも運動でも能力差は歴然としてあり、差があって当然で、それを殊更隠す必要はない。差別と区別はおのずとちがう。〈比べない〉とは、一人ひとりの子どもを個性的に尖がらせて比べようがないようにしてしまう、という意味である。

「三戒」の意味を以上のように解すれば、戒めによって行動の制限を迫ることが、その教育的行為の意味を問う性質のものであることが了解される。

「指示・命令・注意をしない」ことは、清掃活動中における具体的な行動規範である。教師の行動が清掃活動中に限定される。これに対し、「ほめない・叱らない・比べない」は行動規範というよりもメタ言語的であり、高次の指導指針とも言うべきものである。したがって、この言葉を受けとる教師に、掃除以外の場面にも拡大して適応しようとする姿勢を促す。学級活動の時間に、ある子どもの掃除についての作文をとり上げて、教師が感じたよさを他の子どもたちに敷衍することを意図して紹介するような場合においても、この指針は作用するにちがいない。たとえば、特定の子どもだけを賞賛しすぎたり、とり上げた子どもと他の子どもを比べて反省を強制したりすることがないように配慮しなくてはならない。この指導指針を、行事などの特別活動の指導や日常の生活指導や授業における指導にも適用しようとする教師も現れるかもしれない。別言すれば、「待つ」人として存在する教師の姿勢が誘引されるのである。

学校掃除における教師の活動に対して、行動規範「指示・命令・注意をしない」に加え、指導指針「ほめない・叱らない・比べない」が示されたことで、教師は〈一介の作業者〉として行動（掃除）しようとする志向性が高まる。その結果教師は子どもの自主的な育ちを待ち受ける人となるから、これらの指導指針も、行動規範とともに教材化への不可欠要件である。

こうして教師は、子どもが自分の思うように動いてくれなくても直接的に指示命令注意することができなくなったうえに、間接的方法としてほめることも叱ることも比べることも封じられてしまう。そのため教師は、掃除指導方法についても、掃除以外の指導方法についても、必然的に自己省察を促される。

以上検討してきたことをまとめると、一つは、「指示・命令・注意をしない」ことが具体的な行動規範であるのに対し、「ほめない・叱らない・比べない」はよりメタ言語的な指導指針であること。二つには、教育活動全般にわたる指導指針であるがゆえに、「待つ」人として存在する教師の姿勢が誘引されること。三つには、行動規範とともに、自問清掃の教材化における不可欠要件であること。四つには、これらの規範や指針によって教師は、掃除指導方法についても、掃除以外の指導方法についても、必然的に自己省察が促されること。指摘した四点は、それぞれ存在、性質、作用から見た特性である。

仕事を休んでもよい

掃除中に「仕事を休んでもよい」とする指導方法は、誰も遊ぶことなく掃除をしなくてはならないという常識からすれば驚くべきものである。まさに、独特の指導方法と言える。ただし、「休ませる」と「休んでもよい」とは異なる。前者は、教師が行う指導そのものであり、後者は、自問清掃を実施する際子どもに提示する条件である。したがって、「仕事を休んでもよい」は、大きくは指導方法に含まれるが、自問清掃で設定される条件のひとつである。

竹内はプラン全体を説明する際、三カ所でこの趣旨を説明している。迷惑意識の醸成を期する第一段階、感謝の心の醸成を期する第四段階、そして、最終目標である正直さを目指す第五段階である。「仕事を休んでもよい」ということは、子どもに掃除を「休む」かどうかを選択させることである。したがって、「休む」ことをどのように意味づけているのか、また「休む」ことをなぜ子ども自身に選択させるのかという観点から検討しなくてはならない。

先述した通り、五段階のプランは、最初の三段階までとそれに続く四・五段階とでは質的に異なっている。「休む」ことの意味づけ方も異なっている。第一段階で導入しているのは、迷惑意識の醸成を目的とした「休む」である。意志力の醸成を目指す第一段階では〈無言〉をその条件として励行するが、この〈無言〉状態が学校（または学級）全体として崩れないために、話しをすることは他の人への迷惑行為なのだとする意識づけと、すぐに〈無言〉状態に入れない子どもに対する個人差への配慮（ゆとり）として「休む」指導が行われる。

これに対して、四・五段階では〈感謝〉〈正直〉というキーワードが提示され、三段階までに到達した自己の内面を再度吟味し直し自問するために「休む」ことが求められる。竹内は「休む」ことの趣旨について子どもに説明する際、脳生理学を用いて説明した三段階までとは異なり、四・五段階への導入には腐心したようである。そして子どもに向けて、次のように語りかけている。

「皆さんは誰も学校に誇りを抱き、また毎日勉強させていただく校舎に感謝の気持ちを持っているでしょう。そんな気持ちで働けば心も満たされるでしょう。……いやいやながら働いては心の成長にもなりません。そこでそういう日は、申しわけないが休ませてもらったらどうか。チャイムがなったらまず自分に聞いて、学校をだいじに思う気持ちで働けそうなら仕事にかかる。……心が成長しないのに働いても価値がないからです」と。この提案を子ども達は不思議そうな顔で聞きましたが、心を見つめるきっかけとなりました。[38]

民主主義の自由と平等

ところで、「仕事を休んでもよい」とする竹内の発想の背景には、世界人権宣言を根拠とした民主主義における自由と平等に関する理解があった。後に詳しく述べることになるが、戦後一貫して長野県美術教育を牽引する立場にあった竹内には、民主主義教育をいかに確立するかという問題意識が殊更強かった。それは、近年同じように学校掃除の教育的意義を重視しながら、復古的精神に基づく日本的伝統の尊重を主張したり、ひたすら戦前回帰を図ろうとするような傾向の人々とは一線を画している。竹内は、日本文化の復興を図るための学校掃除ではなく、戦後民主主義教育の確立を期して学校掃除の新たなプラン策定を目指したのだった。

さて竹内の説明をまとめると、「仕事を休んでもよい」ことの趣旨は次の五点である。①五段階における最終的な目標は民主主義の体得であること。②世界人権宣言第一条にある「自由」と「平等」に関する解釈を根拠としていること。③全員が一斉に働くことを画一とし、助け合いながら働く掃除をイメージしていること。④病気の人は当然としても、自ら働こうとする心の準備のできない人も容認し休んでもよいとしていること。

このうち従来の学校掃除観から視て画期的な発想は、何と言っても④の「心の準備のできていない人」も休んでよいとした点であろう。有り体に言えば、やる気のない人はやらなくてもよいというわけであるから、注意や指示を事とする教師からしたら、驚くべき発想だと言えるのではないか。

通常、体調のすぐれない者に対して休んでもよいとするのは当然であるとしても、どうしても掃除をやる気にならない場合にも休んでもよいとはしない。むしろ、やる気があろうがなかろうが注意や指示を与えて掃除させようとすることが、「躾ける者」としての教師がとるべき「振る舞い」方であろう[39]。

竹内のこうした逆転的な発想は、さまざまな「紆余曲折の末」に辿り着いたものだと言う。子どもはすべて本来向上しようとする願いは持っている。教師はまずそれを信じ、自ら成長しようとする気になるまで待ち続けるべきである。待ちさえすれば向上の意識が必ず芽生え、こちらの信頼に応えてくれる。竹内が「紆余曲折の末」に見つけ出したことは、このような〈信じて待つ〉ことであった。

そう考えるに至った竹内は、従来行われてきた一〇例ほどの掃除方式の「すべてに見切りをつけ、英断をもって切り捨てた」という[40]。そして遂に、子どもにやる気が起きるまでは仕事を「休んでもよい」のだとする信じ抜く「自問方式」に辿り着いたのだった。民主主義の二大原理を「自由」と「平等」に求めて、その理念を体得するための活動条件として「仕事を休んでもよい」としたのである。

自由について学ぶ

こうした説明に対して、理屈としてはそうだろうが納得はしかねると感じる向きも多いのではないだろうか。しかし私は、自己の実践的経験に基づいて確かに納得する。自問清掃では、掃除をやってもよいしやらなくてもよい。全員の子どもが一人残らず働いているのがむしろ異常だと感じるべきなのだ。

自問清掃では、子どもに自由を与え、自由の意味を理解させ選択させ身に付けさせようとする[41]。清掃活動を、自由についての体験的な学習の場と捉える。今の学校生活の中では、自由について体験的に学べる場は殆どない。確かに、教科の授業で自由についての学習はする。主に、社会や道徳で扱う。しかし、これは理屈として学ぶだけすぎない。子どもが体験的に学ぶわけではない。児童会生徒会活動も、前年度を踏襲して形式に流れている場合が多い。実はこうした学校教育の現状が、日本で民主主義が実感として本当には理解されないひとつの原因になっているのではないだろうか。机上で理屈だけを教えられるわけであるから、自由というものを言葉として知っているだけで実感がない。日本人特有の馴れ合い状態が蔓延している実生活の場も、民主主義を学ぶ場とは言い難い。だからこそ学校教育で、民主主義について実感的に学ぶ場を創出しなければならない。

そこで自問清掃では、掃除をするかしないかを自由に選択させる。「がまん玉」(第一段階)が磨けそうもないときは、掃除を休んでよい。そして、掃除を一所懸命やっている人の自由を邪魔しないようにする。自分自身の中の「三つの玉」について考え直そうとするときや、感謝や裏表のない正直な心で掃除に向かえているかどうか自問したいときも掃除を休んでよい。やるかやらないか、どちらを選択しても自由である。

このように清掃の時間に、人の自由を邪魔しないという意味での自由のあり方や、選択の自由について体験的に学び実感できるようにする。そのようにして自ら選び取った「休む」という行為によって、子どもには、掃除ができない自分自身や真の自分のあり方生き方について、問い直すゆとりの時間が与えられる。すぐに答えにたどり着かなくてもよい。その日の決められた時間内で結論にたどり着かなくてもよい。充分自分の心と向き合い、あるいは葛藤しあるいはじっくりと考えるゆとりが与えられる。掃除を休んで座り、徹底的に自問してみる。自分の心の揺らぎや迷いと、正面から向き合って自問してみる。

つまり掃除を「休む」ことには、怠惰な気持ちを持て余したり疲れた体を休めたりするためではなく、精神性の醸成に関わる積極的な意味づけがなされたのである。

民主主義における自由は、自律とも言い換えられる。規律やルールや義務や迷惑意識を伴わない自由はあり得ないからである。子どもたちに、それを実感できるように学ばせる必要がある。しかし従来の教科や道徳では、知識だけで実感が伴わない。知っているだけで、できるようにはならない。机上の学びだけでは、自由というものを自分勝手や自由奔放と取り違えたままで社会に出ていってしまう。道徳心を養うには、なんとしても実践の場をくぐらせることが絶対条件なのである。

そのために掃除という場を、効率や成果を問わないものに仕立て直し、自由と平等という民主主義の原理を体験的に学べる実践の場へと転換させようとしたのが自問清掃だった。そこでは、自分と向き合い自問する心磨きが最優先される。どこをどれだけきれいにしたかという進度や成果は、直接の目標ではなくなる[42]。「仕事を休んでもよい」としたのは、学校掃除を、民主主義の原理（自由と平等）を体験的に学ぶ実践の場へと展開するための条件設定であった。

ここまで、竹内が示した独特の指導方法の趣旨と意味について見てきた。「指示・命令・注意をしない」は行動規範、「ほめない・叱らない・比べない」は指導指針、「仕事を休んでもよい」は条件であった。自問清掃を教材として捉えたとき、これらの三点はいずれも、自問清掃を教材化するための不可欠な要件である。

従来型清掃指導発想の負

竹内は、従来行ってきた一〇例ほどの方式のすべてに見切りをつけ、「英断をもって切り捨てた」[43]。

竹内が試みた一〇例とは、①督励方式、②役割均等方式、③班長責任方式、④罰則方式、⑤スローガン方式、⑥反省会方式、⑦縦割り方式、⑧流れ作業方式、⑨討議方式、⑩率先垂範方式 ——竹内はこうは名付けていないが文意から平田が命名——である[44]。

これに対して私は、竹内の分類を体験的実践的に乗り越えるかたちで精緻化し、従来型清掃タイプの負の共通点について考察した[45]。私の分類は、①懲罰型方式、②教師による徹底巡回方式、③班長に責任委譲と連帯責任方式、④民主的話し合いによる問題解決方式、⑤自治活動による見回り当番方式、⑥道具役割区域の徹底分担方式、⑦手順や方法統一の完全マニュアル方式、⑧点数ゲットのゲーム感覚方式、⑨目標目的のすり替え方式、⑩無言主義精神主義方式、の一〇方式である。

これら従来型の掃除タイプには、掃除指導の背後に共通する教師の意識が窺える。「掃除は嫌なものだが逃げてはいけない」「とにかくきれいになることが一番、きれいにならなくては駄目だ」「掃除は必要だ、四の五の言わずにやる」「掃除はやってあたりまえのことだ」「掃除を一所懸命やる人は立派だ」「掃除もできないような者は碌なものではない」等である。これらの意識の源泉は、沖原（一九八六）が指摘した日本人の掃除観とも通底している。

日本人の意識や掃除観を背景として実践されてきた従来型学校掃除指導法であるが、いずれも教師が教育的善意に基づいて工夫し編み出してきたものであった。少なくとも、子どもを悪くしようとして工夫してきたものではない。しかし、そこに負の共通要素があるとすれば、次のようなことであろう。

自発性の軽視――子どもが掃除をサボるのがあたりまえという前提、教師に指示命令されたことの履行――子どもは教師の指示命令を従順に行うのがあたりまえだという前提、内発的に動機づける指導方法論がない――その気にさせる方法が見つからない、ひとり残らず掃除している理想の学校像――全体主義的な発想の教育観、教師の個人的な経験知に基づく指導――学校掃除について科学的に学習する場がなかったため、きれいにするという目的と活動はあるが目標はない――掃除をとおして人間形成を図ろうとする発想がない、目標そのものの不明確さ――「心磨き」などと称して、漠然としていて心地よい雰囲気の目標設定、目標に至る道筋が明示されていない――掃除に教育的意義は認めるがプログラムがない。

従来型の学校掃除は、これら負の共通要素を包含したまま実施されてきた結果、教師は競争原理に基づく指導方法に頼り、見張り合いをさせたり反省を強要したり賞罰を導入したり指示命令注意に走ったりしたのである。

〈無言〉の位置づけ――自問清掃と無言清掃

「無言清掃」と名付けられた学校掃除方法がある。ここでは、無言清掃を対照に置いて自問清掃との比較検討をおこない、両清掃における〈無言〉がどのように位置づけられているかを見てみよう。

「無言清掃」は、「無言掃除」「黙々清掃」「黙働」「サイレント清掃」などと称して多くの学校で実施されているようである。特に長野県では多い。他県では、このように名付けられた清掃方法は、一般的ではないようである。具体的なデータはないが、長野県の公立小学校に三四年勤務した私自身の経験と、全国各地での講演活動などによって得た知見による。県民性をテーマとしたテレビ番組でとり上げられたり、インターネット検索で見つけ出したりすることができる。中には、長野県出身者が無言清掃が常識と思い込んでいる姿に、他県出身者が「えぇ～‼」などと反応しているものもある。「無言清掃は小学校の頃から常識だった……それは日本の常識だと思っていた‼。長野県民だけだったなんてビックリだ」というわけである。かと思えばその逆の場合もあり、いずれにしても義務教育当時の自己体験が、その後の価値基準になっている人が多いということなのだろう。県民性というテーマが、テレビ番組として成立したり出版のネタになったりするのはそのためだ。

長野県では〈無言〉の名称がない場合も、「黙って、静かに」掃除に取り組むことは、言わば常識であり暗黙の了解とされている。それに対して他県出身者には、「長野県では無言で清掃していると聞いてびっくりした」とする声もあるくらいだ[46]。私は長野県下の公立小学校八校に勤務した経験があるが、無言で掃除、黙って掃除などが、清掃教育の目標中に見い出されない学校はひとつもなかった。したがって長野県では、無言清掃という特有の名称をつけないまでも、学校掃除においては「おしゃべりしないように黙ってやる」ことが励行されたりルールになったりしている場合が多いのではないかと推測される。

こうした事情も手伝って、自問清掃を無言清掃と同じだと捉える誤解が多かったようである。自問清掃第一段階における「黙ってどこまでできるか挑戦してみる」という主旨が、「黙って掃除する」ルールと同じ意味なのだと取り違えられたとも考えられる。

竹内はこうした状況を踏まえ、著書執筆の動機として、自問清掃と呼びながら生徒に無言を強制し逆に反感をつのらせたりしている現状があり、不本意で困った現象なので「考案者としてあらためてその趣旨と原理とを明らかにする必要と責任を感じていた」と述べている[47]。また、自問清掃と無言清掃とのちがいについて、〈無言〉を強制するのではなく、自らの力で耐性を獲得し、自由のなんたるかを自覚する重要性を指摘している。

自問清掃を単に「黙って働く清掃」と誤解し、「黙働」とか「無言清掃」と言い換えていた学校も多かったのだろう。だから、自問清掃プランでは、最初から「黙りましょう」という言葉を使うべきではないとも述べている。黙ることをねらいとしたり、声をたてない約束ごととして導入するなら、それは初めから強制であり、自問清掃の趣旨は全く失われてしまう。自由の意味が行為となって高まり、自発的に迷惑行為を慎む者がしだいに多くなり、その結果としておのずから静かな清掃の姿が出現しなければならない。自らの力で耐性を獲得し、自由のなんたるかを自覚するに至る必要があると、竹内は主張する[48]。このように自問清掃と無言清掃とでは、同じ〈無言〉であっても、その意味づけ方に大きなちがいがある。

ここで、「無言清掃」を定義しておこう。「無言清掃」と称して実施されている掃除は、学校によって多少の違いがあるだろうから、ここでは竹内の理解に即して、「黙ることを、ねらいとしたり声をたてない約束ごととしたりして導入」し「初めから強制」するような清掃を指すことにする。黙って掃除することを約束事やねらいとして導入するやり方で、学校現場においては決して特殊な事例ではない。掃除を静かに黙ってやることは広汎に励行されているのが実状であり、その意味で「無言清掃」は、いわゆる通常の掃除というイメージに近い。

通常の掃除でも静かに黙ってやることが励行されのは、逆に話しながらやっている掃除は真剣にやっていないと判断されるからである。「口を動かさないで手を動かしなさい」「おしゃべしていないでしっかりやりなさい」などと注意されることが多い。いわゆる通常の掃除でも無言を励行はされるが、掃除に教育的意義を認め、積極的な指導意識に基づいて要求されているわけではない。つまり無言清掃では、掃除に教育的な意義を積極的に認めた上で、無言を励行または強制するわけである。

さらに、〈無言〉の意味づけを検討する際には、四つ次元を想定しなければならない。次元とは、目標・目的・活動条件・規則である。目標とは、ある活動（この場合は、清掃という教育活動）によって育成されることが期待される子ども像や能力に対応する。学校教育目標を指す場合と、それよりも高次の目標を指す場合がある。目的は、清掃活動によって達成される具体的な成果を表す。活動条件とは、実施される活動で目標や目的を達成するためにどのような環境設定がなされるかを指す。規則とは、意味を問うことよりも遵守することが優先される事柄を指す（ルールとも言う）。

無言清掃における〈無言〉は、清掃中に守るべき規則（ルール）であると同時に、達成すべき活動目的――目標行動[49]――でもある。何もしゃべらないで静かに働きつづけることが、その時間のルールとして予め決められている。少しでもしゃべろうものなら教師から注意されたり子ども同士で注意し合ったりする清掃活動である。そしてルールの遵守の繰り返しがいつの間にか目的化してしまい、黙って掃除できることが達成されるべき子どもの姿だとする誤解や雰囲気が生まれかねない。ルールの目的化である。あるいは、初めから「黙って掃除すること」が活動のめあてとして示される場合も考えられる。黙って掃除できることは集中力の向上につながると解釈され、学力アップや「集中できる子ども」の育成という学校教育目標具現化のための活動として位置づけられる可能性もある。

〈無言〉は活動条件

自問清掃における〈無言〉を前述の四次元に照らしてみると、意志力と迷惑意識を醸成し体得するために設定される活動の〈条件〉として位置づけられていることがわかる。このことは「条件型学習」についての項で詳述するが、この条件設定によって「自由」の意味が行為となって高まり、自発的に迷惑行為を慎む者がしだいに多くなり、その結果として〈無言〉状態が出現すると考えられている。

自問清掃における〈無言〉が規則ではなく条件設定だと解されるのは、第一段階においては「何分間黙ってできるか挑戦してみよう、迷惑意識を育てるために」という表現、第二段階では「黙っていても通じ合う気働きができるために」という表現に見られるように、第一・二段階の目的へとつながるための手段的な含意として示されているからである。いずれの場合にも、規則としては提示されていない。最初から「黙りましょう」という言葉を使うべきではなく、黙ることをねらいとしたり声をたてないことを約束事として導入したりするならば、それは初めからの強制であり趣旨は全く失われてしまうと竹内が述べているのは、この意味である。つまり、自問清掃では〈無言〉そのものを目的としたり規則としたりはしない。

〈無言〉が単に約束事（＝規則）として導入された場合、〈無言〉で掃除することがいつの間にか目的化し、遂には目標にすり替わる可能性すらある。黙って掃除するというルールの遵守が、黙って作業できることを「ねらい」（＝目的）とする活動に変質し、遂には黙って掃除ができるような人になろうという目標レベルに転化していってしまう可能性すらある。

別言すれば、多くの学校で実施されている無言清掃における〈無言〉は、目標なのか目的なのか活動条件であるのか規則であるのか、個々の教師や子どもによって理解のされ方がまちまちだ。「掃除は黙ってやらなくてはいけない」と言うとき、その〈無言〉が目的なのか規則なのか条件なのかは問題にされない。

とは言うものの、〈無言〉を規範とは捉えない自問清掃の場合も、実践のマンネリ化や職員異動などに伴って当初の趣旨が見失われてしまい、〈無言〉が単なるルールとなり目的化してしまう可能性もあり得る。無言清掃と同様に、黙って掃除することだけがいつの間にかルーティン化しルールとなって、やがて活動の目的になり、果ては目標にも成ってしまう危険性すらある。竹内が「自問清掃と呼びながら生徒に無言を強制していることはまことに不本意で困った現象である」と述べているのは、こうした事情も含んでのことだったのだろう。

掃除という活動に教育としての意味を殆ど認めない場合は別として、重要視する場合でも、子ども同士の自然な会話があったほうがよいと考えるか、それとも会話を慎み仕事に集中するべきだから〈無言〉を規則にしたほうがよいと考えるか、あるいは〈無言〉で掃除することには特に着目しないか等々、さまざまな活動形態があるだろう。掃除を重要視しない場合でも、〈無言〉でやることだけは要求するという形態もあるだろう。これらはそのまま学校掃除形態の類型化の視点になり得る。掃除を重要視するかしないか、重要視する場合〈無言〉でやることに着目するかしないか、着目する場合には、〈無言〉を目標・目的・活動条件・規則という四つの次元のどこに位置づけるか。

自問清掃における〈無言〉は、活動条件として位置づけられている。〈無言〉でやることは目的や規則ではなく、

〈無言〉でやってみることによって意志力や迷惑意識の醸成を図ろうと考えられているのである。これは、掃除から強制や管理を排除しようとする竹内の根本的な意図の現れであり、後述するように教科教育的方法論「条件型学習」の適用である。

こうして活動の中に結果として実現される〈無言〉状況は、プランのある段階から次の段階への橋頭堡としてはたらく。step by step の拠点となる。第一段階に〈無言〉状況が実現されると、それを足場にして第二段階の〈無言〉による協働という新たな課題への活動が開始され、それが実現されるとさらに第三段階での仕事発見という課題挑戦が開始される。

プラン導入の説明において、活動条件として示される〈無言〉は、以上のような状況を実現しつつ展開していくのであるが、これを異なった視点からみると、そのときどきに個人に顕れる〈無言〉状態には、固有の教育的あるいは教育哲学的意味がある。このことについては、いずれまた詳述する。

第四章　発想の原点を探る

直観による逆転発想

竹内は、従来型の掃除観からの脱却を目指して自分の掃除指導方法をすべて放下した。脱却は、従来の方法を一挙に捨て去るところに成立した。説明に共通するある語り口の中に、それを見い出すことができる。

その解決から発想の転換が始まりました。……この一点を変えることによって、発想を変える必要が一〇カ所にも及びました。こうして向上に向けて順次五つのハードルに構造化することができました。（竹内一九九五　九頁）

こうして最終段階に至って、作業の中へ自問のゆとりを導入してみようという発想が浮かびました。私のプランに対して新潟県のN氏が「ジャコメッティーの彫刻ですね」と言われました。不要なものを一切除いた時、最後にはほっそりとのこったジャコメッティーの彫刻を見る姿に例えてくれました。ふりかえれば発想法の中の消去法でしょうが、それには何よりも捨てる勇気が必要でした。（竹内一九九五　二九頁）

だが一般に行われている清掃活動の発想を逆転させている（竹内一九九二a　一頁）

本来清掃の目的は結果がきれいになることであるが、このプランでは目的と手段を逆転させ、作業は意志力などを高めるための手段（教材）と位置づけた。（竹内一九九二a　二頁）（以上、傍線は平田）

共通した語り口として見い出されるのは、「発想」「消去」「捨てる」「転換」「逆転」などの語句の使用である。これらの語句はいずれも、制作や発明の領域において頻繁に使用される。たとえば、論文検索サイトCiNiiで、これらの語によって検索をかければ了解されるだろう。美術制作や発明や新製品の開発現場では、発想の転換や既成概念の放捨が絶えず求められているからだ。

先程私は、竹内において従来型の掃除方法からの脱却は一挙に捨て去るところに成立したと述べた。「英断をもって切り捨てた」と、彼は言う。従来の方法を繰り返し修正しながら、徐々によりよいものに練り上げていくという発想には拠らず、彼は一切を切り捨てることによって発想を逆転させた。

学校掃除の目的と手段を逆転させる。学校掃除はきれいにすることが目的でなく、手段なのだと。余人を以ては代え難い発想の逆転であろう。竹内がプラン発想について語る際に、「発想」「消去」「捨てる」「転換」「逆転」などの語句を頻繁に使用していること、またジャコメッティー彫刻の挿話を持ち出していることなどから推測されるのは、自問清掃プラン考案において、個展を開くほどの水彩画家でもあった竹内の美術家としての直観力が強くはたらいたことである。それはあるいは、師と仰ぐ美学者井島勉から学び続けた竹内が、美学的直観をはたらかせて構想したとも言えるだろう。

また竹内は、長野県美術教育の中心的な実践者であり、県教育委員会美術科指導主事も務めてもいた。後述するように、竹内らが実践した「条件型学習」という教科学習方法論が、自問清掃プラン考案に大きく影響していることもまちがいない。したがって、美術家の直観力と実践者の教科方法論、別の言い方をすれば直観と理論との融合がそこにある。

原点を探る

竹内は、いったいどのような原理に基づいて自問清掃プランを構想したのだろうか。ここからは、その発想の原点について検討する。

結論を先に示すと、竹内は、「時実脳生理学」と「井島美学」については発想原理として明確に意識し記述している。「ペスタロッチ思想」と「禅の思想」については、明確に記述してはいないが発想の背景として強く意識していたらしいと推察される。

検討対象にするのは、著書『自問活動のすすめ』(竹内一九九一)・論文『自問教育のすすめ』(竹内一九九二a)・講演メモ『自問活動(清掃)のわかりにくさ』(竹内一九九二b)・リーフレット『自らを高める自問教育』(竹内一九九五)の四点である。このうち三点目の竹内(一九九二b)は新資料である[50]。竹内の主著である他の三点を中心にここまで分析検討を進めてきたが、講演メモを検討対象に加えることで、発想原理について新たな視野が拓かれると思う。

これら四点の資料中には、合計五つの発想原理が示されているのであるが、出現にばらつきが見られるため、自問清掃の発想原理についてより整合性を以て理解することを目的として検討する。資料中に記述された発想原理を、表

表Ⅱ―2　自問清掃プラン発想の原理

発想原理：	著書	論文	講演メモ	リーフレット
脳生理学：	○	○	◎	◎
民主主義の自由と平等：	○	○	◎	○
ペスタロッチ思想（信頼）：	○		◎	○
美学：			◎	◎
禅の思想：	△		◎	

◎根拠だと明記されている　○説明の中で直接的に述べられている
△間接的に述べられている

にまとめた（表Ⅱ―2）。

なぜこうしたばらつきが見られるのだろうか。そのときどきの竹内の構想に揺らぎがあったと理解することもできるが、五つの発想原理の構成を探究するためには共時的に捉えて考察する必要がある。

「言葉による合理的説明」に腐心していた竹内が[51]、自問清掃の根拠として講演用メモには五項目明記しておきながら、著書等におけるそれらの扱われ方には相当のばらつきが見られるというのは不自然だ。合理的説明を心がけたが、期せずして説明内容に不統一を引き起こしてしまったとは考えにくい。読み手や聴き手に配慮して、説明方法を変化させたと考える方が自然だろう。もっと言えば、なにか統一された原理や原則というものがあって、それをときどきに変化させながら表現したのだと考えるべきだろう。

『自問活動のすすめ』は一般向けの著書であり、教育に関心を持つ多くの人々に「自問活動」の意義を訴えようとして書かれている。『自問教育のすすめ』は読売教育賞への応募論文であり、当然ながら教育学を専門とする審査員を読み手として想定し、教育実践の内容自体を端的に報告する意図を持って書かれたものである。『自問活動（清掃）のわかりにくさ』は頻繁に指導に入っていた学校で、自問清掃実践中の旧知の教師達に向けての講演用のメモである。その意味では、このメモに竹内の内奥がもっとも赤裸々に析出している可能性がある。日本教育新聞の付録リーフレット『自らを高める自問教育』は、おそらく全国に広めたいという願いのもとに書かれおり、アピール性が高いものである。このように対象とする読者が誰かという視点からすれば、ばらつきの原因は読み手や聴き手への配慮ではないか。想定する相手に合わせて説明方法を変化させたと考えるべきではないか。

ところで竹内が「美学」と明記してあるのは、講演メモとリーフレットだけである。なぜ、著書と論文では触れていないのか。事柄はプランの発想原理に関わることであるから、著書と論文を著して後に俎上に載せたというのでは辻褄が合わない。発想原理についての考察を共時的にすすめる理由もそこにある。

リーフレット中には、「時実脳生理学」と「美学」の二項目だけが根拠として明記されている[52]。しかし、竹内は「時実脳生理学」については詳細な説明を行っているのに、「美学」そのものについては説明していない。

それはなぜか。「美学」は〈感性的認識〉の学であるから[53]、その原理から説きおこしていたのでは文章が複雑になってしまい論旨が見えにくくなる。著書と論文の読者を誰に想定しているかに目を向ければ、「美学」に直接触れていない理由も、そうした判断によるものではないか。ただし、「美学」そのものについての説明はないが、「井島美学」につながる決定的な記述は見られる。それについては、後に詳しく検討しよう。

「民主主義における自由と平等の解釈」「ペスタロッチの思想」については、リーフレットでわずかに触れられているにすぎない。「禅の思想」についても、「私が先輩に従って禅寺で座禅をした時です」と体験談を短く紹介しているだけであり[54]、著書では道元を描いたらしい挿絵が付されているものの、文中には「自浄作用」（五功徳のひとつ）として端的に示されているだけである[55]。しかし竹内自身が発想原理として五項目明記しているからには、記述の分量の多少を問題にするのではなく、記述の奥に隠されている真意を読み取らなくてはならない。

以上五項目に関する私の疑問や一定の推測などを示したが、ここからは内容をさらに詳しく検討しプランの発想原理について考察する。予め断っておかなくてはならないことは、この検討は、竹内の記述を根拠として彼の視野にあったものが何かを視ていくわけである。つまり、竹内の「時実脳生理学」理解が時実利彦の学問的功績全体に照らして妥当なものであったのかとか、禅寺における竹内の修行体験を根拠にして理解した禅を「禅の思想」と表現してよいかどうかというような検討ではない。

時実脳生理学

リーフレットには、「このプランを立てるにあたってその根拠を、美学及び脳生理学に求めた」と、自問清掃の立案の根拠として「美学」「脳生理学」の二つが明記されている[56]。

竹内は根拠を明記した後、かなり丁寧に時実利彦[57]の脳生理学と自問清掃との関連について説明を行っている。「このプランの構造化には、時實博士のご指導に負う所がきわめて大きいのです」と述べているように、竹内が五段階プランの構想と実際の導入において、時実脳生理学に依拠していたことは明らかである。ただし、著書の脚注に挙げられている時実の著書は『脳の話』『生命の尊厳を求めて』の二著であるが、竹内の説明記述を検討してみると、引用の出典はこの二著ではない。おそらく時実からの手紙か、時実から直接入手した論文等を論拠にしたのではないか。

実は、土井進氏（前信州大学教育学部教授）の許に、生前の竹内の著書やメモ等の一部が保管されていた。今回平田がその中から、竹内が丁寧な表紙を付けた時実の抜き刷り論文二点を発見した。一点は、『脳の働きと視聴覚教育　産業視聴覚研究会第六六回例会速記録　昭和四一年八月三〇日　（財）日本生産性本部産業視聴覚研究会』。もう一点は、『人間であること　神奈川県立教育センター　四二神教セ学教講テ　（出版年不明）』。前者は講演会記録であり、後者はおそらく講義用テキストだと思われる。両方とも竹内手作りの表紙が付けられ、後者には時実の肉筆によるサイン「謹呈　竹内隆夫先生　時実利彦」が見られる。本文には詳細に読み込んだと思われる多数の下線が付されていた。

ところで時実の研究以降、現在に至る脳科学の進展には目覚ましいものがある。それは主に測定装置の飛躍的進歩に負うところが大きいが、それら最新の測定結果が示すのは、時実が示した概念図の正しさだという。

筆者が拝聴した早稲田大学教授（当時）安彦忠彦氏の講演中においても[58]、氏が主張される小中一貫教育の論拠のひとつとして時実の脳発達グラフが示された。安彦氏は、「このグラフはいわば概念図であったが、今や測定技術が進歩した結果、脳科学者の川島氏に聞いたところ、概略これで間違いないという返答を得た」と説明されていた。また氏は科研報告書研究概要の中で、幼児期から学童期の子どもの発達については、従来のピアジェの発達段階が、K.

フィッシャー（ハーバード大学教授）の研究によりほぼ妥当するものだと言えることが明らかになったこと、さらにこれまで疑問視されてきた「発達段階」の存在が説明できること、などの新次元の発達段階説が脳機能の前提となる心理学レベルで提示されたこと、またJ・ギード全米衛生研究所所員（NIH）らの研究で、思春期の一〇歳前後に再度脳の神経細胞が一時的に増加することが発見され、脳細胞の神経回路がもう一度作り変えられる、という点もわかってきたと述べている[59]。

安彦氏が言うところの概念図とは、実践集『自問教育の実践』の中で時実の著書[60]から引用されている脳の成長グラフのことであり、この図は今でも多くの実践者によって自問清掃導入場面などにおいて活用されている。

ここで注目されるのは、時実の脳科学者としての先進性は元より、その成果をいち早く教育実践の理論的根拠として援用した竹内の先見性であろう。昨今の脳科学ブームの中で、教育学と脳科学の相互からのアプローチは見られるようになってきたが、一九七〇年代中頃において学校教育実践理論に脳生理学を取り入れた竹内の先見性は瞠目に値する。竹内の合理的精神の所以とも言えよう。

竹内は、「たまたま脳生理学の時實先生からお手紙でご指導をいただいた人と動物との違いからの説明がよかろうと思い、生徒に理解しやすく図解して扱いました」とも書いている[61]。朝会では七回に亘って職員と生徒に向けて講話をした。前頭葉のはたらきや脳の発達の話に対する反応から、竹内は確かな手応えを得たのであろう[62]。

紆余曲折しながらあるべき掃除教育の姿を追い求めていた竹内は、「言葉による合理的説明」に腐心していたとき、時実脳生理学に出会うことで最初の三段階までの理論化に成功した。それを基礎として五段階の構造化に向けての道が拓けたのである。

一九七九年以前には未だ段階的プランとしては整っていなかった自問清掃は、高社中学校で導入した当時に、時実脳生理学を根拠としてまず第三段階までが組み上がり、その後一九九〇年頃にかけて五段階案として成立したものと考えられる。

井島勉の美学

竹内は井島勉[63]から「生の自覚」の美学と、民主主義における自由と平等の理念を不可分のかたちで学びとり、それらを自問清掃プランの理念的背景とした。

著書『自問活動のすすめ』の中で竹内は、脳生理学に関してかなり丁寧に説明しているのに対して、井島美学については多くを語ってはいない。プランの背景としてではなく「教師の勉強」の大切さについて「恩師である京都大学の井島勉先生」から言われたことを数行記述しているにすぎない[64]。また、私が長年参加している研究会「自問教育の会」[65]等においても、竹内は井島美学ついて語ることがなかった。

竹内自身による発言や記述は少ないが、井島美学から学びとり自問清掃プラン立案に生かしたことが何であったか。竹内は美学そのものについては説明しなかったが、リーフレット中に井島美学につながる決定的な部分である。長文であるが引用する[66]。

また現代っ子は主体性に欠け、流行に流されやすいことです。あこがれのスターが屋上からとびおり自殺をとげると、数十人もの若者がこれを真似てしまうのです。今は自分の中にかけがえのないよさを見いだし、心に尺度を持った人間にすることが急務であろうと思うのです。自分の中に生きるよりどころを見いだし、自らに問うことの楽しさがわかる子どもにしなければなりません。それによって生きる喜びが湧いてくるに違いないと思うのです。このような生き方は、私が長くご指導をいただいた哲学会の会長をされた京都大学の井島勉先生のご教示によるものです。ある日先生との会話の中で、「竹内君、美術の先生方の中には児童画を見てその心理的背景を探ろうとする人が多いが、美術教育の理念を人生の生き方としてとらえるには、心理学は万能じゃないんだよ」と申されました。今日教育界は心理学に依拠する風潮が強いが、生きることの自覚を持たせるには、もっと前向きな発想が必要であろうと思うのです。私がこのプランを立てるにあたってその根拠を、美学及び脳生理学に求めた背景にはこのような事情がありました。（二一八—二一九頁）（傍線は平田）

長く引用したが、竹内が井島美学と自ら考案した自問清掃とのつながりについて直接述べている文章は、彼の全著述において他に見い出すことはできない。

傍線部分に、その連関性が端的に述べられている。「心に尺度を持った人間にすることが急務」「自分の中に生きるよりどころを見い出し、自らに問うことの楽しさ」とは、自問清掃の最終第五段階の目指すべき〈正直〉の内容に他ならない。「生きる喜びが湧いてくる」とは、井島の言う「生への自覚」に対応する。このような「生き方」を井島から「教示」されたと述べ、最後に「プランを立てるにあたってその根拠を、美学」に求めたとしている。自問清掃の究極の目標は、井島美学を根拠にしていると言い切っているわけである。

教科の本質を見極める

竹内が「井島美学」から大きな影響を受けていたことは、井島追悼集に寄せた文章からも明らかである[67]。井島から美術科教育の「教科性」と「学習構造」について学んだ経緯について述べられている。若き美術教師であった竹内が、美術教育に関して、井島美学からいかに大きな影響を受けたかをうかがい知ることができる。東京芸術大学に内地留学しながら[68]、京都大学の井島の著書からも多くを学びとっていったのである。

戦後あるべき美術教育を求めて奔走していた竹内は、「論理的には文部省案を変える力を得たのは井島先生の著書に負うところが大きかった」と告白している。この間の事情については『長野県美術教育研究大会の回顧と展望（座談会）』に詳しいが、そこで語られている敗戦直後の美術教育界の内実やＧＨＱとのやりとりは、まるでテレビドラマか映画を観ているかのように劇的なものである[69]。

竹内は、美術は「人間の心をつくる大事な情操の教科である」との『図画工作に関する建議案』（長野県図画工作教育協議会作成）[70]を携えて、マッカーサー司令部に赴き、責任者のエドミストン[71]と渡り合った。五頁にも亘って、たったひとりで「折衝した」ときの様子について生き生きと語っている[72]。「長野県案」と言われる建議案はもちろん竹内ひとりの手になるものではないが、長野県からこれを携えて三名が上京したしたものの、最後は結局竹内がひとりでエドミストンと折衝したというのであるから、案作成に竹内が中心的役割を果たしたことはまちがいない。

この『図画工作に関する建議案』は、「一、改革の要点」と「二、改革の理由」の二項目から成っている。「一、改革の要点」は、次のように記されている。

図画工作に関する建議案

長野県図画工作教育協議会

一、改革の要点

従来の方便的な分類による芸能科（図画・工作・音楽）を本質的立場から分類し、芸術科（美術・音楽）とする。〝美術〟は従来の図画・工作の美術的面を扱ひ、知的教科に比肩せらるべき重要教科とする。従来の図画工作に於ける科学的面は、理数科に於てその本質を発揮すべく、之に行動的教科性を与へてこそ、理数科も亦本然の姿たり得るのである。（八頁）（傍線は平田）

ここで注目しなければならないのは、「芸術科」創設の理由が「本質的立場から分類」したものであること、美術は「知的教科に比肩せらるべき重要教科」と捉えている点である。「二、改革の理由」では、その理由が詳しく述べられる。今こそ図画工作科は、自らがその方便的教育観の枠から離れ、美術科として人間性の美的開発の教科たるに醒め、情意的真理探求の実践創造の面を受け持ち、他は理数科に於ける行動的実践面として、共に重要な教科として定位されねばならないと強く訴えている。美術科と理数科の本質を見極めた上での主張である。

当時実際の改革は長野県案とは若干異なり、別々に行われていた図画と工作を合併して図画工作科としようとする方向に進みつつあったが、名古屋からの陳情は、図画工作科になれば工作の先生がクビになってしまうからなんとかならないかという類のものであった。これとは対照的に竹内達は、「〔美術は〕本当は人間の心をつくる大事な情操の教科であるのに、情操教科としての位置づけというものがされていない」ことに非常な不満を持っていたのであり、あくまでも教科の本質を問題にしていた。

竹内が「論理的には……井島先生の著書に負うところが大きかった」と告白している事情は、以上のようであった。内地留学先の東京芸術大学で「絵画制作の実際」というテーマで制作活動を通して体験的に学んでいた竹内は、その一方で京都大学教授井島の美学理論を学んでいたのであり、理論的影響は決定的なものであった。そこには、制作活動による実体験と理論との融合があった。

〈正直〉とは

リーフレットの中で竹内は、正直こそ「人間教育の集約点」であると考え、胸に判断の尺度を置こうとしたのであり、人の生き方としてこの大切さを知ったのは自分自身の美術の勉強に基づくものであり、描く場合も「心に感じたままになるべく正直になろう」と心がけるのだと述べている[73]。「正直に生きる」ことこそ「人間教育の集約点」であるという考えに至ったのである。そして後年、竹内は、自問清掃の最終第五段階の目標に〈正直〉の概念を据えた。〈正直〉こそ「人間教育の集約点」であると考えていたからである。

竹内が考える〈正直〉とは、自分自身の胸に判断の尺度を置くことである。悪いことをしたら隠さずに正直に告白するとか、道で一〇〇円拾ったら着服せずに交番に届けるというようなものではない。より大きく本質的な事柄を意味する。

人の生き方としてこの大切さを知ったのは、竹内自身の美術の勉強に基づいているのだという。人間が人間らしく生きるということは、自分の心を尺度に正直に生きるということに尽きる。竹内は、これを清掃における姿に敷衍して考える。先生が見ておればよく働き、見られなければ怠けるというのではなく、いつも自分の心に尋ねながら〈正直〉に生きる。つまり、芸術家の作品制作に向かうように心に素直に生きるさわやかさを、清掃活動によって実感させたい。そのために、先生の見ている前でも堂々と休んでよいことにする。第五段階における「仕事を休んでもよい」ことを、このように意味づけたのである。

自分の中に生きるよりどころを見い出し自らに問うことの楽しさがわかる子どもを育成すること、つまり〈正直〉こそが学校教育の目指すべき目標であると、竹内は、考えたのである。

この〈正直〉とは、まさしく井島が主張する芸術教育の目標と符合する。井島は、「人間完成の途上にあるこどもたちを対象とする一般学校における芸術教育は、あくまでも自由な人間的自覚の表現を目標とすべき」だと、いわゆる芸術活動と学校での芸術教育とを区別した上で、教育における「生の自覚」を主張した[74]。また、「自由なる人間的自覚を基礎とするヒューマニズム的世界観の確立を期する現代においては、このような意味を帯びる美育・芸術教育の意義は、一層重大とならねばならぬ」と[75]。

井島の言説は、竹内等の建議案における「美育は単なる美育ではなく、人間性純化開発のための須要教科としての意義を持つべきものである」[76]とする主張とも符合している。したがって、竹内の言う芸術家のように心に素直に生きるさわやかさとは、自分の心を尺度に〈正直〉に生きるということであり、井島の言う「生の自覚」に他ならないのである。

竹内が、後年自問清掃の最終第五段階に〈正直〉を「到達目標」[77]として位置づけた理論的背景は、井島美学の核心「生の自覚」だったのである。竹内の井島美学からの学びは、プラン考案の根幹に関わることであった。立案にあたってその根拠を「美学」に求めたと述べたのには、以上のような経緯があった。

井島美学と民主主義の原理

井島から二世代後の太田喬夫によれば、井島のように「やさしい言葉で、地方の小学校の美術教育について語った美学者はそうはいない」という。ひとり芸術を超えてさまざまな方面への発言の多い希有な美学者であった[78]。また、井島美学の歴史性についても触れて「生の自覚」と「戦争の時代」との連関も指摘している[79]。二回の世界戦争を体験した二〇世紀の人類が、自己が自己の生命を生きることの自由というただひとつ残されて権利の上に、新しい生活の希望と地位を回復しようとすることは、現代の世界観の顕著な特色なのだと。

太田の指摘を引き受けながら、戦中戦後という歴史性を意識しつつ、井島の発言における民主主義に関する語り口を検討しなくてならない。なぜなら、一九〇八年生まれで戦争と敗戦を三〇歳台で体験した井島も、それより一〇歳ほど年下で一九一七年生まれの竹内も、敗戦を出発点とした新しい民主主義国日本の教育の構築を強く意識していたにちがいないからである。竹内が自問清掃プランを考案した一九八〇年代の社会的状況についてはすでに述べたが、プランの原理について語る意識の背景としては、それ以前の〈敗戦後〉という歴史性を考慮する必要がある。

敗戦後の激動期において知識人達が、「自由」について語り合うきびしい緊張感の中にも、この当時の空気を見ることができる。たとえば、川上徹太郎の『配給された「自由」』、中野重治『冬に入る』における自由と民主主義を巡っての応酬の中にも、そうした緊張感が読み取れる[80]。

ここでは自問清掃プランの歴史性やそれ故の限界性などについて検討することを目的とはしないが、竹内が度々と り上げる民主主義の原理という語り口の向こうに、井島や竹内が生きた歴史性を考慮する必要があることは指摘しておきたい。

竹内は、案が組み立つまでの過程を振り返り、理念の背景となったものを大まかに次のように述べている。「過去の国家体制が崩れ、与えられた民主主義というものへの疑問でした。……戦後の混乱期にはみるみる自由のはき違え、平等のはき違えが広がりました。……せめて次代を担う子ども達にその真意を理解させせなければと思ったのです」と[81]。与えられた民主主義への疑問から出発した竹内であったが、自由と平等をはき違える人々の姿を見るにつけ、その真意を理解させせなくてはならないという教育的課題意識を強く持つようになる。そこには、戦後新教育への期待と失望を経て生み出された問題意識を、探求し続けようとする姿がある。

三重の課題

竹内は、井島から美術教育の理念を学びとっていく過程において、「生の自覚」という美学と「自由と平等」という民主主義理念を同時に習得した。井島美学が民主主義を含み込んだかたちで成立していると理解し、両者を結び付けたかたちで理解したにちがいない。

そうした学びの過程を、さらに詳しく見てみよう。井島の著書『美術教育の理念』[82]はいくつかの論文を基に構成されているが、抜き刷り論文『美術教育に関する内と外』[83]も後にその一部となっている。この度私は、初めてこの論文の存在を知った。前述したように土井進氏の許には、生前の竹内の著書やメモ等の一部が保管されており、その中から丁寧な表紙を付けた抜き刷り論文が発見された。見るとそれは後に著書『美術教育の理念』が発刊された際、序章として加えられたものと同一のものであった。竹内が、丹念に下線を引いたり書き込みしたりしながら読んだ形跡が残っていた。また著書の前編部分である「原理論」を複写し増し刷りした冊子もあった。この冊子の最初の頁には目次だけが手書き印刷されて「昭和五十八年読み合わせ資料　序章　美術教育に関する外と内（略）前編　原理論」と記されているから、竹内が勤務していた学校の職員読み合わせ資料として一九八三（昭和五八）年に作成されたものである。すると論文が一九六〇年で著書が一九六九年であるから、おそらく井島の著書発刊以前に独自に論文だけを入手して井島美学を学んでいた竹内が、職員研修用の資料としてまず原理論から始めようと考えて作成したものではないだろうか。

この論文は丹念に読み込まれたものらしく、多くの傍線やメモ書きの跡がある。竹内のメモ書きがはっきり欄外に残されているのは全部で四カ所で、井島の次のような文章に関するメモ書きがもっとも詳しい。竹内が井島の言説のどこに着目したかを探るために、少し長くなるが引用してみよう。

私は以上のようにして、要約的にではあったが、日本の国の人間像の歴史に即して、芸術教育の意義の消長をたどってみた。そこから、現代の日本においては、芸術教育が、いかに重要な使命を担っているかということが、疑いの余地ない真理として結論されるはずであり、従ってまた、いやしく芸術教育の意義を軽視するかのような風潮は、新憲法の根本理念や現代人類の理想を軽視することを意味するものと断じざるを得ないのである。つまり、現代は、人間の根源的な自由を念じ、平等な人間的自覚の上にあたらしい生活を築こうとするものであるゆえに、正にそのことのゆえに、新しい美意識と芸術観を根底とする芸術教育が、そのような人間の形成への大道として、かつて見えないほどの重大意義を帯びるに至ったのである。（傍線は竹内による）[84]

この部分に関して、次のような竹内の手書きメモが欄外に残されている。

※三重課題に迫られているんだ
①新憲法の目ざす人間像への理解
②新しい美意識と芸術観との関連
③それを根底とする芸術教育観の確立

「三重」と記されているが、内容を検討してみると、①②③は大きく二項に集約できる。①②と③である。①②を「根底とする」③の芸術教育の確立と解釈することができる。メモであるから文が整えられていないが、竹内の問題意識は、新憲法が目指す人間像をどう理解するか、その人間像と新しい美意識・芸術観とをどう関連づけるか、その関連づけを根底とした芸術教育観をどう確立するか、ということであろう。別言すると、民主主義の人間観（①）と「生の自覚」の美学（②）との関連づけの上に、新しい教育観（③）をどう確立するかという「三重の課題に迫られている」のだと竹内は考えた。

このメモを記したのがいつなのかを確定することはできない。井島論文が一九六〇年であり、その論文を掲載した著書の刊行が一九六九年であるから、この間のことだろう。いずれにせよ、高社中学校長として自問清掃に本格的に取り組む直前の時期に、竹内がどのような教育的課題意識を持っていたかという点から注目される。それは、新憲法の人間像をどう理解するか、その理解を芸術論とどう関連づけるか、関連づけの上に芸術教育をどう確立するかとい

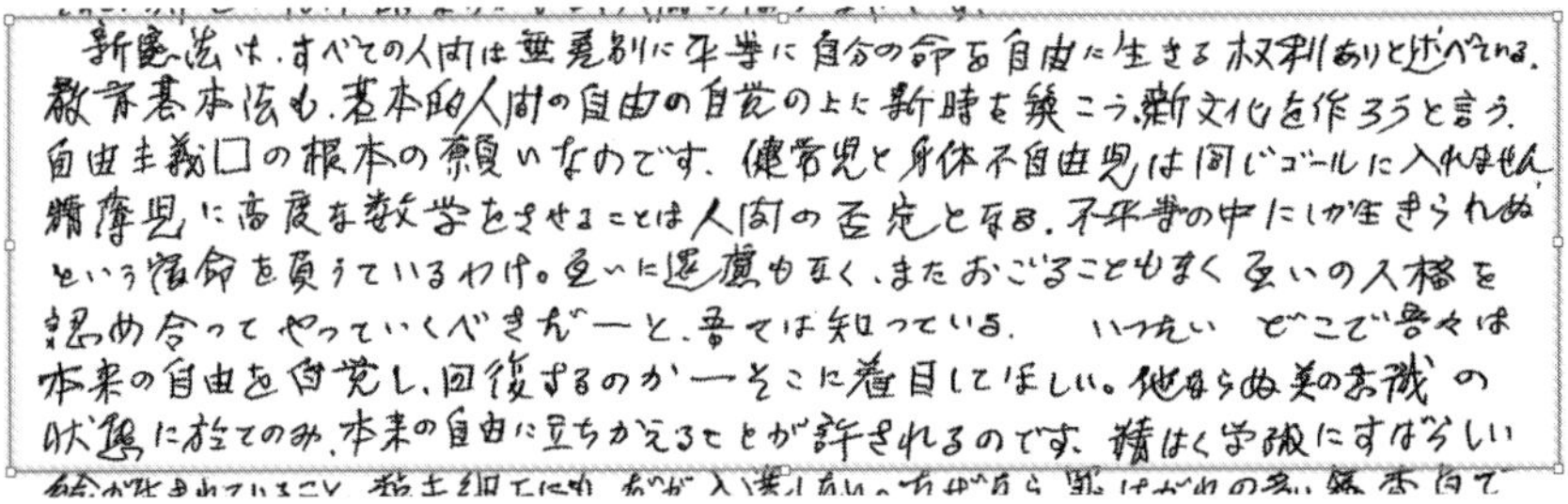
新憲法は、すべての人間は無差別に平等に自分の命を自由に生きる権利ありと述べている。
教育基本法も、基本的人間の自由の自覚の上に新時を築こう、新文化を作ろうと言う。
自由主義□の根本の願いなのです。健常児と身体不自由児は同じゴールに入れません。
精薄児に高度な数学をさせることは人間の否定となる。不平等の中にしか生きられぬ
という宿命を負うているわけ。互いに遠慮もなく、またおごることもなく互いの人格を
認め合ってやっていくべきだ―と、吾々は知っている。　いったい　どこで吾々は
本来の自由を自覚し、回復するのか―そこに着目してほしい。他ならぬ美の意識の
状態に於てのみ、本来の自由に立ちかえることが許されるのです。精はく学級にすばらしい

井島講演の要約（竹内の肉筆）

うことであった。

自由と平等の解釈

さて竹内は、講演集[85]に収録されている以外にも多く講演に接したり自ら授業公開したりしながら、井島から貪欲に学びとろうとしていた。その姿を彷彿とさせる資料がいくつかある。たとえば、井島の講演内容を手書きで要約したものがある（竹内一九七一）[86]。当時の録音機器事情からすると、カセットテープレコーダーはまだあまり普及していなかったから、その場で聴きとったことをメモしておき、後から要約しながら丁寧に書き起こしたものだろう。労力を惜しまず井島から学び尽くそうとする竹内の姿が浮かび上がる。

冒頭にタイトル『井島勉講演要約　S四六・六／一四・於松本附属』があり、そのすぐ下に結論が二行で表現されている。「結論は、一人ひとりの子どもを、もっと人間として彼自身を生きることのできるようにこれからの学校も環境も変わるべきものである」と書かれ、四角く線で囲んである。さらに、五頁にも亘るこの手書き文書の四頁目には、井島が民主主義の人間観について触れている部分がある。

竹内による要約であるから、これをそのまま井島の講演内容だとすることはできない。しかし、竹内が井島の講演の中で重要な言説だと受け止めて書き止めたのだとすれば、何を学び取ったのかという意味で検討に値する資料である。

（竹内の要約によれば）井島はここで、次のように主張している。

新憲法は、すべての人間は無差別に平等に自分の命を自由に生きる権利ありと述べている。教育基本法も、基本的人間の自由の自覚の上に新時（代）を築こう、新文化を作ろうと言う。自由主義国の根本の願いなのです。健常児と身体不自由児は同じゴールに入れません。精薄児に高度な数学をさせることは人間の否定となる。不平等の中にしか生きられぬという宿命を負うているわけ。互いに遠慮もなく、またおごることもなく互いの人格を認め合ってやっていくべきだ―と、我々は知っている。いったいどこで吾々は本来の自由を自覚し、回復するのか―そこに着目してほしい。他ならぬ美の意識の状態に於いてのみ、本来の自由に立ちかえることが許されるのです。（肉筆のプロトコル　傍線は平田）

こうした井島の言説に呼応するかのように類似した記述を、竹内のリーフレットの中にも見い出すことができる[87]。

さきに民主主義の基本は自由と平等とお話しました。今日は平等の意味を考えてみましょう。……実は世界人権宣言の第一条に“すべての人間は生まれながらにして自由であり、かつ尊厳と権利とについて平等である”とあります。この最後の権利についてという但しがきを見落とすと意味がわからなくなるのです。……ですから障害を持つ人に、健康な人と同じに働きなさいと言ったためではないのです。老人についても同じです。……それぞれの違いを大事にしましょうと言ったのです。だから画一という言葉にしないで平等という言葉を選んだのです。この考えを清掃の時間にあてはめるとどうなるか。病気の人や心の準備のできない人にまで無理に働かせるのではなく、それぞれの違いを認めてあげよう、ということになります。皆一斉に働きなさいという考えは画一です。弱い人を休ませてあげ、元気な人がその分をカバーしてあげる、というのが平等が願う姿ということになります。このように人間を大切にした思いやりのある集団を理想としたのが、民主主義のねらいであったのです。ですから、掃除でも一部の人をいたわりながら働けるようになった時、民主主義の目ざす社会になれたというわけです。休んでいる人をカバーしながら働けるまでになれば、民主主義を担う資格が

身についたことになるわけです。」（傍線は平田）

両者の記述をさらに詳しく比較検討してみよう。竹内が井島からどう学んでいるかを観るわけであるから、両者を並列的に配置して異同を調べるのではなく、竹内の視野から井島を視なくてはならない。そこで、まず竹内の説明を民主主義・自由・平等・道徳などの内容から分節化し、次の五つの観点を決めだした。①民主主義を「自由」と「平等」の二点からとり上げているか。②「自由」を迷惑意識という視点から論じているか。③「平等」を障害者や弱者の存在という観点から論じているか。④民主主義に関する教育を活動による体得という方法論によって論じているか。⑤道徳教育のあるべき姿について自発性や自問活動との関連で論じているか。

民主主義と自問清掃

観点①に即してみると、井島と竹内は新憲法の根本原理として「自由」と「平等」を挙げている点で共通していることがわかる。この共通性は、一見当然のことのように思えるがそうではない。

民主主義あるいは民主主義と教育について語ろうとするとき、それを自由と平等の二点を強調しながらとりあげることは、なんらかの前提を共有しなければ成り立たない。民主主義あるいは民主主義と教育について、一般的に語られる可能性は自由と平等の二点にとどまらないからである。たとえば、政治形態としての民主主義、生活様式としての民主主義、価値基準としての民主主義、民主主義の精神的基礎、民主主義と統制、民主主義とアカデミック・フリーダムの尊重、創造的民主主義の重視など[88]、さまざまな角度からのアプローチが可能である。しかし、両者は民主主義と教育について自由と平等の二点を強調しながら述べており、したがって、両者の共通性は偶然とは言えない。

観点②について。竹内が自由について迷惑意識という視点から論じているのに対し、井島は、自身の美学の核心である「生の自覚」に即して自由を語っている。「自分の命を自由に生きる」「人間本来（基本的人権）の自由の自覚」と述べている[89]。

一方の竹内は、講演用メモにおいて「民主主義の自由と平等の解釈」と記してわざわざ「の解釈」と付記しているが、自由を迷惑意識との対比において解釈したという点に、竹内の独自性が見られる[90]。

観点③について。平等を障害者や弱者の存在から論じている点で両者は酷似している。障害を持つ人との共生に関する記述は、ほぼ共通している。平等は、近代民主主義の基本的政治理念の一つであるが、すべての個人が身分性別などと無関係に人格的価値を有するという場合、それを障害者や弱者というタームにおいて論じることは両者の特徴である。

観点④について。井島が、民主主義に関する教育を、活動による体得という方法論によって論じているかどうかは定かではない。なぜなら、あくまで美学あるいは芸術教育美術教育について美学者からの主張として展開しており、それが方法論にまでは及んでいないことは当然である。また竹内が、自問清掃で「休んでいる人をカバーしながら働けるまでになれば、民主主義を担う資格が身に付いたことになる」として、活動を通した民主主義の体得へと論を展開していることは、実践者竹内にとってはこれまた当然である。それが教科の本質論と一致していることについてはすでに述べた。

観点⑤について。道徳教育について両者に共通して認められるのは、徳目主義的道徳への批判的態度である。井島は、「徳目を並べて個人に望み、打擲を加えながら心ならずもそれに服従させる程度の道徳……新日本には、決してそれだけで望ましいものとはいえない」[91]と述べ、竹内も観念先行の道徳項目について、「そのどれも抽象的、観念的表現であって、そこに生きた人間像をイメージすることは難しい」と述べて、「すべて上から規範を与える形であっては、反発を招くだけである」と主張している[92]。

井島が言う「規律への自発的な理解と愛情に基づく道徳」という発想は、竹内の「自らに問い、この有無を吟味にかける」「まず己の心を問いただす姿勢をつくることが先」という発想に投影されている。

以上五つの観点から言説を検討してきたが、両者にはかなりの共通性があることが確認された。竹内は、井島の民主主義的人間観を自由と平等のタームにおいて受けとって芸術論との関連づけを図り、自家薬籠中のものとした上で自問清掃プランに投影させたのである。井島美学を、民主主義の原理である自由と平等を含み込んだかたちで理解し学びとった竹内は、それらを自己の実践的方法論へとつなぐことによって自問清掃プランの理論的根拠としたのだった。

ここまでは、竹内が自問清掃の発想原理とした「脳生理学」「美学」「民主主義の自由と平等の解釈」について見てきた。次に、「禅の思想」と「ペスタロッチの思想」について検討し、それらの発想原理の論理的構成について考えてみたい。

〈正直〉の前提としての〈感謝〉

講演用メモに端的に記されただけの発想原理「禅の思想」については、著書・論文・リーフレットにおいても多く述べられているわけではない。著書の中では、道元禅師に関する挿話がわずかに登場するが、「もとになった考え」として語られているわけではない[93]。しかし、リーフレットにみられる次の記述は、竹内がなぜ第四段階に〈感謝〉を配置したかを、禅との連関において述べた決定的なものである。少々長いがそのまま引用する。

広い世の中のこと、どこかに楽しそうに働くおとなが居るかもしれない。そう思っていた頃、ひとつだけ見つかりました。それは私が先輩に従って禅寺で座禅をした時です。掃除の時間になると僧侶の皆さんが実に明るい表情でいそいそと働かれるのでした。「この人達は勤労を愛好していらっしゃる」と見たのです。そして私もしばらく生活を共にしてわかりました。お坊さん達は自分が修行する僧堂に深い感謝の気持ちを抱いて働いておられたということでした。もし働くことの中に喜びを見いだすとしたら、まずその前に感謝の気持ちを持つことが前提条件だとわかったのです。その心で働く時始めて心も清められ、精神性を高めることができると思いました。つまり働く前に心のありようを吟味することが順序なのです。これまでの段階にはそんな考えは含まれていません。がまんもやる気も人の心を汲む気働きも、また新たな仕事の発見も、すべて目は外に向かっています。こんどは目を内に向けて感謝の気持ちで働けるかを自問しなければなりません。自問と呼ぶにふさわしいのはこの四段階からということです。（一九頁）（傍線は平田）

「働くことの中に喜びを見いだすとしたら、まずその前に感謝の気持ちを持つことが前提条件」という記述に着目すると、「働くことの中に喜びを見いだす」とは第五段階で目指す〈正直〉のことであり、「まずその前に」「前提条件」として第四段階に〈感謝〉を位置づけるとする趣旨が端的に述べられている。

その根拠は、禅寺での体験による感得である。竹内は中学生向けの提言集『自らに問うということ』の中でも同様の体験談を語っており、禅寺は永平寺であることがわかる[94]。この体験を通して、感謝の心の弱い者に働かせようとするのはまちがいだと気づいたのだという。

第四段階に〈感謝〉を置く理由、それも第五段階〈正直〉の「前提条件」として配置する理由は、端的ではあるが簡略な表現でしか示されていない。これは、あるいは学校教育への導入に際して宗教的な事柄について詳述しないほうがよかろうという配慮が働いたとも考えられなくはないが、いずれにせよ説明が簡略であることは否めない。

竹内において、〈正直〉の前提条件が〈感謝〉でなくてはならないことが「わかった」とはどのようなことであろうか。発想原理を「禅の思想」と明記しておきながら、説明が簡略であり、しかもその内容が体験談であることを、どのように解すべきであろうか。

感謝と喜心

竹内がしばらく共に生活して目にした僧侶達の姿とは、「動の座禅」と言われる作務としての日天掃除の姿である。道元が著した『永平（大）清規』のひとつである『典座教訓』には「三心」が示されているが、竹内が見たのは、〈感謝〉の心を持ちながら「喜心」のうちに働く僧侶達の姿であった。「喜心」とは、喜悦の心のことである。「今吾れ幸いに人間に生まれて……」と感謝しつつ働く姿であった[95]。

竹内は、自分が発見した〈感謝〉について「お坊さん達は自分が修行する僧堂に深い感謝の気持ちを抱いて働いておられ」る、と記した。このとき竹内が発見した〈感謝〉は、共に修行する同輩や先輩や導師へのそれではなく、「修行する僧堂」に対する感謝である。今ことさら感謝の対象を人と物とに区別しようとするものではないが、「僧堂」とは物であるから、空間と場へとつながる。したがって、即物的に建物としての僧堂とだけ捉えるべきではない。「修行する僧堂」は、修行の空間であり場である。竹内は自問清掃第四段階についての説明で、雑巾を持つ手に「ありがとう」という感謝の気持ちをこめて日頃お世話になっている机や腰掛けをぬぐうとき、その行為は精神性の向上につながるとしているが、これを机や腰掛けという事物そのものに対して「ありがとう」と言いながら雑巾がけをする、と捉えてはならない。あくまでも「感謝の気持ちをこめてぬぐう」と説明し、感謝を空間と場の問題として考えているのである。

日本人の陸上競技選手がレース後に、走って来たコースに向きを変えて一礼する姿を目にする場合があるが、あれはそこに見えるトラックそのものに感謝の礼をしているわけではない。自分が走ったすべての空間と場に対して感謝の意を表しているのである。つまり竹内は、直接事物と対峙しながら行う掃除という行為における感謝を、〈空間〉の相に措定して〈場〉の問題として捉えているのである[96]。

〈感謝〉と〈正直〉

竹内が禅寺での体験的エピソードを語って感謝について説明するやり方は、他の段階についての説明と比較すれば甚だ合理性に欠けると言わざるを得ないが、そこには彼の美学的直観が働いているのだろう。永平寺における修行体験は、竹内の言わば原体験として持続低音のように通奏していたにちがいなく、その響きは彼自身の美術制作とも共鳴していた。

禅においては掃除もまた座禅である。文字や言葉で教えることを避け、坐禅を勧める坐禅修行によって自己の内面の本性に立ち返り、とらわれを離れた自由な境地に達してのちに改めて分別するという禅の本意は、絵画や彫塑の制作行為を通して真理に至ろうとする体験を重ねてきた竹内においては、原理としてつながる。

民主主義が目指す人間観と「生の自覚」の芸術観との連関から新しい芸術教育観の確立を図るとする「三重の課題」を、竹内が自覚していたことについてはすでに述べた。その課題の解決とは、実践者竹内にとっては具体的な教育方法論の構築である。竹内が上記の引用部分で、「広い世の中のこと、どこかに楽しそうに働くおとなが居るかもしれない。そう思っていた」とは、〈正直〉を最終目標とする教育的方法論の構築を目指していたことを意味する。そして、「ひとつだけ見つかりました」とは、構築への糸口を見つけ出したという意味である。この糸口を、僧侶たちが感謝しつつ行う掃除行為の中に見い出した。

美術制作の行為の意味を感得していた竹内が、観察的分析的ではなく自分と共に働く僧侶達の行為の中に直観的に発見した糸口である。実に明るい表情でいそいそと働く僧侶達の姿は、勤労を愛好する正直な姿そのものであり、彼らは修行の場所である僧堂に対して感謝の心を抱きながら働いているのだと見てとったとき、竹内は直観的に正直に至るには感謝の心を抱きながら働くことが前提条件であること、つまり感謝から正直へと至る通路を見い出したのである。

こうして、感謝の気持ちを抱きながら働くことこそが、喜びを持って働く正直さへの「前提条件」であると「わかった」からこそ、自問清掃最終第五段階〈正直〉の前提として、第四段階に〈感謝〉を位置づけプランが構築されたのである。

実践の場をくぐらせる

この修行体験は単なる体験的エピソードとして終わることなく、「禅の思想」とする認識へと展開され発想原理とされたのだった。

ただし竹内がこの体験を唯一の根拠として、それを「禅の思想」と表現したとは考えにくい。そもそも禅寺に修行体験に赴く動機が何だったのかがわからない。先輩と共にでかけたようであるから、その先輩からの影響もあるのだろう。永平寺に修行体験に赴く動機が何かは定かではないが、行く以前から禅・道元・掃除に何らかの問題意識を持っていたことは推測できる。修行体験以降も書物などから研究を続けたのではないだろうか。

また、禅の修行における〈無言〉を、竹内はどのように了解していたのだろうか。井筒俊彦が探究した禅における言語、あるいは対話・非対話の問題については、西田哲学に配視しながら今後当然ながら探究しなければならないだろう。ここで断っておかなければならないことは、竹内は〈無言〉については禅との関連では説明してはいないということである。学校現場では「お坊さん達のように、掃除は無言でやるものだ」と語っているような教師もあるようだが、それはまったくの勘違いで、永平寺でも作務としての掃除においては無言を清規としているわけではない。

いずれにせよ、「道徳的行為のできる生徒にするには、実践の場をくぐらせることが絶対条件」[97]だと述べる背景には、竹内自身のこうした美術制作と修行の実践的体験があった。別言すれば、自問清掃における道徳的行為の実践的学びの重視は、観察的分析的ではない竹内自身の体験を、経験的な思想へと展開して根拠化されたところから発出しており、たとえばデューイの教育思想からの理論的適用ではない。

すでに触れたようにGHQへの竹内らの運動が展開されていた当時、新たな教育運動に関わる人々にとってデューイの教育思想は看過できない存在であったはずである。

当時の状況を少し見ておこう。佐藤忠男によれば、清水幾太郎は、「多くの教育学者がその進歩性を賞賛していた第一次アメリカ教育使節団報告書」に対して、もっと早い時期に鋭い批判を加えた論者の一人だったという。言うまでもなく、この報告書はデューイの教育思想に強く影響を受けた内容のものであり、清水はそれに対して、「十八世紀のヨーロッパの自由思想をそのまま今日に適用しようとしているような、美しいが古風なものであり……人間の内部にひそむ自然的な自発性への信仰が語られてはいるが、資本主義の発展から生じた矛盾は完全に素通りしている」と断じたのだという[98]。確かに清水は、論文『教育の思想』[99]において、アメリカとは異なる日本の状況を確認しなければならないことを説き、「教育の社会分散」を主張した。「デューウィは民主主義を「個人的生活方式」と規定した。

……〔しかし〕民主主義的な制度と教育の問題は、デューウィと吾々にとっては全く異なった比重を有するであろう」と述べ、「教育活動を学校という施設の独占とせず、寧ろこれを社会生活の全領域に分散せしめ」る「教育の社会的分散」を主張した[100]。このように当時は、デューイの教育思想に関わって賛否両者から論戦が交わされていた。

ところが、こうした教育思想状況の中で、竹内はデューイについて一切触れていない。戦後の民主主義教育のあり方という問題意識に立っていた竹内が、「為すことによって学ぶ」とするデューイの思想を一切持ち出していないことは、むしろ不自然ですらある。絵画制作研究という創作活動中にあり、後に自問清掃においては教師も「一作業者となる」ことを求めた竹内が、デューイの教育思想に一切触れていないのである。

触れていない理由について断言できるわけではないが、このときすでに坐禅修行を体験し井島美学に傾倒していた竹内だからこそ、こうした新思潮に傾くことはなかったのではないか。あるいは、自問を標榜する竹内からすれば、「デューイにおいては、自己が自己にまむかうという実存的なとらえかたは薄い」[101]と捉え、自己の教育観との違和感からそちらには傾かなかったとする推測も成り立つ。

竹内は自身の体験的実感に基づいて「実践の場をくぐらせる」発想から自問清掃の根本を出発させているのであり、諸論考の中に「禅の思想」について際立った説明がなされていないとしても、プラン構築の「もとになった考え」であることは確実である。しかも、〈自問活動〉を学校掃除に求め、掃除という実践の場をくぐらせることこそ道徳的実践力育成の必須条件であるとしたことにおいて、五点の発想原理中もっとも基底をなす。

ペスタロッチの思想

もう一点、外すことのできない発想原理が「ペスタロッチの思想」である。竹内がペスタロッチを引用するのは、専ら「教育における信頼」に関してである。「教育における信頼とは裏切られた子どもに、より厚く信頼をかけ続けること」「善も悪もすべてを包みこもうとする〔自問清掃〕発想の原点」であり、これは「ペスタロッチの思想」に「あやかって」生まれたものだと述べている。

たとえば、「「一切の指示命令をやめます」と宣言したのは、まず生徒に全幅の信頼をかけたことなのです。……善も悪もすべてを包みこもうとする発想の原点は、そのペスタロッチの思想にあやかって生まれたものです。」[102]、「ペスタロッチは、それが教育における信頼の意味であると教えた。」[103]など。

ただし、竹内によるペスタロッチの引用は、厳密ではない。引用元の文献も示されてはいない。確かに、「あかや（肖）る」ことを文字通りに受け取れば、ペスタロッチに自分を似せようとすることであるから、ペスタロッチの原典に厳密である必要はないのかもしれない。また、主な論考である著書（竹内一九九一）・論文（竹内一九九二a）・リーフレット（竹内一九九五）において、ペスタロッチの名を挙げている箇所は、全部で二箇所にすぎない。リーフレットの中で「時実脳生理学」「井島美学」が「プランの根拠」と明記されたのに比べれば、ペスタロッチの思想に「あやかって」とする表現も明快さに欠け弱い印象を受ける。しかしここでは引用の厳密性や頻度が問題なのではなく、竹内が（理解する）「ペスタロッチの思想」にあやかった〈信頼〉が、自問清掃の発想原点としていかなる意味を持つのかについて検討しなくてはならない。

竹内は、ペスタロッチの思想を汲むドイツの教育哲学者ボルノーの「教育における信頼とは、相手に裏切られた場合、なおその相手に信頼をかける冒険的行為である」を引用し、「教育実践の妙諦をうがつ名言」だと評価を与えている[104]。竹内は、このようにペスタロッチやボルノーを引きながら、自分自身の教育観における〈信頼〉について語っているのである。

竹内が言う「ペスタロッチの思想」と何かを指すのか。掃除教育という視点からすれば、ルソーから受け継がれた労作教育、実物教育、自問清掃指導の「消極的教育」方法との連関などが思い浮かぶ[105]。あるいは、ペスタロッチの教育思想に連なるフレーベル、ディースターヴェーク、ケルテンシュタイナーなどの人々も視野に入れなくてはならない。かつてナトルプが体系的にまとめたように、一般に「ペスタロッチの思想」という場合は、ペスタロッチその人の教育思想を指すのはもちろんのこと、その源流であるルソーをも、また彼に続くフレーベル等の人々の系譜をも含み込みながら理解しなくてはならないだろう[106]。したがって、竹内によるペスタロッチの引用は厳密性に欠けるが、彼が「教育における信頼」に触れるボルノーの言葉を引いて「教育実践の妙諦をうがつ名言」と評している点に注目したい。

竹内が「ペスタロッチの思想」について引用するのは、(不正確にではあるが) ペスタロッチとボルノーであり、具体的な言葉はボルノーに拠るのみである。そこでここでは、竹内が言う「ペスタロッチの思想」を、ペスタロッチその人の思想には限定せず、ペスタロッチに連なる人々の思想であるとする前提に立つことにする。そして、彼がペスタロッチ以外に唯一挙げるボルノーの言説に注目して考察する。

信頼とは

竹内は、教育実践における〈信頼〉に触れて「ペスタロッチの思想を汲むドイツの教育哲学者、O・F・ボルノウ博士のことば」を引く。いったい何を以て「ペスタロッチの思想を汲む」とボルノーを評価したのか、この記述からだけでは不明だが、文脈からして〈信頼〉の概念に引き寄せていることはちがいない。そこで、ボルノーの〈信頼〉に即して、竹内が原理として理解した「ペスタロッチの思想」の中味を見てみよう。

〈信頼〉とは、教師と子どもとの間に成立するものであるから、それは本来相互的な作用ではあるが、子どもの教師に対する信頼として挙げられる場合が多い。しかし竹内が、問題にするのはむしろ、教師の側からの子どもに対する信頼である。こうした一方向性として語られる信頼は、ボルノーの言う「教師の徳」に通じる。

教師と子どもとを上意下達的な権力関係としてみるのではなく、また同僚や友情に通じる平等関係として見るのでもない、教育実践における教師からの〈信頼〉関係として捉える第三の道である。ボルノーは、教師の徳として教育愛と忍耐と信頼の三つを挙げる[107]。

これら三点については、石橋哲也が手際よくまとめている[108]。石橋は「教育愛」に触れた上で、〈忍耐〉について述べ、それとの関連でボルノーの〈信頼〉について解説する。ボルノーによれば、教師は子どもの発達をできるだけ遠くに進めたいという自然な願いを持つものであり、しかも、いつなんどきでも子どもの成長や発達に介入することができるため「急き立て」の傾向が生ずるが、この「急き立て」は禁物であること。さらには、子どもが自らの不作法や非道徳的行為に対して更生を約束したのに再び元に戻ってしまったとき、教師は怒って教育を放棄するのではなく、それを「許すことのできる力」と「新しい始まりへの力」とを促進する〈忍耐〉が必要であること。その根底には、「この子はきっと更生してくれるはずだ」という子どもへの強い〈信頼〉が前提として必要なのだという。

確かにボルノーは〈信頼〉への裏切りと〈忍耐〉、そこに残される〈希望〉について述べている[109]。

> 右のごとき忍耐は、しかし、教育者がそのしごとに真底から自信を持っているばあい、言いかえれば、子どもたちの発達に対する信頼にみちた真実の関係をたもっているると感じているばあいに限ってのみ、可能なのである。ここに教育者の究極かつ決定的こ基盤たる希望について考察する視野が開けてくる。多くの望ましい期待さえも裏切られ、未来に期するあらゆる試みも全く失敗に帰するとき、そこに残されているのは、未来に対するより一般的な、より深い関係として教育者からの展望の、希望なのである。(傍線は平田)

傍線部分に注目しながらみると容易に了解されるのは、ここで言われている〈忍耐〉〈信頼〉が、自問清掃の核心〈信じて待つ〉に同義的に結びついていることである。〈信頼〉とは信じることであり、〈忍耐〉とは〈待つ〉ことである。子どもに信頼をかけとおして待つことを前提としなければ、自問清掃は成り立たない。〈待つ〉ことの教育的意義については既に述べたが、〈信じて〉〈待つ〉であるから、〈待つ〉ことは、信じることなくしては成り立ち得ない。〈信じて〉とは、信じながら、信じるからこそ〈待つ〉ことに他ならない。つまり〈信じて待つ〉は、〈信頼〉がなければ〈忍耐〉は成り立たないとするボルノーの言説と同義である。

竹内が自問清掃プラン発想の原理とした「ペスタロッチの思想」について見てきたが、彼が引用する〈信頼〉が「ペスタロッチの思想を汲む」ボルノーの言説に拠っていることが確認された。また、ボルノーの言う〈忍耐〉〈信頼〉は、自問清掃の核心〈信じて待つ〉につながっていることも確認された。竹内の蔵書調査記録がないため、彼が読んだペスタロッチの著作が何か、さらにはペスタロッチに連なるフレーベル等々の人々の著作にどの程度親しんでいたのかなどは不明である。しかし竹内の中で、自問清掃の核心〈信じて待つ〉が、「ペスタロッチの思想」と通底していることは確実である。その意味で、「ペスタロッチの思想」は、「禅の思想」と並んで、自問清掃の原理の基底をなしている。

発想原理の論理的構成

自問清掃の発想原理として示された五つの項目は、並列的羅列的なものではなく、複合的な構成を持っているにちがいない。竹内自身は、発想原理の論理的構成について直接述べてはいないが、私はここでひとつの仮説を呈示したい思う。五項目の発想原理は、次のような論理的な構成を成している。

道徳的行為を実践的に学ぶこと［禅の思想］と、子どもへの全幅の信頼［ペスタロッチの思想］とは、プラン全体の基底となる原理である。その上で、最終目標〈正直〉［井島美学］の前提条件に〈感謝〉［禅の思想］を配置し、自らを（に）問う〈自問〉活動を子どもに求める。この第四・五段階での〈自問〉活動に進むには、まず能動的な掃除活動を充実させる必要がある。そのため、第一・二・三段階を設け、目標として〈意志力〉〈情操〉〈創造力〉［時実脳生理学］をそれぞれ位置づけ、子どもには〈がまん玉〉〈しんせつ玉〉〈みつけ玉〉と表現して提示する。また、迷惑意識と選択の自由及び平等の解釈［民主主義の自由と平等の解釈］を論拠として、〈無言〉と〈休む〉ことを活動条件［条件型学習］として設定し、それぞれの段階に意味づける。〈無言〉状態は導入の初期段階においてまずもって達成すべき環境であるが、管理強制的ルールとならないために、自ら〈休む〉ことを選択できる自由と組み合わせて提示する。第一段階では〈迷惑意識〉に意味づけて提示し、第四・五段階においては〈感謝〉〈正直〉に関する〈自問〉活動の条件として意味づけ直されて提示される。

自問清掃プランの五つの発想原理は、このような論理的構成をもって成り立っているのである。

原則としての「条件型学習」

五段階に構造化された自問清掃プランであるが、発想原理がそうした段階的構想となるために、いったいどのような方法論的原則がはたらいたのだろうか。結論を予め端的に示しておくとすれば、自問清掃プランを段階的に構造化するという発想には、竹内が実践した美術科指導方法「条件型学習」の道徳教育への適用であった。

竹内は、プラン発想に触れて「道徳にあってもプログラム学習、自発学習、発見学習などの考え方」が必要であり、「目標に達するための順序と段階を用意すべき」と述べている[110]。これは、教科学習指導方法論の道徳教育への適用を意味している。

筆者はかつてある研究会[111]において、自問清掃プランが「条件学習」[112]の発想に基づいていることを指摘し、「条件学習としての自問清掃プラン」と題して自説を公開し、竹内からの同意も得ている[113]。

こうした研究状況を踏まえ、さらに詳しく検証したい。はじめに、竹内らが考案した「条件型学習」について概観し、次に、その発想をどのように自問清掃プランに適用したかを検討し、プランの構造化と条件設定に及ぼした影響を明らかにしたい。

自由型学習の克服

「条件型学習」または「条件学習」は、長野県美術教育実践研究から生み出された教科方法論であった。

駒込幸典は、研究推進者のひとりであった矢嶋正一氏の書簡に拠りながら[114]、条件学習の趣旨と実践例が示している[115]。条件学習は、ある特定の力をつけるための抵抗を設定し、その抵抗を全員に乗り越えさせるための軌道を設け、追い込みながら乗り越えさせ、乗り越えた学習の喜びを得させる目的で考案されたものであった[116]。

竹内と共に条件型学習研究に取り組んでいた竹平正人は、「私たちに基礎的な指導の重要性を教えてくれるのである。……県の美術科の指導書も、条件型（習作）と自由型（制作）とを区別して学習させることにより、美的造形感覚を高めようとねらったのである」と述べている[117]。当時学習方法として開発された「でんでん虫描き」はその後全国に広まり、現在でも描画指導法に活かされている[118]。

竹内も自説を具体的に解説している。子どもを放任することで狭い癖を持たせてしまう自由型の学習に対して、創造性を獲得する目的で行う条件型の学習を提起し、ある条件の中で、どの子どももその子なりに苦しんで獲得できるような学習形態を工夫し、「私なりの呼び方で恐縮ですが」とことわりながら「条件型学習」と名づけたのだという[119]。竹内が言うところによれば、それは遠近法や構図法や影の描き方などを、一つの型として授けるという意味ではない。音楽を聴くときに、これは何部形式だろうというように型にはめて音楽を解釈するような子どもにするのではなく、むしろ、放任された子どもというものは、狭い癖を持ってしまいやすいものだから、その癖からゆすり出してやること。そうして表現の世界の広さ大きさに積極的に気づかせてやるように立案したのだという。

条件型学習とは

条件型学習の内容についてさらに詳しく見てみよう。『長野県小学校教育課程指導書図画工作科編昭和三五年』(以下、指導書一九六〇)は、前述の矢嶋書簡中に見られる「昭和三十三年の県指導書」と同一書である。教科毎小中学校別に作成されたこれらの指導書は、長野県教育委員会が、学習指導要領に即して県下の小中学校で実際どのように指導をするかの指針と実践例を示したものである。学習指導要領改訂に応じて、作成発刊されてきている。竹内は、指導書(一九六〇)作成委員五名のうちのひとりであり、長野県教育委員会指導主事の肩書きで参画している。矢嶋書簡にあるように、竹内が同書作成に指導的な役割を果たしたことはまちがいない。

同書によると、条件型学習が導入されているのは、四年生以上の学年である。解説の仕方として際立っているのは、「条件」と「目的」とを区別している点にある。目標を明記し、そのための条件を示し、条件設定の趣旨を述べるというかたちで、条件型学習について解説している。また、条件を設けるのは、あくまでも概念的なせまい態度から子どもを解き放すためであり、条件を設けて描くという実際的身体的活動の後に、全員で振り返りを行う鑑賞指導を組み合わせることも提案されている。さらに、条件と場を、教師が具体的に示すことも要求されている。自分自身の感動の表現になるように「心を用いて描く」こと、美術教育が目指すのは「自主性自律性」を育てることであることも示されている[120]。

教科指導方法の適用

指導書（一九六〇）の記述表現を見て、その論述方法や内容から、後年の竹内の著書やリーフレットと書き手が同一人物ではないかと感じるのは私だけであろうか。三〇年後の竹内の記述と比較して、いくつもの共通点が見受けられる。それは、おおよそ次の五点である。①学習活動に一定の条件を課して子どもの現状を打ち破ろうとする発想、②条件と場の提示は教師が行うこと、③実際的身体的活動と振り返り活動との関連的指導の発想、④「心を用いる」という独特の表現、⑤条件型学習を行うことで自主性自立性を育てることを目標に掲げること。

これらの共通点は、竹内の書簡内容とも符合する[121]。竹内は記している。

> 自問清掃を「条件学習と考える」（という平田の考え）は、その通りで、私は教材をそのようにとらえてきましたので、このプランも初めから『問題解決学習』のように子どもに発見させることは殆ど不可能なプランと考えています。指導する側が、子どもの歩む道も洞察できぬまま、子どもの討議にまかせてはいまわらせる授業が多すぎるから、教科性までぼやけてしまっているように思います。（九五・七・六）（傍線は平田）

竹内は指導書作成に指導主事として参画した主要な執筆者ではあり、記述内容の共通点や書簡から判断して、解説文は竹内の手になるものと断じてまちがいない。すると、竹内は一九六〇年前に条件型学習方法論を確立していたことになる。

そして竹内が自問清掃を、この条件学習的教材と捉えていたことも明らかである。人間教育も教科指導と同じく、ある行為が身に付くよう一歩一歩順序よく段階を踏んで行われるべきだと考えていた竹内は、自問清掃の説明におい

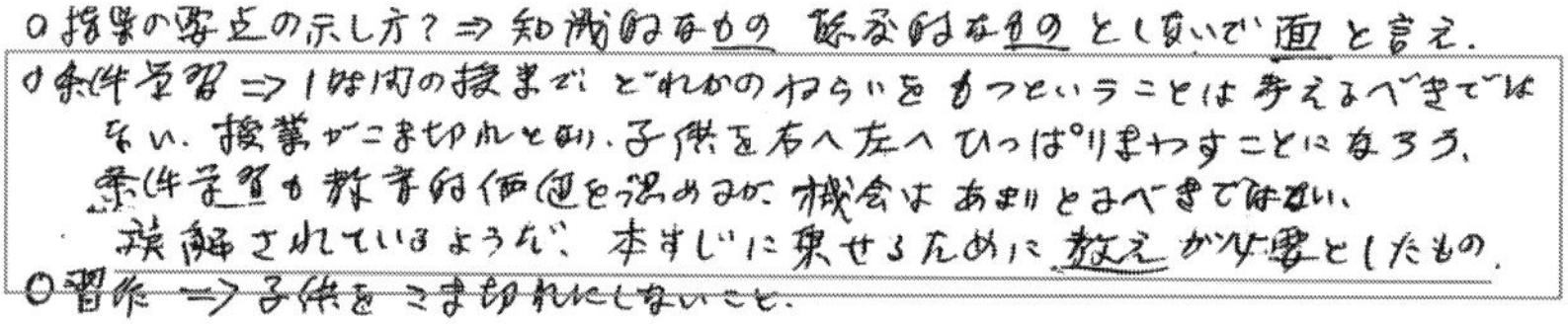

ても、その段階の目的と条件を提示して活動に取り組ませ、目的がある程度達成されるとさらに次の新たな課題と条件を提示していくという手順をとった[122]。美術科教育研究を通して開発した条件型学習という教育方法を、自問清掃プラン考案に援用したのである。

条件型学習への確信

竹内がこの教育方法に、いかに確信をもっていたのかを窺わせる資料が竹内メモ（一九七一）である。新資料としてここに提示する（竹内の肉筆）。

このメモは、すでに井島美学に関する検討過程で扱ったが、上に示したのはその五頁目の一部分である[123]。メモの一頁目冒頭に井島の講演日が「S四六」（一九七一年）と記されているが、この当時竹内は小諸市野岸小学校長の職にあった。高社中学校長として自問清掃に取り組む三年前である。講演後に井島が会場からの質問に答えた内容を、竹内は丹念に記録している。竹内によれば、講演者井島は、条件学習に関する質問にこう答えている（図の囲繞部三行）。

○条件学習⇩一時間の授業で、どれかのねらいをもつということは考えるべきではない。授業がこま切れとなり、子どもを右へ左へひっぱりまわすことになろう。条件学習も教育的価値を認めるが、機会はあまりとるべきではない。

メモの第四行目に着目したい。井島の応答内容を黒字で三行書いた下に、竹内はわざわざボールペンの色を緑に換えて、「誤解されているようだ。本すじに乗せるために教えが必要としたもの」（図の下線部分）と一行記している。

この一行の真意は何か。井島は条件学習をその時間の授業目標（ねらい）にもっていくための単なる手段としてみているようだが「誤解されているようだ」、条件学習は美術教育の「本すじ」に向かうように子どもの活動を方向づけるものであり、そのためには個々の子どもがその子なりに苦しんで獲得できるような条件学習（教え）が必要なのだ、と竹内は考えていたのである。ここにも、竹内が恩師井島に抗ってでも手放そうとしなかった美術科指導方法「条件学習」に対する強い確信が見てとれる。

すでに述べてきた通り、論理的に構成された発想原理に基づく五段階プランは、竹内によって極めて合理的に説明される。ある段階の活動が充実して目標が達成されると、それを足場にして新たに提示される次の目標の段階へと向かい、さらにその目標が達成されるとまた新たな段階へと歩を進める。そうやって次々に前の段階を足場にしてはさらなるの段階へと学習が展開されていく。〈無言〉はルールとして強制するのではなく条件として意味づけられ、目標に向かう活動を方向づける。すると、どの子どもにとっても活動が能動的で充実したものとなっていく。自問清掃プランはこのように、ある条件を設定することによって子どもの学習を導いていこうとする原則で貫かれている。

一九五〇年代後半に考案された条件型学習論は、竹内自身の教授観の核心となっていた。そして、後の自問清掃プラン考案に際して、五段階の実践的道徳学習教材構築の方法的原則として強い影響を及ぼした。条件設定による活動の方向づけと各段階に生み出される結果をステップアップさせていくという学習展開方法は、美術科学習方法論「条件型学習」の自問清掃への適用であった。

以上見てきたように、自問清掃プランは、「時実脳生理学」「井島美学」「ペスタロッチ思想」「禅の思想」「民主主義の自由と平等」を発想原理として、「条件型学習」という方法的原則に基づいて五段階構造に構築されているのである。

第五章　実践的指導方法と無言清掃

一九七〇年代半ばに竹内が校長を務めた長野県高社中学校において本格的に実践され成果をあげた自問清掃は、その後も全国各地の学校で脈々と実践が展開されていった。そして、およそ一〇年間を経た後、それらの成果を踏まえて著書『自問活動のすすめ』（竹内一九九一）が刊行された。

なんらかの教育プランが提示されたとしても、実際にはどのような具体的指導をすればよいかは学校現場で試行錯誤がくり返され、実践の積み上げによって徐々に一定の指導方法が確立されていくものである。自問清掃はもともとかなり具体的な指導方法をも含むプランではあったが、その例外ではない。

竹内がこの著書の中で例示している指導方法は三例であるが、実際にはこの一〇年くらいの間に全国各地で実践が試みられた結果、およそ五点に集約される実践的指導方法が学校現場で確立されていったと私は捉えている。今それらの実践すべてを検討することはできないが、いくつかの典型的な事例に当たることによって、確立されていった自問清掃の指導方法の内容を見ることにしよう。

机上と床上の連結

竹内は著書の中で、「自問活動を取りあげた授業」として、長野県日義小中学校における具体的な指導事例を紹介している[124]。事例の出典は冊子『自問教育の実践』であるが、この冊子は、一九八九年同校の三名の教師達によって作成された一〇〇頁に及ぶものである[125]。日義小中学校での数年間に亘る多くの授業実践の中から、竹内が提示した五つの段階に即して、各段階一ないし二事例ずつ典型的な授業実践例が抽出され例示されている。

一資料名、二ねらい、三展開、四資料（子どもの作文）と形式を統一して示し、「時実脳生理学」の概略や展開上の留意点についても詳細に述べられている。展開上の留意点に関しては、「導入に際して」「自問の時間中の教師の姿勢」「自問の時間以外の教師の姿勢」「自問ノートの書かせ方」「どのように教材化するか」「授業構想の手順」が具体的に述べられている。また、実践上のリーダーのひとりであった小林正幸教諭の論文[126]も併載されている。竹内はこれらを、自問授業[127]の典型として紹介したのである。

授業事例に共通して見られるのは、子どもに「自問ノート」――掃除について日記――を書かせて自省を促すこと、道徳の授業では徳目をひとつずつ扱うのではなく清掃活動を中心的に扱っていくこと、資料は主にその学級で書かれた「自問ノート」や日記・作文を使用すること、などである。

従来の学校掃除はその時間の活動だけで終わり、道徳の授業はそれとは別な徳目をひとつずつ取り扱うのが通例であった。道徳授業で掃除について扱うことは当然あったろうが、年間を通して継続的に扱うことが一般的だったとは考えにくい。それに対して自問清掃の道徳授業では、掃除に関する事柄を中心的な題材とした。授業で使用する資料には、主にその学級の子どもたちが書いた文章を用いられた。こうした授業方法は、さまざまな試行錯誤を経て、冊子『自問教育の実践』と小林論文（一九九〇）に結実したものであった。竹内が提起した自問清掃指導方法はおよそ三点であったが、実践する教師達はそれを踏まえて試行錯誤を繰り返し、指導方法を確立していったのである。

教師達は、清掃活動後に「自問ノート」によって自省を促したり、清掃時間以外には、口頭であるいは家庭向け学級通信などによって、書かれた内容を紹介したりした。また、「自問ノート」や日記などの中から取捨選択して道徳授業の資料を作成していった。つまり、指導方法の原則は、道徳授業と清掃活動の連結であった。道徳の授業を「机上における自問活動」とし、実際の清掃活動は「床上での自問活動」として、二つの自問活動を道徳的実践活動として連結させせることであった[128]。

道徳授業：机上における自問活動

小林正幸は、「机上における自問活動」である「自問授業」の典型を示した。実践論文において、従来の道徳授業に対して五点の限界性を指摘しているが、これらは小林が捉えた従来道徳の克服すべき課題でもある[129]。①価値を教えることにとどまり実践まで迫りきれていない。②成長を感じとり喜びを共感し合う展開が少ない。③体験が共通のものとして語れない場合がある。④「そうしてはならない」しかし「そうしてしまう」、「こうありたい」しかし「こうできない」という理想と現実とのズレを、行為を通して埋めていく教育の場がすべての子どもたちに用意されていない。⑤教師が先行してしまい、共に生きること、共に生き方を学ぶ姿勢に欠けている。

従来の道徳授業の限界性に関する小林の認識が妥当なものであるかどうかは、別に問われなくてはならない。ここで問題にするのは、教師が自分の認識（問題意識）に基づいて計画し実施した授業における教授行動や子どもの反応が、自問教育の目指すべき目標に即しているかどうかである。

小林の授業が自問授業の典型であるというのは、この意味においてである。私がこの授業をなぜ「自問授業」の典型だとするかを簡単に述べておくことにする。端的に言えば、小林が従来の道徳授業に対して前記五点の課題をもって望み、その解決策を授業実践の場で具体的に示しているからである。

一つは、課題⑤の解決のために授業で使用した資料が、同時に課題②③に対応する内容を含んだものであったこと。二つには、課題②③の解決を図る目的で、子どもの実態に即して資料を二分割して提示しているが、これは教師による意図的ではあるが誘導的ではない教授行動であり、課題⑤に対する一定の回答を与えていること。三つには、授業展開過程をみると、最初は資料中に登場する里香さんの姿に対する共感、次に資料後半に示される予想を超えた里香さんの行動への驚き、それをきっかけとする自己の掃除活動の問い直し、里香さんに対する見方の転換、そして最後に「里香さんの自問て……最高の自問じゃないかな」という認識の高まりが認められること。これは、子どもの認識の向上的変容過程であり、子どもの姿に顕現化した課題①④への実践的動機づけとなっている。以上、資料として提示した子どもの作文が追求に値する充分な価値を含んだものだった点、意図的であるが誘導的ではない教授行動となっていた点、授業過程に子どもの認識の著しい変化が見られた点などから、この授業を「自問授業」の典型だとする。小林は、この授業以前に小冊子『子どもたちと共に　――自問教育二年間のあゆみ――』[130]を作成している。担任する中学生の作文や授業実践例が豊富に掲載され、最後に子どもの成長を示すかのように作文の一部が示されている。


日曜日……だから自問清掃はない。

たった一五分。されど一五分。

その中で学ぶことは、はかりしれない。そう、その人の心のもちかたで、果てることがない成長への道を歩めるのだ。

たった一五分のなかで、どこかの人が何か月、いえ何年かかって学ぶことを、学ぼうとしている。

たった一五分……成長なんて、ほんの少しできるかできないか。

されど一五分……それを積み重ねていけば大きなものになる。

たった一五分。されど一五分。大切にしたい。


小林は、このような子どもたちの姿を背景にして論文を執筆したのだった。そして、論文の最後を次のように結んでいる。「こんな美しい姿の子どもたちに出会えたのも、私達は、「自問」のおかげであると信じている。まだまだうまくいかないこともたくさんあるが、それは、子どものせいではなく私たちの力不足なのだと思っている」と。

この言葉は単なる麗句ではなく、自問清掃を通して生まれ出てきた実践者としての実感である。「こんな美しい姿の子どもたちに出会えた」「自問のおかげである」という行からは、自分が育てたという自負ではなく、自問清掃の中で子どもたちは自ら育ったのだとする心境が読みとれる。そうした認識に立って、成果の不足は「子どものせいではなく私たちの力不足なのだ」とする実感で結ばれている。この小林の実感は、自問清掃という学校掃除が、現職教師にとって自己教育の場となっていることを示唆している。

実践的指導方法の確立

一九七〇年代末に竹内が退職した後のおよそ一〇年間に、実践的指導方法が確立されていった。それは、道徳授業と清掃活動とを連結させたサイクルとする発想の明確化、道徳授業の資料に子どもの作文を使うことの一般化、ねらいを段階に対応させる道徳授業の類型化等の過程でもあった。この間竹内は、各地の学校からの招きに応じて精力的に講演や授業の指導を行っていった。実践する教師達も公開研究会への参加や互いの情報交換を積極的に行い、具体的な指導方法を探究していった。竹内はこうした成果を踏まえて、著書『自問活動のすすめ』（一九九一年）に結実させたのである。

著書の中で竹内が示した指導方法は三点であったが、実践者達によって具体化された方法も加えると、確立された指導方法は五点に集約される。

ア．教師は掃除中一切指示・命令・注意しないことを指導規範とし、一作業者として働くように努める。

イ．教師はあらゆる指導場面において、過度に「ほめない叱らない比べない」ことを指導方針とする。

ウ．各段階に意味づけて「仕事を休んでもよい」という条件設定を導入する（掃除するか休むかを子ども自身に選択させる）。

エ．「自問ノート」に自分の想いなどを綴らせて自省を促し、必要に応じて学級全員に紹介するなどして活用を図る。

オ．身体的実践活動（掃除）との連関を図るために、子どもの作文を資料に言葉による相互交流活動を行う道徳授業（机上学習）を行う。

竹内が示した指導方法は、アイウの三点であった。自問清掃は、「実践活動と机上での自省を一つのサイクルとして両面から」指導しようとするのが特徴であるから[131]、エオは実践する教師達が生み出し確立した方法であった。「自問ノート」による自省を促し、必要に応じてそれを他の子どもたちに紹介し、ある子どもの自問活動の価値を敷衍する。また、「自問ノート」や日記などの作文を教材化して資料とし道徳授業（机上学習）を行う。それによって道徳授業と日々の身体的実践活動（掃除）とを、ひとつのサイクルとして連結させ連関性を持たせる。こうした実践的指導方法が、一九九〇年前後には確立された。

無言清掃とのちがい

自問清掃の特徴をおよそ理解することができたが、無言清掃を対照に置くことでその全体像をさらにはっきりさせたい。比較検討する際、無言清掃をA・Bの二群措定する。「無言清掃A」（以下無言A）は、〈黙ることをねらいとしをたてない約束ごととして導入〉し〈無言〉を初めから目的化規範化するような清掃である。これに対し、Aではないものを「無言清掃B」（以下無言B）とする。

無言Aは、特定の実践事例を指さない。竹内が想定しているように、「黙って働く清掃」「黙働」「無言清掃」などと呼ぶ多くのものの中には、共通して黙ることをねらい（＝目的）あるいは約束ごと（＝規範）として強制するタイプのものがある。先述の従来型清掃指導方法の中で、殊更〈無言〉を重視した場合がこれに当たる。

これに対して無言Bは、〈無言〉と称しているが、〈無言〉そのものを目的や規範としては導入しないタイプを指す。ここに無言Bの典型的事例としてとり上げるのは、長野市篠ノ井東中学校における清掃である。主に同校執筆の実践論文に拠る[132]。この論文（以下篠ノ井東中二〇一〇）は、信濃教育会第十二回教育研究論文・教育実践賞特選に選ばれている。長野県下で広範に実施されている無言清掃であるが、論文として公開され一定の評価が与えらた事例は他にはない。そこで、篠ノ井東中学校の実践を無言Bの典型的一事例として、これを自問清掃に対する対照的事例とする。

自問清掃と無言Bは指導方法が自ずと異なるため、自問清掃の側から視点を設定し、その視点に即して比較検討する方法をとる。このため、篠ノ井東中（二〇一〇）の中で触れられていない内容について補うために、導入当時の校長へのインタビュー[133]と当該校への視察[134]を実施した。

結果としての〈無言〉1

篠ノ井東中学校は清掃への取り組みを、「規範意識の醸成と学力向上の取り組みを中心に学校教育のスリム化と活性化を目指した実践例」であると論文中で意義づけている。さらに、「規範意識の醸成」ついては、無言清掃を中心に朝読書・給食・挨拶など学校生活の基本的なマナーやルールをしっかり身に付けるような取組みをしてきたという。論文の題名からも明らかであるが、無言清掃は、規範（学校生活の基本的なマナーやルール）意識を醸成する一連の教育活動（朝読書・給食・挨拶など）の「基軸」として位置づけられているのである。

したがって無言清掃と名付けられてはいるが、清掃を〈無言〉でやるという規範があるわけではない。掃除中でも必要なことなら話してもかまわないとされている。私が視察した日も、廊下の床を雑巾がけする教師に何事か小さな声で相談していた男子生徒を見かけた。ただし、全体の様子としては、こうした話し声は殆ど聞こえない。生徒達は、数人ずつ固まって掃除することもなく、一人ひとりがなるべく離れて作業することを心がけているようであった。

インタビューの中で、前校長は「無言を目的とはせず、結果として無言になることに期待した」と答えており、現校長は「〈無言を強要する〉あのような型にはめる方法[135]は本物ではない。無言は目的ではない」と語った。また、清掃教育担当職員は、〈無言〉は活動条件に近い感じであり、必要だと判断した場合は話してもよいとされている、と答えている。

清掃は、「一人になって自分自身と向き合う時間」と意味づけられており、清掃という行為を通して「気づき」「感謝」「誇り」の気持ちを育て、学校教育目標「人にやさしさ、自分につよさの具現化」をねらったとされている[136]。したがって、篠ノ井東中学校の無言清掃は、主旨からすると「ひとり清掃」と称するものに近いとも考えられる[137]。

前校長は当時指導資料として配布した『「清掃の五功徳」～清掃旬間に寄せて～』[138]の中で、清掃の目的について次のように示している。「清掃（掃除）というのは目的的行為です。自分が世話になっている場所をキレイにするというのが目的です」と述べ、場所をキレイにするという目的は、「結果として自分に問うもので、自分に御利益（功徳）のあるものです。それを、『清掃の五功徳』といいます」と記している。また、インタビューに答えて、「掃除には仏教で言う清浄の力がある。学校生活では一人になって自分自身と向き合う時間が三つある。それは、朝読書、黙想、掃除だ」とも語った。

以上のような篠ノ井東中学校の無言清掃Bを、論文に拠りながら自問清掃と比較してみよう。

結果としての〈無言〉2

竹内は、自問清掃の〈無言〉について、黙ることをねらいとしたり声をたてない約束ごととして導入したりするならば、それは強制であり趣旨が失われてしまうと述べた。そして、「自由」の意味が行為となって高まり、自発的に迷惑行為を慎む者がしだいに多くなり、その結果としておのずから静かな清掃の姿が出現するのであり、〈無言〉そのものを目的とはしないと明確に述べている。それは、自らの力で耐性を獲得し、自由のなんたるかを自覚するに至ることが重要だとする発想に基づいている[139]。竹内は、自問清掃における〈無言〉の趣旨を以上のように主張した。それは、清掃活動という教育活動を、自らの力で耐性を獲得し、自由のなんたるかを自覚するに至るための〈自問活動〉と考えたからである。この主張は、無言清掃を直接的に批判しているものではない。〈無言〉が強制されることへの、教育的な問題提起と捉えることができる。さらに言えば、自問清掃であろうが無言清掃であろうが、〈無言〉を強制して掃除させることへの警告である。

自問清掃と篠ノ井東中学校の無言清掃に共通するのは、〈無言〉を規範にも目的にもせず、結果として〈無言〉の状態が生まれることをよしとする点にある。

ただし、両者には微妙な相違点も見られる。自問清掃おける〈無言〉は「自らの力で耐性を獲得し、自由のなんたるかを自覚するに至る」ため、つまり民主主義における自由を体得するために、第一段階で導入すべき活動条件として提示される。第一段階における達成すべき目的は、意志力と迷惑意識の体得である。この達成によって、必然的に第二段階へと展開の歩を進める。

篠ノ井東中学校の〈無言〉は、掃除の時間を「一人になって自分自身と向き合う時間」にするという目的に対応するように「活動条件に近い」かたちで提起されている。両者共に条件という語を用いているが、〈無言〉は、前者においては構造的段階的な展開を志向してより意識的な条件として示されるのに対し、後者においては、達成されるべき状況や姿に付随する要素として示されている。後者では、構造的段階的な展開が想定されていないのである。

ところで、学校掃除を〈無言〉でやらせようとすること自体に対して、逆の〈有言〉を持って議論を盛んにしようとする立場からすれば、相当の違和感があるのではないか。沼田裕之は「教育目的の比較文化的考察」の観点から、「言葉を使わない教育の比較文化的可能性」について述べている[140]。

沼田は、欧米は〈言葉〉で情報を伝達することが根本であり、〈言葉〉以外のものを重視する日本では、欧米生まれの教育論をいくら説いても駄目なのではないか、という問題意識から出発している。そして、「言葉による合理的説明と、言葉なしの実行という二つの側面は、どちらか一方では成り立たない関係にある」とし、自問清掃を日本の「すぐれた文化的遺産を見事に現代の文脈の中に組み入れた教育法である」と評価している[141]。

しかしながら、自問清掃・無言清掃に共通する〈無言〉の教育活動への導入という発想が、いかなる「比較文化的可能性」を持つのかについては、依然として今後の議論を待つほかはない。確かに、国際感覚やディベートなどの議論を目指す方向と、この〈無言〉の教育活動への導入とはどのような関連があるのか。さらに言えば、生徒型の学校掃除を実施している日本以外の国々における〈無言〉導入の有無や方法の比較、竹内自身がフランスのフレネ学園の「イニシアチブの時間」と酷似していると指摘するように[142]、欧米における労作教育等との比較などについても、今後の課題として残される。

関係性と〈無言〉

両者を比較すると、共通して認められる点にも根本的なちがいがある。第一に共通して認められたのは、〈無言〉を強制し目的化しないことである。結果としておのずから静かな清掃の姿が出現するという点では一致している。しかし、自己の〈意志力〉向上と「ひとり清掃」という趣旨においては類似するが、〈迷惑意識〉という他者との関係において〈無言〉を意味づけるのは、自問清掃独自の視点である。篠ノ井東中学校の清掃はひとりになって〈無言〉で働くことが主旨であり、他者との関係性という着眼はない。

この他に、掃除中に教師は巡回せずに共に掃除に取り組むこと、好ましいと判断された姿を学級通信などで紹介することも共通した点ではある。ただし、巡回せずに働く際の教師の意識にはちがいが見られる。自問清掃では「率先垂範」の考えはとらず〈一作業者〉となること[143]、無言Bでは教師が手本となって「率先垂範」することが基本姿勢として求められている。

このように同じように見える〈無言〉と協働にも、意味づけ方や求められる意識には相違があった。

論述方法の比較

論述方法という観点から両者を比較してみよう。仮に無言Bと自問清掃に根本的な違いがあるとすれば、自説を展開する論述の方法的な差異となって顕れるにちがいないからである。この場合論述方法とは、主に結論の根拠としている事実は何か、事実をどう処理して根拠としているかを指している。

自問清掃と無言Bとでは、清掃活動の教育的成果に関する自己評価方法に大きな違いが見られる。前者が教育的成果について述べる際には、その殆どは子どもの作文の提示によっている。一方後者では、主に生徒へのアンケート調査結果がグラフ化されて示されている。これらは、論述方法における両者の特徴である[144]。

篠ノ井東中学校の論文には、「無言で、時間いっぱい清掃ができる」という質問に関する回答結果がグラフとして表現されている[145]。「A：よくできている」「B：だいたいできている」と回答した生徒の割合（百分率）を、棒グラフで表現している。ＡＢの合計は、平成一八年度六三パーセント、平成一九年度八二パーセント、平成二〇年度七月八〇パーセント、平成二〇年度一二月九一パーセントである。

考察として、「導入した一九年度が……飛躍的に向上している」「平成二〇年度は……意識を一層高めた」と記述されている[146]。しかしながら、このグラフは「経年変化」というよりは、一八年度から一九年度にかけて「飛躍的」な変化が示されているにすぎない。導入した最初の年度に一挙に上位に転化し、後はそのままの状態で推移している見るべきである。四項目について統計的有意差を検定すれば、「飛躍的」と表現されている変化にのみ有意傾向がやや認められるにすぎない[147]。一見すると恰も経年的増加傾向があるように見えるが、それは印象である。したがってここで問題にされるべきなのは「経年変化」ではなく、むしろ「飛躍的」な変化がどのような要因によってもたらされたかであろう。

そこで無言清掃が、予想以上にスムーズに導入できたとされる記述に注目したい[148]。導入は生徒会で行われた。無言清掃の先進校を視察した生徒のＹ委員長が、その様子をビデオ化したものを全校生徒に視聴させ、今年は無言清掃に取り組みたいと強く訴えた。また、清掃開始前に教室で「黙想」を一分間実施した後分担場所に移動し、一五分間精一杯清掃に取り組むように呼びかけた。Ｙ委員長の熱意を感じたり、無言清掃の意義と方法がイメージできたりしたためか、無言清掃は予想以上にスムーズに導入できた。黙想から清掃終了までの時間、以前のざわついた雰囲気はなくなり、学校が静かになったのは確かであったと自己評価している。一八年度から一九年度への大変化の要因として、こうした導入による効果が推察される。

一方、初期段階における大変化は、自問清掃にも共通して認められる。竹内が校長として初めて自問清掃——当時は無言清掃と称していた——に取り組んだ頃の事情が伝えられているが、導入段階において校長講話によって大変化がもたらされた様子が語られている[149]。全校朝会で話をしたところ、最も騒がしかった学年に変化が見られ、それが契機となって急に静かな清掃が始まったという。

両者に共通するのは、生徒達にとって新たな掃除方法が、単なる目新しさとしてではなく、新たな価値観の提示として受け取られていることである。「意義と方法がイメージできた」（篠ノ井東中二〇一〇）、「校長先生がおっしゃったことがわかって来た」（竹内一九七五）とする記述は、新たな方法の提示が映像などによる具体的なイメージを伴うものであったこと、集団でとり組むことで共通の実感がもたらされたことなど、導入時において工夫すべき指導方法についての重要な示唆であると受け止めたい。

次に篠ノ井東中（二〇一〇）の、規範意識の醸成に関する設問「学校は、集団生活のマナーやルールが守られている」[150]について見てみよう。ここでも「A：よくできている」「B：だいたできている」と回答した生徒の割合（百分率）を、棒グラフで表現している。ABの合計は、平成一八年度六二パーセント、平成一九年度七三パーセント、平成二〇年度八五パーセントである。

論文ではこの推移を以て生徒の向上的変容と見ているのであるが、統計分析的処理を施した結果、無言清掃導入前の平成一八年度と導入後の有意差は認められない[151]。つまり、平成一八年度において、すでにマナーやルールを守るという意識は有意に高かった。そうした傾向性が、無言清掃の導入によって年度を追う毎に助長されたのだと見るべきである。平成一九年度に無言清掃を導入することによって、一挙に規範意識が形成されたと見ることはできない。したがって、次のような推測は成り立つ。

以前から取り組んでいた朝読書・給食・挨拶など学校生活の基本的なマナーやルールに関する個々の教育的活動が、ある程度は効果をもたらしていた。そうした状況を前提として、さらに無言清掃を導入したところ、ばらばらに行われていたそれらの活動に無言清掃を「基軸」とした連関性が生み出され「規範意識の醸成」がより図られたのではないか。

篠ノ井東中学校は無言清掃の教育的成果について、専ら生徒へのアンケート調査を行い、結果を割合による棒グラフで表現してその推移を見ることに拠っていた。眼前の生徒達の姿や参観者の感想文から無言清掃の成果を実感しているのではあろうが、根拠として示されたそれらのデータに統計学的処理を施したところ、篠ノ井東中学校の自己評価は不正確か推測にとどまるものであった。

このようにデータ処理に関しては問題がなかったわけではないが、当面の討究すべき課題はそこではない。論述方法についてである。仮に、子どもの反応や内面的変化を示す作文等が論拠として例示されていたとしたら、推測の域を一歩出ることは可能であったかもしれない。無言清掃による教育的成果について「無形の力となって有効に働いたように思う」とまとめているが、その論拠は質問紙調査の結果であり、論文中には参観者の感想文がいくつか紹介されてはいるものの同校生徒の作文はひとつも示されてはいない。無言清掃に取り組む生徒の姿そのものを見ればそれがなによりの証左なのだということなのだろうが、子どもの作文が示されていないことからしても、篠ノ井東中学校の無言清掃は行動重視的である。

他方自問清掃は、言葉重視的である。教育的成果について数値的データを示すことはしていない。先述のとおり、竹内は子どもの作文を呈示し、「子どもの反応」に顕れた成果として例示している。自問清掃の独特の指導方法は床上と机上を一連のサイクルとして連関性をもたせることであった。これが、「自問ノート」を書かせたり、子どもの掃除についての作文を資料とした道徳の授業を行ったりする指導方法となって現れている[152]。

「自問ノート」は書き言葉による自省であり、道徳授業は資料を介しての言葉による相互交流活動である。したがって、竹内が「言葉を使って合理的に説明」[153]することに努めていることからしても、自問清掃の指導方法はきわめて言葉重視的であると言える。さらに言えば、言葉重視的なものとなる背景には、個人の内面的な成長への着目がある。それは人間形成における言葉の機能と意味への着目でもある。

篠ノ井東中学校が注目するのは、全校生徒の活動状況が「無言で、時間いっぱい清掃ができる」「学校は、集団生活のマナーやルールが守られている」という集団全体の傾向性である。これに対して、自問清掃の作文の例示は、個人に顕現化した子どもの内面性――竹内は「精神性」と表現する――を問題にする。

規範意識という本来は個人で測るべき問題を、自分はどうかとは問わないで「学校は……〔つまり自分以外の皆はどうか〕」と設問して、意識を集団の全体性において評価しようとしている篠ノ井東中学校と、個人差を重視し個人における内面性をより重視しようとする自問清掃との差異は明らかである。

尚、竹内は例示している「子どもの反応」（作文）について殆ど解説していない。作文のどこをどのように読めば教育的成果の証左であると言えるのか、きちんと何らかの解説を付すべきであったと思う。

自問清掃の全体像

自問清掃が五段階の構造的なプランとして完成された経緯を、私は次のように捉えている。高社中学校で無言清掃として実施された当時——竹内（一九七五）以前——においては、後に五段階として構造化される諸要素は順序立てられてはいなかった。随所に散りばめられるようなかたちで説明されていた。そして、著書『自らに問うということ』（竹内一九七九）頃になって「自問清掃」と改名されながら徐々に構造化が進展し、表『自問教育の構造』（竹内一九八八）頃遂に構造化されたプランとなった。さらに、子どもの現状と各段階での目的や条件を対応させるかたちで精緻化が進み、著書『自問活動のすすめ』（竹内一九九一）に至って五段階の明確なプランとして完成されて提示された。

自問清掃では掃除活動を教材として捉えているため独特な指導方法をとるが、それは教材化ための不可欠な要件である。合理的な説明とともに、これらの指導が実施されることによって、自問清掃ははじめて実のある教材としてはたらく。

まず指導方法として提示される「指示・命令・注意をしない」には三つの意図がある。（一）〈信じて待つ〉ことで「絶対的信頼関係」成立への架橋となるという教育的意義が見い出せる。（二）指導規範として機能することで、学習材としての自問清掃が教材化される。つまり、教材化における不可欠要件である。（三）子どもへのはたらきかけが禁止されるため、省察の方向は子どもに向かわず、教師自身の自己省察への動機づけとなっていること。これらは、それぞれ存在、性質、作用の面から見た特性を表している。

次に、「ほめない・叱らない・比べない」とする方法には、四つの意味がある。（一）「指示・命令・注意をしない」ことが具体的な行動規範であるのに対し、「ほめない・叱らない・比べない」は、よりメタ言語的な指導指針である。（二）教育活動全般にわたる指導指針であるがゆえに、「待つ」人として存在する教師の姿勢が誘引される。

（三）行動規範とともに、自問清掃の教材化における不可欠要件である。（四）掃除以外の指導方法についても、必然的に自己省察が促される。これら四点も、存在、性質、作用から見た特性である。

さらに、「仕事を休んでもよい」とする方法については、次の三点が重要である。（一）「指示・命令・注意をしない」が教師の行動規範、「ほめない・叱らない・比べない」は指導指針であるのに対し、「仕事を休んでもよい」は、子どもに提示される実施上の条件である。（二）この条件を設定する趣旨説明内容は、三段階までと四段階以降とでは異なっている。（三）この条件設定によって、自問清掃は自由と平等について体験的に学習する場となる。したがって、「仕事を休んでもよい」という条件は、自問清掃教材化の不可欠要件である。

このように、「指示・命令・注意をしない」は行動規範、「ほめない・叱らない・比べない」は指導指針、「仕事を休んでもよい」は条件であった。自問清掃を教材として捉えたとき、これらはいずれも教材化のための不可欠な要件である。

ところで、従来型学校掃指導法には、負の共通要素がある。すなわち、自発性の軽視、教師に指示命令されたことの履行、内発的に動機づける指導方法論がない、ひとり残らず掃除している理想の学校像、教師の個人的な経験知に基づく指導、きれいにするという目的と活動はあるが目標はない、目標そのものの不明確さ、目標に至る道筋が明示されていない。このような従来型指導方法から脱却するために、自問清掃では学校掃除の目的と手段を逆転させ、学校掃除はきれいにすることが第一の目的でなく手段だとされた。

構想された自問清掃プランの発想原理は、「時実脳生理学」「井島美学」「民主主義における自由と平等の解釈」「禅の思想」「ペスタロッチの思想」の五つであり、論理的に構造化されている。

竹内は、「時実脳生理学」に出会うことで最初の三段階までの理論化に成功した。これを基礎として五段階の構造化に向けての道が拓けた。最終第五段階に〈正直〉を「到達目標」として位置づけた理論的背景は、「井島美学」の核心「生の自覚」があった。また、竹内は、「井島美学」が民主主義の基本原理を含み込んだかたちで成立していると理解し、両者を結び付けたかたちで理解した。つまり、井島の民主主義的人間観を「自由と平等」のタームにおいて受けとって芸術論との関連づけを図り、それらを自己の実践的方法論へとつなぐことによって自問清掃プランの理論的根拠とした。

美術制作の行為の意味を感得していた竹内は、僧堂で共に働く僧侶達の行為の中に、観察的分析的ではなく直観的に〈正直〉に至る前提条件としての〈感謝〉を発見する。これによって、最終第五段階〈正直〉の前提とし、第四段階に〈感謝〉を位置づけたのだった。それと共に、〈自問活動〉を学校掃除に求め、掃除という実践の場をくぐらせることこそ道徳的実践力育成の必須条件であると考えた。

また、竹内が引用する〈信頼〉が「ペスタロッチの思想を汲む」ボルノーの言説に拠っていることが確認された。ボルノーの言う〈忍耐〉〈信頼〉は、自問清掃の核心〈信じて待つ〉につながっていることも確認された。「ペスタロッチの思想」は、「禅の思想」と並んで、自問清掃の原理の基底をなしている。

これら五項目の発想原理は、論理的な構成を成している。すなわち、道徳的行為を実践的に学ぶこと（「禅の思想」）と、子どもへの全幅の信頼（「ペスタロッチの思想」）とは、プラン全体の基底となる原理である。その上で、〈感謝〉（「禅の思想」）を前提とした最終目標〈正直〉（「井島美学」）を目指して自らを（に）問う〈自問〉活動を子どもに求めた。

この最終段階に進むには、まずもって能動的な掃除活動を充実させる必要がある。このため、第一・二・三段階を設ける。これら段階の目標には〈意志力〉〈情操〉〈創造力〉（「時実脳生理学」）をそれぞれ位置づけた。

また、迷惑意識と選択の自由及び平等の解釈（「民主主義の自由と平等の解釈」）を論拠として、〈無言〉と掃除を〈休む〉ことを活動条件（「条件型学習」）として設定し、それぞれの段階に意味づける。〈無言〉状態は導入の初期段階においてまずもって達成すべき環境であるが、管理強制的ルールとならないために、自ら掃除を休むことを選択できる〈自由〉と組み合わせて提示する。〈休む〉ことは、第一段階では迷惑意識と意味づけて提示し、第四・五段階においては〈感謝〉〈正直〉に関する自問活動の条件として意味づけ直される。

自問清掃の諸原理をこのように構造化するために、竹内は教科指導方法論「条件型学習」を適用した。一九五〇年代後半に竹内らが考案した「条件型学習」は、その発想において竹内自身の教授観の核心となっており、後の自問清掃プラン考案に際して、五段階の実践的道徳学習教材構築の方法的原理として強い影響を及ぼした。条件設定によって活動の生産的方向づけを図り、各段階に生み出される結果をステップアップさせていくという学習展開方法は、美術科指導方法論「条件型学習」の自問清掃への適用であった。

このプランを学校現場で実践するための指導方法は、どのように確立されていったのだろうか。竹内が当初示した指導方法は、「指示・命令・注意をしない」「ほめない・叱らない・比べない」「休んでもよい」の三点であった。そこに、実践の積み重ねから生まれた方法が加えられ、おおよそ五点に集約される実践的指導方法が確立されていった。加えられた方法は、「自問ノート」による自省を促し、必要に応じてそれを他の子どもたちに紹介し、特定の子どもの自問活動の価値を敷衍する。また、「自問ノート」や日記などの作文を教材化して資料とした道徳授業を行うことであった。これによって道徳授業と日々の掃除とが、ひとつのサイクルとして連結され連関性をもった。このような実践的指導方法が、一九九〇年前後までに確立されていった。

学校掃除を活動だけで終わらせず、自省のために作文を書いたり書かれた作文を授業の資料としたりするなど、言葉を重視することが自問清掃指導の特徴となっている。それは、集団での活動のみを重視するのではなく、子ども一人ひとりの内面的な成長への注目が背景にあったからである。

1　竹内隆夫（たけうち・たかお）一九一七（大正六）年長野市石渡に生まれる。一九三六（昭和一一）年長野師範学校卒業。城山小学校、信州大学長野附属中学校、上田北小学校を経て、篠ノ井西中学校長、野岸小学校長、中野市高社中学校長を最後に一九七六（昭和五一）年退職。この間、長野県教育委員美術科指導主事、義務教育課指導主事、教学指導課指導係長を務める。退職後は、長野県社会福祉協議会専門講師、日本美術教育学会本部委員。『平成四年度第四一回読売教育賞児童生徒指導部門』最優秀賞受賞。高社中学校長在職中、全校で自問清掃にとり組み、荒れた学校を建て直し注目され

る。一九九二年「全国自問教育の会」の発足と共に初代会長（二〇一〇年まで）。二〇一〇（平成二二）年没。

2　竹内の自問清掃に関する著書・論文等は主に次のようなものである。構想表現について思う　信濃教育第八二七号　信濃教育会　二九—三二頁　一九五五、（荒井進編）精神性を高める教育——学校づくりの記録——　北信ローカル社　一九七五、身にしみている先生の教え　追悼井島勉先生　美術教育二三一号　日本美術教育学会　一九七八、自らに問うということ—中学生への提言—　北信ローカル社　一九七九、自問活動のすすめ／自らの生き方を問う子どもたち　第一法規出版一九九一、自問教育のすすめ（第四十一回読売教育賞最優秀賞受賞応募原稿）一九九二（一九九二a）、自問活動（清掃）のわかりにくさ（一九九二年一一月長野県日義小中学校における講演のためのメモ）（一九九二b）、自らを高める自問教育／新たな発想による清掃活動　日本教育新聞社一九九五。

3　平田は、これをさらに精緻化し、九つのタイプとして示している。平田治「魔法の掃除」一三カ月／「Iメッセージ」を語れる教師　三五館　二〇〇七　二〇七—二二八頁。

4　竹内の読売教育賞受賞を期に結成された民間教育団体『自問教育をすすめる会』がある。一九九二年に結成され二〇一六年現在まで二五回の全国実践交流会を開催してきている。また、各地で自主的な研究会が開かれたりいくつか学校で公開研究会が開催されたりしている。『自問教育をすすめる会』は年に一度長野市において「全国実践交流会」を開いてきたが、さまざまな事情から近年長野県自問教育の会と合併し、長野県や東京都などの小中学校を会場として開催されるかたちに変わってきている。当該校での掃除活動や授業公開と実践発表が主な内容である。また、学校単位での実践公開研究会なども開催されてきた。主な学校としては、長野県松川町立松川中学校および松本市立女鳥羽中学校、栃木県宇都宮東小学校、三重県答志中学校、石川県野々市中学校など。全国自問教育の会のホームページ　http://jimon.web.fc2.com/　も参照のこと。

5　竹内（一九九二b）において、具体的な姿を一九項目挙げている。その「まえがき」では、次にように指摘している。「現今の若者たちの間に社会規範を無視したいじめ・殺人・暴力など凶悪な事件がふえ続けている。「道徳」と呼んでも「宗教的情操」と呼んでもいいが、とにかく早く血も涙もある人間にする教育を打ち立てないととんでもないことになる危惧を抱く者も多い。」（二頁）

6　竹内（一九九一）一—二頁。竹内は、「親を対象に今の中学生をどう見るかを尋ねたところ、①自立心に欠け、②自分勝手で、③何でもすぐ他人のせいにしたがり、④実体験に乏しく、⑤打算的で、⑥しらけている、……」と続けている。

また、「自由だ民主主義だと世界を甘く見くびり、自らを省みる自省の力もきわめて弱い」と指摘している。

7 竹内（一九九五）四頁　下記の記述がある。……私が最後の勤務校となりましたK中学校は残念ながら着任の前年、県下最大の集団万引き事件をひき起こしました。着任の前年は県教委で非行統計を扱っていましたので、当校からの報告も受けていました。着任してみて、崩れるべくして崩れた理由も知ることができました。着任直後、県下で大きな非行事件のあった学校長が家裁から召集され、懇談会が持たれました。私も出席しました。まず学校別に刑法犯該当の生徒数がプリントで配られました。この数は首謀者の数ですから万引き事件の場合多くても三、四名でした。しかし、私の学校は二桁もありましたので、いぶかった校長さんから「ミスプリントではないですか」と質問されたほどでした。

8 岡村美保子　学校におけるいじめ問題　レファレンス二〇〇七・九　国立国会図書館調査及び立法考査局　二〇〇七

9 ここでは、竹内の赴任校における実践の背景についてだけ検討したが、著書（竹内一九九一）が上梓される以前から、各地の学校では竹内のプランが実践されていた。竹内（一九九二a）には、実践校として二五校以上の小中学校が紹介され、竹内（一九九五）には、二六名の「実践者代表名簿」が付されている。竹内は、自身が校長として実践した中学校での経験を元に、多くの小中学校での実践に関わりながらプランとして精緻化して練り上げ、著書にまとめたのである。かつて勤務していた長野県日義小中学校においても、一九八五年頃から指導に入り、「自問清掃」の指導を初めとして、数学や図工美術の示範授業もたびたび行った。こうした実践のそれぞれには、また固有の背景や動機があったものと推測される。

10 竹内（一九九二a）六頁

11 同上

12 竹内（一九九一）一八頁

13 竹内（一九九二a）六―一三頁

14 竹内（一九九二a）の「まえがき」で次のように述べる。「私は道徳教育にあっても、プログラム学習、自発学習、発見学習と同様な考え方を導入し、人間性向上のための順序と段階を踏み、児童生徒の特性を高めるべく実効ある方策を築くことが急務であろうと考えた。人生を切り拓く行動力を養うためには毎日の継続的な活動体験の中で自分を見つめさせ、自覚的に人生観を築く教育が行われるべきであると思う。」

15 この表は、一九八八年長野県日義小中学校で作成された冊子「自問教育の実践　――自己教育力の育成をめざす日義教育――」に納められているものである。冊子は、筆者が編集責任者となって作成したものだが、表は竹内が手書きで書いた原稿を、当時の校長原秀幸氏がワープロで作成したものと記憶している。

16 竹内（一九七九）に、次の記述が見られる。……学校で生徒に掃除をさせる目的は、きれいにするためではなくて、創造性を育てるためです」と言いきりました。そしてみんなが、「自分の創造性を問い続ける清掃」という意味で、これを〝自問清掃〟と名づけました。（四三頁）

17 正確には、すでに「自問清掃」と呼ぶ構想はあったようだ。高社中学校長当時の校長講話集『竹内隆夫先生の全校朝会の話　続』に、次のような記述がある。「「無言清そう」という言葉は、外から眺めてつけた名前です。もし、内から呼ぶとすれば、自問自答するということばがありますが、自問清そうと呼ぶ方がピッタリすると思います。」（四頁）　尚、この冊子は最初の頁に「どうか生徒諸君も折々に読み返してかみしめてほしいと思います」とあるように、毎週行われた竹内校長の講話を教頭が中心となって採録して製本し、全校生徒に配布したもののようである。

18 竹内（一九七五）一四―一五頁　二六―三〇頁　ただし、〈無言〉は通常行われている無言清掃のようにルールとしては導入されていない。「働かなくてもよいから妨害だけはやめよう」（一八頁）、「看視による強制的な方法を用い」（二九頁）ないという前提のもとで〈無言〉が実施されている。

19 同上書　一〇頁

20 竹内（一九九二ｂ）

21 竹内隆夫　自らに問うということ―中学生への提言―　北信ローカル社　一九七九　四六頁

22 平成一三年度文部科学白書第一部二一世紀の教育改革 第二章「豊かな人間性の育成」を目指して 第一節 子どもたちの状況 一 子どもの生活状況等」http://www.mext.go.jp/b_menu/hakusho/html/hpab200l/hpab200101_2_022.html を参照のこと（二〇一二年二月現在）。

23 竹内（一九九五）二五頁

24 同上書　二六頁

25 竹内（一九九二ａ）　六頁

26　竹内（一九九五）二一九頁
27　前掲書　二九―三〇頁　竹内は、「中には、もう叱られることはないから、ずる休みができる、と考える者もいるでしょう。善も悪もすべてを包みこもうとする発想の原点は、そのペスタロッチの思想にあやかって生まれたものです。ずる休みを続けたならば、その生徒こそ、これまでの接し方の問題の根深さを示すものとして、自問のゆとりを与える必要があると思うのです。」とも述べている。
28　平田（二〇〇五）一七―四五頁。「私の奮闘記」としてその間の苦しい心境を吐露している。教師も一介の作業者に徹して掃除するのだが、「やってみるとこれがなんと苦しいことか。毎日決まった時刻になるとやってくる苦痛の時間です」と。
29　同書　二七―三一頁。自問清掃と教師成長との関連については拙著も参照していただきたい。平田治　学校掃除と教師成長――自問清掃の可能性――　一莖書房　二〇一二
30　清水睦美　教室における教師の意識的な「振る舞い方」の諸相―教師の教育実践のエスノグラフィ　東京大学大学院教育学研究科紀要　第三七巻　一九九八　二四一―二五〇頁
31　たとえば、岩崎紀子　子どもの「疑問」をはぐくむ指導法　神戸伊三郎（奈良女高師附小）の理科学習指導実践の分析　教育方法学研究　日本教育方法学会紀要二八　二〇〇三　一一九―一三〇頁
32　たとえば、論文検索サイトCiNiiで、キーワード「待つ」「教育」という二語を入力して得られる一〇〇件以上の論文中には見い出すことができない。（二〇一一年一〇年一四日現在）
33　鷲田清一「待つ」ということ　角川学芸出版　二〇〇六　一九一―一九二頁
34　同書　一八九頁
35　齋藤昭　自発性を育てる自問教育　日本教育新聞記事　一九九六年二月一七日
36　竹内（一九九五）二六頁
37　平田（二〇〇七）一八三―一九一頁
38　竹内（一九九五）二〇頁
39　清水睦美（一九九八）二四二―二五〇頁

40 竹内（一九九五）九頁

41 この「自由」という言葉は、本著においてもかなり頻繁に使用しているが、われわれ日本人が使用する際にどのような限定がかかっているかに注意しなくてはならない。日常生活の中で何気なく使っている「自由」と言葉には、柳父が指摘するように複雑な意味とニュアンスが隠されており、竹内が使用する場合、井島勉が使用する場合など、それぞれどのような限定がかかっているかに充分配慮しなくてはならない。柳父章　翻訳語成立事情　岩波新書　一九八二　一七三―一九一頁を参照のこと。

42 平田（二〇〇七）一七六―一八二頁

43 「たとえ仕事の途中でも、この自問にはいれるようにする方法は無いか。その解決から発想の転換が始まりました。……この一点を変えることによって、発想を変える必要が一〇カ所にも及びました。こうして向上に向けて順次五つのハードルに構造化することができました」（竹内一九九五　九頁）と述べている。

44 竹内一九九五　六―九頁

45 平田前掲書　二〇七―二二八頁　分類における名称や負の共通点の指摘は、「懲罰型方式」を加えた全部で一〇分類の掃除タイプを示した。

46 平田治・土井進　教員養成段階における「自問清掃」指導の意義と成果　信州大学教育学部附属教育実践総合センター紀要「教育実践研究」九　二〇〇八　一四五―一五四頁

47 竹内（一九九一）「あとがき」

48 竹内（一九九一）八三頁

49 「目標行動」は教授工学における術語である。沼野一男　授業の設計入門　国土社　一九七六　を参照のこと。特に、二八―六三頁。

50 一九九二年に筆者が勤務していた長野県日義小中学校における竹内氏の講演用メモを、氏から直接コピーさせてもらった。プランを五段階として説明するのではなく、別の角度から行おうとする苦心の跡が見られる。「自問活動（清掃）のわかりにくさ」と題されたメモであるが、「教師として」五項目、「児童生徒に」一一項目示された後、「もとになった考え」として五項目が明記されている。講演メモは私文書であるが、資料的な価値が高いと判断し採用した。

51　沼田裕之は竹内の「すぐれている点」として、「言葉による合理的説明」を高く評価している。沼田裕之　言葉を使わない教育の比較文化的可能性　国際化時代日本の教育と文化　東信堂　一九九八
52　竹内（一九九五）二八―二九頁
53　廣松渉ら　岩波哲学思想事典　一九九八　一三〇七―一三一二頁　を参照のこと。
54　同上書　一九頁
55　竹内（一九九一）　一六一頁
56　竹内（一九九五）　二八―二九頁
57　時実利彦（ときざね・としひこ、一九〇九―一九七三）日本の生理学者、東京大学名誉教授。医学博士。岡山県生まれ。大脳生理学を専門とする。実験脳生理学の手法を日本に導入、大脳皮質の活動水準を調節し行動に至る神経活動を電気生理学的に体系づけた。著書として、『脳の話』（岩波新書　一九六二）、『脳と人間』（雷鳥社　一九六八）など。
58　二〇〇〇年長野県大桑中学校職員研修会における講演
59　安彦ら　脳科学的観点から見た子どもの発達と学校カリキュラムの開発に関する基礎研究　研究課題番号：17331171
60　時実利彦　情操・意志・創造性の教育　教育学叢書二〇　第一法規　一九六九
61　竹内（一九九五）　一八頁
62　このあたりの事情については、高社中学校の記念誌に詳しい。
63　井島勉（いじま・つとむ、一九〇八―一九七八）美学者。一九〇八（明治四一）年生。一九四七（昭和二二）年から一九七二（昭和四七）年まで母校京都大学の教授。のち京都市美術館長。西洋の芸術哲学・芸術史を追究した。日本美術教育学会会長。京都府文化芸術会館理事長。一九七八（昭和五三）年死去。六九歳。京都出身。著作に「芸術の創造と歴史」「美学」など。昭和三〇年代信州大学附属小中学校等を頻繁に訪れ研究会講師や講演を行い、長野県美術教育に大きな影響を及ぼした。美術教師であり指導主事も経験した竹内は日本美術教育学会本部委員を務めながら、井島と深く関わり続けていた。
64　竹内（一九九一）　一七頁
65　竹内が読売教育賞を受賞した一九九二年に結成された民間研究団体「全国自問教育の会」と「長野県自問教育の会」は、

当初より竹内が会長を務めていた。
66 竹内（一九九五）二八―二九頁
67 竹内（一九七八）二七頁
68 長野県には内地留学という長期派遣研修制度が実施されている。この制度は、一時中断されながらも現在に継続されている。竹内は、第二回留学生として、一九四七（昭和二二）年東京芸術大学（当時は東京美術学校）に一年間派遣された。研究テーマは『絵画制作の実際』であった。（以上、長野県内地留学の会会報による。）
69 長野県美術教育研究大会の回顧と展望（座談会）　長野県美術教育研究会沿革誌　長野県美術教育研究会沿革誌刊行会　一九八三　二七七―二九五頁
70 同書　六―一一頁　ここに建議案作成の過程とその案、並びに竹内所蔵の英訳案の写真が掲載されている。
71 葉山正行　昭和二二年版『学習指導要領』図画工作編（試案）の作成をめぐっての一考察　美術科教育学会誌（八）一九八六　四五―五七頁　を参照のこと。葉山は、エドミストンのことにも触れながら、試案作成当時の事情などを明らかにしている。
72 前掲書　二七九―二八三頁
73 竹内（一九九五）三〇頁
74 井島勉　美術教育の理念　光生館　一九六九　五〇―五一頁
75 同書　四九頁
76 竹内（一九八三）九頁
77 竹内（一九九五）三〇頁
78 太田喬夫　井島勉の美学―ひとつの「生の哲学の美学」　美と芸術のシュンポシオン　大阪大学美学研究会　勁草書房　二〇〇二　一三二―一四〇頁
79 同書　一三九頁
80 いずれも、戦後思想の出発　戦後日本思想大系一　筑摩書房　一九六八　所収
81 竹内（一九九五）二八頁

82　井島勉　美術教育の理念　光生館　一九六九

83　井島勉　美術教育に関する内と外　学校教育研究所年報第四号　学校図書株式会社内学校教育研究所発行　一九六〇

84　この抜き刷り論文に竹内は丁寧に表紙を付けて保管していたが、特に頁数が記されていないため、後に収録された井島の著書のこの部分に対応するのは、井島（一九六九）一四頁である。

85　井島勉　井島勉講演集　井島勉講演集長野県刊行会　一九七八

86　前述したように、土井氏保管の文書。「井島勉講演要約S四六・六／一四　於松本附属」と題された五頁に及ぶ竹内の手書き文書である。最初の四頁が要約、五頁目が講演に対する質疑応答のメモとなっている。

87　竹内（一九九五）二二頁

88　『新教育学大事典』第一法規　一九九〇、『現代学校教育大事典』ぎょうせい　二〇〇二、などを参照のこと。

89　井島が、自己の哲学において〈自由〉をどのように捉えていたかについての探究はここでは行わないが、研究歴からすれば、おそらく「カント美学」から説きおこさなくてはならないだろう。今は彼の著書『美学』（井島勉　美学　創文社　一九五八）より、「生の自覚」と「自由なる生」について述べている部分を以下に示すにとどめる。

見ることの中に、人間と対象との相互の自己否定を通じ対立を超えて、両者の関連そのものに帰ろうとする態度であり、そこでは、……自己の生の自覚を恢復するのである。しかもここでは、人間は、概念や意志の媒介を俟って、いわばそれらの拘束の下に、対象と関連する、即ち生きる、のではなくて、あくまで無媒介に、何ものに拘束されることもなく、自由に生きるのである。従って、視覚性の立場において自覚される生とは、一切の拘束から解放された自由なる生にほかならない。……人間の生そのものは、根源的に自由であるべきであるし、何ものに脅やかされるものでもあり得ない。……人間は、視覚性を原理とする美的体験の立場の中に、この忘れ去られた生の故郷を恢復し、本来の自由なる生を自覚することができる。いわば日常的な生の在り方を内に超えて、その根抵に潜む根源的なる生に参じるのである。であるから、一つの対象の美を意識することは、単なる対象の意識ではなく、その対象の前に現に生きている人間が、その対象を見ながら、その対象の前における自己の本来的な自由なる生を自覚することである。（一〇五—一〇六頁）（傍線は平田）

90　平田（二〇〇七）は、この竹内の考えをさらに進めるかたちで、自由を「選択の自由」という観点から論じている（一七六—二〇五頁など）。

91 井島（一九六九）一五頁

92 竹内（一九九一）二八―二九頁

93 同書　一六一頁

94 竹内（一九七九）四六頁

95 秋月龍珉　道元禅師の『典座教訓』を読む　大法輪閣　一九八五　一七四―一九〇頁　を参照のこと。秋月は、「今吾れ幸い人間に生まれて、此の三寶受用の食を作ること、豈に大因縁に非ざらんや。」を「この尊い三宝を身に受け用いられる食事を作ることは、なんとありがたい大因縁ではないか。」と訳しており、ここではそれに拠った。

96 私は別のところで、空間に加えて〈時間〉の相を持ち込み、第四段階の感謝清掃を「思い出清掃」と説明した。平田（二〇〇七）九三―九四頁を参照のこと。

97 竹内（一九九五）四―五頁

98 佐藤忠男　戦後教育の思想　戦後日本思想大系一一所収　筑摩書房　一九六八　二二頁

99 清水幾太郎　教育の思想　今日の教育　岩波書店　戦後日本思想大系一一所収　一九四七　一二七―一三八頁

100 同書　一三二―一三五頁

101 上田薫　道徳教育の理論　上田薫著作集一所収　黎明書房　一九五八　一八九頁　三〇二―三一四頁

102 竹内（一九九五）二九―三〇頁

103 竹内（一九九一）七四―七五頁

104 竹内（一九七五）に見られる該当部分は、次の二カ所である。

①「教育における信頼とは、相手に裏切られた場合、なおその相手に信頼をかける冒険的行為である」――これは、ペスタロッチの思想を汲むドイツの教育哲学者、O・F・ボルノー博士のことばであるが、教育実践の妙諦をうがつ名言だと思う。（一二六頁）

②教育ということは結局、教え子に対して信頼をかけることではないだろうか。ペスタロッチの流れを汲んだドイツのボルノー博士（教育哲学者）この人のことばにもございます。「教育における信頼ということは、裏切られた相手に、さらに信頼をかける冒険的な行為のことを言うのだ」と言っております。（一八二頁）

105 米山弘編著　教師論　玉川大学出版部　二〇〇一　三六―四一頁

106 同上書　四一―六七頁

107 ボルノー　O．F．　教育者の徳について　玉川大学出版部　一九八二

108 同上書　一三六―一四五頁

109 ボルノー　O．F．　教育を支えるもの　黎明書房　一九八九　一四五―一四六頁

110 竹内（一九九一）「あとがき」

111 一九九四年度長野県自問教育の会。会場は、長野県松本市浅間温泉竹の湯。同会会長である竹内も同席した。

112 「条件学習」とも「条件型学習」ともいう。区別しない。後述の駒込は「条件学習」、竹内は「条件型学習」という場合が多い。

113 平田（二〇〇五）一一二―一一六頁

114 注115の駒込（二〇〇二）によれば、この書簡は、前小諸市教育長矢嶋から駒込宛てのものである。

115 駒込幸典　信州の戦後教育はこうして始まった　信濃毎日新聞社　二〇〇二

116 同書　一七二―一七四頁

117 竹平正人　美術教育の盲点と条件型学習　信濃教育第九〇九号　信濃教育会　一九六二　三三―三四頁

118 たとえば、茨城大学教授金子一夫氏の主張（http://www.nichibun-g.co.jp/library/forme/275/f2750205.html 二〇一二年二月現在）。ただし氏の、「早い例では、昭和四二年二月発行『（信濃教育会）教育研究所紀要』第三四集所収の竹内隆夫・他「人間形成における美術教育の役割――描画指導を中心にして」には、「観察力を増すために表現の速度をおとし、写生における目・手・心の一体感を会得させる」「でんでん虫描法」が提案されている」とする指摘は、時期についての記述としては不正確である。竹内らがこの研究に取り組み始めたのは、それに先立つ昭和三〇年代前半である。

119 竹内隆夫　高学年の表現指導の着眼点　児童心理第一六巻第五号　金子書房　一九六二　五五―五七頁

120 詳しくは、平田（二〇一二）九七―九九頁を参照のこと。

121 平田（二〇〇五）一一六頁

122 同書　一一四頁

123 注106を参照のこと。
124 竹内（一九九一） 九八―一一四頁
125 三名とは、平田を中心とする小島・山田教諭であった。
126 小林正幸 自問教育の実践――自ら問いこころを磨く教育のあり方を求めて―― 信濃教育第一二二七号 信濃教育会 一九九〇 七一―七六頁
127 竹内が紹介している授業実践事例は、「自問授業」と称される「道徳」の授業である。つまり、「自問授業」とは、自問活動について扱う道徳授業を指す。
128 平田（二〇〇五） 一五七―一六七頁
129 小林正幸 自問教育の実践――自ら問いこころを磨く教育のあり方を求めて―― 信濃教育第一二二七号 信濃教育会 一九九〇 七一―七六頁
130 この論文はB四版二七頁に及ぶもので、一九八五年から一九八六年の二年間担任に中学校一・二年生との実践記録である。冊子は、同僚や氏が参加した長野県自問教育の会参加者などに配布された。小林一九九〇に使用された生徒の作文も、ここに載せられている。小林は、この間、担任する生徒が書いた作文を使用しての道徳授業実践を積み上げていた。
131 平田（二〇〇七） 一三七頁
132 篠ノ井東中学校 「無言清掃」を基軸にした規範意識の醸成（第十二回教育研究論文・教育実践賞特選） 信濃教育第一四八〇号 信濃教育会 二〇一〇 八四―九八頁
133 栗林秀夫（二〇一一年現在、長野市教育センター主任指導主事）氏の協力を得た。インタビューは二〇一一年六月に実施した。
134 二〇一一年六月に実施。清掃活動を参観の後、松本道明校長と担当職員（片山ますみ教諭）への聞き取り調査を行った。取材の結果、現三年生は論文発表後の入学生であるが、一年生の半ば頃から自問清掃にとり組んでいることがわかった。一・二年生は無言清掃、三年生は自問清掃として取り組み、実際には現在は無言清掃・自問清掃の混在型として実施している。論文発表時とは状況が異なるが、その後も多くの視察者等から高い評価を得ており、言わば篠ノ井東中方式の無言清掃となっている。

135 平田（二〇〇七）二二〇―二二四頁に示しめされた「完全マニュアル方式」の実践校H中学校を、若い頃に視察した感想として筆者に語った。
136 篠ノ井東中（二〇一〇）八九頁
137 同書 九八頁。ちなみに、「無言清掃」という名称は、導入当時に長野県豊野中学校の掃除を視察した美化委員長（生徒）が名づけたもので、教師からの提案ではなかったそうである。「無言清掃」を「一人になって自分自身と向き合う時間」と位置づけ、自分を律し個の確立をめざしたことも、「規範意識」の醸成に無形の力となって有効に働いたように思うと自己評価している。篠ノ井東中学校への視察者の中には、〈無言〉という規範を守ってやらせる清掃を期待する向きもあるようだが、論文題である「無言清掃を基軸として」を、「無言を規範とする清掃を基軸として」と誤読しないように注意しなければならない。
138 栗林氏作成による。「若い英知」№一五 平成一八・一一・一五。
139 竹内（一九九一）七八―八三頁
140 沼田裕之 言葉を使わない教育の比較文化的可能性 国際化時代日本の教育と文化 東信堂 一九九八
141 同書 一四九―一七六頁
142 竹内（一九九二a）一八頁
143 すでに検討してきた竹内の講演用メモ（竹内一九九二）にも、「教師として」と題された五項目のうち四項目目に「率先垂範はとらない」と明記されている。
144 自問清掃に関する研究物やレポート中に、数値化されたデータが示されたことは数えるほどしかない。たとえば、富岡市教育委員会作成の実践レポート、宇都宮東小学校のアンケート結果など。かつて私が参加した富岡市と長野県自問教育の会の合同研修会において、当時マスコミ等で注目を集めていたEQ（心の知能指数 Emotional Intelligence Quotient）に着目したアンケート結果が発表された。これは、年度当初と年度末における子どもの意識調査を数値化したものであった。研究会では、「こういう数値化したものによっては、子どもの内面の変化は捉えられない」とする意見が多く出されたと記憶している。
145 篠ノ井東中（二〇一〇）九五頁

146 同上書　九五頁
147 直接確率計算63：82　両側検定 p ＝ 0.1346　ns（.10<p）　片側検定　p=0.0673＋（.05<p<.10）　by JavaScript-STAR
148 前掲書　九〇頁
149 竹内（一九七五）二八頁
150 篠ノ井東中（二〇一〇）九六頁より転載
151 各年度の全校生徒数（母集団）がほぼ同数であると仮定して百分率で表された数値をそのまま値とした場合、導入前の「H一八年度」において、A＋Bの値はそれ以外の値に対してすでに有意に多い（62:38　両側検定　p ＝ 0.0209）。さらに、指摘しておかなくてはならない点として、生徒の資質に学年差が予想されることである。ある特定の学年に規範意識の低さが認められるような場合、その学年の生徒が卒業してしまえば、次年次における母集団の性格は異質なものとなり、母集団そのものの質の「経年変化」は検討できなくなってしまう。毎年全校生徒に同様のアンケートを実施して「経年変化」を見ようとする場合、全校生徒の質的構成が違っていることを勘案する必要がある。
152 「自問ノート」を書かせる方法に対して、「内観法」に通じるとの指摘を受けたことがある。内観（introspection）は、〈内省〉または〈自己観察〉ともいうが、〈自己の精神内におこるいろいろの現象を自分で観察、（記録する）こと〉（哲学・論理用語辞典　三一書房　一九九五　三〇四頁）であるから、この指摘は妥当だと言える。そうした点からか、「自問清掃は森田療法に似ている」との指摘を受けたこともあった。
153 沼田（一九九八）一七三頁

第三部　教師の成長

第一章 〈自己成長感〉の連関的形成

自問清掃を実践している教師達は、子ども共に取り組みながら教師としての〈自己成長感〉や同時にその逆の「自分は教師としてちっとも成長していない」という非〈自己成長感〉との両方を持ち合わせているようだ。全国自問教育の会に参加する多くの教師達が、「自問清掃によって自分は変わった」と語るのを聞く。それと同時にまた、「自問清掃をやると子どもは確かに成長するが、自分が教師として成長したかどうかよくわからない」と語る教師達がいることも確かである。さらには「自分は成長していない」と言う教師に対して、周囲にいる同僚が「そんなことないですよ、あなたはずいぶん変わったと思います」というような場合すらある。

こうしたエピソードは、教師が自分自身を評価するとき、客観的に視ることがいかに難しいかを示していると言えるだろう。そこに些か謙遜の情を含む場合もあるから、話は一層難しくなる。しかしここからは敢えて、自問清掃を実践する教師の〈自己成長感〉という自己評価が、いったい何に由来しているかを探究していく。

教師自身の〈自己成長感〉や〈子ども成長感〉などの意識調査を実施し、結果を分析して、自問清掃実践者の教師成長をより客観的に明らかにしたい。

詳しくは後に述べるように、教師の対自意識である〈自己成長感〉——自分は教師として成長した——に着目し、自問清掃実践者達の意識調査を行い、分散分析と〈教師成長相互連関モデル〉を適用して心理学主義的に分析する。「自分は教師として成長した」という本人の実感を、客観的に証明することは極めて困難な作業である。本人が成長したと思ったとしても、他者から見たら果たしてそうかどうかは不確かでしかない。また、その証明方法も心理学に拠ってよいものかどうかがまずもって問題なのだが、心理データ解析法を適用すると、どのような様子が見えてくるのだろうか。

結論を先に言えば、自問清掃実践者には〈自己成長感〉と〈子ども成長感〉を同時に持つ者が多く、これらの意識間に省察的連関作用があることが確認できた。これは、実践者自身の【情報】【教育観】【実践】【結果】の四つの意識領域間で、相互連関的形成作用が働き教師成長感がもたらされたことを意味している。

教師成長に関する先行研究

いきなり自問清掃実践者の意識調査に入る前に、常套手段としてまず教師成長と自己省察に関する先行研究に当たってみることにしよう。

ショーンが提出した「反省的実践家」という「専門家像と専門家教育論概念」は、専門家教育全体、特に教師教育、看護教育の領域に大きな影響を与えてきた。その核心は省察 reflection である。したがって、教師教育について考察しようとするとき、まずもって省察についての検討を避けて通るわけにはいかない。

教師教育における省察に関して、養成教育の立場から研究した瀬川ら（二〇〇六）は、現職教員との協働による養成教育が必要であるとの見通しについて述べたが、その前提としては現職教員の意識改革が必要であるとする指摘に留まり、現職教員の反省的思考の実態そのものには踏み込んでいない[1]。一方現職教育の立場から佐古ら（二〇〇三）が行った研究は、個々の教師レベルと教師間の協働関係の構築についてであったが、想定されている教師の省察は、子どもに対する教師の「働きかけ」という視点からの検討に限られている[2]。このことは、教師の省察とは自己の教育指導の意味等を探求する行為だとする佐古ら自身の定義づけに対しても、十分な解答を与えていない。

このように、現職教員の省察に関する研究は、養成教育研究からの必要性が指摘されているにも拘わらず、教師から子どもへの働きかけという視点からの研究に偏っている。秋田（二〇〇九）も「教師の学習の場は授業研究だけではなく、日常の中に埋めこまれちりばめられている」と指摘したが、結局は「教えることを学ぶ過程」として収斂させようとする研究意識に裏打ちされており、教師の学びを子どもへの働きかけという角度から研究しようとする点では従来の方向を超えるものではない[3]。越智（二〇〇四）が指摘するように、今教師は「自分自身や相手との関係性そのものを振り返る力」が要請されているのであり、今後の現職教師の省察に関する研究には、教師自身の自己省察という視点の導入が求められている[4]。

久我（二〇〇九）は、実際の学級経営の実践の中で駆動した省察的思考の分析を通して、今後の課題として、学級経営における省察的思考の全体像を明示する研究も求められるとしている[5]。ここで探究している学校掃除は、子どもにとって日常的継続的な活動場面であるから、教師にとっても学級経営上重要視される領域である。したがって、学校掃除における教師の自己省察という視点からの研究は、学級経営における教師の自己省察的思考の全体像を明示する研究への道を拓くにちがいない。

山口ら（二〇〇四）は、不透明な教育の営みに関与する「専門家」としての教師がまず身につけるべきことは、私という主体を世界に関わらせながら、絶えず「反省」のまなざしを自己に向け、世界という謎を粘り強く読み解こうとする徹底的な自己省察の能力であると述べた[6]。榊原ら（二〇〇〇）は、現職研修は教育主体である教師自身の見つめ直しを主眼においた参加型が考慮されるべきことを明らかにした[7]。田中孝彦（二〇〇六）もまた、「日本の教師達の内部に、子ども観・教育観・学校観を問い直し、教師像の再構築に向かう精神の働きが、さまざまな形で芽生えていることを確かめることができた」と述べている[8]。したがって、教師成長を子どもへのはたらきかけという対他行為や意識の面からだけでなく、教師が自分自身を見つめ直す対自意識の面からみていく必要がある。

また五十嵐（二〇〇七）は、特定の教科における職能発達が、「他教科・領域の影響」を受けるという事実は、取りも直さず教師の職能発達が授業・特別活動・生活指導など多様な領域と無関係ではないことを指摘したが、これは教師成長が相互連関的な性質であることを示唆している[9]。

ところで岸本ら（一九八一）は、「養成教育と現職教育の統合と一貫性」という視点から基礎的調査を実施し、因子分析的考察を行った。しかし残念ながら、「職能成長（過程）に関する基礎的研究は進捗していない」と指摘した[10]。この三〇年前の研究実態は、それ以降も飛躍的に進展したとは言い難い。

その原因のひとつは、想定されている教師の職能成長モデル像にあると私は考える。岸本らによるモデル構築研究から明らかなことは、教師の職能成長モデルを、あたかもひとつの構造化された建築物のようにイメージし構築しようとする試みの限界性である。職能を構造として捉えようとすれば、どこまでも「……の能力」はなにかを細分化し究明していかざるを得ない。「……の能力を支えるのは……の能力であり、さらにそれを支えるのは……の能力と……の能力であり」云々というように、裾野はどこまでもの広がっていくばかりだろう。

しかし分析対象を能力ではなく〈心のハタラキやアラワレ〉である意識とした場合には、モデルは流動的連関的な動きや様相に対応できるものでなくてはならない。その点、Clalkeら（2002）が提示した「教師の職能成長相互連関モデル」（The interconnected, non-linear structural model of teacher professional growth）は、細分化と構築化によるモデル像に対して、より柔軟なイメージを提供してくれる[11]。

このモデルは、動的であり柔軟である。Clarkeらは、Guskeyの職能成長モデルに対する批判的検討を通して、実践化（enact）と省察（reflect）による、教師の学習と変化をモデル化して提示した。ClarkeらはGuskeyの主張を評価しつつ、従来のモデルは「単線型」だとして精緻化を図り、「相互連関型」モデルを提示したのである。

Clarkeらは、四つの領域が順次的単線的に進行するとは考えない。「外的な情報・刺激の領域」、「教師の個人内領域」、「実践の領域」、「生徒に現れる結果の領域」の四領域が、順次的単線的にではなく相互連関的に作用し合って教師の職能成長がもたらされると主張した。彼等の研究領域は授業であり教科研究であるが、提示されたモデルは、授業研究の領域を超えて教師成長について検討しようとするとき強力な視点と方法論を提供する。すなわち、四領域を設定したモデルを適用すること、領域間の関係性に着眼して相互連関性を把握すること、特に教育観の領域と子どもに現れる結果領域の連関性に着目すること、などである。

学校掃除の位置づけと先行研究

学校掃除は、殆どの小中学校で日常的（慣習的）に実施されており、日本人なら誰もが共通に体験している活動である。しかし、学校掃除の歴史的経緯や背景、また教育的意義についてはさほど意識的には研究されてこなかった。学校で掃除をすることに、なんの疑問も抱かないという人が殆どであろう。日本の伝統文化を背景にしながら、各学校が学習指導要領。の範囲を超えて独自に編成する教育課程として実施されてきたのである。

今般実施されつつある学習指導要領において、初めて抵触する記述が登場した。小学校学習指導要領解説特別活動編二〇〇八年版〔第五学年及び第六学年〕〔共通事項〕（二）に次のようにある。「日常の生活や学習への適応及び健康安全　エ　清掃などの当番活動等の役割と働くことの意義の理解　」（傍線は平田）。また、その解説（中学校学習指導要領解説特別活動編）においても、「特別活動の全体計画」に位置づけることが示された。

これらの文言を根拠として、学校掃除を特別活動の一環として捉えた研究や、「日本型教育」としてパッケージ化し海外に輸出しようとする動きも見られる[12]。いずれも学校掃除を集団性や規律を重視する特別活動の枠内に矮小化して嵌め込もうとしたものである。

学校掃除は、学習指導要領に明記されているかどうかとは別に、従来当然のこととして実施されてきている。学校運営の具体的目標に掲げたりグランドデザインに位置づけたりしている学校も少なくない。また、掃除に力点を置いて学級経営をしている教師も多い。

それに対して学校掃除に関する学術的研究は、自問清掃に関する研究を除くと、さほど多いとは言えない（石井一九七六、沖原一九七八、加藤一九七九、沖原一九八六、家本一九八八、太田一九九八、鄭二〇〇一、駒込二〇〇二、浅見二〇一〇、姫野ら二〇一〇）[13]。

沖原（一九七八）は、学校掃除について総合的に研究した著書である。内容としては、日本人の掃除観、学校掃除の歴史、世界の学校掃除などの項目について学校掃除に関する意識調査、学校掃除識櫛造の国際比較、学校掃除中の事故や判例、学校掃除の是非論など、国際比較的観点も導入しつつ多面的且つ総合的に調査検討を行っている。現在でもこれを越える本格的な研究は見い出せない。しかし、そこから「人間形成的役割（副題）」としての学校掃除像が浮かび上がってくることを目論んだとすれば、必ずしも成功しているとは言えない。

石井（一九七六）は、学校掃除の成立過程を「学校掃除是非論争」をたどりながら、わが国では明治以降、各学校で児童生徒に学校の掃除を行わせてきたのが実情であったことを論証した。浅見（二〇一〇）はこの問題を引き受け、論争がおおむね学校掃除に教育的意義を認める掃除賛成論に落ち着き、そうした経緯をたどることで、今日では殆どの学校で子どもたちが掃除を行うようになったことを明らかにした。このように、学校掃除に関わる学術的研究は多いとは言えないものの、子どもに対する学校掃除の教育的意義を明らかにすることを中心に進められてきた。

この他にも、学級集団形成に果たす教師の役割について検討したもの（弓削・新見二〇〇三）、教育実習生の掃除指導における行動様式に関するもの（太田一九九八、小林二〇〇四）などがあるが、いずれも学校掃除における現職教師の自己省察あるいは教師成長を探究したものではない[14]。

「自問清掃」研究と〈教師成長相互連関モデル〉

自問清掃に関する実践的研究として、古川ら（二〇〇〇）の中学校における実践報告、平田ら（二〇〇八）による教師養成教育における自問清掃教育の意義を明らかにした研究がある[15]。両研究において、教師成長と子ども成長とが「相関的」なものだとする指摘がなされたが、自問清掃に取り組む教師の「自問的な姿勢の形成」と子どもの成長とがどのように「相関」しているかという連関性の内実については、未だ学術的には明らかにされてはいない。

自問清掃に関する学術的研究は限られている。齋藤（一九九三等）は、自問清掃について、「人間教育の哲理がある」とし「二一世紀への人類生存の可能性を拓く」と述べ、教育的存在論から自問清掃を教育哲学的に基礎づけた[16]。沼田（一九九八）は、「自問教育」を、「明治以来の、さらに敗戦以来の欧米文化との密接な関係の中で、自分達のすぐれた文化的遺産を見事に現代の文脈の中に組み入れた教育法である」と高く評価した[17]。学校掃除に関する研究が数少ない中、自問清掃に関する学術的研究は、齋藤と沼田による教育哲学的視座からの検討を見い出すのみである。

このように教師成長の観点からの学校掃除に関する学術的研究事例は見い出すことができず、また自問清掃に取り組む教師の成長について、対自意識と相互連関性の視点からの先行研究も見い出すことはできない。したがって、学校掃除自問清掃における教師成長を、これらの視点から実証することが今後の課題である。

Clarke らのモデルを適用

そこで先述したClarke ら（2002）の教師成長モデルを、自問清掃に即して修正を加え、意識分析に援用可能なモデルとした。

四領域は、次のように相当させる。「情報・刺激などの外的領域（External Domain）」は自問清掃実践者が外から得た情報であるから【情報】、「教師の個人内領域（Personal Domain）」は知職・信念・態度であるから【教育観】、「実践の領域（Domain of Practice）」はそのまま掃除や道徳授業の【実践】、「生徒に現れる結果の領域（Domain of Consequence）」は「子どもが成長した」と感じる【結果】にそれぞれ相当させる。

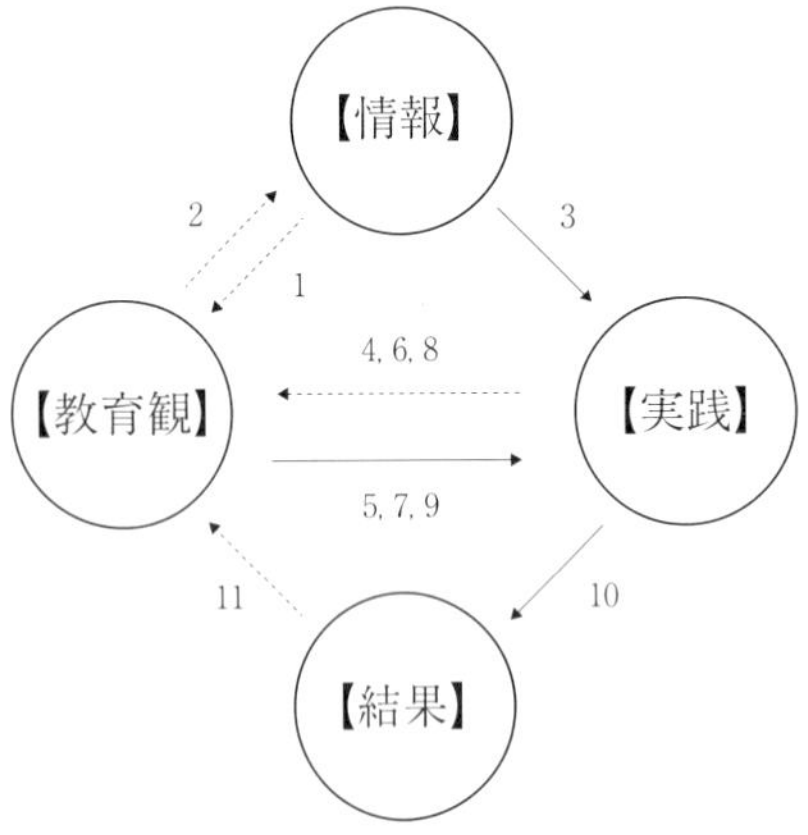

図Ⅰ　〈教師成長相互連関モデル〉

そして、自問清掃における教師成長を検討する際、四領域をモデル化した〈教師成長相互連関モデル〉（図Ⅰ）を適用し、領域間の相互連関性に着眼する。特に【結果】→【教育観】の領域間連関性に注目して教師成長を見ていくことにする。提示した〈教師成長相互連関モデル〉の番号と矢印は、領域間の連関性の順序と方向を表している。

〈教師成長相互連関モデル〉を、図Ⅰに即しながら説明してみよう。自問清掃はその独特さからすると、初めて知ってすぐさまやってみたいと思う場合よりも、「そんなやり方でできるのだろうか」などと従来の自分の【教育観】に対するゆさぶりがかけられることが多いだろう。その意味で図Ⅰの点線矢印1と2のように、最初は外から得た【情報】領域と【教育観】領域との間に省察的な往還が生まれ、そののちに「やってみよう」「やってみたい」とする【実践】領域への動きが生まれると考えるのが自然だ。

図の実線矢印は実践を、点線矢印は省察を意味している。ある教師が、本を読んだり人から聞いたりして外から与えられた情報として「自問清掃」を知る。すると、彼はいろいろと悩んだり考えたりした末に（点線矢印1、2）、やってみたくなりまず実践してみる（実線矢印3）。実践の内容は、掃除活動や「自問ノート」の紹介や「自問ノート」を資料とした道徳授業などである。

実践してみる中で、従来の自分の教育観に関する省察も促される。これが、点線矢印4である。彼は、省察に基づいてさらに実践を試みる。こうして繰り返される実践と省察の往還が、番号4、5、6、7、8、9で表される。やがて往還のうちに、結果として「育ったなあ」と感じる子どもの姿に接する（実線矢印10）。すると教師の教育観は省察的に問い直され（点線矢印11）、向上的に変容して新たな教育観が形成される。

これらの一連の力動的で相互連関的な形成過程が自問清掃実践者に成立していれば、教師成長の形成過程とみることができるわけである。

自問清掃実践者達の教師成長

自問清掃実践者達への意識調査を行う。〈自己成長感〉があるかどうかだけではなく、その意識がなにに原因しているかという〈原因帰属認識〉も同時に調べなくてはならない。また、自問清掃にとり組んだ期間（実践期間）がどれくらいか、また〈自己成長感〉を有する者に〈子ども成長感〉があるかどうかも調査する必要がある。

改めて確認しておくと、〈自己成長感〉とは、教師として自分が成長したかどうかを自己評価する尺度である。教育観、信念、態度などの側面があるだろう。〈原因帰属認識〉とは、〈自己成長感〉を持っている教師が、自分が成長できた原因を何だと捉えているかという認識である。〈実践期間〉は、その活動に関わった期間の合計を表す。〈子ども成長感〉とは、教師から見て、以前の様子と比較して子どもが成長したかどうかを評価する尺度である。

この調査で、自問清掃にとり組む教師が〈自己成長感〉を持つ場合、同時に〈子ども成長感〉も持つことを確認することができれば、両者にはなんらかの連関性があると言えるだろう。しかしそれには、自問清掃以外の学校掃除実施タイプを対照として比較検討しなければならない。他のタイプには見られない自問清掃固有の特徴として、連関性をみつけなければならないからだ。

そこで、あらかじめ学校掃除を三つのタイプに類型化する。第一のタイプは「自問清掃」、第二のタイプは「無言清掃」、第三のタイプは「通常清掃」である。

三つのタイプを〈無言〉に即して見ると、自問清掃では第一段階で〈無言〉が奨励されるが、これは規範ではなく一種の条件として設定されていて、趣旨は迷惑意識の醸成にある。自主性・自律性・思いやりの心の育成による自己確立を最終目標とするため、掃除中にしゃべっても教師から注意されることはない。掃除中、教師は子どもに対して一切指示注意をしない。見回りもせず、自分もひたすら掃除をする。

「無言清掃」は、無言で掃除することを規範として導入し、黙って掃除しながら、場所をきれいにすることを活動目的とする。自問清掃が無言を条件として導入し奨励するのとは対照的に、無言清掃における無言は、遵守すべき約束事である。このため、掃除中にしゃべっていると教師から注意される。

「通常清掃」とは、特に条件や約束事を設定することなく活動する、いわば一般的に行われている通常の学校掃除である。たいていの場合は教師が頻繁に巡回して、子どもたちに指示や注意を与えながら行われる。なるべくおしゃべりしないで働くことが励行されるが、無言は約束事ではない。

以上の三つのタイプのちがいが、教師の〈自己成長感〉と〈子ども成長感〉のちがいとなって現れるかどうかを調査する。

調査と結果

調査方法は聞き取り調査ではなく、質問紙調査法。調査期間は、二〇一〇年八月から二〇一一年二月。調査対象は、公立小中学校の教師とした。全国から、三タイプの実践者を選定した。おおむね学校単位での調査を依頼した。ある教師の過去における実践が、現在実施中の実践に影響を及ぼしている可能性を排除するため、「無言清掃」と「通常清掃」の被験者には、過去において「自問清掃」や「無言清掃」を体験したかどうかを付記してもらった。付記された内容を見て、過去において自問清掃や無言清掃を体験した者は、検討対象から除外することにした。つまり、無言清掃実践者は、過去において自問清掃を体験していない者に限定した。また、通常清掃実践者は、過去において自問清掃・無言清掃のいずれも体験していない者に限定した。その結果、以下のような被験者数を得た。

・自問清掃：一四五名（現在自問清掃を実践している小中学校教員の中から抽出し調査を実施した。一五八名から回答を得た。内訳は、佐賀県中学校教員三四名、福岡県小学校教員一八名、長野県小学校教員五名、千葉県小学校教員一名、長野県中学校教員四二名、福井県中学校教員五八名。この内、回答に不備な箇所があった一三件を除き、残りの一四五名の回答を基礎データとした。）

・無言清掃：三五名（無言清掃を実践している長野県内の二中学校で調査を実施した。全部で三八名から回答を得た。このうち三名は、過去において自問清掃体験者であったため除外した。）

・通常清掃：二七名（石川県内の1中学校で調査を実施した。この中学校では、過去に自問清掃・無言清掃を体験した者は、誰もいなかった。）

設問は、次のようにした。

〈自己成長感〉：「あなたは、現在取り組んでいる掃除教育によって、自分が教師として成長したと思いますか。」

〈子ども成長感〉：「あなたは、現在取り組んでいる掃除教育によって、子どもが成長したと思いますか。」

回答方法は、「はっきりハイ」「ハイ」「どちらとも言えない」「イイエ」「はっき

表Ⅰ　〈子ども成長感〉を持つ教師

	〈自己成長感〉	被験者数	〈子ども成長感〉の出現数
自問清掃：	有：	77	77
	無：	68	30
無言清掃：	有：	22	19
	無：	13	8
ふつう清掃：	有：	16	15
	無：	11	5

りイイエ」の五段階から選択させた。

この調査の目的は、上記三タイプの学校掃除において、〈自己成長感〉の有無によるちがいが、〈子ども成長感〉の有無の差となって現れるかどうかを知ることにある。そこで、五段階による回答を〈自己成長感〉の有無に意味づけて合併し、「はっきりハイ」「ハイ」を有、それ以外の「どちらとも言えない」「イイエ」「はっきりイイエ」を無と分類した。はじめに、教師の〈自己成長感〉の有無に沿って分類し、次にその有無に応じて〈子ども成長感〉の有無がどのように出現するかを分類整理して結果を得た（表Ⅰ）。

自問清掃実践者は、〈自己成長感〉のある七七人の全員が〈子ども成長感〉もあるとしている。〈自己成長感〉のない六八人のうち、三〇人が〈子ども成長感〉はあったとしている（つまり、自分は教師として成長したとは思わないが子どもは成長した、という意）。

無言清掃では、〈自己成長感〉のある二二人のうち、三人を除く一九人が〈子ども成長感〉もあるとしている。〈自己成長感〉のない一三人のうち、八人が〈子ども成長感〉はあるとしている。

通常清掃では、〈自己成長感〉のある一六人は、一五人が〈子ども成長感〉もあるとしている。〈自己成長感〉のない一一人のうち、五人だけが〈子ども成長感〉があるとしている。

〈自己成長感〉と〈子ども成長感〉が同時に

一見して、三タイプとも〈自己成長感〉のある教師は、たいていは〈子ども成長感〉も持っているようである。しかし、〈自己成長感〉がない教師には大きな差がある。そうすると〈自己成長感〉の有無によって、〈子ども成長感〉を持つか否かというタイプ間に差があるとは即断できないのではないか。

そこで調査結果について統計解析により詳しく分析したところ、自問清掃実践者だけに、〈自己成長感〉と〈子ども成長感〉の両方を持つ者が多いことが認められた[18]。つまり、自問清掃に取り組む教師が〈自己成長感〉を持った場合、同時に、〈子ども成長感〉を持つ場合が多いことが実証されたわけである。

こうした傾向は、自問清掃には認められるが、無言清掃や通常清掃には認められない。自問清掃を実践する教師のうち、自分は教師として成長したという〈自己成長感〉を持った教師は大抵、自問清掃を通して子どもたちが成長したという〈子ども成長感〉も同時に持っているのである。

この場合、被験者に対しては〈自己成長感〉と〈子ども成長感〉は別項目として質問しているから、被験者が両成長感を意識的に関連づけて回答しているとは考えにくい。したがって、実践者にはその意織はないが、自問清掃実践者の〈自己成長感〉と〈子ども成長感〉にはなんらかの連関性がある蓋然性が高い。

可能性としては、両ファクターが因果的連関性を持つか、相互的連関性を持つかだろう。因果的連関性というのは、〈自己成長感〉を持ったために〈子ども成長感〉を持ったか、あるいは〈子ども成長感〉を持ったために〈自己成長感〉を持ったかである。質問項目の主旨からすると、前者は論理的に成立せず後者と捉えるべきだろう。しかし、「自分は教師として成長した」と思うことと「子どもは成長した」と思うこととは、因果的ではなく相互的な連関性だと捉えることもできる。また実践的先行研究の中には、教師達の「先生が変わった」→「そして生徒が変わった」とする因果的連関性を推測させる意識、あるいは教師自身の自問的な姿勢の形成と「相関しながら」子どもの成長が図られるとする相互的連関性を推測させる意織に関する言説が見られた。

とすると、自問清掃実践者の〈自己成長感〉と〈子ども成長感〉にはどのような連関性があるのだろうか。

教師成長モデルの先行研究の中では、Guskey から Clarke らに至る研究によって、「子どもに明らかな変容が見られるようになることによって、教師は自己の教育観を変化修正させる」とする因果的連関性の知見を得ている。この知見を適用すると、自問清掃実践者は〈子ども成長感〉を持っているからこそ〈自己成長感〉があるのだと考えてまちがいない。「先生が変わった」とする教師達の意職は、〈子ども成長感〉を前提とした連関性を指しているのである。また、自問清掃を実践している教師が、〈子ども成長感〉→〈自己成長感〉という因果的連関性を、自己の形成と子どもの成長とは「相関」すると表現したとしても不自然ではない。

この〈子ども成長感〉→〈自己成長感〉という意識の因果的連関性は、〈教師成長相互連関モデル〉に対応させると、【結果】→【教育観】という領域間の因果的連関性を表している。

〈自己成長感〉はいつ表れるのか

自問清掃の実践者に、〈自己成長感〉が表れるのは取り組み始めてからどのくらい経た頃なのだろうか。この清掃プランのモットーが〈信じて待つ〉だとされているように、子どもに結果が表れるのにもある程度時間がかかることはもともと想定されている。子どもに表れる〈子ども成長感〉を教師が認めるわけだから、教師自身の〈自己成長感〉も当然ながらかなりの時間を要するはずだ。

自問清掃考案者の竹内は、「一五分間声のない静かな清掃になるには、徐々に自分から変わろうとするので、早くて三カ月、遅ければ半年はかかるでしょう」と生徒の変化について語っているが、この数カ月という期間が教師の〈自己成長感〉の差にも表れているかどうかを調べてみよう。別の言い方をすれば、子どもが変わるには数カ月はかかる、とする子ども評価の実施期間による差違が、教師の〈自己成長感〉の差違となって現れているかどうかを分析しなければならない。もし差違が認められれば、一定期間継続的に自問清掃に取り組んだ教師には、〈自己成長感〉と〈子ども成長感〉の連関性があることになる。

表Ⅱ　〈自己成長感〉と〈実践期間〉

自己成長感の有無：	実践期間 数カ月未満	実践期間 数カ月以上
成長部が有る：	11	65
成長部が無い：	23	46

調べてみると、初めの数カ月は〈自己成長感〉は持ちにくいが、数カ月以上継続的に実践することにより〈自己成長感〉をもつ教師が多くなることが明らかになった[19]。

竹内が、生徒が「徐々に自分から変わろうとするので、早くて三カ月、遅ければ半年はかかるでしょう」と言っているのは、教師が子どもの中に目立った変化を認めて〈子ども成長感〉を持つためには、数カ月以上の継続的な実践が必要であることを意味しているのである。

こうしたことから、教師の〈自己成長感〉は、実践を始めて数カ月を経る頃から子どもに表れる〈子ども成長感〉と、明らかに因果的連関性を持っていることがわかる。

〈自己成長感〉の原因は何か

〈自己成長感〉を持っている教師は、自分が成長できた原因を何だと認識しているだろうか。その〈原因帰属認識〉について調査して、〈子ども成長感〉が原因となって〈自己成長感〉を持つという因果的な連関性があるかどうかをさらに詳しく調べてみよう。

自問清掃実践者で〈自己成長感〉を持つ教師に対して、その原因が何だと認識しているかを調査した。回答者の答え易さへの配慮から「複数選択可」とした。結果は表Ⅲのとおりである。

表Ⅲ　〈自己成長感〉と〈原因帰属認識〉

小　項　目	人　数
①子どものよさを見つけようとした	38
②管理や強制をしない	33
③「信じて待つ」ことの徹底	33
④教師も掃除をしたこと	29
⑤子どもの成長を目の当たりにした	29
⑥「ほめない・叱らない・比べない」	15
⑦掃除を休むことを認めた	12
⑧官僚や先輩の助言や励まし	10
⑨教師も振り返りノートを書いた	6

この分布結果から様相についての考察に入る前提として、原因帰属項目を意味づけて、「指導方針」「指導原則」「指導方法」「実施環境」「結果」に分類し階層化した。

ここからなんからの明確な特徴や関連性を読み取ることができるだろうか。恣意的な解釈に陥ることのないように注意しながら検討すると、少なくとも次の三点を指摘することができる。

第一に、項目間の頻度数に一定の差が認められるが、突出して多い項目はない。⑥⑦⑧⑨の四項目は比較的少ない傾向にあり、①②③④⑤の五項目は比較的多い傾向が見られる。ただし、他に比較して際立って多い項目が見い出せるわけではない。たとえば、多い傾向にある項目中最も出現頻度が高い「①子どものよさをみつけようとした」と最も低い「⑤子どもの成長を目の当たりにした」にも有意差は認められない[20]。

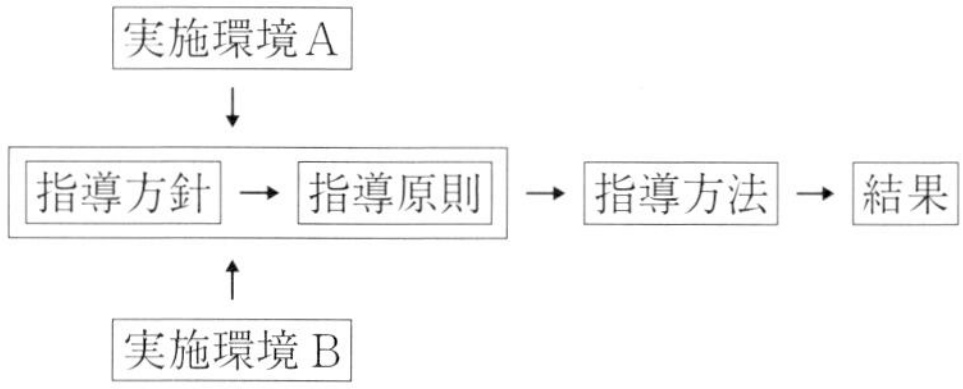

図Ⅱ　４分類に意味付け直した〈原因帰属認識〉

第二に、意味づけ方によっては、指導方針・原則に関する原因帰属が突出して多くなるが、必ずしもそれが特徴的な傾向だとは言えない。なぜなら、②は指導方針、⑥③①は指導原則と意味づけて別々の二つに分類することができるが、方針と原則は意味が重なり合うため、被験者が選択する際には回答が分散してしまった可能性もある。そこで、これらを一つに意味づけ直してまとめ、指導方針・原則（②⑥③①）、指導方法（⑦）、環境（④⑨⑧）、結果（⑤）という新たなまとまりの四分類として設定してみる。すると、分類毎のそれぞれの件数は、指導方針・原則（一一九件）、指導方法（一二件）、環境（四五件）、結果（二九件）となり、指導方針・原則に関する原因帰属が突出して多い。さらに方法を変えて、①から⑨の小項目を六項目に分類したり五項目に分類したりすると、得られる結果の現れ方が異なるため、それらの結果が絶対的な様相を呈しているとは言い難い。

第三に、ここでも〈子ども成長感〉→〈自己成長感〉の連関性が認められる。というのは、「⑤子どもの成長を目の当たりにしたこと」という小項目は、小項目間の比較でも分類設定による比較においても多い傾向に属している。そして内容的に見て、他の小項目とは異質であることに着目しなくてはならない。先述のとおりClarkeらは、生徒の変化を目の当たりにすることによって、教師の知識や信念は変わるのだとする道筋を実証し、【結果】領域と【教育観】領域の連関性を核心とする教師成長モデルを提示した。この知見に立てば、自問清掃実践者が持つ〈自己成長感〉の〈原因帰属認識〉が「子どもの成長を目の当たりにしたこと」だとすれば、それはまさに生徒の変化（【結果】）によって、教師の知識や信念（【教育観】）が変わっていくという道筋がみられたことを意味している。つまり、〈子ども成長感〉→〈自己成長感〉の因果的連関性は、〈教師成長相互連関モデル〉における【結果】→【教育観】の領域間に生じた形成的な連関性であると捉えることができる。

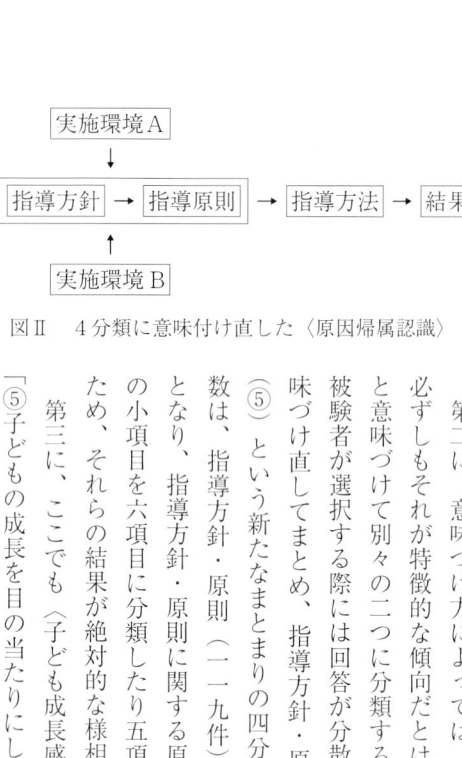

〈子ども成長感〉によって教師は成長する

教師成長に関する先行研究を教師成長モデル研究の視点から検討したところ、従来のモデル像は構造化された建築物のようなイメージであり、そうした試みには限界性があることを指摘した。この細分化と構築化によるモデル像に対して、Clalkeらが提起した「教師の職能成長相互連関モデル」は、特に【結果】領域→【教育観】領域の連関性に着目した動的で柔軟性のあるモデルである。そこで自問清掃における教師成長を実証するために、Clarkeらのモデルを修正し、〈教師成長相互連関モデル〉（図Ⅰ）として提示した。

無言清掃・通常清掃を対照として意識調査を実施し、結果を分散分析法と〈教師成長相互連関モデル〉を適用して分析した。すると自問清掃にだけ、〈自己成長感〉を持つ教師が同時に〈子ども成長感〉を持つ傾向がみられた。これは、【結果】→【教育観】という領域間の因果的連関作用が働いたことを意味している。

表Ⅳ　自己成長感の原因帰属認識項目

指導方針：	②管理や強制をしない
指導原則：	⑥「ほめない・叱らない・比べない」
	③「信じて待つ」ことの徹底
	①子どものよさを見つけようとした
指導方法：	⑦掃除を休むことを認めた
実施環境Ａ：	④教師も掃除をしたこと
	⑨教師も振り返りノートを書いた
実施環境Ｂ：	⑧官僚や先輩の助言や励まし
結果：	⑤子どもの成長を目の当たりにした

また自問清掃実践者が〈子ども成長感〉を持つためには数カ月以上の継続的な実践が必要であり、教師の〈自己成長感〉と〈子ども成長感〉もそうした継続的な実践を前提としながら連関性をもっていることが明らかになった。

さらに、〈自己成長感〉の〈原因帰属認識〉の様相について分析したところ、ここにも〈子ども成長感〉→〈自己成長感〉の連関性が認められた。この連関性は、それぞれの意識の在処である【結果】領域から【教育観】領域への省察的連関作用である。

以上の考察を総合すると、「自問清掃」に継続的に取り組んだ教師には〈自己成長感〉があり、この意織は、子どもが成長したという意識からの省察的連関作用によって形成されたものである。自問清掃実践者の教師成長は、【結果】【教育観】の二領域間の因果的連関作用による〈自己成長感〉の形成の結果なのである。

＊本章は、拙稿『「自問清掃」実践者の教師成長―〈自己成長感〉の連関的形成―』（日本教

師学学会誌『教師学研究』第一二号　二〇一三　一一―二〇頁）に修正加筆した。

第二章　実践者「作文」の分析

自問清掃を実践する教師達の〈自己成長感〉が、〈子ども成長感〉によって促されることは明らかになった。因果的な連関性によって〈自己成長感〉が形成されるというこの傾向性は、自問清掃実践者に一般的に見られることであった。ここからは、さらにその形成作用の仕組みを詳しく見ることにする。〈自己成長感〉は、自己省察という〈形成作用〉の結果もたらされた自己認識であるが、ここでは〈形成〉された認識の内実ではなく、形成される〈作用〉の仕組みを明らかにしたい。

そのために、自問清掃実践者H教諭の自己省察記述（作文）を分析対象とする。記録者のH教諭は、千葉県小学校勤務している。教職歴二三年、年齢四七歳、男性。H教諭は、数カ月以上の継続的な自問清掃実践者である。作文『自問教育に出会うまで』（以下、「作文」）は、二〇一〇年八月、「自問清掃に出合うまでの自分と出合ってからの自分について自由に書いてほしい」という平田からの依頼によって書かれたものである。まずは、その全貌を示しておこう。

『自問教育に出合うまで』（H教諭の作文）

教員になって

・産休補助時代にそうじのことを子どもに話したことを覚えているんですけど、「背の高い人は高いところをやった方がいい。自分が一番生かせるところを本当はやるべきだ」要は考えてそうじをやった方が良いと言いたかったんだと思います。その頃はまだ指導が下手だったので子どもには通じなかったと思います。

・採用されてから学級を持つたびに、「気づいて動け」はずっと言って来ました。「良い事をすれば何かの形で自分に返って来るから良いことはした方が良い。」これは父親に何度か言われた言葉です。それから「情けは人の為ならず」も子どもたちに言ってました。

・尾木先生の本に出会ってからは、子どもが何かをする時は、「待つ」姿勢が強くなりました。新設校で運動会の企両準備運営をさせるときも、先生方にお願いしていたのは「待つ」でした。子どもは大人よりも判断の時間がかかります、だから待つ。自分で判断をして自分で実行して、成功したり失敗し、反省し、次に生かす。大人の何倍も時間がかかるけれども絶対に大きな力になると信じました。自問をさせていたことになると思います。数字として表れないので、活動に携わらない職員には理解してもらえませんでした。

・二年前、五年生を受け持ったときの隣のクラスの担任は私よりも一つ上の独身の女子教諭。日に見えることを一番大切にする方でした。教室掲示は、隙のない誰が見ても「すごいねえ。」子どもたちに対しても隙がないように調教します。新年度早々毎日のように、皮肉・前のクラスの子と比べる発言・かん高い怒鳴り声が聞こえて来ました。子どもたちは怖さ故、先生の思った通りに変身していきました。が不満はたくさん。

・こんなことを毎日、日の当たりにし、自分は絶対にあのようにならないと、逆逆に行動していました。で、この年の九月に本に出会うのです。

自問教育に出合った時

・運動会が終わり、体育主任の大きな仕事の一つが終わったあとの休日。一カ月に一度は必ず通う千葉市中央図書館に行きました。お目当ての本が無い時は、いろいろなジャンルから借りるようにしています。その日はお目当て無し。教育書コーナーの前を通りかかった時、視線より少し上の棚。「魔法の掃除」が目に飛び込んできました。運命的な出会いです。その後行くたびに気にして確認してみるのですが結構借りられているようで、なかなか無いんですよ。あの時間、お日当ての本が無く、何気なく通った時に、丁度見やすい高さにそれはあった。パラパラとめくると「気づきそうじ」という項目が……タイムリースリーベース!!

・帰って読んでみると、何となく、自分がやってきたことに確信が持てるようなことが書かれている。「心を磨く」「何も注意しない」んんんんこれこれこれですよ。こりゃやるしかない。

自問掃除のはじまり

・さて、どうやって始めようか。お話したように、「玉」はどうも引っかかる。悩んだあげく、クラス作りから攻めることにした。（アマラとカマラの話も無し。）クラスを納豆に見立てる。『納豆はねばねばした糸でつながっている。クラスの仲間もつながっている。』『納豆を美味しくするためには、豆一つぶ一粒を美味しくしなくてはいけない。クラスを良くするには一人一人が高まらなければいけない。』一人一人が高まるために気づきの掃除をする。方法はまず話をしない。仲間が高まろうとしているのを邪魔をしてはいけないから。汚れや友達の動きに気づきながら工夫をして掃除をする。その日の掃除について記録をする。

・これを授業参観にぶつけることにした。保護者の理解があった方が取り組みやすいと考えたからだ。しかしこんな授業参観をしたことがなかったからドキドキ。でも逆に、自分らしい参観になるとも思っていた。当日はウソやごまかしが一切無い自分らしい一〇〇％の授業参観になったから、保護者がいても何の飾りもなく、堂々とすすめられた。後日、「先生とても上手な例えでしたね。どこからか引用されたんですか？」と質問と合わせてほめられました。

自問（気づき）掃除を始めた一カ月

・やるまでは半信半疑。でも一週間で結果は出た。子どもたち自身が変わったと自覚し、ノートに感想を書いている。二週間でほぼ全員が、がまん掃除クリア。一カ月たった頃にはそうじが楽しいもっと時間を下さいと言ってくる。

・私は……。まだ自問掃除に入り込んでいない。汚れているところをうろうろしながら探しつつ無意識に子どもの様子を見て回っていた。子どもたちの変化に毎日驚いていた。

自問（気づき）掃除が定着したあと

・二カ月たったころには、黙ってやることがあたり前になり、本当に掃除が好きになってしまい、一二月の大掃除の時間を九〇分にした。これもこの時間集中し続け、充実感という楽しさを存分に味わっていた。私ももう見回りなんかどうでもよくなり自分の掃除の世界に浸っていた。子どもが用事でくることが邪魔に思えたくらい。

自問（気づき）掃除で持ち上がり　ランクアップ

・六年生に持ち上がった。子どもたちはもっと自分自身を高めたいと願っていた。それをかなえるために、学校で一番汚れる昇降口と全員が使う階段そうじを受け持たせてもらうことにした。子どもたちはやる気満々。毎日汚れと向き合い、毎日どうすれば早くきれいになるのか考えていた。最終的にいきついたのは、タイル一枚一枚をタワシでこすり、ぞうきんで拭き取るという実に地道な作業だった。このそうじが始まると禅の世界。しゅこしゅことこすり、ふきとる。次のタイルをしゅこしゅこ……。十五分間休み無く続く。私もいっしょに楽しんでいた。

・ノートをB5サイズにアップ。そうじのことだけでなく、身の回りのことで思ったこと考えたことを書き、より高めて欲しかったから。これは子どもによってとても差が出てしまったので、良かったのか悪かったのか。

自問掃除を始めて自分自身が変わったこと

・具体的な行動で変わったことは、そうじが好きになった。掃除に入り込むようになった。汚れをどのように落とすのか考えることが楽しい。

・男子更衣室の掃除をする回数が増えた。出会う前は、「まったく誰もやらないんだから、仕方ないなあ。」とつぶやきながらやっていたのが。掃除をさせて頂いているという感じになった。

・ぞうきんをいとおしく思うようになった。ぞうきんなら何でも同じというわけにはいかず、絶対に自分のぞうきんを使うようになった。

・家でのそうじ。髪の毛を拾ったり、風呂に入ったときにちょこちょこと、身体以外のとろもこするようになった。

・視聴するテレビ番組が変わった。生き方を考えさせるような番祖ばかりを観るようになったようだ。時には内容を書き留めたりもする。

・本についても同じような事が言えて、気になることは作文するようになった。

自問掃除を始めて考えが変わったこと

・考えが変わったというよりも、考え方が確立してきた。出会う前は、自分の生活スタイルの延長で「気づき考え」などを何となく行ってきたものが、本に出会い、段階を追った指導法を知り、子どもの成長を目の当たりにすることで揺るがぬ自信を持つことができた。

自問掃除での言葉

・自問（教育を実践している）の先生たちは、はがれないメッキと表現されますが、ぼくは違うと思うんです。メッキというのはあくまで外側からかぶせるものであって、中身は変わらずそのままの状態。自問掃除は本質を変えていくものなんですから、メッキではありません。その物を化学変化させ変えてしまう。それでもぼくは違うと思います。ある程度全うに育った人間の心の中にしまわれていたものを掃除を通して自分の力で引き出してくる。一回出てきてしまえば、あとは掃除や他の自問活動で磨きをかけていく。ぼくはこっちの考え方の方がしっくりきます。「ある程度全うに育つ」というのは、三歳までの親子のスキンシップ。この時期に親子関係がまともじゃないと、言葉が入っていってくれないように感じます。昨年度どうしても掃除に上手く乗っかっていかない子がいました。丁度幼児期に離婚騒動があったようで言語能力が極端に悪かったのです。この経験から、今年は読み語りを毎日するようにしました。効果がでるかそれこそ数字にでないので、信じるのみです。

「作文」にみる連関性

「作文」に〈教師成長相互連関モデル〉を適用して分析し領域間の連関性を確認したい。そこには、教師の「長期間における成長（long-term growth）」[21]が見えるはずである。

予めモデルの適用方法について検討しておかなくてはならない。アラシェフスカは、身近でありながら「研究対象としては正面から取り上げられることは殆どなかった」日記について、その質的研究の意義と方法を具体的に詳述した[22]。アラシェフスカは、研究法としての日記には、「（研究者からの）執筆要請」と「様式の構造性」という二つの次元があり、この二つを組み合せて四タイプがあるとした。①要請された構造化日記（研究者に依頼されて書かれ、決まった記入項目がある）、②要請された非構造化日記（研究者に依頼されて書かれるが書き方は自由である）、③既存の構造化日記（研究と無関係に書かれた日記で、決まった記入項目がある）、④既存の非構造化日記（研究と無関係に書かれたふつうの自由な日記）の四つである[23]。

分析対象とする「作文」は、「自問清掃に出会うまでの自分と出会ってからの自分について自由に書いてほしい」という私からの依頼によって書かれたものであるから、分類第一の要請された構造化日記（研究者に依頼されて書かれ、決まった記入項目がある）に最も近い。したがって文章は一定程度構造化されているため、彼が設定した項目に沿って、視点を定めてモデルを適用すればよい。

そこで「作文」中から、教師の教育観（【教育観】）に触れて記述されている部分を抽出し、読み取れる連関作用について考察してみよう。

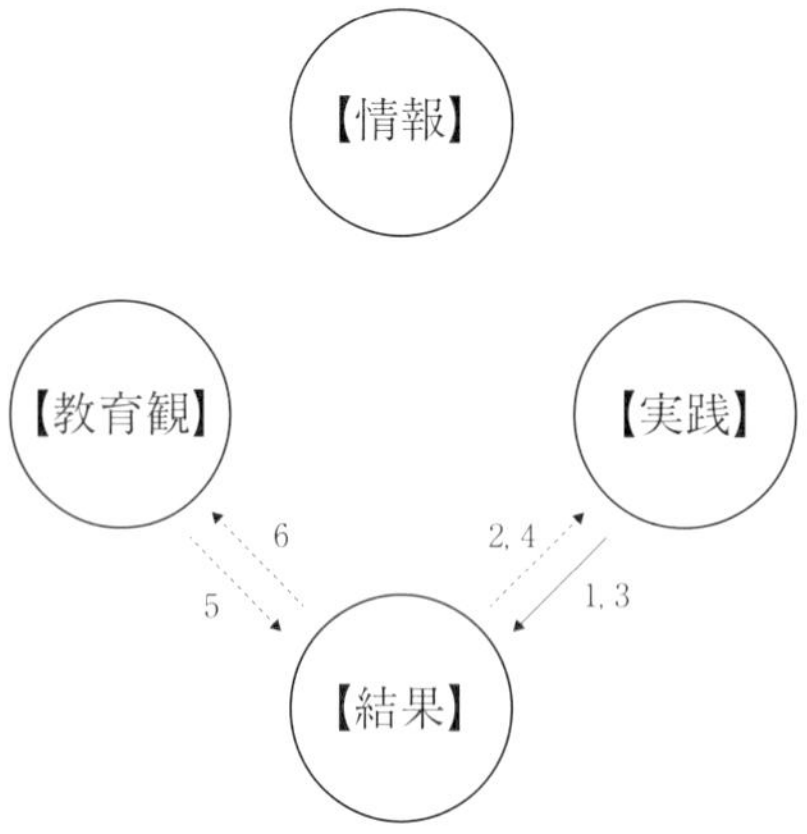

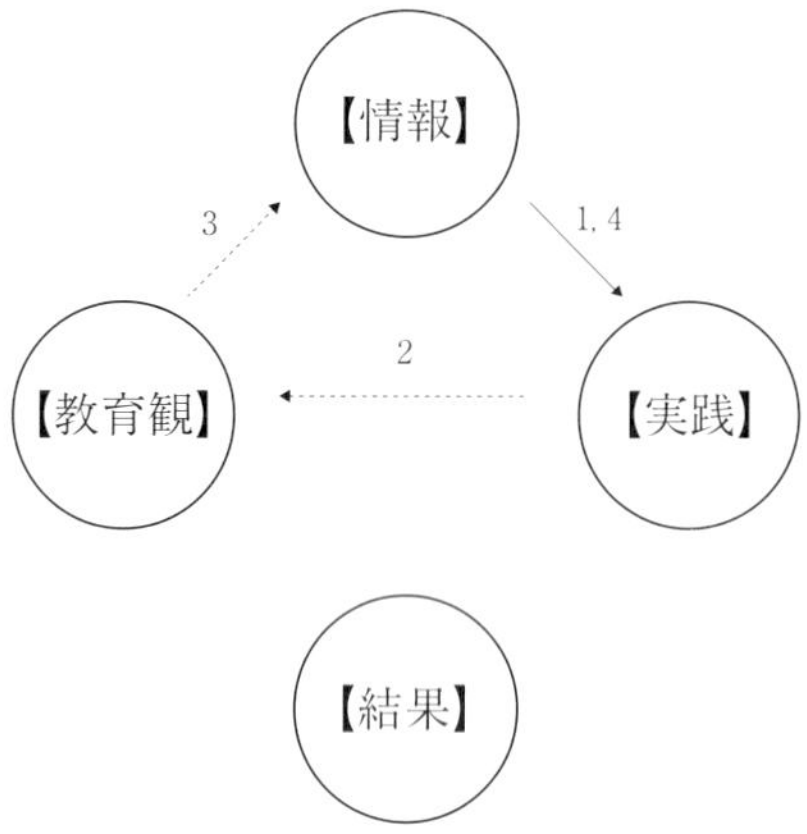

自問掃除のはじまり

H教諭は、「「玉」はどうも引っかかる。悩んだあげく、クラス作りから攻めることにした。（アマラとカマラの話も無し。）」と述べ、外的資源である「自問清掃」を知り（矢印1）、そのままの形で実施するのではなく自分なりの解釈を加えた上で（矢印2）、担任する学級に合う方法に修正して実践することを決断している（矢印3）。そして、「クラスを納豆に見立てる。『納豆はねばねばした糸でつながっている』『納豆を美味しくするためには、豆一つぶ一粒を美味しくしなくてはいけない。クラスを良くするには一人一人が高まらなければいけない。』一人一人が高まるために気づきの掃除をする」と独自の解釈を加えた「気づきの掃除」を構想し、提示方法を考えた上で子どもと保護者に示している（矢印4）。

自問（気づき）掃除を始めた一カ月

実践してから一週間、「結果は出た」と評価している（矢印1）。「子どもたち自身が変わったと自覚し、ノートに感想を書いている」姿に接する。「子どもたちの変化に毎日驚き」ながら実践と結果が往還され、「やるまでは半信半疑」だった気持ちが覆される。（矢印2）。開始二週間目、一カ月目と次々に出現する子どもの変化に目を見張っている（矢印3、4）。そして、子どもたちと比較して「私は……」と自分自身に省察の目を向け「まだ自問掃除に入り込んでいない」と自己評価している（矢印5）。さらに、子ども

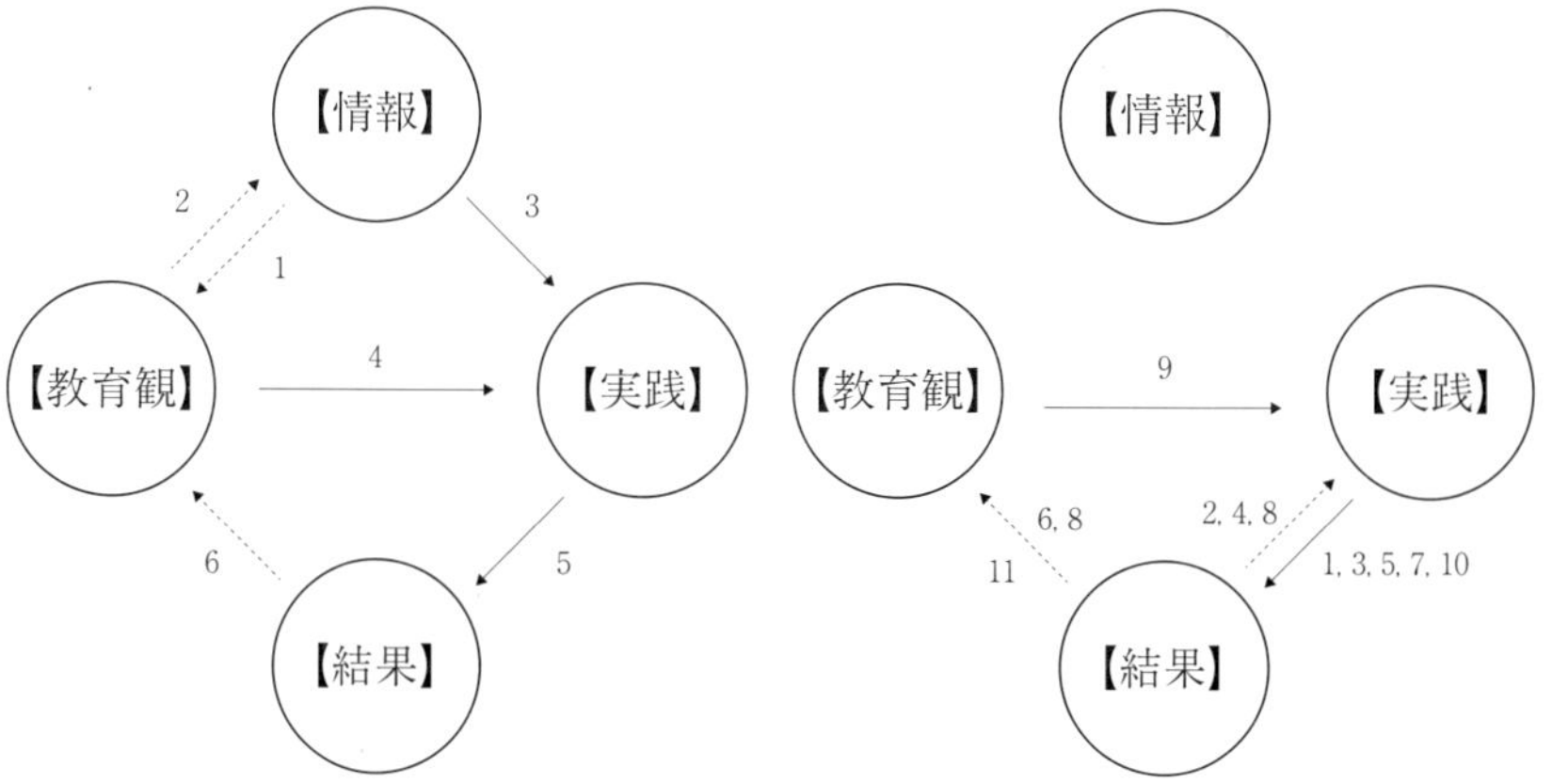

の様子を見て「変化に毎日驚いていた」という（矢印６）。

自問（気づき）掃除が定着したあと

この部分は、別稿で分析したＨ教諭の「自問ノート」（一二月一八日）の記述内容を指している[24]。そこで作成した図（矢印１から８）に、この部分の記述内容を修正加筆し図示する。「二カ月たったころには、黙ってやることが当たり前になり」「大掃除の時間を九〇分にした」と、子どもに現れた結果から新たな実践化を試みている（矢印９）。そして、子どもたちは「この時間集中し続け、充実感という楽しさを存分に味わっていた」という新たな子どもたちの姿に立ち会っている（矢印10）。この結果から、「私ももう見回りなんかどうでもよくなり自分の掃除の世界に浸っていた」（矢印11）と、自分の実践方法も修正深化させている。

自問掃除を始めて考えが変わったこと

「考えが変わったというよりも、考え方が確立してきた」という記述から、Ｈ教諭は単に新たな教育観や方法を知って、そのままそれを受け容れることで「変わった」のではなく、自分なりの解釈や工夫を加えながら実践し、結果として現れた子どもの姿などから、不明確であった考えが明確なものとして「確立してきた」のだと判断している。「出会う前は、自分の生活スタイルの延長で「気づき考え」などを何となく行ってきたものが、本（平田（二〇〇五））に出会い（矢印１、２）、段階を追った指導法を知り（矢印３、４）、子どもの成長を目の当たりにすることで（矢印5）揺るがぬ自信を持つことができた（矢印6）」とする。ここからは、以前の教育観、新しい情報として得た外的資源である自問清掃、新たな指導方法の修正的導入、子どもに現れた結果、その結果を成長と捉えて自らの教育観が自己省察され修正される、という一連の連関作用が読み取れる。

連関性による教師成長

H教諭が「作文」に設定した項目に沿って見ていくと、最初の項目「自問掃除のはじまり」には、自問清掃導入段階での自分の構想が述べられている。モデル図が示すように、この段階での連関性は当然ながら【結果】領域以外にとどまっている。

第二項目「自問（気づき）掃除を始めた一カ月」になると、H教諭は実践開始一週間で子どもに「結果は出た」と述べ、「子どもたちの変化に毎日驚き」、開始二週間目、一カ月目と次々に出現する子どもの変化に目を見張っている。そして、子どもとの対比で自分は「まだ自問清掃に入り込んでいない」と述べている。つまり、実践開始一週間で出現しその後も次々に現れる【結果】に接することで、彼の自己省察には、開始一カ月にしてすでに【結果】→【教育観】の連関性が認められるのである。

第三項目「自問（気づき）掃除が定着したあと」には、確かな〈子ども成長感〉を基礎に自問清掃という教育方法への確信と充実が述べられている。彼が挿話として挙げている一二月一八日の大掃除の様子は、H教諭の自問日記においても【結果】→【教育観】の連関性が確認された日であった。そこで、「作文」の記述と自問日記の記述とを併せてモデルを適用したところ、矢印1から11に至る明らかな相互連関性を示していた。

第四項目「自問掃除を始めて考えが変わったこと」には、【結果】→【教育観】の連関性を含む四領域間の連関性が認められ、H教諭の【教育観】の深化が顕れていた。

ここで彼は〈自己成長感〉に関する深い自己省察を披瀝している。「考えが変わったというよりも、考え方が確立してきた……出会う前は、自分の生活スタイルの延長で「気づき考え」などを何となく行ってきたものが……〈自問清掃と出会い」段階を追った指導法を知り、子どもの成長を目の当たりにすることで揺るがぬ自信を持つことができた」（傍線は平田）とする実感である。「考え方が確立してきた」とは、【教育観】の深化と自覚化を意味している。また、「子どもの成長を目の当たりにすることで揺るがぬ自信を持つことができた」とは、まさに【結果】→【教育観】の連関性を示していることは言うまでもない。私から〈教師成長相互連関モデル〉や領域間の連関性に関する研究情報を得たわけでもなく、また自問清掃に出会うまでの自分と出会ってからの自分について自由に書いてほしいという些か漠然とした要請であったのにもかかわらず、H教諭は【教育観】の深化と自覚化、領域間の連関性について明確に述べているのである。

H教諭の「作文」を分析して、以前の教育観の自覚、新しい情報として得た自問清掃、新たな指導方法の修正的導入、子どもに顕れた結果、その結果を成長と捉えて自らの教育観が自己省察され修正される、という一連の形成作用過程を読みとることができた。

この過程は、【結果】→【教育観】の連関性によって自己省察が促されて従来の教育観が問い直され、新たな教育観を明確なものとして認識していく自覚形成の過程であり、経験的直感的だった教育観が自覚的なものへと質的に転化していく教師成長の過程である。

ところで、H教諭には、「作文」の他にも先述した質問紙による調査も行った。その結果、子どもの目立った変化を認めることと教師の教育観に対する省察行為とが、連関作用を及ぼしていることが改めて確認された。

質問紙調査に対して、H教諭は次のように回答している。「子どもが成長したと思う」（〈子ども成長感〉）か、「自分は教師として成長したと思う」（〈自己成長感〉）か、という質問項目に対していずれも「はっきりハイ」を選択している。五段階回答の最上位である。すでに明らかにしたように、自問清掃においては、〈子ども成長感〉を持つ教師は同時に〈自己成長感〉をもつ場合が多い。この肯定的評価に基づく〈子ども成長感〉の在処は【結果】領域であり、〈自己成長感〉の在処は【教育観】領域である。したがって、H教諭の回答結果も、【結果】と【教育観】の連関性を示唆している。

またH教諭は〈自己成長感〉の〈原因帰属認識〉として、次の六項目を選択した。「信じて待つことの徹底」「子どものよさをみつけようとした」「子どもの成長を目の当たりにした」「掃除を休むことを認めた」「教師も掃除したこと」「教師も振り返りノートを書いた」である。

〈自己成長感〉の〈原因帰属認識〉項目の分類階層と関係図はすでに示したが、選択された六項目をこれらの図表に照らしてみると、以下のような解釈が成り立つ。H教諭は、自分自身も子どもと共に掃除に取り組み、振り返りノート（自問日記）を書くという実施環境を自ら整えながら、〈信じて待つ〉の徹底と、子どもの良さを見つけようとする指導原則に基づいて、掃除を休むことを認める指導方法を実施した結果として、子どもの成長を目の当たりにした。

このようにH教諭の回答結果に認められる連関性は、「子どもの成長を目の当たりにすることで〈自己の教育観に〉揺るがぬ自信を持つことができた」とする「作文」の記述内容とも付合している。この結果は、自問清掃実践者達を対象にして行った先の調査からも一般的な傾向性として明らかになっていたことであるが、こうして特定の実践者においても同様の結果として改めて確認することができた。

自覚の形成と教師成長

自問清掃実践者の教師成長に関する研究成果を、まとめておこう。

教師成長に関する先行研究を検討した結果、教師成長モデルを固定的構造として構築することには限界性があることが認められたため、より柔軟で力動的なClarkeらのモデルに注目し、これに修正を加えて〈教師成長相互連関モデル〉として呈示した。このモデルに特徴的なことは、その動きにある。一旦時間を停止して連関性を図示したのであるが、時間停止を解除すれば、H教諭の内面ではたらく省察行為は、単に事後的な解釈過程に焦点を当てた「事後的省察」ではなく、臨場感をもってはたらく「活動過程における省察的思考」（reflection in action）となっていた。

H教諭は今終わったばかりの掃除活動をありありと思い描きながら、縦横無尽に臨場感を持って自問日記に記している。相手意識を持たない自由記述であるが故に、彼の自己省察（reflective thinking）はまさに「活動過程における省察的思考」（reflection in action）となっていたのである。

このとき、モデルの各領域は連関的に交互に明滅している。【実践】と【教育観】とは幾度となく往還的に明滅を繰り返す。特に、最も関心度が高い〈私の掃除活動〉〈私の掃除活動の意味や評価〉を省察する【実践】領域はひときわ強く光を放つ。【実践】領域は、自己の掃除活動に関する「事後的省察」と掃除以外の場での子どもへのはたらきかけに関する「予見的省察」という二重構造になっているために、【教育観】領域との省察的往還運動は加速化されるだろう。

意識下における精神の動きが、どのように意識に立ち上がりながら自覚化されていくかという形成作用過程を見ようとする際、〈教師成長相互連関モデル〉は力動的で柔軟性を持った有効なモデルであると言える。このモデルを適用した記述分析によって、教師の【情報】【教育観】【実践】【結果】の四領域が連関的様相を呈していること、そして【結果】→【教育観】の因果的連関性こそが、それらの連関性の核心であることが明らかになった。それは、〈子ども成長感〉→〈自己成長感〉であり、自問清掃に取り組みながら子どもの成長を発見していく過程で教師自身も成長したとする自覚が形成されたことを意味している。彼の〈自己成長感〉は、一時的感情でも気分でもなく、新たな教育観の獲得を自覚化した確かな実感であると捉えるべきである。

自問清掃実践者が自覚した〈自己成長感〉は、他の掃除教育には見られない特有の意識であった。子どもの中に今まで見たこともないような新たな成長を発見することによって教師自身も自ら成長できるのだということを、自問清掃を実践する教師達は見つけたのである。

子どもの中に新しい子どもが見える教師こそが、新しい教師となる。

1 瀬川武美・福本昌之　反省的実践を促す教師教育プログラムの研究／教育実習における協働授業と省察　帝塚山學院大学研究論集文学部四一　二〇〇六　六一―八二頁

2 佐古 秀一・久我 直人・大河内 裕幸・山口 哲司・花田 成文・荒川 洋一・田中 道介・渡瀬 和明　省察と協働を支援する学校改善プログラムの開発的研究（二）／プログラムの構成と実施手順　鳴門教育大学研究紀要一八　二〇〇三　三一―三九頁

3 秋田喜代美　教師教育から教師の学習過程研究への転回／ミクロ教育実践研究への変貌　変貌する教育学所収　世織書房　二〇〇九　四五―七五頁

4 越智康詞　教職の専門性における「反省」の意義についての反省／教育の営み教育関係　教育的ディスクールの特殊性に注目して　信州大学教育学部紀要一一二　二〇〇四　一八一―一九二頁

5 久我直人　教師の「省察的思考」に関する事例的研究／問題を抱える子どもに対応する教師の省察の過程を通して　鳴門教育大学研究紀要二四　二〇〇九　九四―一〇七頁

6 山口美和・山口恒夫　教師の自己リフレクションの一方法としてのプロセスレコード――看護教育および看護理論との関連から――　信州大学教育学部紀要一一二　二〇〇四　一三三―一四四頁

7 榊原禎宏・大和真希子　教育学領域における参加型教員研修の試み　教育実践研究六　京都教育大学　二〇〇〇　六九―八〇頁

8 田中孝彦　教師教育の再編動向と教育学の課題；三年間の特別課題研究についての報告　教育學研究 七三（二）　日本教育学会　二〇〇六　二一八―二二九頁

9 五十嵐誓　社会科における教師の職能発達に関する調査的研究（四）／中学校教師C.Dのライフヒストリー分析を中心に　東北大学大学院教育研究科研究年報五五―二　二〇〇七　一〇九―一二九頁、同　社会科における教師の職能発達に関する調査的研究（五）／高等学校教師E．Fの東北大学大学院教育研究科研究年報五六―一　二〇〇七　一五一―一七二頁

10 岸本幸二郎　教師の職能成長モデル構築に関する研究一二一　教職能力をめぐる因子分析的考察　広島大学教育学部紀要三〇　一九八一　一一九―一二九頁

11　David Clarke, Hilary Hollingsworth　Elaborating a model of teacher professional growth　Teaching and Teacher Education 18　2002　pp.947-967

12　たとえば、JICA 独立行政法人国際協力機構のインターネットサイト https://www.jica.go.jp/topics/2016/20161020_01.html や杉田洋の諸著書・論文等を参照のこと。

13　石井均　明治以降の小・中学校における学校掃除の研究　広島大学教育学部研究紀要二五　一九七六　四九―五九頁、沖原豊　学校掃除／その人間形成的役割　学事出版　一九七八、加藤和男　掃除教育考――もう一つの教育――　進学進路センター　一九七九、沖原豊　心の掃除　心の教育――日本教育の再発見　学陽書房　一九八六、家本芳郎　掃除サボリの教育学――たかが掃除されど掃除――　学事出版　一九八八、太田佳光　教師――子ども関係の構築に関する考察――教育実習生のエスノグラフィーを素材として　愛媛大学教育学部附属教育実践総合センター紀要第一六号　一九九八　六九―八一頁、鄭松安　養生思想と教育的学校保健の成立　一橋大学大学院社会学研究科博士論文　二〇〇一、駒込幸典　信州の戦後教育はこうして始まった　信濃毎日新聞社　二〇〇二、浅見美之　近代以降における学校掃除の一考察／大正期における学校掃除議論をめぐって　上越社会研究二五　上越教育大学社会科研究学会　二〇一〇　三一―四〇頁、姫野完治・小川美紀　小学校における清掃活動の指導に関する研究――五年生学級への参与観察を通して――　教師学研究八・九　日本教師学学会　二〇一〇　一五―二五頁

14　弓削洋子・新見睦恵　清掃活動にみる学級集団内の人間関係の体系について（一）／清掃活動の体系を規定する教師の役割の検討　日本教育心理学会総会発表論文集（四四）　二〇〇三　五九五頁、太田佳光　教師―子ども関係の構築に関する考察――教育実習生のエスノグラフィーを素材として　愛媛大学教育学部附属教育実践総合センター紀要第一六号　一九九八　六九―八一頁、小林淳一　教育実習生の清掃指導における行動様式に関する事例調査――教職観と「指導教諭―教育実習生――生徒」の関係に焦点を当てて　学校教育研究一九　日本学校教育学会　二〇〇四　一三四―一四七頁

15　古川忠司・鎌倉正之・川根一仁・土井進　松川中学校における「自問清掃」の導入と展開（一）　信州大学教育学部附属教育実践総合センター紀要「教育実践研究」一　二〇〇〇　一六三―一七二頁、平田治・土井進　教員養成段階における「自問清掃」指導の意義と成果　信州大学教育学部附属教育実践総合センター紀要「教育実践研究」九　二〇〇八　一四五―一五四頁

16 齋藤昭　教育と現象――教育的存在論の構造（其の七）　三重大学教育学部研究紀要第四十四巻　一九九三　一五五―一七五頁、同「自問」と「対話」の教育／民主教育確立のために　三重大学教育学部研究紀要四七　一九九六ａ　一四九―一七一頁、同「自問教育」の理論と実践　三重大学教育実践研究指導センター紀要一六　一九九六ｂ　一―一三頁、同　教育的存在論の探求――教育哲学序説――　世界思想社　一九九九

17 沼田裕之　言葉を使わない教育の比較文化的可能性　国際化時代日本の教育と文化　東信堂　一九九八

18 統計解析ソフトRを用いて分散分析を実施した。その結果、「自問清掃」に有意差が認められた（p=.002）。表Ｉに示した人数について、ポアソン回帰モデルによるステップワイズ法を用いて、モデル探索を行った。方法は、減少・増加法、モデルの選択基準はＢＩＣを採用した。選出されたモデルは、〝度数＝説明変数１＋説明変数２＋説明変数３＋説明変数２×説明変数３〟だった。初期逸脱度は244.8（df=11）、残差逸脱度1.420（df＝6）だったので過分散とは言えない。この結果を踏まえ、さらに各層毎に直接確率計算に持ち込んだところ、「自問清掃」にのみ有意差が改めて確認された。「自問清掃」（両側検定p=0.0020）、「無言清掃」（両側検定p=0.5964）、「通常清掃」（両側検定p=0.3547）。

19 教師の〈自己成長感〉の有無を分析するために、「自問清掃」実践者一四五名の回答結果を、実践期間数カ月未満の場合とそれ以上の場合に区別して、前項同様に意味づけ併合し、２×２表を作成した。成長感が有る者は、数カ月未満が一一人、それ以上が六五人。無い者は、それぞれ二三人と四六人だった。これらの数値に直接確率計算を実施した結果、〈自己成長感〉のある教師が、数カ月以上の場合に有意に多かった（両側検定p=0.0103（p<05））。

20 両側検定p=0.3284

21 Clarkeら前掲論文　九五九頁

22 アンディ・アラシェフスカ（川浦康至・田中敦訳）　日記とはなにか――質的研究への応用――　誠信書房　二〇一一　二五〇頁

23 同上書　二五二―二五三頁

24 平田（二〇一二）　二〇一―二一三頁

第四部　自覚形成と心身論

第一章　自問清掃の構造

個人に優先する集団の形成を目指す限り、自問清掃が成り立つ思想には根本的に辿り着くことはできないだろう。しかし人は関係性の中に生きるのであるから、個の確立が他者とは無関係に達成されるはずもない。個人と集団とは一見鶏と卵の関係のようにも見えるが、教育として究極的に目指すものが個の確立なのか集団の形成なのかと言えば後者であるはずはない。その意味で、関係性による自覚の形成こそ目指すべきものである。

日本のように集団主義教育が常識的になっている社会では、学校掃除が、個人ではなく集団性や集団規律を育成する場へとすり替わりがちだ。近年輸出されている「日本式教育」にパッケージ化されている学校掃除などはその代表例であるが、そういうことを推進しようとする人達の発想は、学校掃除は特別活動であり、特別活動は集団性を育成することを目指すものだとして、いつの間にか個人の育成や個の確立という問題は度外視されてしまっている。戦後導入された特別活動の趣旨は、それとは真逆であったはずだ。

自問清掃も「日本式教育」も学校掃除を重視することにおいては共通しているが、目指すところが個か集団かということにおいては、正反対の位置に対峙している。そうした観点からすると、自問清掃はフレネ教育やイエナプラン教育と親和性が高く、「日本式教育」は、組体操が運動会の華となるような学校文化と馴染みが深いのだろう。

集団主義的な学校教育制度を施行する日本においても、教育の目標が個人の「人格の完成」を目指すのであれば、個人に優先する集団の育成ではなく、他者との関係性における個の確立と方法論が論議されるべきだ。そこでここからは、関係性による個の確立を目指す自問清掃の、教育方法としての構造や意味について検討していく。

五段階プランの矛盾

しばしば話題になってきたことの一つに、五段階の亀裂の問題がある。実践者からも研究者からも示唆されている問題であるが、自問清掃の一・二・三段階までと四・五段階との間には質的なちがいがあるとする問題である。かつて松本市女鳥羽中学校で開かれた自問教育の会事務局会議の席上、第三段階と四段階にはちがいがあること、すなわち「三段階までは眼を外に向け、四段階からは眼を内に向ける」として、一・二・三段階と四・五段階の間隙の問題について話し合われたことがあった。また長野県木曾教育会哲学同好会の夏の研修会において、平田（二〇〇五）がテキストとしてとり上げられた際にも、竹内整一（当時、東京大学教授）氏からも、「一・二・三と四・五ではなにか違うのではないか」という指摘を受けた。しかし今まで第三段階と第四段階の間に亀裂や断絶があることを指摘し、その意味や読み解き方等について踏み込んだ論考はない。

そこでこの問題について、創案者竹内隆夫の説明記述を再検証する作業から始め、理論的な説明と実践方法の説明とが必ずしも一致しないにも拘わらず、「理論的枠組みの中に方法論的説明を落とし込んでしまったのではないか」とする仮説に立って、西田哲学を手がかりとして考究する。

すでに平田（二〇一二）[1]において竹内の説明記述の分析を行い、「竹内は step by step の発想に基づいて、説明を展開している」が「三段階までと四・五段階とは質的に異なることは確か」であり、「仕事を休んでもよい」ことの意味づけが三段階までとそれ以降とでは異なっていることを「五段階プランの区切り目」と題して指摘した[2]。

竹内は次のように述べている。

〔第一段階は〕半年ほどかかったが、……ようになる。そこで、……〔第二段階として〕もう一つの効用を説明して納得をはかることにした……一通りの清掃が終るようになる。そこでその時期をみて、余った時間の処理について次の新しい提言〔第三段階〕を行った。……次は〔第四段階として〕清掃活動と愛校心を関連づける……自問活動の最終段階〔第五段階〕では、……。[3]（傍線は平田）

竹内の説明は、単に感情に訴えて精神論を語るのではなく、あくまでも合理的に展開し説諭と説得に努める姿勢で貫かれている。「……ようになる。そこで、……」などの表現から見てとれるように、あるひとつの段階が達成されると、必然的に次の要求内容が生まれるのでそれに続く次の段階を提示する、という論理の展開である。こうした論理の展開方法は、「私は道徳教育にあっても、プログラム学習、自発学習、発見学習と同様な考え方を導入し」と述べていることとも符合している。竹内（一九九二a）の「まえがき」でも次のように述べる。「人間性向上のための順序と段階を踏み、児童生徒の特性を高めるべく実効ある方策を築くことが急務であろうと考えた。……毎日の継続的な活動体験の中で自分を見つめさせ、自覚的に人生観を築く教育が行われるべきであると思う」と。

竹内がプランを五段階という構造に仕立てようとした発想の背景には、教科教育の方法論を道徳教育に適用しようとする考え方があった。ある段階での課題が克服されると、そこを足場にしてさらに次の課題に立ち向かう新たな段階が準備される。あたかも系統的学習のようにひとつずつの課題を階梯的に展開しながら、最終目標に向かっていこうとする構造的なプランとして組み上がっているのである。第二部では、この点を明らかにした。

それでは竹内の言う五段階とは、均一的な階梯を意味しているのだろうか。改めて竹内の説明記述を見ると、第三段階までは「……ようになる。そこで、……」と自発自展的に次の段階が展開されるように説明されている。それに対して、第四段階の説明の冒頭では「次は……」と改めて書き出し、三段階までとは些か口調を変えていることに気づく。第四段階とその後の第五段階が、第一・二・三段階とは質的に異なっていると意識づけているかのようである。ここに意味的質的な区切り目があるのだろうか。

第四段階で積極的に求められるのは、感謝心があるかどうかを自らに問う姿勢であるが、この掃除方法を「自問活動」「自問清掃」と命名した理由もそこにあると述べているように、竹内が「自問」活動の核心を第四・五段階に見ていることはまちがいない[4]。私が知る自問清掃実践者の中にも、「三段階までは自分から外に目が向けられ、四段階からは目が内向きになることを求められる。だから、四段階からがほんとうの自問だ」と解釈している者がいる。

ただし、実際にはそれぞれの実践者によって、五段階はさまざまな様相としてイメージされているようである。

五段階のイメージ

ちなみに次のような三つの図を、ある研究会の参加者たちに対して提示して選択してもらったことがあった。参加者は全員が、自問清掃の実践者か深い関心を寄せている人達だった。

一つ目の図のイメージは、まず初めに「がまん清掃」があり、これを基底として一つひとつ階段を上るようにして展開されていくというもの。二つ目の図は、「がまん清掃」が全体の基底となって、その上に「しんせつ清掃」と「みつけ清掃」が成り立ち、さらにそれらの上に「感謝清掃」、そのまた上に「正直清掃」が成り立つというもの。三つ目の図は、「がまん清掃」「しんせつ清掃」「みつけ清掃」には段階的な順序はなく、子どもが自分のやりやすいところから入っていかれるように横並びに並立しており、それらの上に「感謝清掃」「正直清掃」の二つが並ぶように乗っているというものだった。

三つの図を示した上で、「自分にとって五つの段階はどのようにイメージされているか」と問いかけてみた。すると、参加者たちの回答はほぼ均等に三分された。

そもそも考案者竹内自身がイメージしていた五段階とは、図示すればどのようなものであったのか。それは定かではないが、問題は、竹内のイメージと実践者達のそれとがどのようにずれているのかである。竹内の説明に沿って素直に受け取れば一つ目の図がもっとも近いのだろうが、実際には実践者が独自の解釈とイメージで実践しているのだろう。たとえば、竹内（一九九一）では、「五つの柱」と題して明らかに五段階のプランであると説明していることからすれば、この図がその時点での竹内のイメージであったと捉えるのが自然だろう。すると他の

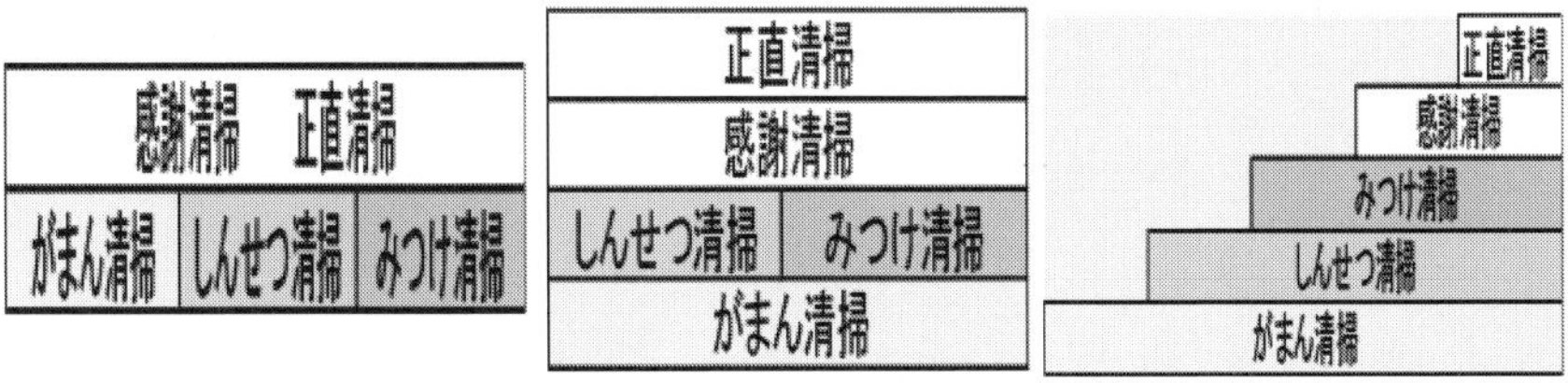

二つの図は、竹内が構想したプランを誤解したり歪曲したものと解すべきなのか、それとも実践の多様性として論ずべきなのか、議論の余地は残る。

次に示す図は、ある実践者M氏の五段階イメージである。ご自身の解説によると、私が示した三つの概念図をもとに自分なりに考えてみたのだという。氏は次のように説明を加えた――第一段階から第三段階までの指導と、第四段階・第五段階は、ちょっと違うと感じる。「がまん玉」「しんせつ玉」「みつけ玉」が、子どもたちの中で相互に働きかけ合いながら高まっていったとき、〈正直〉〈感謝〉というものが自然と生まれてくるように感じる。周囲からの働きかけではなく、子どもの内面に自ずと生まれてくるものという意味で、〈協働〉〈創造〉〈情操〉の中心に〈正直〉と〈感謝〉を表したいと考えたのだと。

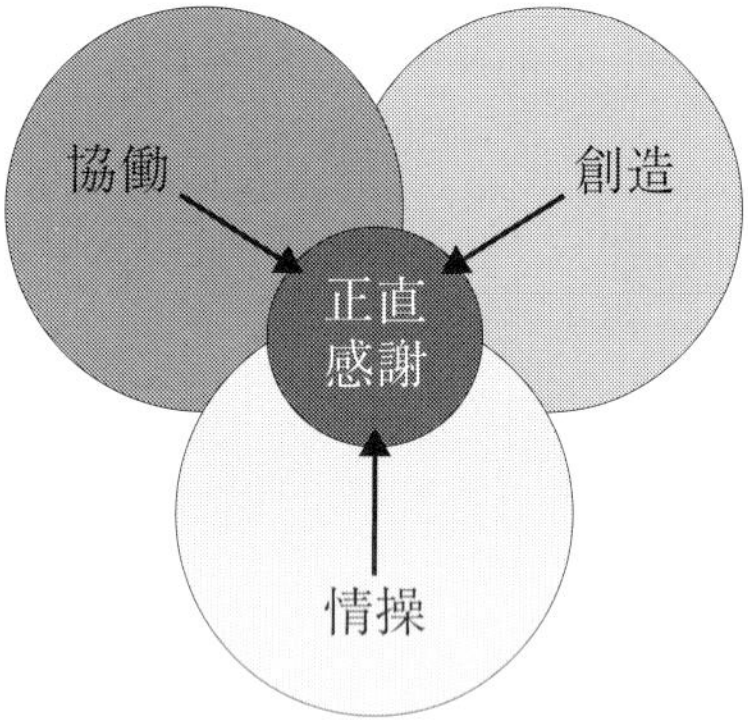

M氏の説明に基づいて私が矢印などを加筆したところ、図に示す三つの矢印はM氏本人の考えとは少し異なっていると言われた。三つの玉が次第に大きくなっていき、〈正直〉と〈感謝〉が中心に生まれてくる図を立体的に表現したかったが思うようにできなかったのだという。

ここで私が注目した点は、〈正直〉〈感謝〉というものが自然と生まれてくるように感じると指摘していたことだった。なぜなら、M氏の言うように〈正直〉や〈感謝〉は本来は自然に醸成されてくるものであり、あとから振り返ったとき自分の中に遡源的に見い出すものなのかもしれないからだ。感謝しろとか正直な気持ちで働けと要求されたら、すぐそのようにできるようになるとは考えにくい。優勝したスポーツ選手がインタビューの中で、「今まで応援してくれた人達や指導してくださった先生に感謝の気持ちでいっぱいだ」などと語るのをよく耳にする。優勝という結果に立って、そこに至るまでを事後的に振り返ったときに気づくのが〈正直〉や〈感謝〉の念というものなのかもしれない。しかし一方で、「いつも感謝の気持ちを持って練習に集中して励みたい」と語る人もいる。それは事後的ではなく、意志的意識的な心構えとしての〈正直〉な状態であったり〈感謝〉の念であったりする。

このように五段階の構造イメージに関する問題は、順序や階梯をどう理解するか、プランを実際にどのように実践していくか、〈感謝〉〈正直〉は意識的に取り組ませるべきかそれとも醸成を待って自己省察的に感受させるべきかなど、いくつかの厄介な問題を含み込んでいるようである。

自覚の構造

西田哲学の優れた解説書である『西田幾多郎先生の生涯と思想』[5]の中で、高弟高坂正顕は、西田が『善の研究』の純粋経験から『自覚に於ける直観と反省』へと立場を進展させた形而上学的世界体系について、「自覚の構造」を五つの性格から理解しようとしている。

高坂によれば西田の言う〈自覚〉とは、「主観的にして且つ客観的」（八九頁）である。この〈自覚〉は、「創造的体系として一応前へ前へと進行することが、そのまま逆に奥へ奥へと自己の根源に帰ることであり、自己の奥に深まることである」（九一頁）。したがって方向としては対立的であり、〈前進即遡源〉である。「普通に創造という時、前進の面のみが考えられ、それが同時に遡源の意味を有つことが見落とされがちであるが故に、特に注意を必要とする」（九一頁）と指摘した。

自問清掃は〈自問〉による精神形成を目指す学校掃除教育プランであるが、〈自問〉による精神形成とは、西田のいう〈自覚〉の成立へ向けての形成作用と捉え、以下西田哲学から見た自問清掃について探究する。それによって、五段階構造の問題に迫っていきたい。

自問清掃の第一段階から第三段階にかけての展開は、竹内が説明するように自発自展的である。前段階がその後の段階へと展開する動機を孕んでいる。したがって、その後の段階には必然的に前段階が包含される。

また高坂によれば、西田が純粋経験の立場から自覚の立場へと進展させた動機は、純粋経験だけでは反省の問題が充分に解けないと考えたところにあった[6]。直接的な体験だけを真理基準として凡てを説明しようとしても、体験は即反省的思考を生み出すため、西田は『善の研究』の純粋経験の立場から『自覚に於ける直観と反省』へと論を進めたのだった。これらのことを手がかりにして検討してみると、掃除活動という直接経験と「自問ノート」等による自省とを往還させながら実践する自問清掃についても、およそ次のようなことが言えるのではないか。

自問清掃における掃除活動は直接経験に他ならないが、これは外見的に見れば、第三段階の創造的〈発見〉に向けての〈前進〉する活動そのものである。〈無言〉による意志力を醸成する第一段階、〈無言〉のうちに〈協働〉に向けて他に働きかけながら行為的自己訓練をする第二段階、一人ひとりが〈無言〉のうちに〈協働〉し合いながら尚且つ個性的創造的な〈発見〉活動を行う第三段階までは、行為として見れば掃除活動そのものが充実していくというかたちで展開していく。

〈無言〉から出発し、〈協働〉へ、そして〈発見〉へと自己展開的に掃除活動が前進的に充実していくとき、実は個々の内面において、自我の底面に向けて遡源的に反省が促される。自問清掃は、〈無言〉のうちに行われる活動中にはもちろん、活動後の「自問ノート」などによる自省が重視されることにより、前進する掃除活動において感得されたものに対して絶えず反省的思考が促進されるからである。「自問ノート」による自己省察は、第一段階の導入時から推奨されるから、遡源的な反省行為は、第四段階に至って初めて始動するのではない。第一段階の活動中から始動し、徐々に遡源的に深化していく。

別の言い方をすれば、掃除という直接体験による〈善さ〉の直観と、遡源的省察的行為による〈善さ〉に対する反省とが同時に深化しつつ展開し、個々人の内に自覚が形成されていく。そして直接体験によって直観的に感得されたもの（＝行為的直観）は、机上での自己省察的な反省行為によって吟味にかけられ、再び体験の場へと再帰される。このようにして円環的に直観と反省とが働くことによって自覚が形成されていくのである[7]。

鍵語と反省の深化

個人の中で反省がどのように深化するかと言えば、順次的に提示された五つの鍵語（無言・協働・発見・感謝・正直）に即して、その都度促進される。その意味で、先に紹介した「第三段階までは眼を外側へ、第四段階からは眼を内側へ」と理解する某実践者の理解は正しくない。「眼を内側へ」向ける反省は、三段階までの各段階においても、提示される鍵語に即して為されるのだから。

自問清掃全体を貫く「場」の設定条件は、「無言のうちに」である。〈無言〉のうちに行われる掃除活動に対して、次々段階的に提示される鍵語を自己省察の視点として反省が促されていく。

一方実際の掃除活動は、三つの様相を示しながら展開されていく。掃除活動は、ひとり無言で働く姿、無言の内に友と協働する姿、無言の内に個性的な発見活動に取り組む姿となって顕れる。つまり様相としては、ひとり〈無言〉で掃除に取り組む相（姿）、〈無言〉のうちに互いに〈協働〉しながら掃除に取り組む相、〈無言〉のうちに個性的な〈発見〉活動をしつつ掃除に取り組むという三様相となって顕現する。これらの相は前進的に展開する具体的な掃除活動の姿であり、活動そのものは集団的であるから対他的活動である。

自発自展するそれら三つの様相において感得される行為的直観に対して、設定された五つの鍵語に即して順次反省が促進される。顕現化した対他的な三様相において得られる行為的直観について、提示された鍵語に即して反省が促されることによって、活動とは対立する側に遡源的な位相が成立していく。活動は前進であり、反省は遡源である。つまり前進的に展開する掃除活動の位相に対して、遡源的な反省の位相が同時に成立する。

具体的に言えば、第一段階の〈無言〉においては、「掃除に取り組む他の人に迷惑をかけない（真面目に働く友の自由を尊重する）」とする対他的な活動の相の対立側に、対自的に〈無言〉によって「自分自身の我慢強さや意志力を養う」ことに関する反省が成立する。第二段階の〈協働〉においては、「相手に対する配慮である気働き」という対他的な活動に対して、対自的には「自分は他の気持ちを汲むことができたか」に関する反省が成立する。第三段階の〈発見〉においては、「他の人とは違う場所や異なる仕事」を見つける対他的な活動に対して、対自的に「自分にしか見つけられない独自性を発揮できたか」とする反省が成立するというように、それぞれ遡源的な位相を創り出す。そして〈無言〉のうちに〈協働〉と〈発見〉活動を行う位相全体に対して、〈感謝〉と〈正直〉という二つのキーワードに即して掃除活動全体を自己省察する対自的反省が成立する。

自覚形成の構造図

位相の成り立ち方を図示したものが、次の構造図である。縦軸は時間軸、横軸は空間軸を表す。対他的活動である掃除活動の各段階の目的達成地点$P_{1\cdot2\cdot3}$は、メービウスの帯のような八の字螺旋形に作用しながら対立する側に同時に対自的遡源的反省の自己省察地点$\overline{P}_{1\cdot2\cdot3}$を成立させる。$P_3$は対立側の自己の底面に〈感謝〉を包含した〈正直〉の遡源的反省的地点$\overline{P}_3$を成立させる。この地点こそ、自己の根柢面に位置している。

ところで、図中の矢印は作用の方向を意味している。$P_0 \to P_1 \to P_2 \to P_3$の矢印は、前進する掃除活動の自発自展的展開を意味する。時間軸である縦軸方向に自己の掃除活動が拡大するにつれ、空間軸である横軸方向に自由と平等を要素とする対他的空間も拡大していく。掃除活動の充実は、集団活動である掃除における他との関わりの頻度や質の充実でもある。

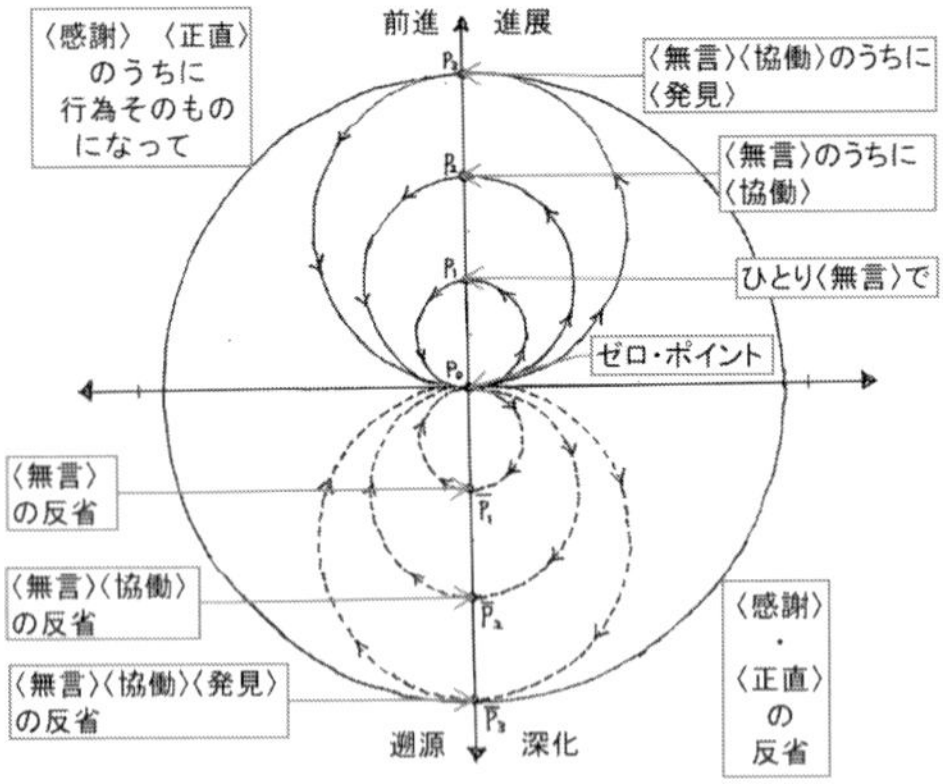

$\overline{P}_3 \to \overline{P}_2 \to \overline{P}_1 \to P_0$は、それぞれの反省地点からそれらが積層的に包含する前段階の反省地点に還ろうとする作用を意味する。

それぞれの地点から、一端活動を停止してP_0に戻ることは、掃除を〈休む〉ことである。掃除を〈休む〉ことは、活動を休止し時空のゼロ・ポイントに立ち戻ることを意味する。〈休む〉ことによってゼロ・ポイントに立ち帰り、自己の裡で掃除活動を意味づけ直すことによって再出発を期すという願いを込めて。

$P_{1\cdot2\cdot3}$から遡源的に$\overline{P}_{1\cdot2\cdot3}$に向かう作用は下向き矢印で示されるのに対し、反省から再び体験へと向かう作用は上向き矢印で示される。上方へと展開する掃除活動によって到達した前進的地点から反省地点へ、そこからまた体験へと向かう作用は、遡源的であり再帰的な働きであるから、全体としては円環的な作用となる。こうして、自発自展的前進的活動である直接経験としての掃除活動によって得られる直観は、即遡源的反省的行為となり、再び円環的に作用して体験的活動へと再帰する。

ここに形成される円環的作用の最大円が、〈正直〉を外周に持つ〈自覚〉の形成を示すと同時に、これが〈自問〉的に形成された自己の内部を意味する。円の外部は他者であり、円周は自他の境界として外部に属する。したがって、自己は境界である〈正直〉を以て他者と接し関係する。直観と反省によって内部に形成される自覚化された自己は、〈正直〉の境界を以て他者と接する。別言すれば、〈正直〉の境界とは、「個の実存の限界的底面」[8]のことである。したがって、〈正直〉は内部において対自的であると同時に対他的であり、外部である他との関係性においても対自的であり且つ対他的である。

〈正直〉という〈自覚〉の形成と存在の実現は、前進的即遡源的つまり行為的即反省的であり、対自的即対他的つまり内部的即外部的形成作用によるから矛盾的自己同一の状態である。

五段階は五つの段階か

五段階の方法論的断絶が起きた原因はなんだろうか。それは、竹内が自問清掃の論理的構造の説明と実践的方法論としての自問清掃を一致させようとしたことに起因している。

論理の実践方法化は、実践者として当然の欲求であり、また陥りやすい洞穴への入口でもある。私自身もここまでの検討の中で、幾度となくこうした洞穴に陥りそうになった。自問清掃の論理構造がいかなるものかという説明の問題と実際にそれをどう実践するかという方法論としての問題とは、ともするとまったく同じものであるかのように議論されがちだ。確かに目的と手段は統一された一つのものでなくてはならないだろう。しかし自問清掃の理論モデルとその実践方法は完全に一致するとはかぎらない。

外見的に見れば、〈無言〉のうちに〈協働〉と〈発見〉を行うというのが自問清掃の実際の掃除活動であるが、内面における精神性の深化過程として、竹内は〈無言〉→〈協働〉→〈発見〉→〈感謝〉→〈正直〉というプロセスを提示した。これらの順次的な鍵語の提示は、鍵語によってその時点で促される反省（＝自己省察）内容が、それ以前の要素をも包含するため、最終の〈正直〉は前四者のすべての要素を包含していることになる。数式としては、〈無言〉⋒〈協働〉⋒〈発見〉⋒〈感謝〉⋒〈正直〉と表すことができる。これは〈前進即遡源〉とする考え方からすると、〈無言〉⋒〈協働〉⋒〈発見〉⋒〈感謝〉⋒〈正直〉⋒〈無言〉⋒〈協働〉⋒〈発見〉⋒〈感謝〉⋒〈正直〉⋒……と表されるような円環的再帰的なものである。

既に述べたように、竹内の説明に従って、その発想原理と方法的原則の全体像を素直に理解すれば、五つは順次的な活動形態の段階である。しかし、厳密な意味で活動形態が順次的だと表現してよいのだろうか。

竹内が自問清掃について説明する記述を厳密に見てみると、ときには「五つの柱」と構造的なニュアンスを含んで表現し「必ずしもこの順序にする必要はない」と述べたり、「自問教育と名づけたこのプランでは、次の五つを段階的に指導するように考えた」と表現して順次的段階的進行として説明したりしている。そこには微妙なニュアンスの違いがある。たとえば次の文にも、そうした表現の揺らぎが見受けられる。

人間教育も教科指導と同じく、ある行為が身につくよう、一歩一歩順序よく段階を踏んで行われるのでなければ、何をかかげても空振りに終わるだけである。何をどんな順序で身につけたらよいか、ひとつのねらいが行動となって身につくためには、どの程度の日時を要するかとの見通しが立って、初めて子どもを変える指導が可能となるというものであろう。必ずしもこの順序にする必要はないが、自問教育と名づけたこのプランでは、次の五つを段階的に指導するように考えた。（竹内一九九一　六三―六四頁）（傍線は平田）

この一文の中には、自説を論理的に説明しようとする理論家としての竹内と、学校教育現場を知り尽くした実践者としての竹内とが混在し同居している。自らの実践的な研究に基づく理論家としての竹内は、「一歩一歩順序よく段階を踏んで行われるのでなければ」と考え「五つを段階的に指導する」プラン自問清掃を構想した。その一方で、プランの説明に際しては、理論的枠組みに子どもを嵌め込もうとしても実際の現場では必ずしもそうはならないことを熟知していた実践家としての竹内が顔を覗かせる。実践家としての竹内は、「ひとつのねらいが行動となって身に付くためには、どの程度の日時を要するかとの見通し」に立ってみると、その実現は容易なものではなく、「必ずしもこの順序にする必要はないが」と付け加えるのである。

この文章に見られる論理の揺らぎは、理論家竹内と実践家竹内の間に起こった振幅であり、そこにある論理の不確かさが自問清掃第三段階と四段階の間に矛盾的な亀裂となって顕れたのだ。

一・二・三段階の論理的で自発自展的な前進は三段階で一端途切れる、しかもすでに述べたように四段階〈感謝〉と五段階〈正直〉は一体のものであるから厳密な意味での段階とは定められない。

三段階目までは、目に見える掃除形態の向上的な展開を示している。個人の内面においても深化していくが、集団としても協力し合いながら活動する姿が現出してくるとされる。つまり、説明としては個人内的な事柄と集団活動にかかわる事柄とが、同時に進行しながら充実していくものとして説明される。個人としても集団としても掃除活動が段階を追いながら充実していくというのが第三段階までである。時実利彦の大脳生理学を根拠にした段階的な説明も、第三段階までに適用されている。

それに対して、第四・五段階に関しては個人の内面についてが主な内容となる。感謝の有無や裏表なく働けるか否かの自信が持てないような場合は、仕事を休んで自分を見つめると説明されるのである。

こうして、「人間教育も教科指導と同じく、ある行為が身に付くよう、一歩一歩順序よく段階を踏んで行われるのでなければ、何をかかげても空振りに終わる」とする竹内の想いは、構想としては三段階までの展開の中に如実に実現されている。しかし、第四・五段階は自発自展的な展開としては説明されておらず、論理的には破綻していると見るべきだろう。

活動目的と反省の鍵語

竹内の段階的自問清掃理論の破綻は、個人内の反省の深化を、集団の活動形態の発展と一致させようとしたことに起因している。否むしろ竹内はあくまでも個人の精神性がどのように深化していくかを論理的に示したかったのだろうが、プランの受取手であるわれわれが、学校掃除を集団活動としてイメージする癖を身につけてしまっているために、それを集団活動形態の展開として理解してしまうからなのかもしれない。竹内においては破綻していない論理を、われわれが破綻とか裂け目として捉えてしまうのかもしれない。

第一段階から三段階までの活動目的はそれぞれ〈無言〉〈協働〉〈発見〉であり、これらはその段階における反省のための鍵語と一致していた。それに対して第四・五段階は、掃除活動の目的や形態そのものはそれまでとは変わらず、反省のための鍵語〈感謝〉〈正直〉が新たに提示される。

この〈感謝〉〈正直〉を、第三段階までと同様に捉えて掃除活動の目的として展開しようとした実践者がいた。彼は「感謝清掃」に腐心した結果、掃除中に雑巾がけをしながら「ありがとう」と言わせる方法を試みたという。子どもたちに机を拭きながら「机さん、ありがとう」、床を拭きながら「床さん、ありがとう」と唱えながら雑巾がけをさせた。その活動はいかにもわざとらしく今となっては若気の至りとしか言いようがないと回顧していたが、この活動を見た竹内も、さすがに苦笑しながら「これはどうも違う」と評したという。このエピソードが、〈感謝〉そのものを活動目的とすることの不自然さを如実に物語っている。〈感謝〉と〈正直〉は活動形態の目的ではなく、反省のための鍵語なのである。

確かに「自分に問いかけてみて、感謝の心を持ちながら掃除ができていないと思ったときは掃除を休む」とする条件設定になっているため、一見〈感謝〉を活動目的にしているようにも見えるが、休んでいる間は自己の感謝心について自問するわけである。つまりゼロ・ポイント——構造図中のP_0——に立ち還って、それまでの掃除活動全体を吟味にかけ直し反省しているのであるから、〈感謝〉は活動目的ではなく反省のための鍵語となって働く。

〈正直〉についても、竹内はおよそ次のように説明する。「先生が見ていようがいまいが裏表なく明るい気持ちで掃除ができているかどうか、どこかで褒められようとしてやっている自分がいないかどうかを、自分の心によく問いかける。自信がないときや休んでいる人が羨ましく思えるときなどは、その人の隣に行って座って休むようにするのだ」

と。これも「その人の隣に行って座って休む」として行為・活動を示唆しているかに見えるが、実は鍵語〈正直〉に即した自己省察を促しているのである。

このように掃除活動を休んだ者は、鍵語に即して反省行為（＝自問）を行う。〈正直〉〈感謝〉はその段階の活動目的ではなく、反省のための鍵語なのだ。

西田哲学の視座から

第一・二・三段階の展開の特徴は、ひとつは自発自展的であること、すなわち前段階の到達点において次段階へと発展する必然的な動機あるいは種子が生まれること、二つには二段階は一段階を、三段階は一・二段階を包含しつつ展開する点にある。

〈無言〉を基調とする第一段階から出発し、続いて自発自展的に展開する第二、第三の段階は、それぞれが前段階を包含しているから、いずれも〈無言〉のうちに行われる〈協働〉〈発見〉活動である。別言すれば、〈無言〉のうちに行われる発見的〈協働〉活動であり協働的〈発見〉活動である。

こうした段階的展開を西田哲学の視座から見ると、西田が純粋経験から自覚へと「主客の合一、知情意の合一として自発自展する」[9]とした過程は、第一・二・三段階における展開そのものである。段階的な展開を「主客の合一、知情意の合一」として見ると、自問清掃は、直接経験である掃除活動における直観が即反省となって連続的創造的に展開する作用過程であるということである。

したがってこの展開は、直観即反省であり、活動の〈前進〉であると同時に自分自身の根本へと回帰する〈遡源〉の意味を有つから〈前進即遡源〉である。

先の図で示したように〈無言〉から出発する基点をP_0として、第一段階での前進目的地点をP_1とすれば、同時に反省によって対立的方向に遡源的地点$\overline{P_1}$が措定される。ここでなされる反省は再び現実の活動へと再帰するから、〈前進即遡源〉の作用は〈遡源即前進〉であり、こうした働きは円環的な作用となっている。

ここに見られる働きは、「心理学的に考へれば、第一の自己と之を反省する第二の自己とは、時間上異なった二つの精神作用」[10]ではあるが、自己が自己を反省するということは、反省する主観である第二の自己が、反省の対象である第一の自己を客観として対象化することではなく、「自覚に於いては主観と客観とが合一」[11]していなくてはならないとする西田の言説と一致している。掃除活動という直接体験的行為における直観は即反省であり、直観と反省は一つ、直観即反省である。つまり、西田が「自覚に於ける直観と反省」と言うときの〈自覚〉とは、自問清掃における〈自問〉と同じ意味である。

　そうであるならば、$\overline{P}_1$は即P_1に回帰する。回帰地点P_1（≡$\overline{P}_1$）を包含しつつ第二段階〈協働〉へと自発自展して措定される地点P_2は（地点P_1同様に）遡源地点$\overline{P}_2$を、さらに回帰地点P_2を包含しつつ展開する第三段階〈発見〉は地点P_3に対して遡源的反省地点$\overline{P}_3$を措定する。したがって、ゼロ・ポイントP_0を基点として、$P_1 \rightarrow P_2 \rightarrow P_3$は自発自展的運動（＝自問清掃活動）の前進的様相を表す。

　それぞれの地点に顕れる様相としては、P_1はひとり〈無言〉のうちに黙々と働く姿、P_2はP_1を包含しつつ〈無言〉のうちに友と協力し合いながら掃除する〈協働〉の姿、P_3はP_1とP_2を包含しつつ〈無言〉のうちに〈協働〉しながら各自がそれぞれ個性的な〈発見〉によって行為する創造的な掃除の姿である。

　このように、実際の掃除活動は、三つの様相（＝形態）となって現れる。第三段階までは、掃除形態と（縦軸の対立側に措定される）自己内の反省地点とが一致しているため、反省も鍵語に則ってどこまでも自己展開していくように思われるが実はそうではない。反省行為は本来試行錯誤や暗中模索がその本質で、ともすれば前後不覚に陥るところを鍵語を頼りに行きつ戻りつしながら徐々に進んでいくしかない。日本的な上下関係の中で、「反省しろ」と言われて「はい」と即答しているようなものは本来の反省ではなく、それは固定的な人間関係を確認している返事でしかない。反省はゆっくりと時間をかけて自らに問いかけながら深めていくような行為でなければならない。

　竹内は、個々人の「精神性を高める教育」において、その精神性の深化を五段階と考えていたのであり、掃除形態の五段階を目指したわけではない。個人の裡で反省が段階を経ながら深化していくとし、それを「精神性を高める」

と表現したのだ。しかし自問清掃プランを説明する際には、方法論として実際の掃除活動に即しながら論を進めていくから、論理と方法とが混淆されやすい。

実際に掃除する姿としては、およそ三つの様相が外に現れる。一人ひとりが黙って掃除する姿、互いに手助けし合いながら掃除する姿、それぞれが独自の気づきを活かしてさまざまな仕事をする姿、そして他の邪魔にならないように掃除を休んでじっとしている姿である。これらの姿が重複したかたちで現れているのが、実際の掃除の時間である。つまり掃除形態は三様相として現出し、個人の内面における精神性の深化は、五段階に設定された鍵語を視点として徐々に深化していく。

竹内自身が掃除活動の様相と精神性の深化とを峻別していたかどうかは必ずしも定かではないが、私には両者が混淆されたまま説明が展開されているように見える。あくまでも推測ではあるが、その原因は、理論家としての竹内と実践家としての竹内との齟齬の問題であり、説明記述の中にそれが揺らぎとなって現れたのではないだろうか。

実践家竹内が持つ強い願望は、理論の構築ではなく実践化であった。現場で実際に実践可能な方法論である。単に餅の絵を描きたかったわけではない。内面的な精神性の深化を五段階の理論として構築した竹内が、実践家としての願望に基づいて、それを方法論として五段階プランに仕立てようとした。方法論とは、集団活動としての学校掃除をどう展開していくかということであり、五段階の理論とはその集団の関係性によって個をどう確立させていくかということである。自問清掃プランには、これらの二つの要素が同時に表現されている。だからこそ、このプランを集団活動の方法論の視点からだけ見ようとすると、三段階までと四段階以降との間に裂け目を感じてしまうことになる。

しかしこのプランを西田哲学の視座から視ることによって、自問清掃プランの二重性を理解できるのではないだろうか。竹内自身はこの二重性を明確に意識していたわけではないと思うが、重点は、掃除活動による集団づくりではなく、あくまでも個の確立にあったことはまちがいない。西田哲学の視座から自問清掃プランを視ることによって、その二重性を客観的に理解することが可能になる。

竹内は、個の精神性深化の理論と集団活動としての学校掃除の方法論とを融合させることに腐心した。その際、時実利彦大脳生理学から大きなヒントを得て第三段階までを組み上げ、その上に第四および五段階を載せた。これらの段階は、集団活動としての学校掃除の自発自展的な活動形態の展開を意味するものではない。

一から三に至る階梯は個人内の精神性の深化と集団活動の展開の両面から説明され、四・五については個人の内面的深化として説明された。こうして個の確立を目指す理論と実践するための方法論との融合による二重性が生まれ、段階に裂け目があるとする誤解を生じる原因となったのである。

自問清掃が目指すのは、集団活動としての学校掃除がより合理的効率的なものへと段階を踏んで展開していくことではない。あくまでも掃除という集団活動の関係性の中で醸成されていく個の精神性の深化である。

五段階は、掃除活動の展開としてではなく、自覚形成に向けた個の精神性の深化過程の構想と理解しなければならない。実際の掃除活動の中で感得する直観的な事柄と、「自問ノート」を活用した自己省察や道徳の時間などによる反省とが絶えず往還することによって、個の精神性の深化――関係性による個の確立――が促されていくのである。

第二章　心身論と自問清掃

気働きと非言語コミュニケーション

集団活動としての学校掃除は、表現活動と言ってもよいのではないか。一人ひとりが独創的な仕事をそれぞれやりながら、無言のうちに心を通じ合わせながら遂行していく掃除は、さまざまな楽器がそれぞれの音で一つの交響曲を奏でるオーケストラのようでもあるし、小中学校で実践されている「総合音楽表現」（オペレッタ）のようでもある。

「総合表現活動としての学校掃除」と言いなしてみると、黙って機微を通じ合わせながら活動する〈無言のコミュニケーション〉の側面が浮き立ってくる。〈無言のコミュニケーション〉は〈非言語コミュニケーション〉と言い換えてもよい。表現活動の場合は〈対応〉という。この対応力や相手に対応しようとする意識は、オペレッタ指導などでもっとも重視しなければならない事柄のひとつである。

しかし、自問清掃の第二段階で奨励される〈気働き〉は、〈非言語コミュニケーション〉とまったく同じことなのだろうか。〈気働き〉も〈対応〉もコミュニケーションや〈関係性〉に関わる事柄だが、これらを〈非言語コミュニケーション〉と一括して扱ってよいのだろうか。「学校掃除は表現活動である」とは未だかつて誰も言わなかった捉え方であり、学校掃除教育に新しい視野を拓くにちがいないが、さらなる考究が必要のようだ。

言葉を探す

奈良の古本屋で吉本隆明『定本詩集』[12]を買った。「ぼくは拒絶された思想としてのその意味のために生きよう」（一四〇頁）、この一節は自問清掃に携わる者、つまり少数者の私たちに共通した思いであると感じた。

アクティブ・ラーニング（AL）としての自問清掃―こんなにも猫も杓子もの情況になってくると、「自問清掃こそがALだ」と主張する実践者も登場してくるかもしれない。それは、背後に「拒絶された思想」としての自問教育に対する劣等意識が潜んでいるからでもある。今様の言葉に乗っかれば、理解可能な対象者として相手にしてもらえるのではないかという下心があるからそうなのであろう。また、「今度の道徳（学習指導要領）は、自問教育に近くなっている」などとする発言も、文科行政がいったいどこを目指しているのかという根本問題と結びながら考えるべきことで、軽々しく喜ぶようなことではない。自問清掃が目指す教育が、徳目を掲げてそこに子どもを寄せていくような道徳教育とは根本的に異なっていること、また行為と反省との不断の往還によって関係性の裡に自己確立を目指していることを忘れてはならない。その意味で、自問清掃は拒絶されることにこそ意味も意義もある。

ところで清掃が――合唱劇などと同様に――Activityであるのは当然なのだが、その教材としての特性ゆえに、何がラーニングされているかこそが問題だ。学校掃除はアクティブ・ラーニングかと問えば、おそらく殆どの教師がそうだと答えるにちがいない。しかし注意や指示に溢れる学校掃除は、子どもから当事者性を奪い取り、判断力や自主性を無視し、集団準拠能力の向上を目指す。

アクティブ・ラーニングの、そして自問清掃の、さらに情報活用能力の、顕著な特徴がなにか言えば、活動そのものがアクティブということなのではなくて、活動と認知とが絶えず往還することにある。活動と認知の往還のよき習慣化のことを、あるいは活用能力と言いあるいは自分を見つめる力とも言う。つまり、本質に迫るためには直感と反省とのふたつの入口があり、清掃活動からの入口は身体活動による直観であって、活動のみが繰り返されているだけでは、別の入口である反省による認知へとはつながっていかないのだ。

活動と認知、行為と思考、直観と反省とを絶えず往還させることが重要であるし、自覚とはそもそもそのようにして形成される。別の言い方をすれば、学校掃除教育は、清掃活動だけを繰り返しているような活動中心主義ではなく、言語中心主義の教育へと転換すべきなのだ。いずれ詳述する「べてるの家」の実践を知り、ますますこうした思いは強くなった。

自問清掃がアクティブ・ラーニングと言い得るのは、掃除という実践活動で得られる直観が言葉を探そうとするからである。言葉中心主義と言い表すのはそのことによる。自主性や対話が重視されることは、言うまでもない。これまでの学校掃除の中にはなかった言葉を探そうとする。

流行性感冒を治すわけでもないのにとにかく汗をかけだの流汗だのと言い募ったり、もうすでにぴかぴかの床を意味なく黙って拭き続けたり正しい雑巾のしぼり方がどうだとかそういうことではない。「安心して休める掃除」「休んでも許し合えるような学級づくり」というような言葉で表現される掃除。

学校掃除をこんなふうに表現する発想が、今までにはなかった。新しい実践が新しい言葉を欲しがる。未だかつて見たこともないような言葉を。

学校掃除は表現活動だ

学校掃除は表現活動だ、と言い切るには少し説明を要するだろう。この場合の学校掃除とは自問清掃を指しており、表現活動とは音楽や身体表現のような時間的芸術表現を意味している。

なにか対象に働きかけて質的に変化させ、異次元の目に見える形象の作品として創り出す、その作品は時間を経ても尚残っている、というような表現活動は想定していない。そういう活動は、主に絵画とか彫刻などの制作を考えてみればわかりやすい。ここでいう表現活動とは、斎藤喜博教授学で実践されてきた総合的音楽表現活動（教材としてのオペレッタなど）を指している。自問清掃は、それによく似ている。

音楽教材として一般的にとり組まれているオペレッタは、合唱劇とか音楽劇とかいう形で実践されてきているが、合唱劇の場合は歌唱を重視してそこに若干の身体的な動きを伴う。また合唱劇は、音楽授業で扱われる場合は、時数の問題もあり衣装づくりなどにはあまり重きを置いていないようである。また総合音楽表現としての音楽劇は、扱いとしては総合学習の領域にあり、絵画などとは異なり作品を展示することができないため、衣装づくりや発表会の計画など、長時間にわたる学習内容となることが多い[13]。

一方、私が言うところのオペレッタというのは、これらの合唱劇や音楽劇とはまた異なり、セリフだけではなく独唱・重唱・合唱などの歌唱を伴うことはもちろんであるが、役に応じて衣装を纏うことはせず各種のステップやポーズなどによっても演じられる。衣装がないこととも関連するが、配役は固定せず、隊形を変えながら絶えず全員が舞台上で演じている。それが、私が「学校掃除は表現活動である」というときの「表現活動」のことである。斎藤喜博教授学における芸術教育の一環として行われてきた総合的表現活動を指している[14]。

もっと言えば、学校掃除を総合的表現活動として捉え直すべきだ、というのが私の主張である。誤解がないように言っておきたいのは、行事や部活動で、発表やコンクールや大会のために日々訓練を積み重ね一糸乱れぬ集団性やチームプレイを目指すのとはちがう。一糸乱れぬ集団性は目指さないし、集団性というよりも他と対応しながら個人が自由に自分から動くような掃除活動である。

教材「オペレッタ」が絵画や彫刻とどのように異なるかと言えば、時間芸術としての音楽の特性上、なんらかの形象として作品が残るということがない。そして、鑿を用いて岩を刻むようになにか対象となる物質に働きかけるかと言えば、掃除は、物質に働きかけそれを変化させ造形するというのでもない。内なるものを外に実現するということではもちろん共通しているけれども。

物との関係性（対応）という点からすれば、ステップ指導で「つま先を使って床とお話するみたいに……」と助言されるように、自己と床や空間とが能動的即受動的に関わることで、対象そのものではなくむしろ自分自身がその環境や空間的制約によって調整されながら変容することはあるのだろう。所謂調整力がはたらく。その意味で、自己がそのときどきにそこに作品となって表れては消える。舞踏芸術などは、まさにそうである。

自己の内的なイメージや外的な環境によって、自分自身の動きや関係や表現そのものが、瞬間瞬間に変化変容していく。その刹那刹那に生み出されては消えていく身体の動きや感情や感覚そのものが作品の正体だということになる。だから、掃除は表現だ。

自問清掃とオペレッタ

自問清掃とオペレッタとの共通する第一の特性は集団活動であり、そのときどきの関係性の中で生み出される子どもの形象（姿）となって表れては消えていく。

自問清掃もオペレッタも集団活動であるが組織的ではない。厳密に分担や配置や動きを決めて、遵守させるという発想はない。したがって、非効率であり非合理的でさえあるかもしれない。しかしそのことにこそ教育的価値を見い出そうとする。非効率的で非合理的だからこそ、試行錯誤や対応し合う機会が増えて、より教育的になるのだと。

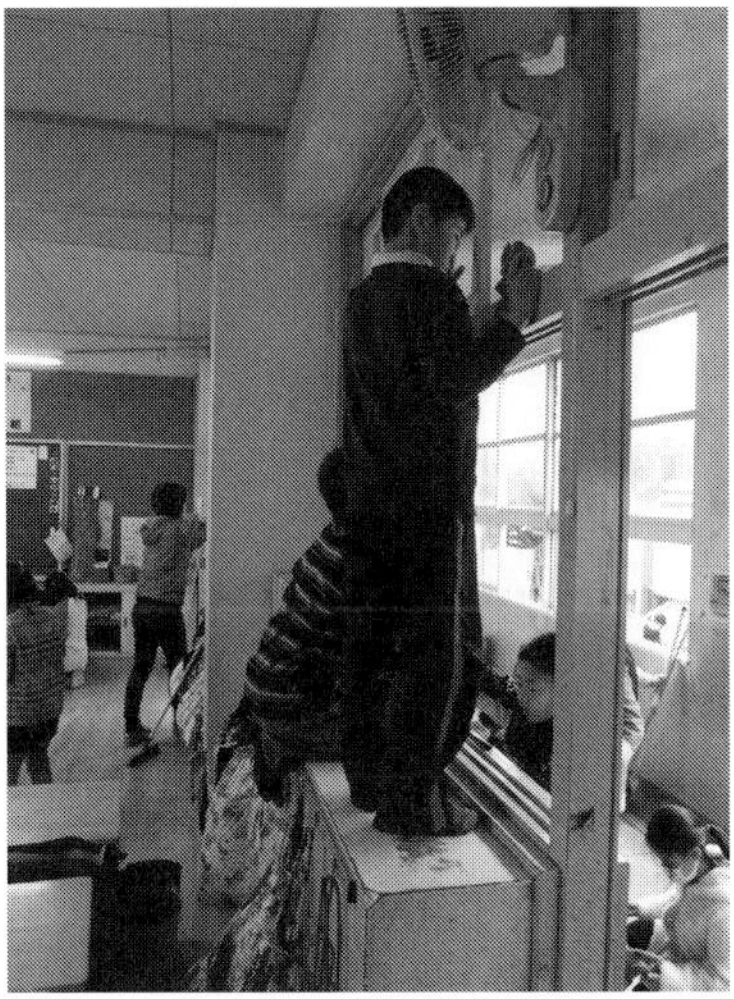

自問清掃では、分担などを取り決めるようなことがないため集団は予め組織化されていないが、単に大衆のように方向性をもたないものであるかと言えばそれはちがう。方向性は、ゆるやかに持っている。一つは、清掃の目的・到達地点であるところの場所をきれいにするという一応の目的。この目的は、集団に暗黙のうちに共有されている意識である。もう一つは、協働しようとする意志。この意欲とも言うべきものは、個々人が内的に発動しようとするときには、必ずしも集団としての目的・目標は優先されない。集団活動として、その場所をより早くより美しくするために個々人が必要な仕事を見つけるという目的意識ではなく、協同・協力という協働へのあこがれに支えられた行為として実現される。

他と遠く離れてまったく別の場所をひとりで掃除しているような場合も、協働だと意味づけられ許容される。通常清掃の見方からすると、そろそろ机を運ばなくてはならないだろうという段になっても、ある人は教室の隅を黙々と拭いていたり別のある人は窓の桟の埃をかき出したりしていて、床の雑巾がけをやる人がひとりもいない、という事態も生まれるかもしれない。助けを必要とする人がいたら手助けしようとはするが、皆で協力してその場所をきれいにしようとするような目的はあまり意識されていなくてもかまわないのだ。

自問清掃における協働の意識は、他と協力してその場所をきれいにすることだけに向けられていないから、その場所に縛りつけられることもない。協働について子どもに意識づけるときにも、したがって掃除の時間に限定されない。掃除に限定されない協力・協同のよさ（価値）に支えられて、子どもたちに提示される。

生まれるが残らない

第二の共通点は、作品が残らないという点だろう。歌人でもあった斎藤喜博が「教育は虚しいものだ」というとき、芸術としての教育活動の中で、子どもの事実が表れては消えていく教育の刹那性や一回性を意味として含んでいたことはまちがいない。その斎藤の言葉にも通じる。より正確には、結果の形象は残らないが事実としては残る、とも言えるか。

拭き掃き汚れを除くための行為が掃除だとすれば、後に残るのは掃かれ汚れがなくなって清められたなにも無い（空の）空間・環境ということになる。ときどきの行為や所作そのものが、そのときどきの作品であり、その時間が終わればもう何も残らない。雪かきを終え、陽が当たってきて積まれた雪が消え、後には何も残らないように。何も残らないことこそが仕事の成果である。その瞬間々々に生み出される舞踏や演劇と同じものが掃除にはある。このことは、次の第三点目の過程重視という内容とも大きく重なるが、舞踏はそのときどきの瞬間の連続であるが、そういう身体あるいは行為そのものが掃除だと言える。

人は掃除をするとき、己の身体的な感覚に従って行為を連続していく。その瞬間々々の対象との能動受動の中に行為を進めていく。身体的自己との対話の連続がそこにある。人は、自己の感覚の能動受動の連続（隙間のない連続）によって時間を経験する。〈感じるもの〉と〈感じられるもの〉との——ちょうど結晶とその中にひそんでいる母液の関係にも似て——不可分な関係が生き続けるというように[15]。

結果ではなく過程を

第三の共通点は、第一第二から必然的に導き出される。過程に出現する姿そのものが問題なのであって、踊り終わった舞踏になにも残らないように——結果の成果を問うものではない。

作品や成果が残らないとすれば、必然過程そのものが重視されるべきであり成果だけを問うべきではない。通常の学校掃除ではきれいになったかどうかという成果だけが問われることが多いが、自問清掃では成果主義の発想には立たない。その時間のその瞬間になにが行われ、どのような物語が生まれたかということこそが重要であり、とにかくきれいになれば終了し、汚れが残っていればやり直しというような成果主義的な清掃観はとらない。

ところでオペレッタを演じることは、ある物語の実現だから、その中途よりも最終的になにが表現し終わっているかが問われることもかもしれない。しかし中途の意味的充実がないのに、それを抜きにしてフィナーレが成り立つはずはない。それに対して掃除の時間は、いくら中途であろうがそこで終わった、仕事をやり終えた姿として捉えることができる。なぜなら、掃除には終わりがないから。仕事は見つけられるだけやり続けることができるから、一応の終わりも結局は途中でしかない。

いずれの場合も、フィナーレや完結部だけの充実、言い換えれば、とり繕った終了だけで完成だとするならば、それはひとつの誤魔化しでしかないだろう。合唱で言えば、最後の長音のハーモニーだけが美しく響けば、すべてよいというだけの演奏になってしまう。終始合わせをしないということだ。掃除にはいつも中途で終わったものしか残されないのだから、完全な作品を発表するような終わり方はできない。

掃除には作業時間の終わりというものがあるだけで、予め用意された脚本を演じ終わったというような終わり方はあり得ない。これがオペレッタと掃除との決定的なちがいだろう。

自問清掃という掃除には定まった脚本——この場所を一定時間内に効率的に掃除して元通りのきれいな状態にするというような——はない。めあて追究学習としての掃除活動ならばあるはずのめあて達成地点もないし、皆で一応きれいにしたという成果主義にも立たないから作業完了という発想がない。

関係性の中で

以上の三点のすべては、自他の関係性（＝自他の対応）の中で生起する。他とは他者であったり物であったり空間であったりする。関係性や対応は、対人でも対物でも成り立つ。

オペレッタを演じたり自問清掃しているときには、物や空間に制約されるばかりではなく、逆に働きかけもする。

対応や関係性は、自他が互いに影響し合うが、浸食し合ったりはしない。どちらか一方が、他を浸食することはしない。関係性とか対応とかはそういうものであり、本質的に対話的である。

一人ひとりの演じ方や掃除というものは、行為としてはあくまでも個人のものだが、他者や物との無関係的な孤立的行為というものはできない。関係性の中で自己を実現する。他者との関係性の中で、自己を実のある real なものとして顕現化することができる。

斎藤教授学のオペレッタが一般的な合唱劇や音楽劇と異なっていたように、自問清掃もまた発想において通常の学校掃除とは大きく異なる。行為そのものの瞬間の美しさや教育的価値を問うということは、成果をあげるための合理性や効率を問題視しないし、予め決められた（劇の配役のような）分担制もとらない。オペレッタにおいては役やその人数が可変的であったように、自問清掃でも分担制はとらない。オペレッタでも自問清掃でも、固定されない緩やかな区域や役割の分担の中で、そのときどきに無言で対応し合ったり気働きをし合ったりしながら行為を連続させていく。

オペレッタで分担・役割を固定しないことは、隊形や隊形移動の手順を固定しないこととともつながる。また立ち位置や動きを練習通りの決まり切ったものにせず、そのときどきの情況の中で自由に変更しながら演じてもよい。これは、上意下達的な組織を作らないと言い換えることもできるだろう。組織化を図ることなく、子ども同士の瞬間の対応力や関係性を育てようとする。組織を固定しないからこそ関係性が育つと発想するわけである。これが、共通する第四の点である。

総合的音楽表現と自問清掃の共通点を、再度まとめておこう。第一に、集団活動であること。第二に、作品が残らない、時間的行為そのものであること。第三に、過程を重視し、結果や成果のみを問わないこと。第四に、関係性の中に生起し、対応力を育てること[16]。

両者の共通点は本質な事柄であり、だからこそ自問清掃は表現活動である。これからの学校掃除は、表現活動になるべきなのだ。

自覚における直観と反省

柳田謙十郎を知ったのは、教育哲学の師であった齋藤昭先生からの書簡に、「私と貴方も、西田幾多郎と柳田謙十郎のような関係になるかもしれない」との主旨が書かれてあったことからだったと思う。柳田は戦後になって師である西田を否定しマルクス主義へと転じた。

柳田謙十郎『西田哲学と唯物論』[17]は、柳田晩年の総括であると共に、西田哲学に対する批判的受容がどのように為されたかという点で注目しなくてはならない。自分の死を意識した八〇歳の柳田が著した本著は、多くの示唆に富んでいる。西田と柳田との関係、そして柳田が師である西田を否定してマルクス主義に転じた経緯、それらをもとにして私自身と教育哲学の師であった故齋藤昭先生との関係などについて考えてみると、示唆されることが多い。

実は齋藤先生のお宅にお邪魔した際、ラテン語ギリシャ語などの外国語の本で埋め尽くされた地下の書庫を案内してくださっていた先生が、なぜか「ほら、ここに唯物論がある」とおっしゃって一連の全集を私に示されたことがあった。唐突になぜそう言われたのか、意図がわからなかった。先生は私の中にマルクス主義の空気を感じられたのか、それとも今後唯物論に当たってみるべきだという研究へのヒントであったのか。そして、帰り際に「これはきっと今後あなたの役に立つだろうから」と『戦後日本思想大系』[18]を全巻下さったのだった。

拙著『注意や指示の学校掃除』は、戦後歴史思想史の文脈の中に学校掃除を意義づけたものだと自負しているが、執筆中にこの全集を何度か手にすることがあった。『注意や指示の学校掃除』も、実は齋藤先生の先見に与っているにちがいない。

先生はお心の中で、ご自分と私との関係を、いずれ西田と柳田の関係のようになるのではという予感があったのだろうか。多分先生は、ご自分の論をそのまま鵜呑みにすることなく越えていくべきなのだと励ましてくださったと思っている。だからこそ自問教育の理論化を目指す者は、柳田が西田哲学を静的で自閉的な思想であると批判したように、マルクス主義の実践性や改革指向性に学ばなければならないと思う。

今柳田の『西田哲学と唯物論』に少し目を通してみよう。柳田は、西田の第二著である『自覚に於ける直観と反省』を強く意識しているという点で、私の問題意識に近いものがあるように思う。「西田哲学の論理的大系の発展は『自覚に於ける直観と反省』を持って始まるというほうが正しいであろう」(九九頁)とも述べている。このことについては、氣多雅子も同様の主旨のことを指摘している[19]。これらの指摘を受けとって私の立場について考えてみると、直接的経験が即反省的思考・自己省察につながることが、自問教育の最も特徴的な一面だと理解している点、それこそが「自覚に於ける直観と反省」であることが見えてくる。

西田は『善の研究』で純粋経験によってすべてを説明しようと試みつつ、直接的な体験による直観はそれのみに留まることを許さず、必然的に反省的思考へと結び付くという作用を認め「自覚に於ける直観と反省」の解明に向かった。学校掃除もまた、掃除という行為から感得する直観を、絶えず反省的な自己省察へと結び、自覚の形成作用を促さなくてはならない。

しかしそれは、孤独な修行僧のように孤立した個人が、自己の内面にだけ向かうような〈自問〉であってはならない。柳田の眼を以て、西田哲学の限界性を意識しつつ自問教育を視てみると、行為と反省の往還は他者を度外視して個人内だけで成立しているものではないことがわかる。他者との関係や対話を契機として個の根柢に遡源的に自己省察作用が起きる。その契機は、片務的ではなく自他の双方に起きるのだ。つまり関係性の中で起きる自己内対話が自問である。

集団活動として実践される自問清掃では、自己省察も互いが契機となる。活動と反省とが日常的に往還する自問清掃実践は、民主的に互いが支え合い影響し合う社会性へのよき練習の場となるだろう。この往還による学び方こそ真の学習方法であり、アクティブ・ラーニングである。

したがって私は自問清掃の目標を、「関係性における個の確立」あるいは「関係性における自覚の形成」とする。

アクティブ・ラーニングと自問清掃

今までの学校掃除が、主体的で対話的な学習の場にならなかった大きな原因のひとつは、掃除活動がいったいどのような学習目標（＝目標行動）を持つのかを、きちんと学習者に説明（説得説諭）しなかったからではないか。つまり、学習者は活動そのものを提示されやり方を説明され、それを繰り返していただけで目標行動としての活動になっていなかった。

もうひとつは、活動の中で行為的に得られた直観を、認知へと結ぶ手順を踏むことをしなかったからだ。活動は体験中心主義に終始するばかりで、反省的思考を伴っていなかった。これは、直観が即反省を呼び起こすことにすら気づかずに、ときどき強制的に課される反省文によって自己省察は充分になされているのだと、教師達が勘違いしたままであったからだ。一学期に一度掃除についての反省文を書かせたからといって、それで深い自己省察が保証され自覚の形成が促されるはずはない。行為的直観が反省的思考（＝自己省察）を自発的に展開することを前提に、その論理を教育方法として編成することができなかった。直観と反省、行為と思考との不断の往還こそが、教育方法のあるべき姿だと意識されなかった。

ところで、先日日本教師学学会でＩさんという珍しい方と出会った[20]。彼は発明家であり忍術を習っているとかで、いろいろとお話しを伺った。忍術の修行中に、師匠からいつも「考えるなっ」と叱られるのだそうだ。難しいのは、「考えるな」と言われるから考えないようにしようとすると、それがかえって考えてしまっていることになるからダメだと。考えないようにしようと思うことは、考えないようにしようと考えるわけだから、無になろうと努力することに似て極めて（絶対矛盾的に）難しい。考えないようにしようという意志の働きそのものがすでに考えてしまっていることになるから。

座禅における修業は、考えることあるいはなにかに拘ることを、浮かんでくる度に自分の脇の方へすっと流していく修練なのだと聞いたことがある。そんなふうに、こうしようああしようなどと操作的に考えることなく、自己が行為そのものになることは極めて難しい。修業とはそういうものであり、行為が「できる」ようになってから遡源的に自己省察して意味が「わかる」という世界なのだろう。

ところが、伊木さんのそうした体験的な言動は、学会の中では殆ど宙に浮いたまま無視されてしまっていく。なるほど伊木さんの物言いは直截的で解説が殆どないから、口々にアクティブ・ラーニングを主張するマスター・ラーニングの実践者であり且つ空中戦好きな大学人達には一向にわからないままだ。一瞬の間と沈黙の後、伊木さんの発言はまったく無視されて議論は進んでいった。

実践なき研究者の言葉

ある大学の研究者から「平田さん、［これから研究に向かうのであれば、］自分の実践を客観化できないと駄目ですよ」と言われたことがあった。その言葉が、妙に引っかかっている。小中高校に勤めた経験があり、実践者が自分の実践を客観化するのは相当にたいへんな事であるのは承知の上で、その重要性を言ったにちがいない。しかし、やはりそれは実践なき研究者の戯言であると今は思う。

実践者というものは、実践を展開していくに当たって、過去の自己実践を自己否定しながら進んでいく。それはあくまで主観において為される作業だが、その過程は自己実践の否定であるからかなり厳しいことであり、自己の客観化を経なくてはならない。自己否定できない者は、同じことをくり返し、やがてルーティン化しマンネリ化し、しかもそういう自分に気づかないままでいる。

自ら高い実践の事実を出すことなく現場を終えて研究者になった者には、自己の客観化は容易いものかもしれない。なぜなら客観視ではなく傍観はできるから。高い事実を生み出した者にとって、客観化は相当に難しい。そういう体験や感覚がない研究者が、自己実践を客観化せよと言ったところで説得力はない。学校現場での経験がある研究者であっても、学校現場のよき理解者面などしながら「現場の先生方のお手伝いがしたい」などと、したり顔で言うべきことではないだろう。そういう研究者には、大学人でありながら学生と共に土にまみれて田畑を耕す体験学習に没頭しているような同僚教師の凄さはわからないものだ。

大学だからといってリフレクションの重要性ばかりを唱えているような授業に終始することなく、自ら模擬授業をやってみせたり、大学生にこそ農業体験をさせるべきだと主張し自ら先頭に立って土にまみれているような大学人がもっと尊敬されるべきだと思う。

合気道の修業を続ける実践的研究者である内田樹は『修業論』[21]の中で、一見意味を成さないような所作をくり返し行うことによって、あるとき不意にその動きができるようになったとき、その動きの仕組みや意味を遡及的に理解しようとすることが、〈わかる〉ということだと説明している。遡及的というのは、高坂正顕が西田哲学の説明で〈遡源的〉と言っていることと相通じる。実践者であり研究者である内田のことばは、自ら実践してきた自問清掃を研究する私に強く響く。

西田哲学の限界性と身体論

柳田が指摘するように、なるほど西田哲学には存在論はあっても行為論、特に前進的行為論あるいは形成的人間観、さらに言えば教育的人間形成論が弱いのかもしれない。柳田は、西田の弱点として主に三点を指摘する。ひとつは、歴史の進歩に対する保守性。歴史的進歩の必然性に消極的で、東洋的世界観に立っている。柳田のいう歴史的進歩は、人格形成つまり教育的側面に消極的であると解釈することもできるだろう。ふたつに、現実社会の階級性に対する無認識。これは、教師と子どもとを単に上下関係と捉えてしまうような人間関係認識を生むかもしれない。三つには、反動的国家論。帝国主義侵略戦争の肯定と天皇制美化は、極右思想と同じだとする[22]。

主に一つ目の指摘について述べるとすれば、いきなり「歴史的進歩」と大きく言い表すとわかりにくくなってしまうが、西田は要するに教育的見地あるいは人間の成長とか形成的変化について配視してはいないということである。ひとりの人間の成長とか形成とかいうものも、大きく捉えれば歴史的進歩のことだろう。再度逆から言えば、歴史的進歩とは、一人ひとりの人間においては、その変化・変容を意味している。西田哲学は、現実主義的であり、保守的な固定主義に陥る危険性を孕んでいる。人間とか社会の変化・変容に関わる認識が現状肯定の自己中心的であれば、歴史の進歩という考え方が生まれてこないのだと、柳田は考えるわけである。西田学派と言われるほど多くの弟子を育てた哲学者は西田をおいて他にはない。だから柳田の指摘は、皮肉と言えばこれほどの皮肉はない。

ただし柳田の西田哲学の核心「行為的直観」に関する説明は、甚だ不明確だと言わざるを得ない。心情としてはわかるが、批判的説明は不充分だ。語り口は、時として西田調になってみたり柳田風に戻ってみたりするのだが、随所でどうしても客観化に立ち切れずに「なっ、わかるだろ」的な西田哲学の仲間内に語りかけるような雰囲気を醸し出している。マルクス主義に転向したというのであれば、尚更この「行為的直観」について明解に説明すべきだった。

それに対して湯浅泰雄は、「行為的直観」に関して、「直観」には二種類あると分析した上で論を進めており、少なくとも柳田よりは明解である[23]。西田哲学における身体論についても一項起こしている。「修業と身体」については、仏教・芸能・道元・空海について述べており、問題意識としても私に近いように思う。いずれ詳しく扱いたい。

ところで、「純粋経験」のひとつの言い表し方として、そのものとなってとか、物となって考え物となって行うなどというようなものがあるため、西田の「純粋経験」を単なる行為論のように受け止める傾向があるかもしれない。しかしこの概念は、人間存在の有り様を説明したものであると捉えた方が誤らない。つまり、自覚というものの形成過程を表現したものというよりは、自覚の構造を、時間を一旦止めて固定化して表したものであると理解すべきではないだろうか。

自問教育における自覚の形成という場合も、問題の捉え方として誤ってはならないのは、〈自覚〉というものの形成過程を明らかにしようとするのか、それとも形成された〈自覚〉の在り様を明らかにしようとするのかの区別だ。つまり、過程か結果か。二者を全く別々に考えることは困難であり、また同時に明らかにすることも困難だと思うが、その言説が形成過程についてなのか、形成結果についてなのかを区別しなければならない。

以上の考察から導き出されることは、自問教育における自覚の構造を解明する際には、西田哲学は有効な手助けになるだろうということ。また、自覚の形成過程の解明には、別の方途を得る必要がありそうだということ。

受動と能動 368

「有の場所」から「無の場所」へとは、「働くものから見るものへ」と移動すること。つまり、何者・何事（＝世界）かに対して、能動的に働きかけることから受動的に見る（＝直観）の世界への移動することである。このことは、「見る・見える」に関する議論とも通じている。〈見る〉あるいは〈見入る〉とは能動であり、〈見える〉とは受動である。この〈見える〉に関する吉田章宏の論考については、後に触れなくてはならないだろう。

斎藤喜博は教育とか授業とかにおいては、〈見える〉ということは、ある意味では「すべてだ」と言ってもよいくらいだと言ったが、なるほど教材解釈でも授業でも掃除でも音楽でも、見えるかどうかが教師にとって決定的であることは確かだろう。

今確認しておかなくてはならないことは、〈見える〉とは受動的な事態であるということだ。さらにそれは、〈見入る〉という能動的積極的な行為の繰り返しによってやがてもたらされるようなものではないということだ。修業論的に言えば、〈見入る〉ことの修練の先にやがて〈見える〉事態が訪れるということではない。〈見入る〉という努力の結果、あるとき突然に〈見える〉という事態がもたらされるのではない。〈見える〉は〈見入る〉の延長線上にはない。見る→見入る→見える、ではない。

自然で力みのない（大江健三郎風に言えば）ニュートラルな態勢に自分の身体を保つことができたとき――それはそのように世界あるいは環境が整えられたとき――、やがてどこからか直観としてもたらされるものである。アイデアとかひらめきにように。そこにはなんの操作も働きかけもなく、〈待つ〉姿勢の条件が整うということしかない。しばしばそれは諦めるということであったり聴くということであったりする。

このようななにも構えのない態勢は、オーケストラ指揮者の究極の仕事ぶりのようでもある。チョン・ミョンフンの公開指揮講座を参観し、多くのことを得た。特に、意図や指示が一旦伝わってしまえば、あとは聴くことこそが指揮者の仕事なのだというコメントには納得がいった。指示を出すこと、動機を与えることがより少なく、聴くことを多くするべきであると。斎藤喜博も子どもの合唱指導をしている自らの写真を示しながら、「聞き入る姿にも指揮がある」と解説している[24]。

能動と受動の両方向から、指揮者の（小澤征爾が言うところの）invite は成り立つ。Invite は、能動ばかりではないだろう。指揮者が聴くことによって、演奏者も聴き合うようになる。聴くことは待つことだ。指揮者が指示を与えた後に聴いているのは、なにかを待っているのである。

吉田章宏の〈見る〉

吉田の〈見る〉に関する論考は示唆に富んでいる[25]。吉田は「視る」を「じっと見る」と言い換える。私流に言えば「見入る」である。吉田は「見る」「視る」「見える」の連関を、「見る」と「視る」の循環のうちに「見える」に至ると説明する。

吉田が示唆する重要な点は、循環とは試行錯誤などを含む時間と経験のことであり、実践そのものを指していることである。また、それは過程を重視することであり、過程とは「修業」そのものを意味しているということである。さらに、「見る」ことと「見える」こととは次元が異なるということも重要である。この場合の次元とは、弁証法的に（または最近接発達領域的に）異なったものへと変質することだ。変容ならば様相が異なる姿になることだが、変質は質そのものが変わること。教育では、それを成長と言う。つまり見えなかったものが「見える」ようになった教師は、変質し成長している。

斎藤喜博が「教育は見えることがすべてだ」と言うときの、その中味を吉田は実にコンパクトにまとめている。この論考は、吉田の目から見た身体論的教育論である。

吉田は、第七章で「見る」ことを問題にした後、第八章で「問う」ことについて書く。つまり、「見える」が行為的直観だとすれば、その見えるようになった「こと」「もの」はいったい何なのかという「問い」が次に生ずるというわけである。そして「問う」ことの後に、「応える」、さらに「教える」と展開していく。このように論理が展開していくこと自体、「見える」ことが出発点としていかに重要であるかを示しているといってよいだろう。

では、「見える」ことこそが教育の出発点であるなら、そもそも「見える」に至るための「視る」と「見る」の循環はいったい何に動機づけられて起きるのだろうか。

それは〈疑問〉である。〈疑問〉こそが、日常的な「見る」を不安定化して「視る＝見入る」ことを動機づける。〈疑問〉に動機づけられて「見る」と「視る」の循環が引き起こされ、やがて「見える」瞬間が訪れる。

しかし事はそう簡単ではない。循環が起きれば、必ず「見える」瞬間が訪れるとは限らない。むしろ何かだけをじっと「視る」ことで、視野は狭隘になり他を排除する。今まで見ていたことが見えなくなるとも言える。見ようとして見れば見るほど見えなくなってしまうことがある。

実際には、「見える」という事態は、あるとき突然に「見えたっ」という瞬間となってもたらされることが多い。ひらめきとはそういうものである。じっと「視る」という能動的な姿勢の必然的帰結として起こるのではなく、あるとき突然に一瞬にして訪れる受動的な事態である。じっと見るというよりは、言わば景色でも眺めるような受動的な構えでいる時に、あるいはすっかり諦めてしまったある瞬間に、それは突然にあちら側から自ずと「見える」ものとして訪れる。

湯浅泰雄の身体論と五段階問題

湯浅は性の問題についての理論的分析に触れながら、「必要なことは理論的な説明を与えることではなくて、実践的な解決を与えることなのである」と述べる[26]。この言説に従えば、竹内は自問清掃プランによってまさに「実践的解決のための方法」を与えようとしたのであり、私は今その方法に「理論的な説明を与えること」を試みている。説明を与えることはまったく不必要だと、私は思わない。湯浅の東洋的心身論を手がかりに、自問清掃プランを心身論の視点から検討し直すことで、このプランのもつ意義の新たな側面が見えてくるにちがいないと考えるからだ。

湯浅の心身論については後に詳しく触れるが、空海に関する彼の指摘は、竹内が自問清掃モデルを構築する際に目指したことと通じていると思う。竹内はモデルを実践的な方法論として提示したかったのだ。「理論的説明」を追求していたのか、それとも「実践的な解決」方法を与えることを目的としていたのかは問うまでもない。後者である。

「理論的な説明」の視点からすれば、確かに五段階モデルには瑕疵や矛盾がある。主に対他的意識に基づく最初の三段階と、主に対自意識に向かう後の二段階とは明らかにズレている。一方でモデルを論理的に説明可能なものにしようと企て、もう一方で現場で実践可能な方法論を提示したいとする企てを抱いていた竹内が、理論的説明と実践的方法の両立という二つの企てを、接ぎ木のように強引に引き合わせようとして必然的にズレた。

しかし湯浅の言説に即して言うならば、竹内の目論見は本来、学校現場で実際に実践可能な解決方法を提示したいというものであったにちがいない。それならば、少なくとも竹内の裡では瑕疵とかズレとかいうものがあろうはずはない。実践可能な教育方法でなければ実践者にとっては意味は薄い。五段階問題を解決したいという私もまた、自問清掃モデルに隠された論理的矛盾を指摘しただけでいてはならないだろう。なぜなら、実際に学校現場では、教師の研修会や子どもへの説明において、おそらくこの矛盾・瑕疵を原因とするいくつものかの問題が生じているからだ。

その最たるものが、五段階モデルの前三段階と後の二段階を、両方とも同等に掃除活動形態として捉えてしまっているということだろう。すでに述べたように後ろ二段階の「感謝清掃」「正直清掃」は、掃除活動の形態を意味しているわけではない。掃除活動の形態は、三段階までに提示されたような三様相として発現する。それらの活動に対する反省——自問ノートを綴ったり、友達の作文を手がかりに話し合ったりする自己省察活動——は段階的に設定された五つの鍵語に沿ってなされていく。自問清掃指導の要点は、そうした活動と反省とを日常的に頻繁に往還させることだ。心身論の立場から見ても、私のこの説明は誤ってはいないだろう。

心身論からみた五段階

石谷二郎が心身問題の歴史と現在について簡潔にまとめている[27]。石谷によれば、デカルトに発する《物心二元論》はG.ライルが明らかにしたようにそもそも「疑似問題」であり、《一元論》か《二元論》かという問いも、私たちの出来事が常に「全的に一つ」である以上「表現するコトバが二つ」あるにすぎない。そして石谷は、「私たちの時代にふさわしい《形而上学》が打ち立てられるだろうか」と結んでいる。

こうした心身論の視点から、自問清掃五段階モデルにおける段階間のズレの問題を視てみると、おもしろいことに気づく。

三段階までは、主体的能動的（アクティヴ）な前進的外面的身体的な行為論を意味しているが、その後の二段階は自己内的内面的意識的なものを意味している。身体論は対他――他は他者や物のこと――であり意識論は対自のことであるから、身体的行為論としての前三段階と、意識論としての後二段階とがズレているのは当然である。むしろそこに積極的な意味を見い出すとすれば、そのズレを心・身論としてどう「統一」するかという課題がある。弁証法的にどう克服するかという課題とも言えるだろうか。

もうひとつ見えてくることは、段階の順序として身体が意識の問題に先行していることである。「できる」という身体論から入って「わかる」という意識論へと段階的に移行していく。身体論から出発し、身体を前提として意識論に展開するわけである。自問清掃の五段階モデルは、このように心身論の本質に関わるこれら二つの課題を提示しているのである。

五段階モデルには、教育方法実施モデルであると同時に、心身論における大きな課題が内在されている。ひとつは、段階の移行にギャップがあることによる他己と自己との不統一の問題であり、もうひとつはそれをどのように統一するかという教育的陶冶の課題、言い換えるならば、このモデルは、一方で実践方法の具体的解決方法として、他方で心身論的陶冶――あるいは「できる」と「わかる」という行為と意識の不統一――をどのように統一統合克服するかという公案としても提示されている。もし統一が実現すれば、自問清掃は、身体論と意識論を統合する新たな教育的心身論となる。

教材解釈も心身論

教材解釈も心身論である。

教師が教材をどう理解するかということだけを言えば、認識・意識の問題である。従来の教材解釈は、その地点に留まっていた。授業案の末尾に附録のように「教材分析」などと題して教材文の構造分析を載せてあるようなものが、その類いである。教材をどう理解するかという問題を、指導方法とはまったく切り離して行っている証拠である。学習素材をどう分析したかが教材研究と捉えられ、指導方法に結び付くようなものになっていない。本来一体であるはずの内容と方法との分離である。

授業者である教師が、授業を前提として行う教材研究は、素材の分析も指導の方向性も含み込んだものでなくてはならない。そもそも素材研究・教材研究・指導法研究は一貫した総合的なものであって、それを段階論的に実施することは不可能だろう。まず素材として分析し、次に教材として研究し、最後にその指導方法を構想するというように、階段を一歩ずつ上っていくようには進めることはできない。こうした説明は、授業構想が立案できた時点に立って、構想過程を遡及的に整理し直し事後的に説明したものである。つまり教師が教材をどう理解したかという内容の問題と、それをどう指導するかという方法の問題とを、切り離して構想することはできないのだ。

一方、島小教育の授業案では、「教師の解釈」に続いて「授業展開の角度」が述べられ、そこでは解釈に基づいて授業を構想するに当たって、予想される子どもの可能性や授業展開の方向性や予想される困難をどう克服するかなどについても触れられている[28]。具体的な展開方法の詳細を提示する前に、「教師の解釈」「授業展開の角度」を示すという発想は、〈教材解釈〉に理解内容と展開方法を含むという考え方である。子どもならばこう読むだろうという可能性やそれらについての指導方法の一部も含まれるから、解釈が認識の先の実践（＝身体）までをも含むものになっている。

意識の二重構造

従来のような分析だけを示す教材解釈——正確には素材分析とか教材理解と言うべきか——を超えて、実践の一部である指導方法をも含む〈教材解釈〉論は、内容と方法、認識と行為、あるいは意識と身体とをどう統合するかという心・身論そのものである。私はそのような〈教材解釈〉を追求したい。

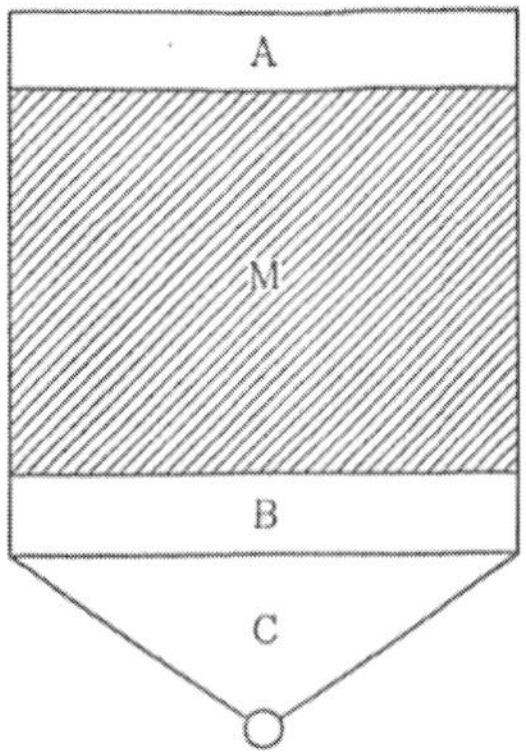

井筒の「意識の構造モデル」

意識——心情・心などの内面——が二重構造になっていることも、充分配慮しなくてはならない。

私が考える自問清掃の自覚形成の構造図は先に示した。図を構想するにあたり、井筒俊彦の言説は多くの着想をもたらしてくれたが、「掃除という実践活動で得られる直観が言葉を探そうとする」と述べたことなども、そのひとつの表れである。井筒の「意識の構造モデル」[29]にしたがって言えば、「言葉を探そうとする」ことは、実践活動によって中間地帯（M）辺りに芽生えている直観が、表層（A）において表現されるべき言葉を求める下から上への動きに外ならない。個人の内面はそのように、表層と深層との二重構造になっている。

湯浅泰雄も意識が「明るい意識《コギト》」と「暗い意識」の二重構造になっていると述べているが、これも井筒の言質とほぼ同義と見てよいだろう。「明るい意識」は「自己と世界の関係づけ」を行う「人間の存在様式の表層を形成」しているもので、生理学的には大脳皮質（新皮質）と皮質系機能に対応している。それに対して「暗い意識」は「心身関係の基底的構造」となって、「底層に潜在」する「原始的意識」であり、生理学的には大脳辺縁系（古い皮質）や自律系機能がそれに対応している[30]。

井筒・湯浅の言説に沿って私なりに解釈するとすれば、意識の表層には有用性に向けて組織化された反省が言葉となって現れているが、意識は二重構造になっているから、その下には深層と呼ぶべき領域があり、感情や体験的記憶が沼地のように渾然一体未分化の状態で無意識のまま潜在し蠢いている（BC）。さらにその基底には、善さへの憧れや種子《ビージャ》があるにちがいない[31]。

今自問清掃で「内面化」とか「それは心の問題だ」とかいうときには、掃除活動と反省——自問ノートに反省を綴るという行為だけではなくもっと広い意味での反省——という行為のみから考えてはならないということがわかる。なぜなら、反省意識の表層には、主に自問ノートの記述や話し合いでの語りが目に見えるかたちとなって現れてくるが、それらの反省も表層に顕れた行為の一種なのであって、内面化されているものの実態はもっと深いところにあると考えなくてはならない。内面化は、表層から無意識の領域へと下向する情動作用によってもたらされるから、「○○さんはすごいと思う」とか「前よりも成長した」とかの表層の言葉だけが、彼の意識の全体ではない。

自問ノートに綴られた言葉には、おそらく二つの様相がある。ひとつは深層に澱んでいる行為的直観に与えられた言葉、もうひとつは明るい意識面において、「外向的実践」を対象とした反省行為の言葉。前者は深層から感情を伴って上向してくる行為的直観に言葉を与えて表層に顕現化したものであり、後者は掃除などの実際の行為に対して反省し意味づけを行ったものである。

ところで意識が二重構造になっているとすれば、作用は今言ったような下から上へ向けての一方向的なものだけではない。湯浅が密教やヨーガや芸道などにおける修業の分析を通して明らかにしようとしたように、より重要なのは、上から下へ向けてはたらく作用である。言葉や具体的行為などの表層にある明るい意識面から、自分自身を条件づけながら行う日常的訓練的な行為によってはたらく、下方の「くらい意識」に向けての作用である。

上から下へ向かう作用によって生み出される「能動的感受性」は、感受によってのみ受動的に生み出されるのではない。具体的な例で言えば、当初は難しいとしか感じられなかったベートーヴェンの音楽にも、知識や能動的訓練を継続することで、やがては感動できるような感受性を後発的に養うことができるということだ。知識が広がれば感動は深くなるのだ。

そのようにして感受性が達成された人格的状態を、自問清掃では〈正直〉と表現する。自問清掃における〈正直〉とは、隠し事のない心の状態というよりは、何ものにも囚われることのない自由な開けの状態 enlightenment を指すと解することができる[32]。

東洋思想と自問清掃

副題が「東洋的心身論と現代」となっている湯浅の著書『身体論』の目次を見てみよう。湯浅の論究過程は、西田哲学の心身関係の検討から出発して東洋の修業論を通った後にメルロ＝ポンティらの身体論を媒介しながら生理心理学や心理療法の成果を経て、東洋的な心身（統合）論へと回帰している。すでに各所で湯浅の言説に触れてきたが、それらは多くの示唆に富んでいる。洋の東西を巡り東洋的心身論へと回帰するという道筋を見たとき咄嗟に思ったのは、自問清掃を創案した竹内にも、おそらくこれと似た考究の過程があったのではないかということだった。

湯浅は東洋思想における修業の意味を探究する過程で世阿弥の芸道論に触れて、「日本の芸道論は……実作者自身の制作体験を記述して伝えようとするところから生まれてきた」と述べている[33]。竹内もまた自問清掃の主旨に関して語る際に、自身の学級担任当時の掃除指導実践や校長としての取り組みなどを例に引いている。これは水彩画家でもあった竹内が、プランの創案過程を自分の体験談として伝えようとしているわけで、自問清掃はまさにひとつの芸道論として語られていると捉えることができるのではないだろうか。

沼田裕之が自問清掃に対して日本の「すぐれた文化的遺産を見事に現代の文脈の中に組み入れた教育法である」と評価していることについてはすでに触れたが、湯浅が指摘する芸道論に関する記述ともつないでみると、自問清掃が単に掃除という活動を取り上げているばかりではなく、芸道論という東洋的思想の発想に立脚して創案されているという新たな側面が見えてくる。

ところで湯浅は、芸道に欠くことのできない修業についても触れている。「西田は、われわれがいかにして日常的経験の次元から場所的経験の次元へ移行することができるかという問題を問題として自覚的に提出していない」とも述べて西田哲学の弱点を指摘し[34]、その後、空海・道元・西田へと続く心身論の連なりを検討し、「空海の身体重視の考え方の伝統は、道元に受けつがれている」、また「西田の思考様式は……空海の日本的思考様式の伝統をついでいるといってよかろう」と結論づける[35]。だからこそ、空海の哲学は「修業の体験を組織化する」ことを目指したものであり[36]、「日本仏教における思考様式の伝統を確立したもの」であるとする[37]。

湯浅は修業に関して密教やヨーガなどを検討しているが、その前提となる認識は、「われわれはふつう心を身体の上におき、意識の在り方が身体の在り方を支配し、統制するところに人間性の本質があると考えている」とするものである[38]。確かに、掃除を「めあて追究活動」として行う場合などは、こうした発想に立っていると言える。今日はあそこをこうしようとめあてを決め、それを意識しながら行う掃除活動では、心が身体を支配・統制しようとする。掃除の前に動きを止めてめあてや課題を決めさせ、その後掃除活動に入らせるような指導はよく行われている。そうしたやり方がわれわれの日常的理解の態度だとすれば、修業は逆に「身体のあり方に従って心のあり方を規制し支配」し非日常的理解へと導こうとするものだという。

それでは身体のあり方に従って心のあり方を規制・支配しようとするのが修業だとするなら、ここで考えてみたいことが二つある。ひとつは、いわゆる型から入る掃除指導について、もうひとつは、自問清掃で教師に課される禁則についてである。

修業と自問清掃

先程私は「上から下へ向かう作用によって生み出される能動的感受性」と言った。一見矛盾するように見えるこの「能動的／感受性」とは、元は修業に関して湯浅が使った語である。感受性とは元来は字の如く受動的なものと理解されているが、修業という能動的な過程を経て生み出されるために一見矛盾するような印象を与える修飾となっているわけである。また「上から下へ向かう作用」とは、外向的実践である身体活動によって、内向的実践である心の在り方を統制しようとすることによって生起するはたらきのことを指している。

身体の在り方に従って心のあり方を規制・支配しようとするとき、それを「型から入る」と表現する学校教師達がいる。行為のかたちや所作が実行できるようになれば、自ずと感受性が感得されると考えるのだろう。あるいは、その過程を、世阿弥を借りて守破離と表現する教師もいる。そこで「型から入る」掃除指導について、まず考えてみよう。

ここで考えてみたいのは、型から入ることの是非そのものではなく、その前提となる事柄についてである。言うまでもなく型から入らされるのは子どもである。このとき指導する教師の側には掃除をやらせたいとかさせなくてはならないという強い動機があるのだが、実は当の子どもたちはもともと掃除をする動機を殆ど持ってはいない。教師には掃除をさせたい強い動機があり、子どもには掃除がしたい動機が殆どない。これこそが、勉強ができるようになりたいから学習塾に通ったり、空手が上達したいと思って習いに行ったり、またバレーボールが上手になりたいから部活動に参加したりするのとはまったく異なっている点であり、このちがいは決定的なものだ。掃除がやりたいという理由で、学校に来ている子どもはいないということだ。

そういう子どもたちに対して、殆ど何の説得も説諭もないままに、黙ってやる無言清掃や事細かな手順に従ってやるシステム型掃除が導入される。「黙ってやれば何かが見える」とか「手順通りにやればきれいになって気持ちがよいはずだ」というわけである。「何かが見える」「気持ちがよい」というのが身体統制の結果導き出される子どもの心の状態を指しており、身体のあり方に従って心のあり方を規制・支配しようとする教師の動機が強くはたらいている。

無論ここには東洋的修行論的発想がはたらいているから、こうした活動は人格形成に資するものであり教育的価値があるとされている。しかし「型から入る」発想に基づいて行われる管理主義的学校掃除指導が、多くの罪過を招いてしまったことについてはすでに別の章で詳しく述べた通りである。子どもの身体を統制することで心も育つような人格教育が成功しているとは言い難い。

型に入れると称して、動機づけることなく押しつけだけでやらせることが、その大きな原因であることは確かだろう。導入において動機づけが重視されないことは、その過程においても成果主義だけがまかり通り、人格教育的な側面はいつしか忘れ去られて場所をきれいに整えることが目的化していく。

もっとも問題にすべきことは、動機なき子どもをいかに動機づけるかなのだ。その際教師による説得と説諭が決定的な役割を果たすことは言うまでもない。しかし型から入る管理主義的指導には、そういうものがない。十分な説得説諭を伴う管理主義的指導は、本来的な意味において矛盾している。非管理主義的な掃除活動を目指すからこそ、説得や説諭が重要とされるのである。

学校教育における掃除活動で「型から入る」指導をする教師が、掃除を人格形成や心身関係に関わる教育の問題として捉えていることはまちがいない。その意味では、湯浅が指摘するように、東洋思想の伝統においては「心身関係の基底的構造が重視」されるとする文脈上に位置してはいるのだろう。しかし彼らは、掃除しようとする動機を持てない子どもをどうやって動機づけるかという問題に、あまりにも配慮が足りなかった。なぜなら、〈東洋的伝統に基づいて〉掃除はやるのが当たり前であり、させるのが当たり前であると思い込んでいたのだから。しかし実はその思い込みこそが、なかなか修正のきかない日常的で非本来的な世界理解なのだ。

次に、自問清掃で教師に課される禁則「指示・命令・注意をしない」を、修業論の面から考えてみよう。教師の修業についてである。

湯浅は修業を次のように定義づける。すなわち、「修業とは、日常的経験における世界理解の仕方を逆転してゆくことである。世界内存在としての自己の立場からみた存在理解が、非本来的な存在の理解にすぎないことを明らかにする実践的方法が修業である」と[39]。そうであるならば、自問清掃で課される禁則は、日常的経験の逆転を教師に迫る。

拙著『注意や指示の学校掃除』は、非本来的な存在のままに無自覚的に注意や指示を多用している教師達の、管理主義的指導の歴史と問題点について記したものだった。明治五年の学制発布以来一〇〇年以上にわたって、日本の学校教師は、子どもに対して事細かに世話を焼き注意や指示を多用する伝統を築き上げてきた。世話焼き好きの教師は概してよい教師であると評価されてもきた。だからこそ注意や指示を多用する教師にとっては、「指示・命令・注意をしない」掃除指導などあり得ようはずもない。

自問清掃では、こういう教師の姿は非本来的なものであると考え、〈信じて待つ〉をモットーとして、「指示・命令・注意をしない」とする禁則をかける。作業中能動的にはたらきかけ続けようとするのが通常の教師の姿であるから、禁則はまるで四肢をもがれてしまったかのような情況を創り出すだろう。その上でさらに、教師は〈一作業者〉として自分の作業のみに集中することが求められる。「指示・命令・注意をしない」からといって、チェック表を片手に子どもの掃除ぶりを巡視するような姿勢も否定されるのである。

私はかつて、この禁則のことを、旧約聖書の十戒に準えて「三戒」と言ったことがあった。湯浅は仏教における「戒律」に触れて、「仏教における修業の実際」は「戒律」によって代表されると指摘した上で、「戒」は教団の内部規律、「律」はみずから決意した生活規範を意味すると説明する。つまり、戒は他律的であり律は自律的である。そして戒は他律的ではあるがユダヤ＝キリスト教的とは本質的に異なっており、「通常の道徳的生活規範以上の拘束をみずから課することを意味する」、さらに戒・定《じょう》・慧《え》の「三学」における戒と定というふたつの実践が、仏教における修業の内容であるとしている[40]。

この湯浅の解釈を引き受けて考えてみると、自問清掃における「指示・命令・注意をしない」には、戒と律の両方とさらに定が含まれていることがわかる。禁則の意味するところは、「教師は注意や指示をしてはいけない」という行為の禁止と、「わたしは注意や指示をしない」で〈一作業者〉となって子どもと共に働くのだとする教師自身の実践に向けての自律的な決意と内容なのである。他律的な禁忌ばかりに目が向いている教師は、やがて我慢しきれずに思わず注意してしまう瞬間を迎えることになるだろう。自律的な決意を持ちつつ仕事に集中していく教師には、やがて思いがけないかたちで、新しく成長した子どもの姿との出会いが訪れるにちがいない。

教師が子どもに指示や注意するはたらきかけを止め、〈一作業者〉となって子どもと共に働く。昨日までなんのためらいもなく自然に気持ちよく子どもに指示や注意を与えていた教師は、昨日までの自分の教育的はたらきかけの持つ意味や子どもの自主性を育てるための動機づけなどについて、したがって自己の教育方法や教育観に対して自己吟味を強いられることになるだろう。否、そのような理知的な次元にはすんなりとは移行せず、昨日までの自分の日常的な行為が禁止されることで混乱し憤り、いきなり非日常的な体験の世界に放り込まれるにちがいない。そしてやがては自己吟味や自己省察へと導かれて、教師成長へとつながるのかもしれない。

教師成長に関わってはすでに別のところで考究したが、今問題にしている心身論の視点から言い換えるとすれば、自問清掃における教師成長とは、自他の行為に対する無自覚的な非本来的世界理解が、指示や注意をしないで一作業者となるという自律的規範を伴う実践によって逆転され、教師としての本来的世界理解に至る修業の過程である。つまり自問清掃は、子どもにとっての修行ではなくて教師修業である。

身体と技術

齋藤孝に、身体論の主要著書に関するレビューがある[41]。主に、メルロ＝ポンティ、竹内敏晴、ヘリゲル、デュルクハイムについて触れている。斎藤によれば、身体論は「近代社会における主体のあり方を問い直す」ものだと意味づけられる。また、「『できる』ということが身体の特質であり、身体の暗黙の技能体系である」と定義づける[42]。そこで、身体と技術・技能と自問清掃の関係について考えてみたい。

一般的に言えば、学校掃除論は身体論ではある。なるほどそこでは「できる」「できない」が最大の視点となっている。しかし掃除は確かに「できる」に関わる身体論ではあるが、そこにとどまらずに「できる」から入って心の問題に至ろうとする心身論として捉えるべきではないか。最近私は講演などで「わかる」と「できる」の対照から話を始めることが多いが、この「わかる」と「できる」については、本稿でもすでに各所で触れてきている。そうした問題意識に立って、斎藤のレビューを検討してみよう。

斎藤は、演出家竹内敏晴が「『からだ』という言葉をキーワードに七〇年代以降の日本の身体論の重要な潮流を作った」と重く評価し位置づけている[43]。今手許にある竹内のいくつかの著書に当たってみると、彼がメルロ＝ポンティから大きな影響を受けていることがわかる。斎藤がここでとり上げているのは『ことばが劈かれるとき』である[44]。齋藤によれば、竹内は哲学者林竹二と出会ってから教育とのつながりの問題にも目覚め、「演劇と教育と治療。この三領域を『からだ』でつなぐ仕事が竹内の身体論」となったと言う[45]。

さらに齋藤は、竹内の弱点として「脱力」をキーワードとした点に触れる。「習得」や「技化」という要素は、身体にとって決定的な重要性をもっているが、竹内においてそれらは殆ど抜けてしまっていると。身体の「解放」を主張し、持続的に自分を鍛える重要性が身体論としては強調されなかったと批判する。

ところで斎藤喜博教授学の表現教育における「習得」や「技化」の問題は、当然ながらステップ指導と関わる。大槻志津江は斎藤喜博校長と出会って以来表現指導に生涯を捧げてきた指導者であるが、表現教育における「ステップ指導」の必要性を説く大槻の主張は、齋藤孝のこの指摘に対応する。大槻は、スキップ・ウォーキング・ポルカなどのステップは、呼吸やイメージや解釈などのすべてを含み、バネやリズムの流れもひとつにしたものだとする。そして、ステップを通して躍動感やしなやかさを持った体づくりの原則を学ぶことによって、子どもは「自分発見の中から生まれる、創造的な自己表現を創り出す喜びを満喫する」とも述べている[46]。

「創造的な自己表現を創り出す喜びを満喫する」ことがステップ指導の教育的意義だとすれば、ステップ技術を習得し我が物として技能化する過程は、単に技を習得することだけの次元にとどまることなく、そこを越えて表現教育の目的になり得ることを意味している。さらに大槻は、「解放にも順次性と発展性がある」[47]とし、第一の解放がステップ、第二の解放が歌とリズム、第三の解放がオペレッタと位置づけていたようである[48]。

今はそれらについて深く立ち入ることはしないが、身体の「解放」を主張しながら持続的に自分を鍛える「習得」や「技化」に配視しなかったとする齋藤孝の竹内敏晴批判に対するひとつの答えを、大槻のこれらの言説の中に見い出すことができる。

斎藤喜博は、「表現は人間を解放する」と言った[49]。しかし心を解放しろとかそれには脱力が大事だとか直截的に子どもに指導・助言したとしても、子どもからしたらステップなどの技が習得されていなければ表現のしようがない。子どもがオペレッタの中で自己表現しようとする際に、当然ながらステップなどのなんらかの技の習得が前提となる。さらに技の習得は基礎的な学習であると同時に、その学習過程そのものが創造的自己表現ともなり得る。つまり技術の習得とは、単に何らかの技を暗記するというようなものではなく、もっと深い内容を含んでいるのである。

したがって「表現は人間を解放する」とは、技術の習得と文字や身体活動による外向的実践とによって、人間の意識・無意識領域に及ぶ全体性が、今までとは別のものへと生まれ変わることを意味している。

技術論と経験

それでは、学校掃除における技術論とはどのようなものだろうか。

自問清掃では「きれいにすることは第二義」的にはするのだが、要するに第二義としては認めるわけである。つまり掃除する以上どうしてもきれいになるかどうかを万人が皆問題にするだろうし、それを「きれいにならなくてもよい」とだけ言って終わりにしていると、そこで議論の入口は断たれてしまう。通常清掃推進者は「掃除はきれいにならなくては意味がない」と言い、自問清掃推進者は「きれいにすることは第二義的なものだと考えればよい」と言い合っているだけでは、互いを乗り越えていくことはできないだろう。

そこでまず「きれい第一主義」の視点から、掃除の技能としての要素—共通して重要視するいくつかの技術的要点あるいは指導の要点—を整理しておきたい。今それらを列記してみよう。

(a)道具の正しい扱い方

・箒の扱い方、雑巾の絞り方（振りだし方）、ちりとりの構え方等の習得

・場所に合わせた道具の選択

(b)組織的に動く集団における分担と手順

・組織的活動としての学校掃除（手順と分担）の訓練

・合理性と効果・効率の追求

(c)（教師が評価者となって絶対評価した際の）きれいになっているかどうかという結果

・過程の軽視、結果主義、自己評価の軽視

・教師による到達点の設定、掃除はいつも未完という考え方はない

以上の項目は別の言い方をすれば、(a)道具操作の技術、(b)集団における個人の育成、(c)結果の重視に関わる事柄である。掃除の技術論は従来型掃除指導の要点であるが、教師の意識は殆どが(a)に向かい、(b)(c)は暗黙の前提となって

いる。(b)は(c)を達成するための手順や手段であり、(a)については道具の構造や合理的な扱い方と共に伴うべき心遣いが重視されるだろう。掃除の教育的な意義を深く問いかけることのない従来型指導においては、手段であるべき(a)や(b)が自己目的化していることも多いように思われる。

(a)(b)(c)を主な内容とする技術重視論者との議論において、自問清掃推進者はこれらの諸問題をどう克服すべきなのだろうか。「掃除はきれいにならなければ意味がない」と考える技術重視論者と、「場所がきれいになるだけでは意味がない、心が育たなくては」と考える自問清掃推進者とは、水と油の関係故に、議論はそもそも成り立たないのだろうか。

技術重視論者にも次の言質は受け入れられるかもしれない。かつてオイゲン・ヘリゲルというドイツ人哲学者がいた。一九二〇年代の数年間日本に来て弓道の修行体験をし、帰国後体験したことを講演したり著書に著したりした。ヘリゲルは、「たとえどの射も中らなくとも、弓の達人になることが出来ます」と「術なき術」について師匠から言われたのだという[50]。日本人固有の見方がそこにはある。技の習得そのものよりも、それを超えたところにこそ意味があるのだと。こうした言説の背景には、非自問清掃論者にも自問清掃論者にも共通する、経験重視の価値観があるだろう。ただし経験の内容は異なる。前者は達成感や清潔感と言い、後者は心の成長と言う。

齋藤孝はヘリゲルを紹介しながら、「身体の解放の側面ばかりを強調して型による技の鍛錬を軽視させる思潮を広めた者の責任は無視できない」とし、最後に「身体論の生命線は、著者の身体感覚である。……身体から生まれた言葉は、身体を通じて読まれなければならない」と、最も重要と思われる指摘をしている[51]。この指摘は、身体感覚なき研究者による「わざ」研究の限界性を示唆してもいる。

振り返って、自問清掃推進論者が他者の視点を持ちながら「身体を通じて読まなければならない」のだとすれば、技術論的学校掃除を体験した後、それを乗り越えることによって辿り着いた自問清掃でなくてはならないだろう。技術論的学校掃除から出発した教師が、自らの自己否定的な体験によって獲得したものが自問清掃でなくてはならない。その逆、つまり自問清掃実践者が、自己否定的体験を経て技術論的学校掃除論者に転じた例を私は知らない。

かつて、自問清掃体験者を自認するひとりの教師が、「自問清掃の精神はもらうが、自問清掃はやらない」と私に語った後、技術論的学校掃除に戻るかと思えば、なんの掃除教育も実践することがなく退職していった。学級担任当時に自問清掃を実践したと自認していた彼は、学校長となってからはなんらの掃除教育もすることなかったのである。彼は技術論的学校掃除から出発し、自問清掃と出合ってそれを数年間体験したが、その体験は彼の教育観の転換を迫るようなものではなかった。体験はしたが、新しい子どもの姿、新しい自分に出会うことなく終わったのだった。

自己否定を伴うことのない自己体験を語る者は、体験はしたもののそれが経験へと変質することのなかった者である。

師匠と弟子

先に私は創案者竹内は、自問清掃を芸道として語ったと言った。今仮に「掃除道」[52]というものがあるとするなら、型から入ることは、その掃除道において見性を得た特定の師匠や継承者が、自己の経験に基づいて見性に至る道筋を明らかにしているからである。

禅宗の道元や能の世阿弥、ヘリゲルの弓の師匠阿波研造や内田樹の合気道の師匠多田宏や植芝盛平は、見性した師匠達である。そうした師匠が型から入る修業を弟子に要求した。しかし、学校掃除における師匠は誰か。掃除において型から入ることを主張する教師達は、掃除道において見性した人達だろうか。見性したのは、おそらく竹内隆夫や鍵山秀三郎などの極少数の人達だけではないか。

学校掃除で型から入るというとき、たいていは無言で働くルールを遵守させながら、教師が予め決めた手順に則って全員が作業を進めることが想定されている。そのとき教師は師匠で、子どもは弟子なのだろうか。違う言い方をすれば、道具の扱い方や手順を決められたように毎日毎日くり返すような修業をした結果、そうした技術の修練を超えて人格形成に関わるなんらかの見性を得た教師がいるのだろうか。おそらく一人もいない。師匠と呼ばれるような域に達した教師はひとりとしていないのだ。

人間の第一条件はまず謙虚であること、謙虚になるための確実で一番の近道は、床に手を付き身を低くして掃除をすることだなどと唱えて、子どもに膝つき雑巾がけを励行している学校がある。人間にとって第一条件が謙虚であると主張した教育哲学者がいたかどうかは知らないが、それはおそらくかなり個人的な見解であるにちがいない。そのためには床に手を付き身を低くして掃除することとする論理も、正確には論理としては成り立っていない。謙虚になるためには、掃除以外の選択肢もあり得るからだ。しかしこの学校では、こうした論理に基づいて子どもに汗を流す掃除活動を実施し、その間教師はチェックリストを手に巡回したり後ろ手にうろついたりしているだけで、一緒に働こうともしていない。

掃除の修業をしたことも見性してもいない教師が、型から入る掃除を主張して子どもにやらせ、それを巡視しているというのが今の学校掃除の姿である。自らの生き方を問うこともなく、子どもの成長だけを望んでも叶うはずはない。それならばせめて、一作業者となって子どもと共に働くというものではないか。学校で教師は先生と呼ばれているが、実は掃除についてはインストラクターでもマスターでもないしそういう資格認定制度もない。もちろん師匠の域に至っている者などひとりもいない。未だ見性していないひとりの修行者でしかない。

日本的身体論の転倒

横山太郎は、日本的身体論の「形象の流通が、根本的に転倒している」として、時間的（＝歴史的）順序の転倒を指摘している[53]。道元・世阿弥→西田幾多郎→メルロ＝ポンティが実際の歴史的順序であるが、日本においてはメルロ＝ポンティ→西田→道元・世阿弥となって「転倒」しているのだという。この横山の論考は、主旨もその運びも明解であり説得的である。随所に概念定義をきちんと示しながら論を展開しているため、その都度立ち止まっては私自身の「日本的身体論」の出処も自覚できたような気がする。まずは、それらの定義も含めて要点をまとめておきたい[54]。

横山は日本的「型」を、次のように定義する[55]。個人的意識による自由で自然な身体の操作を否定し、「世代を超えて継承される定型」の身の扱いを、「反復稽古する」ことで身心脱落の境地に至り、個の限界を超越することを目指す、日本的な身体性の理念であり、本来的には「手順」ほどの意味で用いられていたのだとする。

ここで確認しておかなければならない点がいくつかある。型であるから個人の自由な身体操作を否定しているのは当然であるが、その型は「世代を超えて継承される定型」として形成されており何人でも反復稽古することが可能になっていること。その反復のうちに身心脱落の境地に至ることを目指すことなどである。

この定義に従えば、至ろうとする境地は、絶対者つまり超越者を自他以外のたとえば神とする西欧的な宗教観や観念とは大きく隔たっている。個の限界を神という超越者に求めるのではなく、自己を忘れる(＝無)というものに求めるのである。

翻って学校掃除指導において「型から入る」ことを主張する教師には、このような型の定義がそのものないことに改めて気づかされる。彼らが主張する型とは、教師が各自の固有な体験に基づいて恣意的に言っているものであって、定型化され共有化されたものではない。学校掃除には「世代を超えて継承される定型」がそもそも存在しない。型から入るというのは、教師が定めた掃除方法を一切変更することなくやらせて学校をきれいにしようという目的を、最も効率的に達成しようとする恣意的なお題目でしかないのだ。目的は、子どもの内面の発達ではなくて学校をきれいにすることにある。型から入るというお題目は、教育関係者が時としてやりがちなご都合主義的な言葉の借用でしかない。あるときは型から入ると言い、あるときは活用能力と言い、またあるときはアクティブ・ラーニングと言うように。

さて横山は日本的身体論の転倒について、諸学成立の過程を歴史的に辿りながら論証していく。そして京都学派の身体論と現象学の身体論との相似は、現象学の直接的な影響によるものではなく、それとは相対的に独立しつつ一面では先行していたとする[56]。つまり、西田の哲学は、現象論を超えようとして生み出されたものではない。

横山はさらに指摘して、『善の研究』では有機体の身体性の独特の意味は、十分に考察されないまま放置されており、後に西田が「行為的直観」と呼んだにも拘わらず、『善の研究』における技芸の分析に萌芽的に見られた身体性への洞察からはむしろ後退しているとする[57]。この解釈は、湯浅と通底していると視てよいだろう。

日本哲学が「身体」を発見するためには、別の契機を必要とした。それこそ、田辺元の身体論であったと横山は主張する。折からヘーゲル哲学に取り組み始めていた西田と田辺は、弟子達のマルクス主義による突き上げを受け止め、自らの哲学を弁証法的体系として組み替えていった。自らの弟子にまでも学ぶ、これこそが西田の凄さというべきだろうか。弟子達もまた、皆西田を人格的には尊敬しつつ、学問的には乗り越えようとした俊英達であった。

自己に内属しつつ「他性」を保持する身体の否定的媒介を経て、初めて個人が成立する。横山によれば、田辺はそのように主張した[58]。これを私なりに言い換えてみよう。自問清掃では度々そういう事態になるのだが、個人の認識としては、「それをやればよいのだ」と「わかっている」のだが、いざやってみると身体（＝行為）は、それに逆って思うようには「できない」という現実ぶつかることが多い。私の身体は私に属しているが、まるで他人のように思い通りには動いてくれない。わかるのだができない、あるいは逆によくわからないのだができてしまうこともある。自己の意識と身体の、言わば相互否定的なこうした問題をどう考えたらよいのだろうか。

「否定的に媒介」するとは、自己の意識と身体の「他性」との否定的弁証法的克服が実現されなくてはならないという意味である。よくわからないができてしまったことについて、事後的遡源的な探究は机上における自問であるが、その過程はまさに否定的弁証法的自己探求ではないだろうか。自己と身体の他者性との弁証法的克服の過程だとも解することができないだろうか。

身体とは自己のうちなる他性であり、田辺が見い出したように、「自己」にも「物質」にも還元できない「身体」というものの独特な意味がそこにある。田辺は、西田やハイデガーとの対決の中で、内在的超越のオルガン（器官／機関／道具）としての身体を見い出した。ここにおいて初めて、京都学派の身体論と呼ぶべきものの祖型が形式された。また、純粋経験において直観を通じて与えられる実在の世界と、対決する個物と個物が相互に作用し合った変化・発展する歴史的・自然的現実の世界との、二つの別様にリアルな世界を統合的に理解することができる[59]。横山は、田辺をそのように位置づける。

学校掃除に即して言えば、ここで述べられる世界のうち、前者は掃除という活動（＝行為）そのものであり、後者はそうした個が活動中や活動前後での他者との相互作用によって成長していくことを指している。もちろん、これらは両方とも「リアルな世界」であり、両者を不断に往還することによって「統合」しようとするのが自問教育である。横山による京都学派の身体論の立場から視た自問教育は、およそそのように捉え直すことができるだろう。それはすでに検討したように、湯浅の身体論を通して視たものと、ほぼ同じだと考えてよいのではないだろうか。

だから日本は優れているのか

次のようなフレーズには注意しなくてはならない。一九三〇年代後半以降の京都学派の論者たちが示したのは、ある歴史的種（たとえば民族）に所属する人間にとって、世界とはつねに「その種（民族）固有の身体性を通じて与えられる」というテーゼであったと、横山は指摘する[60]。個人の行為が絶えず共同体固有の身体性を持つ、というこのフレーズだけを受けとれば、共同で行う行為である学校掃除は、確かに絶えず共同体固有の身体性を持っていると解することができる。学校掃除は活動として日本固有のものと言えるが、そこにおける個人の身体もまた、日本という共同体固有の身体性を持っているということである。

この場合の共同体とは「歴史的種」である日本民族を指すが、その種とか民族とかを、日本民族の優位性と結びつけるというかつての過ちを二度と犯してはならない。言うまでもなくそうした思想は、戦時国防体制の中で帝国主義的侵略戦争の正当性をこじつけるための論理だった。論理はまったくのでっち上げであり、なんの正当性もない。京都学派の身体論は、客観的にはそうした道を用意してしまったのである。京都学派の身体論がそれ自体「日本的なもの」へと結びつく契機を内包していたことには、十分に注意を払わなくてはならないだろう。そしてすでに別の所でも述べたように、戦時国防教育における集団主義的学校掃除は、歴史的底流のように現在の教育にも流れ込んでいるのだが、国防教育の論理は日本民族の優位性と結び付いた身体論に基づいていたことを十二分に意識しておかなくてはならない。

身体と伝統をめぐる文化主義的な解釈欲望のもとで、「道元」「世阿弥」「西田幾多郎」といった形象の流通が「根本的に転倒している」というのが横山の結論であるが、彼の主張をまとめるとおおよそ以下のようになる。

戦後の知識人は、あからじめ京都学派によって提供された道元や世阿弥と出会うことになるが、その媒介自体は忘却されてしまう。そして京都学派の身体論も忘却された一九六〇年代からは、精力的に翻訳・紹介されたメルロ＝ポンティや市川浩らの論著によって、身体の哲学に「初めて」出会うことになる。そこで彼らは、振り返って西田の思想もまた身体論であったことを「発見」し、世阿弥や道元の思想も身体論であったことを改めて「発見」することになる。すると、京都学派がすぐれた身体論を世界的に見ても早い時期に展開できたのは、日本に伝統的に存在した「身体の知」のためであると説明し、その例証として世阿弥や道元を引き合いに出しながら、西田の行為的直観を解説してみせたのだった。つまり、メルロ＝ポンティらが乗り越えようとした「近代的」「西洋的」な心身観は、日本の伝統思想においてすでに乗り越えられていたのだと考えるようになったというのだ。横山は、こうした事態を「転倒している」と表現したのだった[61]。

西洋を越える思想や考え方が日本にすでにあったのだとする視点から日本文化を問い直し価値づけようとする姿勢は、日本文化の素晴らしさを殊更とりあげようとする近年のテレビ番組などにもよく見られる傾向ではある。日本は世界に先んじてすでに○○していたとして、日本の優位性を主張するわけである。世界に冠たるわが大和民族という、あのフレーズに似ている。

横山の指摘は、一般論としては、過去の思想というものは現時点の価値観の枠組みから意味づけ直されては捉えられるというものであり、当を得ているが当たり前のことでもある。しかしその捉え直しが、日本伝統思想の優位性を証明するという目的と結び付くことに問題があるわけだ。

おそらく学校掃除の捉え直しについても同様のことが言える。近年文科省が先導してパッケージとして輸出されている「日本式教育」なるものにも、そうした臭いが漂う。この日本式教育の中で、学校掃除を含む特別活動が核となっている。学校掃除の経験がないエジプトなどの子どもたちに管理型の掃除を推奨しており、テレビの報道によれば一定の成果を上げているという。なるほど学校掃除の慣習がなかったそれらの国々では、管理型学校掃除が意味あるものとして受け取られていくだろう。

しかしだからと言って、日本でも今後求められるのが、同様の管理型学校掃除ではない。日本では先んずること一〇〇年以上にわたってすでにそうした形態の掃除を実施してきている。そうした歴史を踏まえた上で、これからの日本に求められる学校掃除教育の姿がどのようなものか、それこそ探究しなくてはならない。管理統制からはもう卒業しなくてはならない。

身体論と表情

引き続いて西田幾多郎の身体論を手がかりに検討をすすめていくが、上原麻有子は「女性の顔」という独特の視点を提出している[62]。この挑戦的な論考は、女性の顔の文化的社会的意味を探り、その視点から西田の身体論研究に取り込むことが可能かどうかについて、上原自身が「模索している」内容を提示したものである[63]。

論考の全体を見渡してみて、まず次の三点は指摘しておきたい。

ひとつは、西田の身体論と言っているが、これが西田ひとりを指すのかそれとも和辻も含んで京都学派を指すのかがはっきりしていない。西田ひとりを問題にするのであれば、和辻を出すべきではないだろうし、仮に和辻に触れるのであれば、西田が和辻からどのような影響を受けているかをまず述べなければならない。ふたつ目に、その和辻に触れずしてレヴィナスへも顔の問題へもつなげていくことはできないということである。『善の研究』に続く西田の第二論文『自覚における直観と反省』を引用し、晩期の「行為的直観」へといきなりつないでしまい、和辻・レヴィナスを介して「顔」の表情と身体性へと展開していくのは、些か無理があるように感じる。三点目として、まさに本人も述べているいるように「女の顔」と「女」に限定することにも飛躍がある。

以上のような難点はあるにしても、この論考は新視点から西田哲学を問い直すことができるかどうか、その場合の問題性を探ってみたという刺激的な内容である。全体をざっと概観してみて、以上のような印象を得た。

上原は、西田の身体論をさらに展開するためには、「プロセスとしての身体」という観点と、「女性の顔」という性差（つまり文化的差）という視点を導入することで、「その大まかな形式を補強する有効な手段となる」と提案している。確かに肯ける点も多い。西田の生きた時代にはジェンダー論などというものは存在しなかったし、構造主義もなかった。したがって西田に不足していたものとして捉えるのではなく、西田の身体論の新たな捉え直しのために、上原の提起したことが説得的か否かが問題となるだろう。あるいは、西田の身体論を基礎として、そこに現代における新視点の導入によってどのような新たな読み方が可能となるか、ということだろう。

それでは以下、上原の論考のうち私の立場から注目すべき部分を引用し、必要に応じて若干の論評を加えておくことにする。

表出と表情とを区別する。「内面と表出された表情の関係……意図的に作った表情と意図せずに現れた表情の相違を、「行為的直観」の形式に止まる論理によって精査することは難しい。(一一八頁)」。これはまったくそのとおりで、表出される無意識的な内面としての表情と、意識的に創生される——産出されるあるいは創り出される——表情との二つは絶えず区別する必要がある。

それでは表情はどこに現れるのか。「動物の場合顔ではなく全身で表情を表すのであり、顔に特化した表情は、ヒトに近い霊長類に認められる特徴。(一一九頁)」、「[山口真美の言説では]顔とは、無言のうちにメッセージを送る社会的な窓的役割を持つ。身体の中で、顔こそ非言語的情報伝達において一番情報量を持つ。(一二〇頁)」。これらの指摘を、掃除活動中におけるコミュニケーションの問題とつないで考えてみる必要がある。掃除中における情報伝達は、表情よりも全身であろう。

たとえ表出であっても、なんらかの規制を受けている。「真の顔、あるいは偽る顔は、社会とどのようなやり取りをするかという問題を、行為的直観の面から考える。……表情の表出自体は規制されており、その質に文化の差が出る。(一二一頁)」。ここで上原は社会との「やり取り」、つまりコミュニケーションの動機がどこからくるかを問題にし始めている。表出が文化的規制を受けるということは、受けとり方も、なにを動機としているかという差となって現れてくるはずだ。それでは、自問清掃で想定されている社会的なやり取り(=コミュニケーション)とはどのようなものであろうか。

西田が『自覚における直観と反省』で示した「精神界の身体」と「物質界の意思」が表裏一体に連関したものであるとする主張は、「デカルトの主張からは到底出てくるはずのない身心観である。……物が対象化されるのではなく直観される」というもので、物と身体とが一体化している、とする（一二三頁）。つまり、デカルト以降の西洋の心身論を越える意識が、西田の身体論（心身論）に見られるということであろう。学校掃除に即して言えば、掃除を汚い所をみつけてやる行為とだけ捉えているのであれば、それは校舎を客観的に対象化して見える物に対してはたらきかけているだけの活動ということになる。そういう捉え方では、心と身体が分離してしてしまっている。あるいは教師が一方的に精神論を振りかざしてやる気を惹起してやらせているだけでは、掃除は単なる身体活動で終わってしまう。掃除を心身論から捉えなくてはならない。掃除という行為は本来、「私が物に変化をもたらし、同時に物も私に変化をもたらすこと（一二五頁）」である。

ところで、「和辻の「共同性」概念が、行為的直観を対人関係という一面において補った（一二九頁）」とする指摘は、端的であるが重要なものだ。なぜなら、西田は行為的直観をあくまで個人の裡における問題としてのみ扱ったが、和辻がそれを「対人関係」へと拡げたのだとすれば、集団活動である自問清掃における第二段階の意義を探究するひとつの視点となり得る。

この第二段階に関連して、「意識的な表現と無意識的な表現という二つの観点の差……この点について、行為的直観の身体論は周知していない。……身体としての女性の顔も、行為的直観的に説明されるべきものだ」（一三一頁）とする箇所も挙げておこう。ここが上原がもっとも主張したいことだが、結局のところは、西田の身体論（「行為的直観」）に欠けている点を和辻からヒントを得て女の顔につないでいることからすれば、対人関係論の不足ということであろう。田辺はそこを「種」という文化的・社会的制約の中に解消してしまったのだが、上原は行為が意識的意図的なものであれ無意識的なものであれ、したがって表出なのか表現なのかということを超えて対人関係論が必要だと指摘しているわけである。

私の立場からすると、学校掃除は確かに身体活動であるから身体論として捉えるのは当然であるが、その身体論に対人関係論的視点を導入し、個人の裡にだけ留めておくことなくコミュニケーション論として捉え直すということだろうか。そうであるならば、自問清掃第二段階の鍵語して掲げられる〈無言のコミュニケーション〉とはいったいどのようなものかについて、さらに探究しなければならないだろう。

掃除中の〈無言のコミュニケーション〉がどのようなものかと問えば、それは「女の顔」という表情の観点からだけでは説明しきれないだろう。顔の表情というよりは、全身の表情、つまり身体全体による表出と表現が問題とされなくてはならない。通常の学校掃除は、共同の同一目的をもった活動―多くの場合、その場をきれいにしようとする目的―であるため、霊長類固有の表情だけに止まらず、全身の表情や状況の把握に基づいた共同的目標行動となって実行される。

上原のこの論考が私にもたらしてくれたものは、自問清掃の第二段階における〈無言のコミュニケーション〉をどう説明するかという問題だ。また、「無言清掃」における〈無言〉が子ども同士を孤立化させ、なるべく交流し合わないような非コミュニケーションの状況を作り出してしまっている点にも触れる必要がありそうだ。

協働と目的

自問清掃が〈無言のコミュニケーション〉活動だとすれば、その活動の参加者、つまり教師と子どもたちにとって、活動目的はどのように意識されなくてはならないのか。

自問清掃が「きれいにすることを第一義とはしない」、あるいは「きれいになるのは結果であり、第二義でしかない」と言っても、結局は第二義的にはしているわけである。つまり、掃除は場所をきれいにすることからどうしても離れることができない。汚れを掃き除くという目的的行動から離れることができない。学校掃除が一斉に同時刻同時間実施される集団活動であるかぎり、そして汚れを取り除く活動に限定されている限りにおいて。

もしこれが、個人的な作業や行為だけに終始するのであれば可能性はあるが、集団活動においてきれい第二主義を実現することは困難かもしれない。教室内で数人で行うような集団活動・集団行動として実施する場合――言うまでもなく通常はこうした形態で実施される――、無意識的ではあるが、「時間内に教室の少なくとも見た目はきれいにする」とする共同的な行動目標が暗黙の裡に共有されるだろう。活動が無意識的になればなるほど、そうした志向性は共有化される。教師も同様の願いを持つだろう。歴史的に視て日本人には、そのような共通意識が形成されている。

これをたとえば六人で教室掃除をする場合に、個々の子どもが、その無意識的目標に関わりなく、黒板付近だけをやっていたり棚の片付けだけに専心したり野の花を飾ろうと屋外に摘みに行ったりすような行動に出ると、個々はバラバラな行動となって、結果として誰一人として床拭きをしないとか箒をやらないとかゴミ箱は溢れたままになるというような事態も出現するかもしれない。これだと、同じ場所にいるが共同的・協働的な行為ではない。そうした状況を善として是認するかどうか。

きれいな状態から

掃除教育の大前提としたいのは、掃除の時間になる以前に、たとえば始業前とか休み時間とか場合によっては授業中のちょっとした時間などを利用して、教師ができるだけ環境をきれいに整えておくこと。教師は、目についたらすぐ塵を拾ったり掃いたり片づけたりしておき、掃除が始まるときには予めある程度きれいになっているべきである。そういう環境が整えられていることを、学校掃除の大前提としたい。

これは一見常識的なことのようにも思えるが、学校現場では得てしてそうとも言い切れない。逆に、どうせ掃除の時間があるのだからとか、子どもにやらせたほうがためになるだとかの都合のよい方便によって、汚い状態を掃除時間まで放置するようなことが案外多いものである。

学級担任であれどうであれ教師(=教職員)は、授業中、休み時間、給食時間も含めたすべての時間の中で、管理衛生上きれいな状態は保持しなければならない。そのために各授業時間の最後の数分間を、美化活動に向けるという方法もあり得る。授業の一環として、授業場所の環境を整えたり片づけ時間をきちんと位置づけたりすることは、当然であるから。あるいは朝の学級活動の時間の最後の数分間を活用することもいいだろう。その際子どもにやらせると考えないで、まず教師自身が整理整頓清潔に努める。そのように「ちょこちょこ掃除」をして一応きれいになっている状態を、学校掃除の出発点としたい。

理想としては、掃除活動を始める前提として、子どもが「これ以上なんの仕事をやったらよいのだろうか」と思えるような状況を作り出しておきたい。日常的には、特別活動における当番活動として、あるいは家庭科の学習内容である整理整頓のためと称して、各自ができるかぎり掃除時間以外でも身辺をきれいに保つことは実施すべきだとする発想でも構わないと思う。汚さを放置しておいて掃除時間を迎えるのではなく、日常的になるべくきれいな状態に保っておく努力はすべきである。その上で、学校掃除の時間には、それ以上のことを求めたいのだ。

義務と責任

学校掃除で責任感を養いたいという教師の欲求があるとする。そう考える教師は、主に「分担制組織活動」の形をとるにちがいない。道具や区域や役割や手順について、予めきちんと割り当て一連の手順に従って滞りなく実行するような働き方の組織活動が実現できれば、個々人にも責任感は養われるにちがいないとする発想である。その場合、責任とか責任感は、義務や規律や規則とかと殆ど同じ意味で捉えられているにちがいない。

しかし責任感について具体的に学んでいく場は本来、学級生活での仕事分担や児童会生徒会活動の中でねらっていくべき事柄である。たとえば自分が担当している委員会活動が、全体の中で必要とされており、果たさなければならない責任があるのだとする自覚的意識が伴わなくてはならない。しかし児童会生徒会活動においても、仕事内容や方法が慣例化してしまい、決められたことをただ黙々とこなしていればよいかのような意識になっている場合がある。自主性を育てるはずの特別活動で、むしろ逆の——例年のごとく慣例にならって同じ仕事をこなしていけばよいというような——非自主性が身に付いてしまうのである。

当事者意識が欠如している。各自がここは自分の所属する学校であり、この仕事は集団的社会的共同体を成り立たせるために必要不可欠な仕事なのだという当事者意識がない。そこで教師がやるべき仕事は、単に決められた仕事だからやらなければだめなのだと注意することではなくて、この当事者意識をどう内発的に動機づけるかである。掃除も児童活動でも、問題は内発的な動機づけなのだ。

ところが学校掃除で育てるべき力を、「やりたくない嫌なことであっても全体のためには責任をもってやる」というように思い込んでしまっている教師は、案外多いのではないか。責任とか奉仕とかの本来的な意味を離れてしまって、責任感とは嫌なことだけれども強いてやるべきことであるとか、奉仕とは自分の欲求を抑え込んで全体のためにするものだと思い込んでいるような教師が多いのではないか。

そうした発想の源には、教師自身の「掃除は嫌なものだ」とする観念が横たわっている。「勉強も本当は嫌なものだがやるべきだ」「掃除をやるべき義務を子どもはもっている」とする思い込みもあるのかもしれない。ただし勉強嫌いの教師が勉強を好きに、掃除嫌いの教師が掃除を好きにさせるのは、かなり難しいことにちがいない。

勉強の本当の楽しさや掃除の楽しさ——楽しいという言葉が当たらないならば良さとか充実感達成感——を味わったことのある人が教師であってほしい、できることならば。そこそこ勉強ができ、そこそこ真面目に掃除をやり、それほど注意されたり叱られたりすることもなく過ぎてきた人が教職に就いた場合には、そういう体験はないわけだ。責任とか義務とかを持ち出して「べきだ論」として掃除に取り組ませようとする教師は、自分自身の狭い個人的な体験だけを手がかりにしている場合が多い。彼の狭い体験の中には、掃除活動による〈自己成長感〉などなかったのだ。掃除を通しての人格形成については、体験したことも考えたこともない。言われてやるのが掃除というものであるから、そこで求められるのは素直さであり、指示やルールへの柔順な態度なのだろう。その狭隘な視野が、掃除に責任感や義務感を付与し「べきだ論」を語らせるのだ。掃除が嫌いな教師は、掃除のよさを語ることはできない。

必ずそうだとは言わないが、掃除が好きで、掃除を通して〈自己成長感〉を持っているような教師は、子どもに義務や責任を押し付けるようなことはせず、内発的に動機づけることができる可能性が高い。野球でも柔道でも勉強でも掃除でも、結局はそういうことではないだろうか。

間主体的な身体の交渉

先述した上原麻有子は、先の論考をさらに進めて「西田哲学の再解釈」を試みている[64]。上原の問題意識の所在は、次の箇所に示されている。

「行為的直観」の論理では明確に扱いきれない、間主体的な身体と身体の交渉や身体の意識的・無意識的表現等の問題を通して、後期の実践哲学における盲点を指摘する。（九一頁）

上原が指摘しているように、西田の「行為的直観」という概念は、個における身体と精神の超自我的存在論を説明するが、間主観的な他者の身体との関係性については充分に説明しきれていない。この問題意識を自問清掃につなげて考えてみよう。

今私が徐々に課題化しつつある「学校掃除における無言のコミュニケーション（活動）」の顕れとその形態が意味することを解明しようとすれば、〈自問〉が個の裡に自閉してしまわないことを問題化しなくてはならない。この点はかつて沼田裕之が指摘しているように、清掃にとり組む個々の子どもが、一人ひとり無言のうちに個別的に修業する僧侶の如くなってしまい、国際化を視野に入れたコミュニケーションなり関係性なりが軽視されているのだとすれば、自問清掃はせっかくの集団活動である学校掃除の特性を活かしていないことになってしまう。

自問清掃にとり組んでいる場合でも、無言ばかりを強調するような実践では、活動が個別化する傾向は強くなっている。先ずもって強調されるのは没交渉的な個別化（＝孤立化）による「ひとり清掃」である。そうした取り組みでは、一人ひとりを切り離して個別化・孤立化させて〈無言〉でとり組ませ、結果として全体の静寂を生み出して、掃除を没交渉的な静かな時間に仕立てることで自分をみつめる時間とし、その雰囲気を味わわせようとする。こうした類いの実践は案外多い。なるほど、静寂な空気が生み出されると、掃除は騒然となってもしかたのない時間だとするイメージは一掃されるかもしれない。

しかしこうした実践には共通して、「自問ノート」が充実してこないという実態がある。そもそも「自問ノート」を綴ることとは、掃除活動の反省や活動に向けての自分のあり方などについて、自己省察する行為である。そうした自己省察行為を重視しない実践では、要するに自分ががんばって黙ってできたかどうかが最大の関心事なのであり、無言状態の達成度が掃除の充実感を測る唯一無二の指標となってしまっている。実践はいつまでも〈無言〉という第一段階に終始している。教師の語りも自問清掃に関する授業も、いつまでも個別的孤立的なひとり清掃に執着したままである。掃除を無言でできるようになれば、教師は喜んでいるだろう。子どもも喜ばされているだろう。そのような実践をいくつも見てきた。

自問清掃は、そこに止まっていてはいけない。五段階モデルの説明例をそのまま実施して、第一段階の〈無言〉が完全に達成しなければ第二段階にはいかないのだと〈無言〉にだけ拘泥していては、没交渉的な個別的孤立的な非交流的な学校掃除に終わってしまう。

紋切り型に〈無言〉に固執し子ども同士の交流が薄い状態で停滞してしまう原因は、自問清掃が、単に無言で活動するだけでなく間主体的な身体交渉の場になるように構想されていることを充分に理解できていないからである。自問清掃における間主体性という問題は、実は各段階にそれぞれ意味づけられているのである。

掃除における〈無言〉は、一般的には「黙って働ける人になる」と意味づけられたり説明なしのルールや型として導入されたりしているが、自問清掃では、「人に迷惑をかけないため」と意味づけられたり、「黙っていても人の気持ちを汲むことができる〈気働き〉」をするためと意味づけられたりしている。また、「人には見つけられないような自分らしい個性的な仕事を発見する」ことも推奨されている。「人に迷惑」「人の気持ち」「人には見つけられない」と表現されていることからもわかるように、自問清掃では一貫して間主体的な観点から身体と身体との関係性が重視されているのである。

1 平田治　学校掃除と教師成長――自問清掃の可能性――　一莖書房　二〇一三年
2 同書四五―四六頁
3 竹内（一九九二a）　六―一三頁
4 前掲書　一〇頁
5 高坂正顕　西田幾多郎先生の生涯と思想　創文社　一九七一
6 同上書　九二頁
7 鈴木大拙門下の学究であった秋月龍珉も、これに関連して、「直線的遠心的発展は同時に円環的求心的自覚として、それは、〔西田〕博士の根本的直覚の底に初めから志向されていた、この哲学にとって最も初めなるものの自覚であり……」と述べている。秋月龍珉　西田哲学の根本思想　鈴木禅学と西田哲学　春秋社　一九七一　一〇五頁
8 秋月龍珉　前掲書　一一六頁
9 高坂（一九七一）　八〇頁
10 西田幾多郎　自覚に於ける直観と反省　西田幾多郎全集第二巻　岩波書店　一九五〇　一六―一七頁
11 同書二一頁
12 吉本隆明　定本詩集　吉本隆明全著作集一　勁草書房　一九六九
13 時得氏が紹介する実践等を参照のこと。たとえば、時得紀子　総合表現カリキュラムの実践への一考察　教育実践学論集（一一）二〇一〇　一五五―一六六頁
14 次を参照のこと。斎藤喜博　写真集いのち、この美しきもの　筑摩書房　一九七四、斎藤喜博・川島浩　斎藤喜博の仕事　国土社　一九七六、横須賀薫・梶山正人・松平信久　心をひらく表現活動②　教育出版　一九九八　七一―九八頁、箱石泰和　子どもを育てる表現活動――その意義と実践――　一莖書房　二〇一四
15 メルロ＝ポンティ　眼と精神　みすず書房　一九九六　二五九頁
16 第四の点に関しては、別の視点から後に詳述する。別の視点とは、〈気働き〉と〈無言のコミュニケーション〉〈非言語コミュニケーション〉であるが、〈気働き〉は一方向的であるのに対し、後者は双方的である。竹内の自問清掃プランは、一貫して〈気働き〉が重要な説明概念になっているが、第二段階〈親切清掃〉で示される行為の実例はむしろ〈無言のコ

ミュニケーション〉に近いものであり、この両者の異同を明らかにしたい。

17　柳田謙十郎　西田哲学と唯物論　青木書店　一九七二

18　戦後日本思想大系全一六巻　筑摩書房　一九六八

19　氣多雅子は、「経験の直接性を真理の基準とする」とした『善の研究』以降、「純粋経験の立場からは反省の意識が説明され得ないという問題は、純粋経験の立場が心理主義であるという批判と重なるものであり、西田は次の課題は思惟と反省の問題となる」と指摘している。（氣多雅子　西田幾多郎『善の研究』　晃洋書房　二〇一一　一一九―一二〇頁）

20　いただいた名刺の肩書きには、「関西発明研究会　書写姿勢研究会　古武道研究中」とある。

21　内田樹　修業論　光文社　二〇一三

22　柳田前掲書　三二〇―三二一頁

23　湯浅泰雄　身体論――東洋的心身論と現代――　講談社　一九九〇

24　斎藤喜博　子どもの歌と表現　一莖書房　一九九五　二九頁写真解説

25　吉田章宏　第七章見る　ゆりかごに学ぶ教育の方法　一莖書房　一九九九　一一六―一三三頁

26　湯浅前掲書　一八一頁

27　思想の科学研究会　新版哲学・論理用語辞典　三一書房　一九九五　一二九―一三三頁

28　たとえば、次の著書を参照のこと。斎藤喜博編　島小の授業　麦書房　一九六二、武田常夫　文学の授業　明治図書　一九六四。『島小の授業』での授業案の項目は、一題材、二教材の解釈、三授業展開の角度、四全体の指導計画（〇時間の予定）、五この時間の目標、六この時間の計画、となっている。また、六は表として示され、項目は上から順に「展開の核　子どもの可能性　授業の結晶点　予想される難関」となっている。

29　井筒は、「表層・深層という二分法」による「二重構造モデルではあまりに単純すぎる」として、最下のゼロ・ポイントを起点として、C無意識の領域、B言語アラヤ識の領域、M中間地帯の上にA表層意識があるとする「意識の構造モデル」を示した。井筒俊彦　意識と本質　岩波書店　一九八三　二二二頁

30　湯浅前掲書　二五二―二五三頁

31　意外なことに、湯浅は井筒の言説に全く触れていない。湯浅著『身体論』の来歴を見ると、一九七七年の初版本を一九

八七年に英語版として刊行し、その後英語版に手を加えて一九九〇年に本著を刊行している。井筒の主著『意識と本質』は一九八三年に上梓されており、湯浅が井筒著に触れることは不可能ではなかった。井筒がコトバと意識との関係を探究したのに対し、湯浅は身体と意識という問題を主に扱ったから、両者はまったく同じ問題意識ではなかったのだが。それにしても西洋的思想と東洋的思想の共時性を考えれば、両者が互いをどのように評価したかについては、興味をそそられる問題ではある。

32 ここで述べている「自由」という語には、十分に配慮する必要がある。さしあたっては、柳父章　翻訳後成立事情　岩波新書　一九八二　一七三―一九二頁を参照のこと。

33 湯浅前掲書　一二五頁

34 湯浅前掲書　九〇頁　もしかすると、童話『インドラの網』を書いた宮澤賢治もそこに続く頂のひとつかもしれない。

35 同上書　二〇七頁

36 同書　一七五頁

37 同書　二〇四頁

38 同書　二〇五頁

39 湯浅前掲書　二〇四頁

40 同上書　一〇四―一一七頁

41 齋藤孝　身体論　世界六七五号　岩波書店　二〇〇〇　六二―六五頁

42 同上書　六二―六三頁

43 同書　六二頁

44 竹内敏晴　ことばが劈かれるとき　思想の科学社　一九七五

45 同上書　六四頁。竹内敏晴の来歴については、簡潔にまとめられた岡野の論考を参考にするとよい。岡野浩史　竹内敏晴の仕事――からだとことば　平成国際大学論集一五号　平成国際大学法政学会［編］　二〇一一―〇三　七一―八一頁

46 大槻志津江　今、表現について考えること③　事実と創造№三〇九　一莖書房　二〇〇七　一二―一三頁

47 同上書　一三頁

48 加藤博史　美濃保育園で大槻志津江先生の指導を受けて　事実と創造№三一三　一莖書房　二〇〇七　二二頁
49 斎藤喜博　表現は人間を解放する　斎藤喜博全集一五―一　国土社　一九七一　八三頁
50 オイゲン・ヘリゲル（魚住孝至訳）　弓と禅　角川文庫　二〇一五　一三三頁
51 齋藤孝前掲書　六五頁
52 鍵山秀三郎・亀井民治　掃除道――会社が変わる・学校が変わる・社会が変わる――　ＰＨＰ研究所　二〇〇五
53 横山太郎　日本的身体論の形成――「京都学派」を中心として――　ＵＴＣＰ研究論集　二〇〇五　二九―四四頁
54 西田幾多郎の身体論に関しては、山本晃　精神病理学からみた西田幾多郎の自我論Ⅴ――Merleau-Pontyと西田における「身体」――　大阪教育大学紀要　二〇〇二　なども散見される。しかし、山本の論考は論文というよりはノートである。メルロ＝ポンティの『知の現象学』と西田幾多郎の『見るものと見られるもの』、それに西田の晩年の諸論文を（類似的に）比較して、その共通部分をつなぎながら列記した内容である。西田の身体論に関わる独自の解釈が示されているわけではなく、特に先行研究の文脈における持論の位置づけがない点で説得性に欠ける。
55 同上書　二九―三〇頁
56 同書　三〇頁
57 同書　三二―三三頁
58 同書　三三頁
59 同書　三五―三七頁
60 同書　三八頁
61 同書　四〇頁
62 上原麻有子　西田幾多郎の身体論から女性の顔についての考察　西田哲学年報一〇　二〇一三　一一八―一三四頁
63 同上書　一一九頁
64 上原麻有子　西田哲学の再解釈――行為的直観としての顔の表情――　思想　岩波書店　二〇一五　八八―一〇四頁

第五部　自問清掃と現代社会

大きな池があったとする。池の周囲を多くの樹木が取り囲んでいる。池の畔を巡っていくと、水面には揺らぐようにしてそれらの姿が映し込まれている。さらに歩を進めてみると、さきほどとはちがう木々がまた姿を現す。いったいどんな木なのかと目を凝らして、その特質や枝振りなど調べてみると、なぜ池の傍に生い茂っているかがわかってくるし、木々のことがわかると逆に池の水質なども明らかになってくる。それと共に、木を見ている自分も意識するようになる。そう思ってときには水面を覗き込んでみる。するともう一人の自分がじっとこちらを見つめ返している。そう、あの西田幾多郎記念哲学館の井戸を覗き込んだときのように。

やがて水面に映る自分や木々の姿を透かして、水底までも見えるようになってくる。水底には、川から流れ込んできた土や小石に混ざって木々の葉なども地層となって降り積もっている。もちろん地層の成り立ちや成分を調べることも怠ることのないようにやらなくてはならない。

自問清掃という池の周囲を、私はそうやって巡ってみることにしよう。精神治療、当事者研究と援助論などを手がかりとして、今までとは異なる角度からも再検討してみよう。自問清掃が現代日本社会の中でいったいどのような意義をもっているのかがよりはっきりと見えてくるはずだ。

気働きとは

自問教育の目指すところは、「関係性における自覚の形成」である。そこには、自問教育が目指す「関係性」とはどういうものか、また「自覚の形成」とはいかなるものかという二つの問題が含まれている。このうち前章では、自覚の形成について、心身論・身体論を手がかりに探究してきた。この問題については、この先も他の諸問題を一巡した後に再び考究しなくてはならないだろう。

個の自覚形成には、個と個の関係性の醸成が欠くことができない条件である。個の自覚形成と他者との関係性の醸成は、相関的なものであってどちらか一方だけが成立するものではない。

さて他者との関係性の醸成に関する当面の検討対象は自問清掃第二段階だが、この段階の活動目的は〈協働〉であり、鍵語は〈気働き〉である。すぐに見てわかるように、〈協働〉も〈気働き〉も自他の関係性を含意している。注意しなければならないことは、既に述べてきたように、関係性の醸成はこの段階だけで目指されているものではない。なぜなら自問清掃における自他の関係性については、第二段階のみならず、第一段階では他者に対する迷惑意識――無言で掃除することの意味づけとして――、第三段階では他者とは異なる独創的な仕事の発見というかたちで提起されている。関係性の醸成は、〈気働き〉を鍵語をする第二段階に限ったことではなく、自問清掃プラン全体にわたって強く意識されているのである。

第二段階の鍵語〈気働き〉にしても、他の段階でも隠された要素となって自問清掃プランを成り立たせている。第一段階の他者に対する迷惑意識の喚起にしても、第三段階の独創的な仕事の発見にしても、他者への配慮である〈気働き〉が背景に隠されている。他の迷惑にならないように自ら身を慎むにしても、他人が気づかないような仕事を見つけてやろうとするにしても、他者を意識し他者に対して自ら先に気を働かせて行うことが求められるわけだから、いずれも〈気働き〉の一種であると考えられる。したがって、第二段階における〈気働き〉について考究することは、自問清掃プラン全体の再検討にもなるにちがいない。

今私が視ている具体的課題は、〈気働き〉とはどのようなものか、それと似た概念である〈無言のコミュニケーション〉あるいは〈非言語《ノンバーバル》コミュニケーション〉はどのようなものか、また学校掃除中のコミュニケーションはどのように行われるかである。こうした課題について検討し、自問清掃第二段階の意味を再考したい。そのことは結局、自問清掃プラン全体の再検討をも意味している。

自問清掃プランと〈気働き〉

竹内の主著『自問活動のすすめ』で、〈気働き〉という語は随所で用いられている[1]。そのことからも、竹内が〈気働き〉という概念にいかに着目してきたかがわかるというものだろう。〈気働き〉は第二段階だけで用いられているわけではない。第三段階では、〈気働き〉の眼を対人ではなく対物的に用いて説明がなされている。第一段階では耐性、第二段階では「協調性」と表現される。〈協働〉という語を用いれば、共有化された目標行動としての掃除の意味合いが強くなるが、「協調性」ならば、その場その状況における関係性そのものを意味するから、〈気働き〉の概念をより説明しやすかったのではないかと考えられる。〈協働〉とすれば重点は「働」の傾向に傾き、あくまでも統一された「働」のための「協」の必要性ということになってしまう。その点、「協調性」とすれば、単に場所をきれいにすることを目指す掃除とは異なったイメージの表現となり、掃除活動というよりは個々人の心の用い方に重点がかかることになる。第二段階の主旨を説明するには、協働よりも協調性としたほうが相応しいと竹内は考えていたのかもしれない。

竹内（一九九一）では、〈気働き〉は以下の箇所で用いられている。①集団活動の中で互いに気働きが育ち、成長が認められるものにしたい。（三一頁）②他のクラスに迷惑をかけまいとする気働きが身に付いてくる。（四一頁）③気働きが育つ場……有名企業に就職できたとしても、気働きに賭けていたならば……点数には現れない人間の値打ちは、むしろ気働きであることを、はっきり教える必要があろう。（五八頁）④この気働きの育つ場を求められているのである。（五九頁）⑤第三は、気働きをよくし、創造発見の力を伸ばすことによって有用感・存在感を覚えさせるようにしたい。（六四頁）⑥人の心を汲み取る気働きと同様に、仕事への気働きができるようになると、発見の喜びも増すことになる。（六八頁）⑦心をくみとる気働き　（八三頁）⑧やや不自然であっても、あえて声の連絡を断つことによって、協調姿勢が生まれ、気働きが育つと考えるわけです。（八四頁）⑨この方が人にも迷惑をかけないし、気働きも育つでしょう……その人はよく気が働いたのです。このように言葉での連絡をやめることによって、皆さんの気働きが、より活発になってくる。（八五―八六頁）⑩よく協力し合うようになり、しだいに仕事ははかどってくる。そこで第三段階として気働きの目を仕事の発見に努めることをし、創造性を養う目標を加えることにした。（八六頁）⑪気働きが弱い段階では、持ちに来てくれないかもしれませんが、気働きが育ってくると、にわかに協力し合うようになるものです。（一五二頁）⑫声を立てないことの理由には、もっとだいじな「気働き」を身に付けようとする意図があるのです。……それは人の心をくみとった美しい気働きによる行為です。つまり、声のないときの方が人の心をくみとる場が必要になり、気働きがよく育つからなのです。（一五三頁）⑬人の心をくみとる気働き（一五五頁）⑭もちろん、すべての生活の場でそのような気働きができることが望ましいのです。（一六四頁）

以上の一四カ所のうち、「人の心をくみとる気働き」⑬のように項題としても〈気働き〉という語を用いていることからもわかるように、竹内は主に、〈気働き〉を「人の心をくみとる」行為として説明している。「くみとる」であるから、たとえば「あなたはなにか手伝ってほしいのですか」などと尋ねておいてから何かを行うようなことはせず、主体であるこちら側が一方的に非言語的に解釈し行動するわけである。

したがってここで成り立たせようとしているコミュニケーションは、相互に呼応的なやりとりを前提としてはいない。あくまでも主体であるこちらが、相手（＝他者）の身心状態・状況を理解してする行為を〈気働き〉と言っているのである。この力が実践によって育まれないと、思いやりの心は育たないと竹内は説明する。

「思いやり・思いやる」とは、もともと目の前にいる者や遠く離れている者に対して、同情したり想像したりして、自分の思いを遣るということからきているから一方向的なものなのである[2]。

ところで、竹内は、「まず第一段階の迷惑行為が消えること。そして、各人が仕事に専念できるなど、ある程度自律性が育ち、感謝や正直な心が身に付いてからでないと人を思いやる感情には至らないでしょう」（一五七頁）とも述べている。この部分だけを読むと一見、順に段階を追って最終五段階の〈正直〉に至ろうとする自問清掃プランの段階論は解消されてしまい、論理的に破綻してしまったのではないかとも受けとれる。しかし、それはちがう。

感謝や正直の心が身につくというのは、感謝や正直が大切なことだと単に理解することではなく、行為ができるようになることであり、そうならないと「人を思いやる感情には至らない」と述べているのである。

〈気働き〉はあくまでも、その状況のそのときの行為のことを指している。それは心の状態というよりは、行為そのものである。思いやりという心の状態は、そうした行為ができるようになったその向こうにはじめて育まれてくる。掃除に正直な姿勢で取り組めるようになったとき、自ずとそこに生まれて出ているものだと考えるわけである。

気働き・無言のコミュニケーション

自問清掃第二段階における〈気働き〉を、〈非言語コミュニケーション〉と訳してよいのだろうか。学術的に見ると、〈非言語コミュニケーション〉研究はたいへん多岐に亘っている。授業、スポーツ、演奏、演奏、対話等々の場面で、言語を用いずに、身体的性状（ボディ・メッセージ）、動作や表情、目の使い方、周辺言語（パラランゲージ）、沈黙、身体接触、空間と距離、時間の流れ、色彩をはじめ、果てはフェロモン、シンクロニシティ、装い、音楽記号、シンボルマークや筆跡などまでも、その実態として把握しなくてはならない[3]。

そもそもコミュニケーションというときは、自己と他者の双方向的な対応・呼応的状況の出現を意味しているが、一般に言うコミュニケーションは、互いに対価を求め合う双方向的なもので、相手からの呼応を求めつつ働きかけるものだが、〈気働き〉は一方向的なものを指している。〈気働き〉は、呼応のようには相手からの対価（＝反応）を要求しない。〈気働き〉は対価を要求しない一方向的な行為である。そうであれば、〈気働き〉も〈非言語コミュニケーション〉の一形態だろうが、いわゆるコミュニケーションのイメージとは異なったものであることは確かだ。

したがって、第二段階の核心を〈無言のコミュニケーション〉〈非言語コミュニケーション〉、また〈気働き〉と言い表したりするが、それらはいずれも少しずつ意味がズレているのである。

〈無言のコミュニケーション〉という言い表し方は、自問清掃では「無言でやっていると不便」「共同性・協力性が育たないのではないか」「子ども同士がふれあうことができないのではないか」などの苦言に対応するかたちで、私が考え出したものであった。

コミュニケーション力の育成は誰に対しても一定の説得力を持っている。「コミュニケーション力を育てる意味でも、掃除中には互いに声をかけあったり注意し合ったりするのがよい」と考えている教師達に対して、「一人ひとりはしゃべらずにやっているが、決して孤立しているわけではなく、むしろ無言でコミュニケーションを取り合いながらやろうとするのが、自問清掃の第二段階だ」と説明したのである。つまり、〈無言のコミュニケーション〉によってむしろコミュニケーション能力は高まるのだ、と。第二段階の主旨を伝えるのに、この方便——方便の原義は、仏教用語で目的達成のための便宜的手段の意——はある程度効を奏したと思う。

この方便を用いるようになったのには、それなりの学術的背景もあった。実は哲学の師であるマルティン・ブーバーの研究者齋藤昭先生の影響もあり、方便の背景には「沈黙の対話」の思想も潜ませていたつもりであった。「対話」という概念は、双方向性も一方向性も両方含んでいる。「石と話す」とか「花の声を聴く」とか「馬との対話」などは、主体の無言による能動的受動性——自らすすんで聴こうとする姿勢——を意味しているから、まったく一方向的だとは言い切れない働きかけである。

ブーバーが例示する「馬との沈黙の対話」を考えてみると、馬はおそらく人（少年）に対してなにかを働きかけて応えを要求することはしない。その意味で、少年が一方向的に能動的であり、且つ受動的であろうとするときに成立する対話的関係を意味している。この「沈黙の対話」は、重度の身体障害者や認知症患者に対する援助もに見られるように、第三者からは一方向的な働きかけとしか見えないかもしれない。相手からの積極的な応答はない。能動即受動という主体における状態を指しているともいえる。

以上のような主旨で、馬と少年との「沈黙の対話」も援用しつつ、自問清掃第二段階の活動目的を〈無言のコミュニケーション〉と言い表そうとしたのだった。しかし、よく考えてみるとそれは不自然だ。なぜなら、コミュニケーションが持っている一般的なイメージは、能動即受動が個の裡だけで成り立つものではなく、ある意味を保持する事柄——喩えればキャッチボールに使うボール——を、相互に投げ合いやりとりするようなものだからである。

それに対して、「沈黙の対話」や〈気働き〉が持つイメージは、ある事柄（ボールなど）のやりとりではなく、能動的働きかけという行為そのものが即受動であるような状態をいう。ボールを交互に投げ合うことなく、受け取ることだけがあるような。

〈気働き〉は、相手が意識して投げてもいないボールを、一方的に受けとろうとすることから始まる。こちら側がボールを受けとったと思ったら、そのボールを相手のいるところまで行って手渡したり、全く別のところに置きに行ったりもする。ときにそれは、相手が必要としていないのに手助けすることになったりもする。その意味で〈気働き〉はある種賭けのようなところがあり、その分失敗する確率も高い。ときにはいらぬおせっかいであったり、余計なお世話であったりするかもしれない。

このように、第二段階の要諦である〈気働き〉を、安易に〈無言のコミュニケーション〉とか〈非言語コミュニケーション〉などと言い換えることには、再考を要するだろう。第二段階で求められているものは未だ不明確なのだ。

〈気働き〉は無言の共同活動か

学校掃除で「協力しながら働く」というとき、そこには必ず達成すべきひとつの目標行動[4]がある。この目標行動は、通常は「時間内にその場をきれいにすること」だと、言わば暗黙のうちにあるいは無意識的に共有されている。

学校掃除で、共通の目標行動に照らした無言の共同活動である点が強調されれば、それはたとえば消防隊の消火活動訓練を、あるいは打球を一丸となって処理する野球のチームプレーのようなものをイメージすることができる。いずれも火事を消すとか打者をアウトにするという共通の目標行動がある。参加者全員が共通の目的に向かって、あ・うんの呼吸で全体が波うつように連携・連動しながら動くわけである。呼応であり対応関係とも言える。

一方〈気働き〉は、あくまでも主体個人の一方向的な意志の動きと身体的行為を言う。相手からの相当な対応とか呼応とかは、殆ど期待されていない。つまり、ありがとうと言って欲しいからやるわけではない。相手に求めるものがあるとすれば、呼応というよりは受容とか許容というもので、その意味では能動に対してひたすら受動が想定されている。

能動的行為者は、受動者が、受容か拒否かのいずれかの反応であっても、それが自分への見返りであると見做す。能動的な行為者は、そこになにかの反応があればよいわけで、少なくとも受動者がそこから逃げ出すなどの行動に出ない限り、自己の中では満足を得ることができる。彼は受動者が快感や好感を持つことを予め想定している。一方向的であるが、暗黙の前提は、相手が好意的に受動することである。

そこで重要視されるのは、行為が達成すべき目標行動ではなく、その場その時の機微や空気なのだ。だから、協力というよりは協調というニュアンスに近い。その行為は目的の達成のためではなく、その場その時の機微の交歓そのものに意味がある。手助けし合ったので掃除が効率よく早く終えることができた、ということではなく、手助けし合うような心遣いそのものの交歓。各自の欲求が衝突し合わないような時間の共有こそが重要であり、その先になにか仕事が達成されたか否かは直接の問題ではない。

このように〈気働き〉は、ふれあい行動に似ている。一般にふれあいの時間といわれるようなものは、その場における時間と気分と空気の共有こそが最重要であり、共同作業の成果は二の次だろう。したがって、〈気働き〉の内容は、汚い所の汚れを除くという掃除的行為に限らなくてもよいわけである。

それでは、〈非言語《ノンバーバル》コミュニケーション〉という場合はどうだろうか。そこには、共働という現象が出現しなければならない。言語——音声的言語や手話など——はないが、ジェスチャー・表情（顔）・指さし・眼差しなどは当然媒介する。要するに声がないだけで、活発な意志や感情の交流が現れるはずだ。極端な場合はゲーム化するかもしれない。〈無言〉を教条主義的に強調すれば、無言集団による非音声言語的で——実は相当に言語的な——活発な共働活動としての掃除が現出するだろう。その意味では、〈無言のコミュニケーション〉と〈非言語コミュニケーション〉とは、相似る点が多い。いずれも音声的（手話も含む）行為の禁止を律として重んじていながら、相当に豊かな双方向的コミュニケーション活動が望まれている。

このような形態の学校掃除を望む場合には、非言語的と表現した方が国際的な意味合いが増して好印象かもしれない。ただし、非言語的な事柄は、必ず文化的背景を持っているから、非言語的なジェスチャーとか眼差しとかが、そのまま国際的なものかと言えば疑わしい。むしろ、そういう非言語的な事柄にこそ文化の本質的な部分は染み込んでいる可能性が高い。言葉の語源は言の葉であり事（柄）の端であるのだから、言葉よりも「しぐさ」や表情にこそ、その文化固有の物事の本質が隠されているのだろう。もし西欧にも日本と同じように学校掃除があったとして、日本と西欧の双方で非言語的に無言のうちに掃除活動をやったとしたら、その行為やしぐさや眼差しや表情にこそ、大きなちがいが現れるのではないか。

このように、〈非言語コミュニケーション〉活動として学校掃除を推し進めていけば、極めて日本文化的な活動になるだろう。それは、日本人的間柄、日本的人間関係の強化にも資するはずだ。ただしその場合の文化には、古来のよき伝統と同時に、戦時国防教育によってたたき込まれた関係性の残滓をも含むだろう。たとえば、〈無言〉による目配せ、指図、ハンドサイン、顎をしゃくる、しぐさ、身振りや手振り、手順を意味する所作……等々。

LPP理論と気働き

もうひとつ〈気働き〉について再考しておくと、先ほどは対人の場合を分析したが、対物とか対事柄ではどうか。対物・対事柄への〈気働き〉行為は、汚い所をきれいにするという掃除の中核活動だけではなく、むしろ周辺的で末梢的な事柄への参加となる場合もあり得る。たとえば人がやっていない場所や事柄を探そうと気を働かせれば、周辺的末梢的な仕事のことが多い。それは花を飾るとかポスターを描くというように、汚い所をきれいにするという箒で掃いたり雑巾がけをするというような掃除の中核活動からは外れているかもしれない。

LPP理論[5]で想定される周辺的活動では、最終的に達成すべき正統な文化活動とのつながりが抹消で働く一人ひとりにも意識されていると捉えるが、掃除時間であるにも拘わらず必ずしもきれいにすることを目指していないような〈気働き〉行為には、この理論をそのまま適用して考えることは難しいだろうか。

文化活動を祭りへの参加と想定してみれば、それは自問清掃にかなり近いイメージになる。祭りでは御祓いや祝詞の奏上、神楽や神輿担ぎなどが中心的な活動だが、その周辺で、掃除をしたり着替えや神事を手伝ったり、観客の誘導をするというようなことも周辺的な活動であり、それらがなければ祭りは成り立たない。そうしたことは、おそらく周到な役割分担と練習・訓練によって実現されているにちがいない。練習に基づくさまざまな配慮や気配りもなされることだろう。

自問清掃でも、箒で掃いたり雑巾がけをしたりすることは中核的な活動だろうが、もっと周辺的で末梢的な行為、たとえば黒板消しをきれいにしたり棚を片づけたり、窓のサッシの隅をきれいにしたりカーテンをきちんと括ったり、花瓶に挿す花を採りに出かけたり掲示物を張り直したりするような行為も、正統な活動として認められる。一つひとつの行為は確かに末梢的（Paripheral）かもしれないが、役割分担には拠らない自発的な〈気働き〉であり自覚形成に向けての正統的な参加（Legitamate Participation）であるにちがいない。単に〈無言〉をルールとして強制するような掃除活動とは本質的に異なっている。

気働きの自閉性

自問清掃モデル第二段階のねらいが関係性であるとすれば、それをどのような鍵語で提示すべきだろうか。今までに、〈無言のコミュニケーション〉〈気働き〉〈非言語コミュニケーション〉の三案を立てて分析してきた。〈無言のコミュニケーション〉の強調が〈非言語コミュニケーション〉に近いものになり、軍隊的な方式に通じることも見えてきた。無言を推し進めたい教師の掃除イメージはおそらくそれに近い。それに対して、〈気働き〉はやや異質であることも見えてきた。

〈気働き〉は受容されることを前提とした一方的な行為である。弱い呼応関係、弱い対応関係に見る不平等・非対等な能動・受動（受容）関係を成立させようとする。

これを心身相関の〈性〉的な構造として捉えてみると、ある人々のそれは両性の対等な営為として現象するのに対し、働きかけられる側が絶えず受け身の姿勢をとり続けるような相関関係が多い人々の場合である。後者は一種の対応・呼応的な関係ではあるものの、少なくとも現象としては対等で対話的なものではない。一方が絶えず積極性を持ち、他方は消極性に終始する。相互依存的ではあるが、並列的ではない。

「気を働かせて（＝気を利かせて）相手に対して何事かをしてあげる」という感覚は、確かに一方向的ではあるが、相手の苦痛や拒否を前提とはしない。好意的な反応を期待している。両者は強圧的な力関係ではなく、イメージとしては同性同士の性的相関関係に近い。気を利かせる側は、能動的であるが強圧的ではない。威圧的な力関係はそこにはない[6]。

ここに生まれているのは、到達目標に向かう目的行動ではなく、その場の時間の流れや空気を重視しながら、働きかける側の共同に向けてのある種の期待（＝幻想）なのだ。

〈気働き〉における働きかけは、消極的な相手の好意的で非対等の呼応関係の惹起を期待して行われる。共有される対《つい》の気配がほしいのである。したがって、このときに成功して味わう気分は、自閉的で自己充足的なものだともいえる。〈気働き〉という快い語感とは裏腹に、自閉的自己満足的な行為で終わる危険性を孕んでおり、〈気働き〉のみを強調すると、関係性への一方向的幻想を求めて終わる可能性もある。

国際社会での対話的な関係性を求めたとき、気働き文化の中で育まれる関係性やコミュニケーション能力は、自閉的であってはならないだろう。相手の気持ちや欲求を、予め先回りして斟酌するようなコミュニケーション能力は、国際社会では果たしてどのようなかたちで通用するものだろうか。沼田裕之はこのことの懸念から、「ひとり黙々として働く修行僧」のようであってはならない警告したのではないだろうか。

東京オリンピック招致運動をきっかけに流行語となった「おもてなし」にしても、昨今の政治用語になった「忖度」にしても、気働きの一種であり日本人の強みのひとつとも考えられないこともないが、そこには相手に対して気を回しすぎてしまう日本人の弱みが裏腹なかたちで隠されている。ひたすら相手に思いを遣るか、それともその結果が自分にもたらす益ゆえか、あるいは相手に気に入られたいという欲求からか。気働きは「阿《おもね》り」と紙一重のところにあるのだ。

竹内が〈気働き〉という語を用いて説明したとき、このような弱みにはおそらく目を向けてはいなかった。絶えずよき特質や美点という側面からのみ語った。また、対話とかコミュニケーションという表現を使うこともなかった。あるいは、関係性の育成、協働活動の奨励、協力性の育成などを鍵語として示すこともなかった。あくまでも、「人の気持ちを汲む気働き」と表現されたのだった。また、「黙っていてもわかり合う」気働きによって能率が上がり掃除は早めに終わるとも説明し、それによって第三段階の個性的な仕事の発見への足場が作られると論を進めていた。この説明の仕方は、非言語コミュニケーションの活性化による掃除活動の能率化というイメージに近い。言わばチーム・プレイの実践練習に似ている。先にもすでに触れたが、ここで竹内は、〈気働き〉を個人資質の育成の視点として提起しながら、それを集団活動における効用の問題と混淆している。

このように自問清掃において、〈気働き〉を強調することは、自己充足的な自閉性やあ・うんの呼吸による掃除活動の能率化へとつながってしまう危険性を孕んでいることを忘れてはならない。

わかり合える感覚と気働き

先に掲げたヴァーガス『非言語コミュニケーション』は、アメリカ社会を想定して書かれているため、「人は互いにわかり合えない」関係にあることが暗黙の前提となっているのではないか。一方日本で〈気働き〉という場合は逆に、暗黙のうちに「もともと人はわかり合える」関係にあることが前提になっていないだろうか。この点について考えてみよう。

わかり合える関係にあるはずの者同士が、同じ空間にいたとしても、居るだけでは気を働かせ合う関係にはならない。そこで、〈気働き〉を意識的に行うことが促される。互いの気持ちを斟酌しながら、控え目で目立たないような行為が求められる。そこには好意的に相手に接していけば、必ず相手も理解して受容してくれるものとする思い込みはないだろうか。

もしこれが「わかり合えないこと」が前提になっているような文化的背景をもっていたり、もともと異なる文化的背景を背負っている者同士では、呼応を求めない一方向的で目立たない〈気働き〉行為など通用するはずがないと思ったりしていたらどうか。一方向的な〈気働き〉は、余計な気遣いであったり要らぬお節介であったり、ときには押し付けとすら捉えられかねない。

目立たない一方向的な行為も、いつかは必ず受け入れてもらえるのはないかという感覚は、互いがわかり合えることが当たり前であるとする倫理観を前提としていないだろうか。「われわれはわかり合うことができるはずだ」とする倫理観があり、それに基づいて〈気働き〉が主張されているとしたらどうだろうか。

この問題は、コミュニケーション力とは言わずに〈自問〉と言い表すこととも深く関連するだろう。自問する力とすれば、そこに少なからず自閉的なイメージが伴うし、日本的な印象も伴う。コミュニケーション力とか対応力とか対話力とすれば、いずれも「能力」(competency)の質量が問題とされて一挙に国際化した印象になる。

私が現時点で、自問教育の目標を「関係性における自覚の形成」と表現するのは、〈自問〉とか〈自覚〉とかの一言だけで切り上げてしまうより、いくぶん開いた感じを持たせたいからである。「関係性における」と条件づけるところにやや開けたニュアンスを持たせたい。

これは後に詳述するが、精神障害者の更正事業を実践する浦河べてるの家のモットーが「自分で、共に」であることとも通じている。病気を治すのは医者ではなく本人であり「自分で」なのだが、ひとりだけで治すのではなく「共に」もまたその必須条件なのだ。「自分で」は「自覚の形成」に、「共に」は「関係性における」と同じ意味だ。

それでは、「関係性」を対話力としたらどうだろうか。対話力とはあくまでも個人の能力に視点を置いた表現になっている。関係性と言えば、個人の能力というよりも個人間の間柄に視点があると言える。育まれる関係性と自覚の形成は、言わば鶏と卵の関係で、どちらが先というものではない。自覚的な個人が形成されてこなければ関係性は育まれないし、関係性がないままの個人の自覚は非社会的で独善的であり間主観的ではない。

また対話力と言えば、それぞれの自己が他己と渡り合う能力を指すのだろう。関係性や集団としての意識は希薄だ。したがって関係性を対話力と言い換えることはできない。対話力はコミュニケーション力と言い換えられるだろうから、結局は関係性の育成はコミュニケーション力の育成とは言い換えることもできないわけである。

この場合の関係性とは、〈気働き〉を背景としたもので、内容としては迷惑意識、気遣いや気配り、独自性や個性の尊重などである。

きれい清掃を拒否できるのか

関係性意識の育成は、どのような方法によるのか。自問清掃ではまずもってそれは、〈無言〉が必須の最低条件として設定されている。言語によるやりとりを控えることを〈無言〉の内容だとすれば、非言語的な交流によって掃除活動を進めるというのが竹内の考え方である。とすると、これはやはり汚いところをきれいにするという共通目的に向けての共有された活動になるわけだ。言語を用いたほうが都合がよく効率的であるが、〈無言〉という非言語的な状況を設定することによって、そこに生み出される関係性を、きれいにすることよりも優先しようとする。なるほど非能率的になるだろう。

しかし、掃除以外の時間に予め掃除の手順や分担などを決めておき、実際に行う時は相談しなくても無言でできるようにしておく、あるいは予備練習などもしておくというのはどうだろうか。自問清掃と言いながら、そのような実践をしている教師がいる。こういう考え方も結局のところは、掃除がいかに効率的にできるかを志向している。自問清掃ではきれいにすることを第一義とはしない、と言っておきながらきれい活動としての掃除を否定できているわけではない。

きれいを第一義とはしないと説いている自問清掃でも、心を磨く掃除と説いている掃除でも、ましては段取力を培おうと説く掃除においても、教師はどうしてもきれい掃除から離れることができない。したがって〈気働き〉を鍵語とする第二段階においても、気を働かせて仕事を見つけきれいにしようという発想が働いてしまい、きれいにすることを第二義と捉えることは難しいだろう。

自問清掃ではきれいにすることは第一義とはしないと説かれているが、第一段階で無言で黙々と掃除に取り組みきれいにしようとか、第二段階では気を働かせ合ってどんどんと仕事を進めてきれいにしようなどと、自問清掃に取り組みながらいつの間にか通常の掃除と変わらないきれい掃除を目指してしまっている教師はいないだろうか。

個性化や創造性を目指す第三段階でも、人とは異なる仕事を見つけ出して隅から隅まで残らずきれいにしよう、と考えてしまう教師もいるかもしれない。しかし、第三段階で従来の学校掃除観を根本的に転換しなければ、自問清掃は成り立たない。汚い所を拭く、掃くというものが従来の掃除であるならば、ふだんだれも気づかないような窓のサッシの溝までも掃除するようなことから始まり、チョークを色別に並べるとか花を飾るとかポスターを描くなどというものまでもが、各自の独創的で個性的な仕事として認められるようにならなければ自問清掃ではない。個性的な仕事の範囲をそこまで大幅に拡大するように発想を転換する。このように第三段階の個性化では、従来のきれい掃除のイメージを大きく越える必要がある。

第四段階〈感謝〉第五段階〈正直〉は、もしも第三段階における掃除観の転換がなければ、従来どおりの無言によるきれい掃除と充分に折り合いがついてしまう。無言で精一杯汗をかきながら時間いっぱい自分からすすんで汚れを見つけて働き通すような掃除の先にも、その仕事に感謝の気持ちや裏表のない正直さがあるかどうかを問えることになるからだ。つまり、きれいを第一義とする従来の学校掃除観の転換がなくても、似非自問清掃は充分に成り立つ。

学校掃除は自分達が使った校舎をきれいにすることだなどと、きれいを第一義と考える従来の掃除観を転換することないまま、似非自問清掃に取り組むのであれば、それは自問清掃が本来目指した主旨とは異なる。まさに似て非なるものである。

四つの課題

ここまで探究をすすめてきて、およそ四点の検討課題の中味が明確になってきた。

まず第一段階の〈意志力〉に関しては、この意志の問題が全体を貫く核となる要素であるから、意志や意識と思考、または精神と身体という心身論として自問清掃をどう捉えるかという問題である。

結局のところは、自問の内部構造の全体像のイメージを示さなければならないことになるだろう。すでに八の字螺旋の図は創案してあるが、それを念頭に置きながら湯浅の心身論などを手がかりにして、自問教育の本来の目的が日本的心身原理論に基づいていることを明らかにしなくてはならない。

二つ目には、第二段階の〈気働き〉というものがいったいどのような内容を指しているかについてさらに考究すること。

この場合、〈協働〉というものがコミュニケーション理論で明確に読み解くことができるかどうか。また〈無言のコミュニケーション〉〈非言語コミュニケーション〉などのタームを手がかりにはっきりと角度づけなくてはならない。

〈無言〉〈非言語〉や手順やコミュニケーションを強調することによって、〈協働〉というもののイメージは、無言できびきびと連携し合う集団訓練であるかのように誤解されかねない。なぜなら、多くの似非自問教育理解者達が行う掃除教育においては、自問清掃と称しながら結局はきれい掃除に子どもたちを駆り立てていく方便となっているからである。

また自問清掃第二段階で〈気働き〉を鍵語として成立するコミュニケーションは、対等で双方向的な交流活動ではなく、失敗すれば一方向的で親切の押し売りのようにもなってしまい、その意味で自閉的で自己満足的性格を帯びてしまうものであることにも注意を払わなくてはならない。〈気働き〉は、「おもてなし」精神にもつながる日本文化特有の性格を色濃く持っているからである。

三つ目には、個性の発揮たる第三段階では、従来の掃除観を大幅に拡大解釈し、きれいにすることに直接結びつかないような諸々の行為までも認めるべきであること。この解釈拡大がなければ、他の四つの段階の要素だけでは結局きれい清掃に終始してしまい、掃除観のパラダイム転換はなされない。

第四に、第四段階の〈感謝〉概念を、教育方法論として意識的に取り入れている点。何らかの活動について、意図的方法として感謝心の有無を自問させようとするような教育モデルは寡聞にして知らない。最終段階における〈正直〉についても同様で、こういう鍵語を予め設定して、行為の自己省察を迫る教育方法は珍しいだろう。

しかし従来の通常清掃にこの〈感謝〉概念だけを取り入れようとすると、いわゆる徳目主義に陥る危険性があり、そのため自問清掃では第三段階までを先行させ大前提としている。〈感謝〉について自問を促すことは、第三段階までの掃除活動に充実感——自己成長感や達成感——を持っているから意味があり、それがないままに感謝心が有るか否かを問うことは、いわゆる徳目主義に堕する危険性がある。

目標行動と自他の関係性

〈自問〉を、ひたすら沈思黙考する自己・個人の問題としてしまうと、集団活動としての学校掃除は活かされない。それでは他者や社会と無関係な孤立した個人の問題という視方に自閉してしまう。しかしだからといって、〈気働き〉を関係性重視の立場から〈非言語コミュニケーション〉と簡単に読みかえてしまってよいかどうか。すでに述べてきたように、両者は異なるニュアンスを抱えているのだから。

自足的なイメージの強い〈気働き〉というものは、個人のレベルを超えて、他者や社会に対して果たしてなんらかの力を持ち得るものなるだろうか。また、相互的なやりとりが強調されて個人の内面的深化に配視しない嫌いのある〈非言語コミュニケーション〉は、そのまま適用しようとしても自問清掃第二段階の主旨には馴染まないだろう。いずれにせよ、自他の関係性という問題が、共有された同一の達成目標行動（＝きれい清掃）に堕してしまわないように考えなくてはならない。

なぜならすべての交流・相互的働きかけ行為が、〃きれい〃という共有された目標行動につながるものだとすれば、それは結局のところ効率化・能率化の問題となり、より合理的な掃除方法のためのひとつの方便ということになってしまう。この点は第三段階における個性化と併せて、従来の掃除観からの転換を図りながら論をすすめていかなくてはならないだろう。

それならば、〃きれい〃を目標行動としない学校掃除とは、そもそもが論理矛盾ではないのか。掃除は読んで字の如く掃いたり拭いたりして汚れを取り除く行為であり、それを目標行動としないと表現することには、そもそも無理がありはしないだろうか。掃除であれば、意識的であろうがなかろうが〃きれい〃は必ず共有化された目標行動となっているはずだ。だとすれば、段階を踏みながら掃除形態として高次化させていこうとする自問清掃の方法論的説明そのものが、果たして妥当かどうかすら問われなくてはならない。

このように考えてくると、自問清掃は、従来の学校掃除とはまったく異なった視点から語られなければならないことがわかってくる。

自問清掃モデルと精神性の深化

自問清掃における精神性の深化は、集団として視れば、意志力の伸張から関係性意識へさらに個性化へと順を追って深化するように構想されているが、個々人として視れば、実際には順序通りには進展せず、試行錯誤しながら徐々に深化していくものではないだろうか。自問清掃モデルはこうした個人の精神性深化を、集団教育のひとつの教育方法として提起し、集団活動の形態が段階的に深化していく階梯として示したものである。したがって集団活動としては段階的な様相を呈したものになるとしても、果たしてそれが即個々の精神深化の過程と一致するかどうかが最も問題ではないだろうか。

学校掃除の時間における集団活動の活動形態を、第一段から順を追ってどのように高度化させていくかという方法的な説明は、ある程度説得力を持っていると思う。高度化とは、〈意志力〉から〈気働き〉へさらに〈個性化〉へと順を追って深化していくという意味であるが、各段階において一点ずつしか扱わないというのではなく、むしろそれは三点のうちどれを重点化するかという軽重のかけ方の違いが、活動形態の変化となって現れるのだと理解すべきではないだろうか。

変化のイメージは、まるで階段を上るかのように積層的に深化していくというものではない。もともと三つの重点が併存している状態から、意志力から出発して徐々に気働きへそして個性化へというように、主な重点のかけ方を変化させていくというものである。そう考えれば、意志力を問題にする第一段階では〈無言〉だけを追求して気働きや個性化にはまったく配視しない、というような紋切り型の不自然さは解消される。

図示してみると、おおよそ次のようなものだろうか。

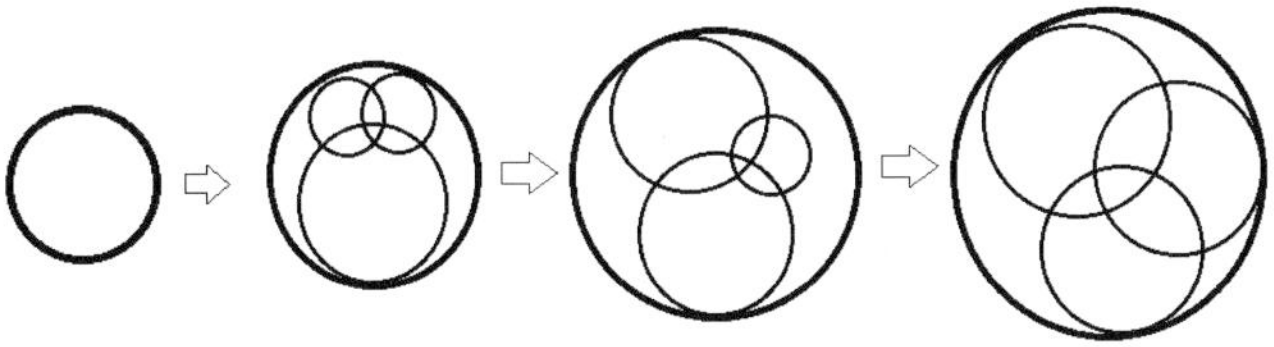

この図は、自問清掃という集団学習活動の中で、個人の「玉」——内面あるいは〈自覚〉とか精神性と言い表してもよい——がどのように発達していくかを表した概念図である[7]。

図中の左端の円は、予め準備された「三つの玉」が併存している状態を示している。予め準備されたとは、人間に生まれながらに具わっている能力の種子というような意味であり、「玉」とは磨けば光る原石というような意味である。自問清掃に取り組み始めると、意志力気働き個性化の三点（「三つの玉」）が、重点が移動しながら磨きがかかっていき、やがては「玉」全体が徐々に大きく発達していくというイメージである。

個人の発達をこのようにイメージすると、第一段階の〈無言〉のみを強調し続けるような実践には問題があることがわかる。これまでに参観した学校でもしばしば見受けられたことであるが、子どもたちの活動がすでに〈気働き〉や〈個性化〉の内容を体現しているのに、ごく些細な話し声すら気になって仕方がない教師はいつまでも〈無言〉にのみしがみついていたりする。そこには発展がない。そういう教師は〈無言〉のみに執着しすぎているのである。集団として第一段階の完全克服を目指してしまうため、掃除から一切の私語が消える状態を作り出したいと思ってしまう。それが完成しなければ、次の段階には進めないのだと。実に紋切り型の実践だと言わざるを得ない。

概念図に即して言えば、個人における内面的発達の図を、集団の活動形態の実態にそのまま当て嵌めているのである。「三つの玉」は個人の裡で三点それぞれが関係し合いながら徐々に膨らんでいくため、その膨らみ方には個人差がある。たとえば、〈気働き〉や仕事の〈個性化〉が先行して、その後に〈意志力〉が本格的に伸張していくというようなことも起こるだろう。そういう場合子どもは、現象としては仕事はよくするが私語がなかなか治まらず完全な無言状態は後行する。教師がもしそういう子どもの存在を容認できなければ、「今日はまだ三人の人がおしゃべりしていた」などと、いつまで第一段階の〈無言〉だけに執着してしまうのである。教師による段階論へのこうした執着は、個人の裡における発達と、集団活動の実態が高度化していくことを混同してしまっていることに起因している。

こうした混同の原因は、別の箇所でも幾度か触れているが、自問清掃プランがもともと孕んでいる矛盾に由来しているとも言える。個人における精神性発達を五段階で捉え、掃除という集団活動の形態が三段階で高度化していくことの両面を併せて表現しようとしているからである。最初の三段階は個人の発達と集団活動形態の高度化が一致しているが、第四・五段階は集団よりも個人の発達により重心がかかった説明になっているのである。

しかし、こうした混同に気づいている実践者は少ないのではないだろうか。

気働き再考

奈良雅弘による「気配り」に関する分析は示唆に富んでいる[8]。雑誌『プレジデント』に掲載された特集『「気働き」の研究』で、奈良の論考を含む記事に当たってみると、「気働き」と「気配り」はほぼ併記されたり言い換えられたりしていて、両者は同意で扱われているようである。奈良のこの論考は、『「特別待遇の関係をつくる」五つの思考ステップ』と題されたもので、論旨は「気配り」そのものよりも、そのための思考にあり訓練方法にある。

奈良の文章の前半は「気配り」の分析であるが、論旨がその後の思考訓練にあるにしても、前提となる分析の如何によってそれ以降の方向性は定まるから、分析内容は決定的に重要である。

奈良はまず「気配り」の典型例を三つ示し、そこから「気配り」の特質を三点導き出している。ここに示された特質は、注目に値する。①他者のための行為であり、その人物の快適さの向上を目的として実行され「利他的」である。②誰かに指示されたわけではなく、自分でやるべきことに気づき自分の意志で行動を起こすことで、本人の「気づき」と「自発性」によってなされる。③自分でやることを他人に吹聴したりせず、さりげなく慎ましく実行する「さりげなさ」[9]。

このように、利他性・気づき・自発性・さりげなさなどを鍵語として、三つにまとめている。これらの要素は、私が先に自問清掃の〈気働き〉について分析してきた内容と一致している。特に「さりげなさ」という要素によって、〈気働き〉と双方向的なコミュニケーション活動とは決定的に区別される。無言であれ非言語的であれ、相互に積極的に対応・呼応し合おうとするコミュニケーション活動と、気配り・気働きとは異なったものなのだ。

奈良の指摘を適用して考えれば、竹内（一九九一）に頻出し、論理をつなぐ重要な概念となっている〈気働き〉は、利他性・気づき・自発性・さりげなさなどを伴う行為であり、〈無言のコミュニケーション〉〈非言語コミュニケーション〉とは異なる性質のもつ。つまり竹内が自問清掃第二段階に想定した掃除活動の様相は、無言のうちに共有化された目標行動に向かって行う〈協働〉ではないのだ。

私はすでにしばしば、第二段階の内容を〈協働〉と表現してきたが、それは改めなくてはならないだろう。また、〈気働き〉と〈無言のコミュニケーション〉を殆ど同意として説明してきていたが、その論理にも瑕疵がある。そして、これらの概念の共通点と差異は、今後大いに議論の対象としなければならない。

実践者達の中でも、この二つ——気働きと無言による協働——は、殆ど同意として受け取られていると思うが、一方向的なさりげない行為をイメージしている者と、無言のうちに互いが積極的に手助けをし合いながら掃除活動を遂行していく集団をイメージしている者とがいるように思う。

竹内はおそらくその両方をイメージしていたのではないか。初めの説明においては前者を、次の段階への足場に関する説明では、「そのように協力しながらやると、掃除がはかどり早めに終わる」と効率化に着目しながら後者の立場をとっていた。竹内の裡では、もともとのイメージは前者の〈気働き〉にあったものが、五段階にモデル化されたプランを解説する際に、後者の説明方法が生み出されたのではないかと推測される。そして、竹内自身がそのことに自覚的であったかどうかは定かではない。

自問清掃——主として第二段階——で目指すべき資質を、殊の外日本社会で重要視される一方向的でさりげない〈気働き〉と解釈すべきか、それとも双方向的な〈無言のコミュニケーション〉とすべきか、私自身も現時点においてははっきりと択一できない。ただしどちらかと言えば、さりげない気配りや気働きができる心づかいの育成が目指されるべきではないだろうか。

〈無言のコミュニケーション〉については、集団に対してそれのみを強調して推し進めると、軍隊的な訓練や消防訓練などにつながる統制された集団規律行動をイメージさせることはすでに見てきた。しかし「卓球やテニスの最高に優れた選手同士のラリー」を見ていると、「強く弱く、重く軽く、高く低く。それが行われているというだけで、人の心を動かすような。……その様子自体が感動的」でもある[10]。そこには一種のコミュニケーションがある。そう考えてみると、集団規律行動での〈無言〉は集団の親和性が高まって能率的になることにつながり、スポーツの試合での無言は決まり事であり、行為は相手に勝つことを目的とする。〈無言のコミュニケーション〉にも、このように互いの親和性を高める側面とその逆とがある。

〈気働き〉か〈無言のコミュニケーション〉かという問題は複雑な内容を含み込んでいるのだが、実践者達の中では殆ど無自覚的に混同されているのではないだろうか。たとえば、自分では自問清掃を実践しているつもりの教師が、〈無言のコミュニケーション〉能力を育成して規律ある行動ができる集団づくりを目指している場合があるのではないか。

さて、奈良の主張をもう少し見ておこう。

奈良の論旨は、職場においていかに「特別待遇の関係をつくる」か、そのためのスキルを明らかにしようというものだが、最後にまとめとして次のように述べている。「順番に気をつけたほうがよい」として、三つの段階を提示している[11]。Ⓐ自分自身が不快を生み出す存在にならないこと。Ⓑ①予防型の気配り……原因が自分以外にある不快への予防。②対処型の気配り……相手が何か悩んでいないかセンサーを働かせる。Ⓒ創出型の気配り……創意工夫を楽しみつつ、自分なりにさまざまな実践を。

Ⓐ→Ⓑ①②→Ⓒという、この「順番に気をつけたほうがよい」と奈良は指摘する。「順番」という考え方と内容を見ると、自問清掃の最初の三段階に酷似していることに驚かされる。

Ⓐは、迷惑意識の育成であり、自分が無言になることによって他者にとって不快な存在にならないように努めるということである。Ⓑは、他者――たとえば友人――が何か悩んだり困ったりしていないかセンサーをよく働かせること。ただし、Ⓑ①は注意し合わないということからすれば、そのまま自問清掃とは対応していない。Ⓒは、まさに仕事の発見と〈個性化〉ということであり、自問清掃第三段階に合致する。

竹内と奈良の論理の酷似は偶然だろうか。まずは、自己が他者にマイナスとして働かないよう自己統御することに始まり、センサーを働かせることを経て、個性化へと発展する。両者に共通するこれらの順番・段階は、気働きや気配りを核とした行為を考えるとき、論理的展開として必然的に導き出される順番なのかもしれない。

確かにそれは、対人的な関係力をスキルアップしていこうとするときには、必然的にそのような順を追って実践していかなくてはならないとも言える。この考え方を適用すれば、〈迷惑意識〉〈気働き〉〈個性化〉の順番を大切に考える自問清掃実践者からすれば、「順番に気をつけたほうがよい」とする奈良の考え方は都合がよい。しかし三つ同時に導入してよいとする実践者には不都合だ。三つを同時に進めていくときには、子どもは対人関係を考慮せずに自分なりの仕事探しに向かう傾向が強まるから、皆がそれぞれ細々とした仕事に精を出していて、床を雑巾がけする人がひとりもいなくなるというような仕事の偏在が現れやすくもなる。

奈良がなぜ「順番」を問題にするのかをもう少し見てみよう[12]。「店員の態度が悪いのに、やたらと演出に凝っている店がよくあるが、残るのは悪印象ばかり。順番を間違っているとしか言いようがない」とエピソードを紹介した後、先述の三点の順番についてまとめている。とにかくまず個々人が「不快（二）をつくらない」「しかも自分が不快の原因にならない」（六一頁）ことを主張している。つまり奈良が対人関係においてもっとも重視するのは、個々人が他の不快の原因にならないということだ。その上での「創出型」だというわけである。

人には見つけられないような仕事を積極的に見つけてやろうとすることも一種の気配りだと捉えることができるが、順番を重視する自問清掃実践者の立場からすれば、見つけた仕事が他者のためにするというよりむしろ自分自身のための快の創出という面が強くなってしまうようでは順番がちがうということになるのだろう。奈良の言説からすれば、特別待遇的な人間関係づくりは、自分自身のための快を創出しようとするところからではなく、他者に対する不快を与えないことから出発するべきだということなのだ。

こうした主張は、竹内の考え方に通じるように見える。奈良は不快と表現するが、竹内は迷惑という。不快を与え合わないような状況をまず作る必要があるとする発想はよく似ている。確かに人間関係づくりを考える際、人に嫌な思いをさせないことが最も重要な切り口だとする発想は、学校掃除においてというより職場を初めとする社会集団全般に共通することではないだろうか。まずは人に対して不快な思いをさせていないかどうかを、集団的活動の出発点にする。奈良と竹内は、その点において共通している。

ただしここでいう集団とは、日本社会における集団のことであり、その中での人間関係を指していることは意識しておかなくてはならない。どんな社会でも、人に不快感や迷惑を感じさせるような行為は慎まなければならないが、そのことを最初の一歩とすることが一般的かどうかはわからない。

女の気働き

吉沢久子の著書『女の気働き』[13]は随筆集であり、表題に関わる一貫したなにかを主張しようというものではない。「女の気働き」「人間性を支えるもの」の二つの項で気働きに関する内容を語っている。それは扇谷正造『結婚スピーチ傑作集』中の幸田露伴と娘幸田文とのやりとりについてである。

来客への接客について露伴は「酒のみには酒を」と、相手が一番欲しがって喜ぶものを給すること、そして「足袋はだしで庭に」と言って、即座に対応するその習慣的な対応力のことを気働きの代表例として提示している[14]。気働きのエピソードとして示されているのは、相手の欲しているものが何かを即座に見抜くセンサーを持ち合わせること、それを間髪入れずにその場その時に実行する即時的な行動力の二つの要素であると読みとることができるだろう。吉沢はそのように分析的に書いているわけではないが、気働きの中味を、センサーと行動力と価値づけていると理解してよいだろう。

気働きと障害

オリンピックの招致活動で有名になったターム「おもてなし」や「気配り」などは、総じて〈気働き〉と一括して考えられることが多いようだ。熊田一雄は、この〈気働き〉あるいは「気働き文化」について探究している社会学者である。

なるほど〈気働き〉は、日本文化のよい点としてとり上げられることが多いが、気働きの態度には対人関係において「感情労働」を必要とされる場合が多いことを勘案してみると、気働き文化が発達障害を負う人々にとってひじょうに働きづらい状況を作り出していることは確かだろう。

というのは、気働き文化の持つ集団・対人規制機能は、それが不得意な人々を非社会的・反社会的範疇に閉じ込めてしまう可能性が高いことも意味しているからである。〈気働き〉の重要性を強調することは、日本的気働き文化への順応性を高める教育的作用の強化を意味していることも忘れてはならない。

近年外国人観光客が急増していることを背景として企業教育において、おもてなし、気配り、気働きが、鍵語となりつつあることは確かだろう。そうした状況の中だからこそ、経済活動優先の現世利益的な観点から〈気働き〉の重要性を説いてはならない。少なくとも学校教育の目的を語る際に、現世利益的観点を積極的に持ち込むべきではない。

安心してサボれる職場づくり

熊田の論考[15]は、本格的な論文ではなく随筆に近いもので、内容は主に中井久夫の著書[16]に拠っている。殆どの部分は、中井をなぞっていると言ってもよい。

表題では日本の宗教と謳っているが、とり上げているのは天理教だけである。しかし、そこで紹介されている障がい者へのおたすけの際の「安心してサボれる職場づくり」という指摘は示唆に富んでいる。なぜなら、自問清掃における最終段階の〈正直〉とは、まさにこの「安心してサボれる」学級の人間関係づくりを目指しているからである。障がい者――障がいの概念を広く捉えれば、自問清掃で積極的に働けない子どもも含む概念[17]――は、働けない人なのではなく、きちんと休むことができないでいる人なのではないか、という逆説的な捉え方には目を見開かされた。この捉え方は、齋藤道雄らが紹介する「べてるの家」の実践にも通じている。

日本の「働きカルチャア」には「気働き文化」という独自の文化があると、中井は指摘している（中井一九八二 二四四頁、この点については後に詳しく述べる）。中井によれば、日本の「働きカルチャア」は、「労働量よりも何よりも「気ばたらき」がわれわれの言う「はたらき」である」（二四五頁）という。

なるほどアメリカ映画でよく見うけるが、人の何倍も働いては特別な結果を出していくスーパーな男や女達の姿は、欧米の労働観に時間的・量的な労働の豊かさが求められていることを物語っているようだ。それに対して日本では、量的なものより質を意味する「気働き」が労働の価値として尊ばれているようだ。「気ばたらきは一種の曲芸、といわなくても対人関係におけるたえざる緊張と目ざとさを強いるもの」（三頁）なのだ。

熊田は〈気働き〉の成立要素が、「たえざる緊張」と「目ざとさ」だと言うが、それは一時も気を休めることができないことでもある。自問清掃第二段階の〈気働き〉では、周囲への絶えざる配視と目ざとさと自主的行動が要求されることになる。しかし第五段階では、まったく逆の視点から「安心してサボれる」「平気でサボっている人を認めながら働ける」ことが求められる。それが〈正直〉の内容である。

中井によれば、気働き文化の歴史的起源は、「平地農民、あるいは江戸時代の武士（実質的には官僚）ではないか」という。そして、日本の労働の特質を三層によって説明する。もっとも下の底辺には、「職人的器用さ（器用仕事）」があり、その上の中層に「気ばたらき」、浅層・表層に「執着的気質」があると。日本人が労働を行う場合、もっとも前提としているのはまず「器用さ」というものであり、その器用さに基づいて気働きができることが美質とされ、さらにそれを絶えざる忍耐と工夫（＝執着的気質）によって日々遂行していく、こういうことがよき労働・仕事であるとする労働観・仕事観が日本にはある、ということではないだろうか。

このような労働観があるからこそ、仕事（＝掃除）をサボることなどもっての外だというわけである。であるから、「［精神障がいの］患者は、働くのが下手なのではなく、休むのが下手（あるいは休むとあまりに対人的安全保障感が低下するので休めない）というのが実状であろう。よく働ける人は必ずうまく休息する人である」（中井一九八二二五二頁）。そうであれば、障がいを負う人――掃除で言えば、どうしてもやる気が出ないで休んでいる友人――が、安心してサボることを許容するような実践的な練習の場が必要であり、自問清掃第五段階〈正直〉は意味ある場として成立する。

ところで、日本の宗教、特に新興宗教では「気働き文化」は信者から当然視されているという。社会一般でも気働きは日本文化のよさとして推奨され、東京オリンピック招致活動でも「お・も・て・な・し」が日本人のよき特質として再認識された。熊田もとり上げている天理教分教会長廣岡さんの語る職場の様子は、まさに竹内が自問清掃第五段階の説明で語る働きぶりとよく似ている。「作業場ではソファーで寝ている人もいれば、ずっと歌を歌っている人、あっちこっち行って作業中の仲間に話し掛けてばかりいる人もいる。(五頁)」「当然誰もその人たちを気にとめることはない。作業をしている人たちの表情は生き生きとしている(同上)」。

自問清掃の最終段階に生まれ出てくる学校掃除の姿とは、こういうものなのかもしれない。皆が一心不乱に額に汗して働いているというような労働現場ではないのである。安心してサボれるような人間関係であり学級づくりではないだろうか。「サボる」ことをマイナスイメージではなく、「積極的に取り入れ、そのなかで皆が生き生きと作業している」という姿の学校掃除を、竹内もイメージしていたのではないだろうか。

他にも自問清掃につながるような行がいくつもある。「働けない人」というよりも「休めない」人である精神障がいの患者、患者を「休める人」にして結果的に「働ける人」にしている、あるいはパウロのことば……「働かざる者食うべからず」という根強い「病者怠け者」説等々。この「働かざる者……」などは、強制的に掃除をさせたい教師がよく用いるフレーズでもある。

後に詳しく触れる「べてるの家」の実践でも、自問清掃とよく似たフレーズが語られている。「病気のままでいい」「安心してサボっていい」「管理と規則を排除する」「三度の飯よりミーティング」等々。「病気のままでいい」「安心してサボっていい」は「やる気がでないときは安心して掃除を休んでよい」、管理と規則の排除はまさに管理清掃との決別であり、「三度の飯よりミーティング」は友の「自問ノート」を資料にして語り合う自問授業などに通じる。

以上見てきたように、〈気働き〉という概念は、自問清掃第二段階の鍵語であると同時に、プラン全体を貫いて最終段階〈正直〉にも通じるような自問清掃の核となる概念であることが再確認された。

現代日本社会の気働き

気働きに関する三編の論説を読んだ[18]。ここで示されているのは、気働きは生来の能力[19]というよりはスキル（技能）であるから、学習によって習得されていくという前提である。掃除はまさにその学習の場であると考えられる。

ここでとり上げるのは、『「気働き」とは何か』という特集中のもので、(a)検定問題に学ぶ「気働き」[20] (b)岡野絹枝（金城大学短期大学部）気働き・気配りを考える――生まれ方、育て方、気付き方―― (c)上田早苗（フリースクール上田学園長）自立した人間こそが他人を思いやり気配りすることができる、の三編である。いずれも、実際に「気働き」がどのようなときにどう発揮されるかを具体的に問題にしているから、そこから現在日本社会における気働き行為の意味合いを推し量ることができるだろう。

まずは(a)から見ていこう。

> 気働きの基にはまず「相手は何をされたら嫌なのか、相手がどのようなことを迷惑に思うか」があり、それをクリアにした上で「相手が何をされたら喜ぶのか」があるといえる。（一一頁）

これは察するに、気働き行為というものは、始動としては一方向的なものであるため、こちらの思いを相手に押しつけてしまいがちな面に対する重要な指摘であると捉えることができるだろう。気働きが相手に対する迷惑や嫌というものではないことが、この〈気働き〉行為の大前提であり、その上でどうすれば喜ぶかという次元がくる。自分の気持ちの押し付けであってはならないということである。

それには「相手の状況を推察する」ことが必要だが、そのために「職場常識が必要である」だと言う。つまり、そこにいるメンバーに共通の決まり事のようなものが共有されていなくてはならないのだ。

> 相手のことを思い、一歩先を想像して行動する気働き……（一三頁）

ここで言う「一歩先」というのは、今現前に見受けられる事柄ではなく、その先に現出するであろう状況を想像することである。

気働きとは、相手によかれと思う心遣いであり心の動きだ……仕事を自分の領域、他人の領域と狭く区切ってしまい、状況がどうであろうと自分の領域以外には手を出さないと決めつけている［ことはおかしい］（一五頁）

したがってこの定義からすれば、一応各々の仕事分担領域はあるのだが、その領域を乗り越えて行う行為が〈気働き〉だということだ。自分が行う仕事の領域を当初の分担だけにこだわって区切ってしまわないことの重要性を指摘しているのである。

考えながら行うのではなく、気が付いたときには身体が動いていないといけない。習慣化されているということだ。……その瞬間に行為となって現れているもの、その行為そのものを〈気働き〉というのであって、これが単に「気づき」とは異なる点だといえよう。（一七頁）

確かに〈気働き〉とは、気を働かせることに関してよくわかることなどではなく、気を働かせて即座に動くことができることであり、直観的即時的身体的な行為のことである。

次に見る岡野の論考(b)も、多くの示唆に富んでいる。「気働きはスキルであり、学ぶものである。……それは資質というより、むしろスキル（技能）だ」と述べて、三つの体験を紹介している。妹には気働きができて自分にはできなかったという生育上の体験。気働きできる友人との差を見せつけられ、真似から入ったという体験。秘書として付いた理事長の見事な気配りから学んだという体験。

これら三つの体験は、異なる次元からの実に当を得た内容だと思う。生育や家庭環境によって個人的に差があること、同年の友人から真似を通して学ぶという方法――身近だったり年齢差があるよりも年齢が近い友人からは学びやすいということだろうか――、自分よりも高次の存在――人物ばかりではなく異次元の内容を含む教材なども高次の存在と言えるだろう――、つまり憧れを伴うような実物見本が身近にあることの重要性などを、それぞれ意味しているのではないだろうか。

これらの事例は、スキルとして〈気働き〉をどのように学んでいくかという学習過程とその条件設定に関して、大きなヒントになりそうだ。

また、気働きの裏側にあるのは「観察力」や「想像力」だとも指摘する（一八頁）。この二つの要素も鍵語である。これらを視点に教師によって動機づけがなされ、今日は友達の掃除する姿に注意しながらやろうとか、自分が掃除している姿や手助けをしている姿を想像するような時間が持てたとしたら、そこから今までにないような〈気働き〉が生まれるかもしれない。

岡野は三つ目のエピソードの中で、秘書として付いた理事長のことを「マナーも実にスマートでした」（二〇頁）と述べているが、そうした〈気働き〉の英訳に smart と clever を当てている。確かに smart にはさり気なさ、clever には「観察力」「想像力」に基づく賢さのイメージが伴う。〈気働き〉には、鋭い観察力と豊かな想像力に支えられたさり気なさや賢さがあるということだ。

自問清掃第二段階の鍵語を〈気働き〉とした場合には、「さり気なさ」「そっと陰ながら」「やさしく」「何気なく」等のニュアンスが込められるだろう。一方、〈協働〉とか〈協力（してできたか）〉とする場合には、無言によるコミュニケーションというニュアンスが強まる。

> 自分なりの価値判断の軸をしっかり持って行動する。気働きの基本はこれである。……自尊心と喜びを大切にすべき……群衆の中でも人が見ていないところでも気働きする自分に高まっていく。（二一一頁）

〈気働き〉という他――他者や物――への働きかけによって、自分自身の中に自尊心（自尊感情）が高まるのだという。そうなれば、他からの評価や周囲の情勢に流されることなく、「人が見ていないところでも気働きする自分に高まっていく」のだとしている。気働きし合うような相互活動の発展によって、関係性や集団性が高まっていくことを期待するのではなく、あくまでも個々の内面に自尊感情が高まることを期待すべきなのだ。もちろん、そうした個々の内面的な高まりの結果として、集団性の高まりも生まれていくことだろう。

しかし一方で、「気配りや気働きを、日本人特有のものと考える人もいますが、私の経験範囲で言わせていただくと、そうではないと思います」（二二頁）とも述べ、アメリカ人との付き合いを引き合いに出しながら、「気」とは感情に起因するから洋の東西は問わないとも付け加えている。「日本人特有」ではないことは至極当然だが、仕事や人間関係づくりにおいて「気配りや気働き」への重点のかけ方が大きいことが日本文化の特徴だとする指摘と、この岡野の指摘とは矛盾するものではない。

気働きと自立

上田早苗の論考は、フリースクールの実践紹介という性格のもので、気働きそのものというよりも、気働きが成立するためには自立が前提であること、「自立した人間こそが他人を思いやり、気配りすることができる」とする（題名どおりの）内容となっている。

エピソードとして紹介されているのは、フリースクールでの掃除の場面。あるときのこと、上田が掃除をいくらやっても、生徒達は漫画を読んでいてまったく働かなかったという（二九頁）。そこで、「平等とは何」という話し合いがなされ、結論は「平等とは不平等が原則だ」ということになった。この結論に対して上田は、「でも、その不平等をお互いにフォローして、つまり相手の役に立って、相手を思いやることで平等の関係になっていく。そのときたとえば、掃除はそのフォローに当たる」（二九―三〇頁）と助言したらしい。

このように相手をフォローする行為こそが気働きだと、上田は言いたいらしい。「その学びですが、強制の部分と自主性の部分がある」（三〇頁）とも指摘する。ただ自主性を待っていても始まらない。「……一つの学習でも始めは強制であっても、途中からのめり込んで自主性を発揮してどんどん突き進むことがあります」（同上）という。体験に基づいた実感のこもった発言だ。

もちろん学習の始発には、ある程度強制があるにちがいない。教材の提示、設問の提示、発問等々、すべて学習の始発はある意味強制から始まる。そうした外発的な動機づけよって始発した学習が、自主的なものへと変化・転化・発展していくことがあり、こうしたことは認知心理学でも残された問題となっている。だからこそ教師は、どのように学習を出発させることが適切なのかとか、初めは子どもを誘導したとしても徐々に自発的な学習へと展開していくようにするにはどうしたらよいかなど、学習の動機づけについてさらに突っ込んで考える必要がある。掃除の導入についても同様で、「掃除をしなければどうなるか」と問いかけて「汚くなってしまうから困る」という発言を誘導し、「じゃあ、みんなで協力してやらなくてはいけないね」と掃除の必要性を自覚させるなどという程度のことでは、到底動機づけとは言い難い。「黙ってやるのが本校の伝統であるから、掃除中は一切しゃべってはいけない」と伝統と禁則を強調するだけのようなことも、学校を監獄化するだけである。

独特の美学としての気働き

中井久夫は、気働きには日本「独特の美学」があると言う[21]。

たしかに、「気ばたらき」の巧みな人をみていると、一種の美を感じる。「甲斐甲斐しい」という感じである。「気ばたらき」には独特の美学がある、といってよいかもしれない。外国の彫刻家の働く人体に認めた美とはちがった美である。集団の美ともちがう。一斉にオールをそろえてボートを漕ぐ美やマス・ゲームの美ではない。（二四五頁）

中井の指摘するように、「独特の美学」というものをわれわれ日本文化に親しんできた者達は共有化してきたのかもしれない。美学を価値観と言い換えてもよいだろう。

心身論に関する検討でもすでに触れたように、もともと日本人は、心身というかたちでの問題設定をしない。西欧人のように、身体に対立するものとしての「こころ」を置かないから、心身二元というように心と身を並べるのではなく、心と身は一体化したひとつのものとして捉えている。心身一如という。したがって、そういう文化の中で「働く」ということは、身体的な労働の量のことではなくて、「気ばたらき」こそが「はたらき」の核心なのである。

「一人でこつこつやる」人は、ある程度敬意を表されるが、「手を休めずに」というところに注目されるようだ。「しばしも休まず槌打つひびき……」という。〝森の鍛冶屋〟である。(同上)

就職した患者、職場に復帰した患者が解雇されるきっかけに、この「気ばたらき」ができない、ということが多い。患者が自分から職場をやめる理由の中に、これができない、あるいは気がきかないと皆に思われているようでいたたまれない、ということがよく聞かれる。(二四六頁)

くり返しになるが、「気ばたらき」がここでは生命にとって有害だと考えたほうが妥当である。(二五〇頁)

改めて言うまでもないが、われわれは日本文化の中で生活し学校教育にとり組んでいる。この気働きが、肩こり同様日本人に固有な「病い」であるとするなら、自問清掃において〈気働き〉能力を伸ばすことを推奨することは、あくまでも日本文化の中における学校教育、さらにその中の学校掃除の場面なのだと充分に意識しておく必要がある。なるほど子どもを育てることは日本人を育てることであり、日本的文化・倫理観を育むことでもあるから、〈気働き〉という心の働きが、日本文化を超えた国際的な視点で視たときにも意味ある能力であるかどうかを、今後探究していかなくてはならないだろう。

［あるひとりの］外国人教授は、日本の精神病院を視察して、患者の半数は退院できる状態にある、と判断された。私はあらためて日本の社会のハードルの高さを思わずにはいられない。（二五一頁）

この「ハードルの高さ」とは、日本社会における気働きのハードルの高さのことであり、延いては学校に求められるのは、このハードルの水準を前提とした気働き能力の育成である。日本社会において相当に高いレベルの気働きが求められるからには、学校でその能力をいかに伸張させるかという課題は全く真っ当なことだとも思える。

しかし求められる高レベルの気働きこそが、個々の子どもの精神に圧力をかける原因にもなっていないかどうかは、慎重に見極める必要がありそうだ。子どもが、不登校やいじめなどの問題に直面したとき、教師自身が暗黙のうちに求めている対人関係における気働きのレベルが、ひとつの障壁となっていないかどうか再考を促したい。

自分を育てる教育

教育者芦田恵之助の言葉に、「自分を育てるのは結局自分でしかない」とある。医者が結局のところ直接病気を治すことができないのと同じように、教師が子どもを育てるのではなく、あくまでも援助者だと思わなくてはならない。医者は診療して病状に診断を下し薬を処方するのであり、医者が直接病気を治すのではない。薬も治癒の手助けとなるもので、治癒の本質は自己治癒である。だから、「自分には病気を治す力はない」と自認する医者は案外信用がおける。自分は教え方が上手くて子どもを育てる力がある、と思っている教師がいたとしたら、勘違いも甚だしい。

それでは、教育における援助とはなにか。ここからは、自問教育を子どもが自分自身を育てる自己教育と捉え、教師の援助とはなにかという視点から自問清掃について考えてみたい。その手がかりとして、「べてるの家」の実践を検討していく。

かつて拙著『子どもが輝く魔法の掃除』の読者感想の中に、「自問清掃は森田療法に似ている」というものがあった。その後森田療法について調べてみると、自助や自己治癒という観点から通じるものを見い出すことができた[22]。森田療法も「べてるの家」の実践も精神障害等に対する療法のひとつであるが、それぞれの具体的な事例等については著書などに譲ることにしよう。

ここからは、「べてるの家」の実践をヒントに、自問教育や自問清掃の教育的意義について探究していこうと思う。

安心してサボれる

浦河べてるの家の運営「理念集」には、この施設（運動体と言ってもよいだろうか）の信条が言い表されている[23]。「三度の飯よりミーティング」「安心してさぼれる職場づくり」「自分でつけよう自分の病気」「幻聴から幻聴さんへ」「そのままがいいみたい」などである。あるいは、「弱さを絆に」「場の力を信じる」「手を動かすより口を動かせ」「それで順調」、さらには「弱さの情報公開」「利益のないところを大切に」「偏見差別大歓迎」「昇る人生から降りる人生」「苦労を取り戻す」など。

べてるの家では日高昆布商品の製造と通信販売を行っているが、そこでは「一般的に使わないようなユニークな会話」（一七頁）が飛び交っているという。たとえば、「自分の行き詰まりに手ごたえを感じる」「この困り方は、いい線いってるね」「悩み方のセンスがよくなってきたね」「自分の悩みや不安に誇りを感じる」「最近、落ち方がうまいね」「あきらめ方がうまくなってきた」「悩みの多さに自信が出てきた」「病気のスジがいいね」等々。

まったくもって笑ってしまうような「不思議なメッセージ」であるが、どこか「自問ノート」へのコメントの仕方のヒントになるような気がする。また、「安心してさぼれる」というフレーズがいい。こんなふうに平気で言える条件設定は、自問清掃第五段階でイメージされる姿でもあるように思う。

「システム」については、次のように述べられている。

べてるの家の一番大切なところは、問題探しをして、改善しようとするシステムではなく、「人を信じるシ

ステム」「人を活かすシステム」「他者の評価から自立のシステム」によって培われていることです。（三五頁）

なるほど、自問清掃の気働きや独創的な仕事の発見と実行なども、その背景には「人を信じるシステム」が潜んでいるのである。人の善意に期待して待つシステムだとも言える。

必要最低限のルール以外は、支配や管理のない場だということもできます。「変わること」に対して他人が干渉したり、管理しない仕組みをつくっただけで、人の中に入れなくて、自罰的に自虐的な生きづらさを抱えた当事者が、イキイキと活動をはじめるのです。（三六頁）

自分が自ら変わろうとして「変わること」こそが重要で、他人である教師がそこに「干渉したり、管理しない仕組みをつくっただけ」とも読める。自問清掃は、確かに干渉したり管理したりしない仕組みであるとも読める。その前提は、自分の障がいに気づき、それを受け入れ、自ら治そうとすることだろう。べてるでは、自己紹介で命病する、たとえば「中山玄一　統合失調症内部爆発型発熱タイプ常時金欠状態」などと。思わず笑ってしまう。そして、その人の全体をさっと受け入れることができる。

あきらめること――それをべてるでは、生き方の高等技術としてとても大切にしている。いまでは現実に起きていることを明らかにしてそれをすべて受け入れることなのだと思っている。（四九頁）

あきらめることとは明からめること、物事の本質を明らかにしようとすることだと、かつてどこかに書いたことがあった。自分は病気を治せない医者だ、自分は子どもを育てられない教師だというあきらめは、医者や教師としての「生き方の高等技術」である。こういう諦めの境地に至ったとき、初めて本当の技術の自己訓練が開始されるのだ。

だからこそ、そのあきらめは積極的で能動的だ。

健常と病気

YouTubeでべてるの家に関する映像をいくつも視聴できる。「当事者研究」の実際についても、その一端を見ることができた。見ていて思ったのは、映像中でも幾度となく語られることであるが、「治る」とはいったいどういうことなのかだった。「治らなくてもいいんだ」と言ったり言われたりすると、では病気というものはいったい何なのかということだ。特に精神的な「病気」とはいったい何であり、そもそも治ると快復するというのはどういうことなのか。

「治らなくてもいいんだ」という考え方は、その当事者の全体像（あるいは存在そのものをそのまま）受け入れ合い認め合う「場」こそが重要だということだ。学校で言えば、それは学級や掃除という場に外ならない。

統合失調症に悩む人達は、総じてコミュニケーションの難しさ、不得意さに関する自覚について語っていた。しかし、自分がコミュニケーション力があると自認する人が、健常者と言われる人の中でもいったいどのくらいいるというのであろうか。実は、私も含めて殆どの人がコミュニケーションは苦手だと思っているのではないか。そうであるなら、健常と病気との境界線は相当あやふやなものだ。

弱さを語り合う

病気を、自分の弱さとか弱点とか問題点と言い換えることができるのではないだろうか。そうならば、誰しも皆なんらかの病気に罹っている。教師ひとりが健常で、子どもは皆病気だというわけではない。だったら自問清掃に取り組みながら、各々がそうした自分の弱さや問題点や悩みを語り合えるような場を作り出すべきではないのか。言わば自問清掃における「当事者研究」の場を。

べてるの家で言われる「手を動かすより口を動かせ」とは、一人ひとりが自分の中に閉じ込もってしまい黙々とただ手を動かして作業をしているのはなく、お互いに自分の弱さや悩みなどについて語り合えるような場を最優先するべきだと言っているわけである。これは自問清掃で言えば、教室での「自問授業」（道徳）ということになるだろうか。

その道徳は、旧来のような「道徳」の授業に堕してしまってはいけないのだ。表面だけを撫でさするだけのような授業であってもならない。教師がひとりこちら側に健常者面して立ち、子どもたちを問題点や弱点が多いから病人なのだと見做した上で、子ども同士が語り合うというような発想の授業になるとしたら、それは主体的でも対話的でもない。教師も自分の病気（問題点や弱点）をよく自覚しながら、子ども同士の交流を援助しているような構えが基本になくてはならない。教師自身がときには自分の弱さをさらけ出しても構わない。自問清掃では教師もひとりの一作業者であり、自問授業においては自己を開いて対等ではないが対話的な姿勢であるべきだ。

自分の弱さを語れる教師こそ強い。逆に芯が弱い教師はふんぞり返って威張りたがり、己の弱さを押し隠そうとする。

邪魔をしてはいけない

斎藤喜博はオペレッタ『子どもの世界』の中で、執拗に「じゃまをしてはいけない」と言った[24]。子どもの世界は、「みんなでなかよく学ぶ世界だ　じゃまをしてはいけない」「みんなでなかよく働く世界だ　じゃまをしてはいけない」と。彼の教育思想の底流には、子どもに本来備わっている善さを、（教師も含めて）大人が阻害することなく引き出し伸ばすことをしなければならないとする強い想いがあったにちがいない。子どもの成長や病気の治癒に関わろうとするとき、邪魔をしないということこそが原則なのではないか。

べてるの家の実践を支える精神科医師川村敏明の言葉を、齋藤道雄が著書の中で紹介している[25]。

川村先生はこういっている。「さいわい私が病気を治さないものですから、（彼らは）病気のことよりも〝生きること〟〝いま存在すること〟の意味、従来医療の枠のなかで語られていたことの時限をこえたことを考えているると感じます。私はその邪魔をしなかった医者だったと思います。」（二二三頁）

自問清掃では、教師は「指示・命令・注意をしない」とする禁則を自らに課すことにしている。これは単にルールとしてかかっている禁則ではなく、子ども成長の「邪魔をしない」ためのものなのだ。目の前にいる子どもが、現象としてはブラブラほっつき歩いていたり、雑巾を振り回したりぼんやりと突っ立っていたりする。それは言わば、症状としては（健常者を自認する教師からすれば）病気の状態だろう。それを、指示・命令・注意という治療行為をいきなりせずに、つまり病気を無理に治そうとしないで、よく見て、そこに起きていること――事や事件――の意味を問うてみる必要があるのだ。

従来の教育の枠の中で語られていた教授・指示・助言的な行為をせずに、子どもが自らよくなろうとする試行錯誤の邪魔をせずによく見つめ見守って考える。「自分の考えを押し付けたり、人びとの苦労する権利、悩む機会をうばうようなことをする」医者（＝教師）は、「患者を怨みながら転落していく」（二二三頁）ことになるだけだ、というわけだ。

この医者という語を、教師に置き換えてみると、そういう姿勢は自問清掃の〈信じて待つ〉教師の態度とよく似ている。向谷地氏は川村医師に言う、「先生、やはりいろいろ問題はなけりゃダメですね」と。自問清掃で言えば、掃除中にさまざまな問題が起きないほうがよいのではなく、問題が起きるからよいのだ。

こんなふうに考えてみると、そもそも病気とは何か、掃除中に子どもが遊んでいるというのはいったいどういうことかと、まずその意味を考えてみなくてはならない。教師はなぜか、自分が健康であり健常であることを前提として子どもを見る。健常の眼から見れば、掃除中に遊んだりぼんやりしたりしている子どもは、皆問題を抱えているように見える。語弊を恐れずに言えば、病気を患っているか障がいを負っているかのように見えるのかもしれない。しかしよく考えてみれば、健康と病気、健常と障がいの境界線はまったく曖昧なものでしかない。どこからが病気でどこからが障がいか。

教師がいつも健康者・健常者の高い位置から子どもを見ているから、思い悩んだり試行錯誤しているような子どもの姿は、ぶらぶらしたりぼんやりしているようにしか見えないのだ。教師が病者や障がい者の視線を持って、そういう子どもたちを見たらどうだろうか。病者や障がい者の視線とは、能動者ではなく受動者の位置に降りるということである。そのために掃除中は、子どもと同じ一作業者になるということだろう。

教育の本質が自己教育であり自助だと悟ったとき、教師の仕事は注意や指示ではなく、待つことや非援助の援助だと思い知らなければならない。

よく考えてみなくてはならない。高い所に己を位置づけている教師が、適切な―適時適確だと自分が思い込んでいる―指示・命令・注意を与えることが、本当の意味でその子どもにとっての教育になっているのかと問い直してみなくてはならない。

絶望の鉱脈

ひとりのソーシャルワーカー向谷地生良はかつて、大尉と呼ばれた精神障害者との関わりの中で、手も足も出ないような状況に落ち込んだという。ついに自分［向谷地］も絶望におちいったという「感慨」をもった。

齋藤は、向谷地のこの感慨を、「絶望の鉱脈を掘り起こすこと」だと言う。「……このとき向谷地さんははじめて、早坂さんや佐々木さんやべてるにいるみんなのところにたどりつき、つながったという想いをもつことができたかもしれない」（二三四頁）のだと。そして、フランクルの言葉を紹介している。

「この人生を生きていてなんの意味があるのか」と考えてはいけない。「この人生から自分はなにを問われているか」をかんがえなければならないと。（二三五頁）

この部分を読むと、私はどうしてもかつてある小学校に勤務していた頃の経験とつないで考えてしまう[26]。そこで被虐待児と共に過ごした日々は、それまで培った二〇年間の教育方法がまったく通用しない過酷なものであった。教師とはなにか、教育とはいったいなにかを根柢から問われたのだった。あれはまさに落ちてしまった経験であり、絶望であったと思う。だからこそあの経験が、自問清掃へと連なっているように思えて仕方がない。

非健常者の目

従来の学校掃除観は、ある意味健常者のそれである。非健常的な眼、たとえば自閉症と言われる人の眼から物事を視ることによって、それとわかる[27]。「自閉症は、哲学における既存の前提を全面的に組み替えることを要求する。……自閉症は人間の可能性の地平を拡げる」[28]。

定型発達の経験しか持たない私達の眼は、なかなかその見え方を転換できない。しかし、「自閉症圏に人から見ると、定型発達の習慣は全く異文化である」（一八九頁）。「自閉症児の知覚は、細かいディテールを注視するために、全体像を見ない」（八七頁）、したがって、自閉症の場合、「「感じられるもの」の彼方で意味が成立していない。定型発達の場合、対人関係に由来する感情にせよ、さまざまな文化事象・学的理念性にせよ、感じられるもの・知覚されるものの彼方で意味が成立している」（一八一頁）と。

このように自閉症なり精神障害なりの健常ではない眼を持ち込むことによって、健常者からは当然で何の不思議さも感じなかったものの見方・考え方に揺るぎが生じる。それこそが、非健常的な視点を持ち込むことの意義である。学校掃除にしても、学制以来一四〇年間の時間の中で、なんの不自然さも疑問もないままに継続されてきているために、通常の見え方に揺るぎが生じない。

では、どのようにしてそこに揺らぎが生じるのか。それはとりもなおさず、「指示・命令・注意をしない」という禁則によってである。掃除中に注意や指示を与えることは半ば当たり前のことであって、注意や指示の声に満ちあふれるのが通常の掃除の姿である。教師が掃除中に注意や指示を与えることは、常識化している。しかし、いったんその働きかけを止めてしまったらどうなるか。一気に通常ではない世界が現出するのだ。今私が、自閉症や精神障害に関する内容や治療について研究的な眼を持って見ようとするのは、そこに通常ではない非健常的な視点を求めるからに外ならない。

自問清掃における「指示・命令・注意をしない」という禁則も、健常的な見方を否定するためのものなのだ。掃除中に注意や指示を禁止され健常ではいられなくなった教師の眼前に、子どもたちはいったいどのような姿を表すだろうか。「どうせこの子はこうだ」とか「またあの子はああしている」とかいう従来の健常的な見え方から、「あれこんなことを考えながらいたのか」「そういう心遣いをしていたのか」「あんな仕事をよくぞ見つけたものだ」というような新たな姿として映し出されるだろうか。

掃除から教師の注意や指示がなくなったとき、しゃべりまくり雑巾を投げ合って遊んだりぶらぶらと歩き回ったり大声で呼び合ったりしていて掃除などまったくしなくなったとしよう。もちろんそれでも注意も指示もしない。その子どもの姿が、教師に問いかけるものはなにか。そこに現出している非健常的な姿が、教師に問いかけていることがなにかを考えなくてはならない。

それは、ひとつの教育成果である。己がそれまでに行ってきた教育の成果、結果なのであろう。注意や指示がなくなって現れる非健常的な世界こそ、それまでの教育実践の問題や課題なのではないだろうか。そういうあられもない――子どもの、また己の――姿に出会いたくないものだから、教師は予め予防線を張り巡らせて、本当の姿を隠蔽しようとする。注意や指示をすれば隠蔽できるわけだ。無意識にそうするのだろう。

「指示・命令・注意をしない」という禁則は、もしそれをしなければ、子どもは自らすすんで掃除も勉強もしない、子どもとは高々そういうものだという児童観に自分が立っていたのだという事実を、教師自身に突き付ける。

自助と非援助

そもそも自問とは自助であり、自分自身をどうケアするかということに外ならない。セルフ・ケアのことである。

医学に準えてみると、江戸期までは流行性感冒のことを「風」と言っていたが、明治期になり細菌学の発達と共に、なんらかの疾患は身体の外部から原因となる菌が体内に入り込むことによって起こることがわかり、「風」は「風邪」と表現されるようになった。病気を治すのは、外部から体内の菌に働きかけ死滅させるなどの措置を行うこととされ、治療とされたわけである。こういう意味で、自問は、体内に「風」が吹くようになってしまったような状態を自分でなんとか治そうとするような東洋医学的な自助の考え方に立脚しているとも表現できるだろう。

教師が子どもの身体に対して外からなんらかの働きかけをして、悪い箇所を死滅あるいは除去することができれば、教育的効果があがったということになる。しかし、もう一方の東洋的な考え方に基づけば、人間は本来内部にバランスを保とうとする力が備わっており、病気というのはそのバランスが崩れてしまった状態なのだから、結局自助によって治すしかないのだということになる。だから外部からの余計な働きかけ、不必要な働きかけは、むしろ控えなくてはならない。

べてるの家の向谷地は、何をしたかではなく何をしなかったかということが重要だと述べる。何かをしないことによって、自己の中から引き出されるものを自覚化することが重要だということだろう。

自問清掃において、注意や指示をしないこと、言葉を用いたコミュニケーションを控えることは、一見消極的と受け止められやすいが、自発性を発露させるためには積極的な手立てとなっている。「〜をしない」ということと、働きかけを行わないことが重要な手立てになっているのである。

非健常と非援助

日常私達は、自覚としては健康であり健常であると思いがちだ。しかしよく考えてみれば、全員ひとり残らず多かれ少なかれなにかの病気に罹っている。それなのに日常の平凡な眼によって、病気は隠されてしまっている。そもそも健常であることと、病気であったり障がいを負ったりしていることの境界はどこにあるのか。それはたいへん不確かなものだ。その意味で健常だという人も、殆ど全員がグレーゾーンにいるとも言える。

向谷地氏が「非」援助と言う背景には、東西の思想や医学の根本に関わる問題が横たわっている。主体が客体になんらかの働きかけをすることによって、絶えず相手を開発したり変化させたりするのが常道だとする思想や医学の発想からすれば、相手が自ら調整されてくることをじっと待っていたり、なにもしないで見守っているという態度は、単に手をこまねいているだけに見えたり怠惰に見えたりするかもしれない。

しかし、「非」援助という発想は、むしろ「～しない」ことが積極的な行為や姿勢であると見做すのだ。この発想は、自分も病気だという自覚から出発する。子どもは皆問題や病気を抱えているから自分は一生懸命働きかけをして治してあげるのだとは考えない。自分をこちら側に置いておいて、子どもだけをよくしてやろうとするような教師には、実は自分自身もたくさんの問題を抱えている病人なのだという自覚はない。子どもだけを病人扱いして、無意識のうちに自分自身を健常者と位置づけているのである。学級の中でただひとりの健常者となった教師は、見守ったりじっと信じて待ったりすることはできない。

だからこそ、自分には子どもの問題を治す力などないのだと諦める態度も必要だ。諦めるからこそ、よく見ようとし見守っていこうとする。諦めるとは放棄することではない。治るのを「信じる」しかないわけだ。

その「信じる」とは信用することとはちがう、とも言われる。なるほど、神仏を信じることはあっても信用することはない。満願が成就するようにとお百度を参るが、たとえ願が叶うことがなかったとしても、それは神仏を信じていたからこそ行ったのであって信用したからではない。成就しなかったからと言って、神仏に対して信用を失ったとは言わない。このように「信じる」には根拠は必要ない。いきなり信じるだけである。教師は、そういう姿勢で子どもを信じているわけである。

健常な者も完全なる者も誰ひとりとしていないのであるから、当然ながら教育もまた「不完全な教師が不完全な者を教える」（上田薫）営為と言わざるを得ない。完全無欠の健常者ではなく、われわれ教師は皆不完全でなんらかの病気を患った存在なのだと思いたい。医療もまた、その意味では、自らも病気を患っていると自覚する医者が、病人自身が病気を治そうとするのを手助けする行為ということになろうか。

私達は皆病気であり、なんらかの障がいを負っている存在なのだ思い知りたい。そうなのだから、誰にも他者の病気を治せるはずはない。そもそも病気は他者からの働きかけによって治るものではなく、病者自身が自ら治すものである。治癒の本質は自己治癒である。

教育も同じだ。自分を育てるのは結局自分でしかない（芦田恵之助）。教育の本質は自助だと心得て、教師は「非」援助の援助を心がけよ、ということか――。

教師またの名を働きかけたい人

働きかけは働きかけ方でありスキル（技法）の問題であるが、教育で最も重要なことは、どう働きかけるかという技法ではなく、実は「技法以前」である。授業に即して言えば、どう教えるかという以前に予めやっておかなくてはならない教材解釈のことだろう。

医師や援助者が「技法以前」にすることは、よくよく見守り続けることだが――つまり「非」援助という援助――、教師がすべきことは、授業でどう教えるかという以前に、教材と子どもをよくよく見て、何を教えるかをとことん明確にした教材解釈を確立することだ。

私が考える教材解釈には教え方の方向性も含まれる、つまり援助の仕方も含まれる。そして何かを教えるためにどう援助するかを明確にすることは、援助の要不要を峻別することであり、そこには「非」援助という援助も含まれる。だがしかし、援助あるいは「非」援助ならばなおさらに、子どもは自ら成長したがっている存在なのだと「信じる」ことこそが、その根本になくてはならない。子どもは自ら成長したがっていると信じている教師だからこそ、「非」援助が援助となり得るのだ。

自問教育と当事者研究

べてるの家で実践されている「当事者研究」は、「自問ノート」によって自省を促す自問教育によく似ている。自分自身の病気や障がいを研究対象とするからだ。当時者研究では、まず自己省察を当事者本人が詳しく発表し、それを共同で検討しながら修正を加えて練り上げていく。自問授業では、友人が書いたある日の「自問ノート」を巡って、自分にも似た経験があるとかどのように乗り越えようとしたかなどについて語り合う。同じような病気を患っていたり、同じような問題で悩んだりしている者同士が、自己省察し合ったり助言し合ったりする。だから、よく似ている。

当事者研究のポイントは二つか。ひとつは、自分の病気をひとつの対象とすることで、一旦自己の外に置いて客観化する。たとえば自分の病気に対して、ユーモア溢れる病名を付けさせる。ユニークな取り組みである。もうひとつのポイントは、検討に共同的に参加する人達も、当の病気を各々が今現在生きている（＝患っている）患者その人であることだ。向谷地などの研究的第三者がファシリテーターとして参与はしているものの、「研究」そのものは病気（＝障がい）を生きる当事者同士が共同で進めるかたちになっている。全員が当事者であるから、この研究方法には傍観者的第三者はいない。

自分で自分の病気・障がいを対象にするわけだから、その当人は第一者である。他のメンバーは、皆今障がいの中に生きているという意味で第三者とはなりえず、第二者である。かつて柳田邦男が著書『サクリファイス』において提示した「第二者の死」という言い方にも通じるだろう[29]。第一者と第二者によって追究される研究であるから「当事者研究」というわけである。

第一者と第二者が共同的に自己省察作業を繰り広げていく、彼らの合言葉に「三度の飯よりミーティング」とあるように。そうすることで、精神障害を生きることが生活そのものになる。だから、治さなくてもよい治らなくてもよい。遂にはどうか「なおりませんように」となってしまう[30]。

この著（齋藤二〇一〇）の中には、ソーシャルワーカーとして「当事者研究」を立ち上げた向谷地生良の人生についても紹介されている（二三〇―二三七頁）。向谷地自身が一般的ではない「苦労」の生き方をしてきた人である。毎日のように教師から殴られるような学生生活だったという。教師からすればとんでもなく生意気な存在だったのだろう。それにしても、なんという狭量の教師ばかりがいたことか。

苦労は、この世界とつながるための窓であり、通路であり、方法であるということだった。それもただ過酷な環境でつらい思いをすればいいということではなく、「人間として苦労すること」。すなわち、人間は人間であるから苦労するのであり、その苦労を経て人間になるのだということ。苦労は自分を高めるためというような自己完結的なものではなく、またたんなる人生訓にとどまるものでもなく、自らを他者に開くために行われるのだという認識が、そこにはあるのではないだろうか。（二三六頁）

この「苦労」という概念とその目的を、「自らを他者に開くために」苦労することが大切だという認識なのだと、齋藤は向谷地のいう「苦労」をそのように意味づける。

「自問」がひとり自己完結的に終わるための自己省察であったら、確かにその姿は沼田裕之が指摘するように「ひとり静かに生きる修行僧」に似ている[31]。しかし自問清掃における〈自問〉や自己省察や〈無言〉というものは、ひとりその中に閉じこもって自己完結的に自己鍛錬をするものではなく、むしろ自己を他者に向かって開示するものでなくてはならない。自己を他者に向かって開くために無言となり「自問ノート」を綴る。そして、そこに見えてきた自己を仲間に語ることによって、検討の対象とする。そうした共同研究―まさに当事者研究―のことを「道徳」の時間に行うのだ。予め設定された徳目に寄せるように、話し合いながら皆で摺り合わせていくような道徳ではない。だから、自問教育における「道徳」資料は、自分から遠く離れたイチロー少年のことであってはならない。

苦労とあきらめること

べてるの家の実践では、苦労とか諦めるとか「降りていく人生」とかいう言葉が、決してマイナス・イメージとしては使われない。病気とか悩むという言葉も同様である。齋藤（二〇一〇）をもう少し見てみよう。

あきらめること。自分についてもがき苦しむのをあきらめること。それから、これでいい、そんな「ダメな自分でいい」という思いに到達できる。そしてダメな自分を受け入れたとき、ようやく足が地についたという感慨があった。それはべてるの人びとがむかしから提唱してきた、「降りていく人生」のはじまりだった。降りていくといっても、敗北ではない。むしろ病気なってよかった、病気は大切な財産だし、病気も含めて自分があると思えるようになったということだ。ありきたりでも人との関係のなかで生き、生かされるようになったという感慨を得たことでもある。それが浦河での二年間で学んだことだった。（五七頁）

今の自分をさまざまな病気や障がいや問題をも含めて自己肯定するような生き方を、「降りていく人生」と言っているのだろうか。近頃学校教育現場では、よく自尊感情が大切だとか自尊心を育てるとか言われる。自分のよいところ、人より優れているところを見つけて、ある種の優越感のような気分を味わうことだと捉えている人もいるようだ。今のそのままの自分でよいのだと思えるような自己肯定感は、優越感とはちがう。人と異なる点をことさら見つけ出そうとすることでもないし、当然ながらむやみやたらに同調しようとすることでもない。

べてるの家には、人間とは苦労するものであり、苦悩する存在なのだという世界観が貫かれている。……苦労し、悩むことで私たちはこの世界とつながることができる。この現実の世界に生きている人間とつながることができ、人間の歴史へとつながることができる。このように生きて死ぬということが、ほんとうに生きるということではないだろうか。そして語りつがれる生き方となり、死に方となるのではないだろうか。（二四六頁）

考えてみれば、自問清掃中に起きる問題の数々も、その殆どは人との関わりの中から生まれてくるものである。たとえば、ひとりの男の子が大声で話しているのが気になってしかたがないとか、人にちょっかいを出すとか、ちっとも掃除をやってくれなくて困るとかいうような問題も、周囲に人がいるからこそ問題になる事柄である。周囲に人がいないのであれば、どんなに大声を出そうが遊んでいようが誰も問題にする人はいないわけだし、人がいないのであればちょっかいの出しようもない。周囲に人がいて関係性の中で生きているからこそ、そういう自己性が問題として立ち顕れてくる。

そこに立ち顕れる問題は、子ども同士の関係性の中に生起しているようでありながら、実は教師をも含む学校文化全体の中で起きているのであり、その意味で教師・子どもという世代を越えた問題なのである。右に例示したエピソードにしても、子ども間に固有な事柄ではなく教師間にもよくあることなのである。教師は子ども間に現れる現象に対峙しているつもりでいながら、実は自分自身の問題性に直面しているのだと捉えることもできるのではないか。

奪われた当事者性

学校掃除の手順や分担などについては、殆どすべてを教師が（先に決めて）示して仕切ってしまうことは多い。掃除をする当人である子どもたちには、試行錯誤しながら考えたり何かを選択する自由は殆どない。たとえば教室掃除は、こういう手順でこういう分担でやると予め子どもに示してその通りにやらせようとする教師には、試行錯誤や選択の自由などという発想はもともとない。こういう状態は、子どもが学校掃除において、当事者性を剝奪された状態と言ってもよい。

一般社会においても精神障害者といわれる人達は、通常そのような状況に置かれてしまっていると、横川和夫は指摘する[32]。

一般的に精神障害をもった人たちに対して、病気であるために、親や家族が当事者に代わってすべてをとり仕切るケースが多い。そのため、自分で考えて決めることをできなくさせられている、つまり〝当事者性〟を奪われた人たちである。あるいはまた、他人に迷惑をかけないようにと〝薬漬け〟にされ、自分が思ったり、

考えたりしたことが言えない、言葉を奪われた人たちが多い。（〇〇二―〇〇三頁）

この姿はまったく、学校掃除における子どもの姿そのものである。子どもたちは、障がいを負った――そのままにしておけば必ず遊んで掃除をせずに問題を起こすにちがいない――病人扱いされ、掃除の中で自分で考え自分で決定するという「当事者性」を奪われた人達になってしまっている。世話焼きが好きで、子どもを自分の思い通りによく働く人達にしようと目論んでいる教師によって、子どもたちは皆（横川が言うような）精神障害者同様の扱いを受けているのである。

横川は、「親が自分らしく生きる、人間らしく生きる姿をとり戻すこと」（〇〇二頁）を抜きにして、日本の教育行政・学校教育のあり方は解決されないとの問題意識から、この「べてるの家」に辿り着いたのだという。つまり、「べてるの家」の実践が提起していることは、現在日本の子どもや親の問題に、ひとつの「闇のなかの燭光」（〇〇三頁）をもたらすと感じているのであろう。私もまた、そのように思う。

べてるの家では、人間の弱さを大切にしながら、当事者性を重んじ、仲間に支えられながら、自分の思いや気持ちをできるだけ言葉にして語ることをこころがけている。そうすることで、彼らの病状は軽くなり、自分らしく生きている。……彼らは、奪われた当事者性をとり戻すための多くの試みを重ねている。（〇〇三―〇〇四頁）

横川は、「奪われた当事者性」という表現を何度も用いる。思えば、私が研究している自問清掃であってもそれは、子どもが管理教育によって「奪われた当事者性」を、学校掃除においてどうとり戻すかという試みであるとも言える。教師が予め決めたシステムに則って掃除させる活動は、子どもから当事者性を奪ってしまった活動である。現在教育界の流行語になっているアクティブ・ラーニングは、まさにこの「当事者性」を前面に押し出した学習法だと捉えてもよいのではないか。掃除だからアクティブ・ラーニングなのではなく、掃除をアクティブ・ラーニングの場に仕立て直さなくてはならない。子どもの当事者性を取り戻さなくてはならない。

よけいなことはしない医療

横川がその著の中で紹介する川村医師[33]の言葉は、教育の問題と深くつながっている。

「どんなに科学が進歩したところで、医療には限界があることをわきまえないといけない。それじゃあ医療の役割はなにかと問われると、狭い意味での治療や検査のほかに、病気かどうかを見分けることですかね。……『病気です』と診断することが、医者の大きな役割でしょうね」……直せない医者を自認する川村さんは、精神科医の役割をこんなふうに受け止めている。(二〇三―二〇四頁)

この「医者」という語を「教師」と読み返えたら、そのまま教育の話になり、教師はいったい何をする人かという問いが生まれる。たとえば算数の問題で躓いている子どもにヒントを与えようとする場合も、その子どもがいったい何がわからないのかを診断できなければ処方であるヒントを与えることができないように。

アルコール依存症の場合は、まわりが一生懸命やればやるほど、本人は問題に気遣いないようになっていく。(二〇九頁)

教育でもよく似ている。教師が予め世話を焼きすぎることによって、子どもはかえって自分をみつめなくなり、言われたままに動いていくだけでますます当事者性を失っていく。友人とのトラブルなど何らかの問題を起こしたような場合にも、教師から単に注意を受けることだけで終わってしまうと、問題性に対する自覚が低い状態のままで、注意されたら即座に謝る所作だけして事を済まそうとするような人間になってしまう。

「アルコール依存症という病気は、回復を信じている人たちのいるところでないと、回復しないということ。そういうキーワードをいっぱいもらったんですね。……」（二〇九頁）

治療スタッフから「よけいなことはしないように」きびしく注意された。「つまり、よけいなことをしなければ、よくなっていくわけですね。ということは、患者さんはよくなるために病院に来ている。なんとかしないという思いを思いとしている。それで苦労してきたんだ、これを信じていいんだなということが、はじめてわかったんです。……」（二一〇頁）

「人間として大切にされているという実感が伝わるかどうか、医療の場合がそういう場であるかどうか、そんな基本的な当たり前のことが保証されていることが実感できる雰囲気、そして人間関係がだいじにされる、それがあれば、アルコール依存症という病気は、ある割合までかならず回復するんじゃないでしょうか。逆に、人間関係が大切にされないところでは、よくしようと思っても応えは出ないんですよ。その意味で精神障害の世界も同じですね。……」（二一一―二一二頁）

自覚的か否かは別としても、人間としてよくなろうと願わないのに学校に来ている子どもはひとりもいない、患者が皆「よくなるために病院に来ている」ように。そう信じなければ、教育という仕事は始まらないだろう。悪くなろうとして学校に来ている子どもはひとりもいない。どんなにふてくされているように見えたとしても、何度注意しても改めようとする気配が感じられないとしても、そう信じるところから教育が始まる。教師はいつ頃からか、こうした真っ当な前提を捨ててしまった。そして、待つことをせず、次々に余計な働きかけをし続ける。

そして余計な世話でも焼かないよりは焼いていたほうが、自分が仕事をやっていると勘違いする。待つことは手をこまねいていることにすぎず、サボっているかのように誤解してしまう。ときどき参観に来た保護者も同様な勘違いをしやすい。甲斐甲斐しくよく世話を焼く教師は親切で仕事熱心であり、じっと見守ってタイミングを図っているような教師はまどろっこしく手をこまねいているかのように見てしまう。適時の適切な最小の働きかけという仕事の質よりも、目に見える小世話焼きの量こそが評価の対象になってしまうのである。

当事者性・言語化・日本文化

横川の指摘は、日本文化の持つ特質や日本社会が抱える問題性とも深く結び付いている。

当事者性を重んじ、思いを言葉にすることという生活スタイルの確立にはたいへんに時間がかかり、つねに待つことが求められる。効率や能率を重視する競争社会とは逆の発想と生き方をしなければ、それはできない。（一二一五頁）

勝手な思い込みなのかも知れないが、「思いを言葉にするという生活スタイル」というと、日本ではなく欧米を連想してしまう。「沈黙は金」などという言葉があるように、日本社会は思いを言葉にし合うよりは、思いを忖度し合うことが旨とされるような社会なのではないだろうか。そうだからと言って、非言語コミュニケーションのひとつである身体表現が重視されているようにも思えない。

自分の思いや気持ち、考えを言葉にするという〝思いの言語化〟が昔から日本社会では軽視されてきた。というより、逆に「黙って食べろ」「黙って仕事しろ」といったぐあいに、思いを言語化しないことが美徳とされる文化を私たちはつちかってきたのではないか。それがいま、引きこもる若者たちが増え、また国際化が進むなかで、自分の思いを言語化することの大切さが、あらためて求められているといってもよい。……その意味で、べてるの家のメンバーたちの取り組みは、日本文化の非人間的なゆがみやひずみの部分を根底から問い直す作業ではないだろうか。それが統合失調症などの精神障害をもった人たちによって始められたということに大きな意味があると考える。（二二八―二二九頁）

横川の問題意識は、精神障害をどう治療するかとか、そういう人達と健常者はどう付き合っていくべきかというようなものではなく、日本文化論、特に非言語化を尊ぶ日本文化の根本的な問題とどう向き合うか、どう国際化に向けて開いていくかということであろう。

そうした問題意識から自問清掃を視ると、清掃活動中のコミュニケーション―気働きと無言のコミュニケーションとの異同に配慮しつつ――をどう捉えるか、非言語的活動である掃除と自己について語り合う道徳の授業とをどのように往還させるか、「自問ノート」による自己省察とそれを発表し検討し合う活動は、自助と自治との結合と捉えてよいかどうか等々、さまざまな問いが投げかけられているように思う。

健常者か障害者か

小山直は文筆家ではなく自営業者だそうだが、その文章は平易な表現でありながら実に深く、幾度も人をして立ち止まらせる力を持っている。その「まえがき」は不思議に魅力的な文章であり、惹き付けられる[34]。

小山は、自分自身の「人生を考えざるを得なくなった」状態を、「私は病気になった」と表現する。べてるの家の人たちの隠しようもない裸の生き方に触れることによってそうなったのだという。

べてるの家で精神障害の人たちと関わるようになってから、わたしは幸いなことに早い時期に（おおげさに言えば）医学的な意味での〈病気への興味〉を失いました。（一年前の「まえがき」）

今でも私が興味を持っている病気は、それは「他人の病気」ではなく、ほかならぬ「自分の病気」についてです。……「障害者」と「健常者」との見分けがつなかくなってきますが……その〈おかしさ〉を次第に健常者と呼ばれている人たちの内にも、容易に見い出すことができるようになります。……精神病とは人間関係の病、とも言うそうです。そうであるならば、〈まわりの人間関係を悪化させるほどに自己中心的〉なこともまた、ひとつの「病気」といえないでしょうか。……少なくともわたしは、べてると出会い、自分のなかにこの「病気」を発見しました。……私自身がまさに病気になってしまったのです。生きるということが隠しようもなく裸のまま投げ出されている彼らと付き合ううちに、自分自身の今までの人生をいやがおうでも考えざるを得なくなってしまったのです。(「まえがき」)

それまで健康・健常だと思っていた自分の中に「病気」を見つけたと、小山はべてるとの出会いを意味づける。そうであれば、自問清掃に向かう教師も同じである。自問清掃で注意も指示もできなくなった教師は、良きにつけ悪しきにつけ今まで目を向けてこなかった子どもたちの裸の姿と向き合わなくてはならなくなる。そうなったとき教師は、「教育とはいったい何なのか」「教えるとか導くというのはいったいどういうことなのか」「この自分が子どもを教えることなど果たしてできるのか」と自分自身を見つめざるを得なくなり、「病気」に罹るのだ。

自分の病気に気づく前の教師は、無意識のうちに自分を健常者に位置づけている、自分は健康者で子どもは皆病人であると。掃除をやらないでぼんやりしていたり自分から進んで仕事をやろうとしなかったりする病気の状態を、一方向的に子どもの中に見ている。しかしそれと似た症状は、実は教師である自分自身にもあるのではないか、自分にもそういう病気はあるのではないかと気づき始める。子どもに対する注意や指示を止め一作業者となって子どもと共に働くようになった教師には、そういう発想が生まれてくる。

そうだと気づけば、自分は強権を持った医者であるかのように、病気に罹っている子どもを無理矢理指示や命令に従わせて治すことなどできるのだろうかと思えるようになる。自分にはそんな力が果たしてあるのだろうか、力がないとしたらいったいどのような援助ができるのか、第一子どもは本当に病気に罹っているのだろうかなどと、子どもとの関係性や見方を見つめ直さざるを得なくなってくるのだ。

信じること・待つこと

向谷地と田口ランディが対談している[35]。向谷地は田口から「信じる」ということについて問われ、次のように答える。その内容はひじょうに興味深く、拙著『虐待された少年とともに』で述べたことにも通じるように思う。

信じる前にはやはり一回諦めるっていうひとつのプロセスが必要ですね。……私たちの信じ方っていうのはそのまかせた信じ方、ゆだねた信じ方……まあなんとかなるねっていう風な……なんとかなるかどうかはまったく保証がないんですけど、そいう信じ方をしてきた。結果にとらわれない信じ方みないなね。

諦めることに積極的な意味を見い出し、結果にとらわれないで信じて任せるというのは、自問教育の核心〈信じて待つ〉と同意だろう。期待する通りになることを待つのではないことを意味しており、私が折に触れて引用する鷲田清一が言うところの「待つ」という概念に通じる。期待を持たないで、ただ待つということ。別に根拠はないのだけれども信じる。賭けと言い換えてもよい。なまじの根拠を持った期待と共に、その人を信用するのとはちがう。信じることと信用することとはちがうのだ。信用はしていないけれども信じる。学校教育における信じるとは、これである。

自助と自治

今私の関心は、「自分自身の助け方」「自己教育の方法」にある。べてるの家のウェブサイトで向谷地が書いている「当事者研究」の紹介を読んで改めてそうわかった[36]。

自助（自分を助け、励まし、活かす）＋自治（自己治療・自己統治）

この「自助＋自治」という発想は、自問清掃指導に大きなヒントを与えてくれる。「自分の〝大切な苦労〟と捉えるところに特徴がある」ともいう。たとえば、掃除中に「自分はどうしても人の邪魔をしてしまう」「身が入らず遊んでしまう」「なぜかしゃべってしまう」というような事柄は、いずれも「大切な苦労」なのであり、教師が健常者の眼をもって判断して即座に注意や指示を与えていると、子どもの裡に当事者性を生み出すことはできない。「大切な苦労」と対峙する機会を奪ってしまうのである。

ここに紹介されている「当事者研究」の特徴から、さらに重要なヒントが得られそうである。「当事者研究は、当事者が生きている主観的な世界と感覚を共有しながら、新しい暮らし方、生き方、のアイデアを模索することを大事にしてきた」とも記されている。

ここで言われていることは、木村敏の「主観的な主体性」という概念に通じる。自分で自分の病気を命名する「自己病名」――たとえば「統合失調症ガンバリ型最後にガス欠タイプ」――や「自分を助ける」という表現にも、そのことが表れている。

自分自身の生きてきた経験と今を語る「言葉」を吟味し、育みながら、現実の生活場面の中に具体的な「振る舞い」と「つながり」を創造していく「言葉のプログラム」

ここで言われている「言葉のプログラム」とは、綾屋紗月のいう「腑に落ちる言葉を創造していく」という表現とも通じる。自問清掃では、「自問ノート」に行為について振り返りながら綴ることや旧友との語り合いなどを通して、自分自身が経験した事柄をひとつの意味にまとめ上げていく。そう考えると自問教育は、実際の直接体験と反省とを絶えず往還させながら、それらをひとつの意味ある事柄にまとめ上げていく「言葉のプログラム」として捉えることができるかもしれない。

当事者研究は、決して疾患や障害をもった人のためのプログラムではない。……すでに影響を受けている現実に対して、責任と役割を自覚し、影響力を発揮しようとした時点で、当事者となる。……当事者研究は、支援者として立たされた現実を生き抜くためのまさしく、自助のアプローチとしてはじまった。

ここにある「自助のアプローチ」を授業へ向けての教材解釈に準えて考えてみると、教師は授業に先立つ準備の――子どもは予習や授業の初めの――段階で、ある教材と出合ったとき、皆障害者として出発する。今まで見たこともないような文章や事実に出会って戸惑い難渋し手こずる、言わば障害者のような状態になるはずなのだが、実は表面をなぞったように理解するだけでわかったつもりになってしまうことも多い。特に教師は、小学生が勉強するのだからこの程度のものだろうと高をくくってしまうため、教材の表面を撫で擦っているだけの自分に気づかない。教材を健常者の眼をもって一般的にしか見ないものだから、いつまでも表面的で常識的な次元を脱することができずにいる。しかし今まで見たこともない異常な状況に陥っているのだという障害者としての自己を自覚したときから、まさに自分の「腑に落ちる言葉」を見つけ出そうとする当事者研究が出発する。そう考えてみると、教材解釈はまさに健常者の眼を捨てて障害者の自覚から出発する「自助のアプローチ」であり、当事者研究そのものである。

その具体的な出発点、つまり障害者としての自覚とは、疑問の発見に外ならない。教材の表層を上滑りに滑っていかないで立ち止まること、すなわち常識を異常に、健常を障害に転ずることができる動機は、疑問の発見である。たとえば、白秋の詩『海雀』で「なぜ冒頭に海雀海雀と二度繰り返されるのか」というような疑問を抱くことができることだ。

SSTをツールとするために

自分自身の課題の乗り越え方、つまりSST（生活技術訓練　Social Skills Training）がツールとなるために、いくつかの条件や要素があるという。列記してみると、・問題の起こり方にパターンがある　・当事者なりの「もがき」がある　・自己表現と「つながり」への渇望　・表出されたニーズと当事者自身のニーズの間に乖離がある　・周囲とのギャップや「誤作動」に苦しんでいる　・希望と生きがいを失い、かつそれを求めている　などである。

これらはそのまま当事者性の要素であるとも言えるだろう。自問清掃に引き寄せて考えてみると、「自問ノート」の中にさまざまなダメな自分（行動）が綴られてきたとき、それへの接近の仕方のヒントがここにあるかもしれない。自分自身のダメ行動について書いてあったとしても、これらの六点から見直してみると、その子どもに当事者性が有るか否かわかるのではないか。たとえば、毎日おしゃべりをしてしまうという子どもについて、教師はそこになんらかのパターンを読み取ることができるかどうか、また子ども自身がそうしたパターンに気づいているかどうか。「今日もしゃべってしまった」と書き連ねているだけの場合と、「今日もまたしゃべってしまった。ぼくはどうしても傍に人がいるとしゃべりかけてしまう」と書いている場合とでは異なる。前者には未だ当事者性はなく、後者にはある。

忘れてならないのは、当事者研究の理念をきっぱりと言い当てた言葉「自分自身で、ともに」。「自分自身で」とは自助を意味し、「ともに」とは自治のことである。病気は結局のところ「自分自身で」治すしかないのだが、それはひとり孤独な存在の自分だけではできず、同じような問題で悩む当事者性を有つ仲間と「ともに」共同で生活することによるしかないのだ。これこそまさに、毎日仲間とともに取り組む自問清掃そのものである。

「非」援助論

援助をしない援助、「非」援助論とはどのようなものだろうか[37]。

きっと「援助」とは、他者に向けられたものではなく、みずからに向けた「励まし」であるだろうと思う。（二五二頁）

「みずからに向けた」というのであるから、援助は自分を援助することであり自分自身を励ますことだというわけか。では、援助しない援助者はいったいどのような立ち位置にいると考えたらよいのだろうか。ここでは、援助をしないことの意味ではなく、援助しない援助者の立ち位置について考えてみたい。

この著書も含めてべてるの実践でよく使われる表現に「幻聴さん」と呼ぶものがある。この幻聴なるものを体験していない私には未だ、○○さんと敬称を付けて第三者的に呼ぶことはどうしても素直に受け容れられない。

そこで似たような経験はないかとさまざまに巡らせてみたところ、一度低血糖症状になり幻覚らしきものを見たことはあったのを思い出した。埼玉県のある中学校で自問清掃についての講演をし、その後に質疑応答をしている最中のことだった。少しの寒気を伴って、眼前にあり得ない状況が見えてきた。会場で聞いている中学校の先生方は予め決められた席にきちんと座っていたわけだが、その中に突如何人かの見覚えのある人が増えた。すぐ右手の前にひとり、左後方にふたり。少しだけ遅刻して後から入ってきたかのように、なんの不自然さもなく座っている。その人達はさっきまではいなかった人達で、記憶を辿ってみると確か一昨日愛媛県で講演したときにいた人達だったのだ。ここにいるはずは絶対にない。そのように記憶を辿るだけの冷静さも、同時にあったことが不思議でならない。半分は冷静な意識で質問に答えながら、何度か頭を振ってみるが、その人達の姿ははっきりと見える。「今私、すごく妙な感じでいるのですが、さっきまでいなかった人が何人か見えるんです。これ幻覚ですよね。多分朝食にパンを少しだけ食べただけのところに(血糖値を下げる)薬を飲んだせいだと思いますが、低血糖状態になっていると思います……」と話しながら。あり得ないことだとわかりながら、そのときの私にとっては現実そのものだった。幻覚とは、本人にとってはリアルな現実そのものなのだ。

とすると幻聴の場合には、まさに知らない人や宇宙人の声までもが現実味を持って聞こえてくるということだ。統合失調症の人達によくあるという幻聴という症状は、健常者からすれば錯覚でしかなく一時的なものでしかないように感じるが、当人にとってはあまりにもリアルな現実であり事実そのものなのだ。だからそこであるべき援助は、原則としては当人の現実にまず立つこと、そして信じて待つことではないだろうか。

「非」援助の援助とは……本人がなんらかの壁にぶつかったとき横から手を出してそれを取り除いてあげるという、いわゆる〝援助〟ではない。本人そのものを信じてどっしりと見守る（ただし危機には十分に力を貸す）ことで、本人が安心して「自分らしい苦労」と向き合うことができるように応援する。〝助けない助け方〟である。具体的には〈認める・信じる・任せる〉の三原則に基づく。〈認める〉とは、自分が無力であると認めること。〈信じる〉とは、人を信じること、場を信じること。〈任せる〉とは、流れに任せること、自分を委ねてみること。[38]

べてるの家が実践する〝助けない助け方〟（「非」援助の援助）が〈認める・信じる・任せる〉の三原則に基づくことと、自問清掃の原則〈信じて待つ〉とはあまりにも酷似している。原則が同じだということは、両者の底流に流れている思想、拠って立つ原理、そしてそこから導き出される具体的な方法が共通しているということである。

「当事者研究」とは

向谷地は、「当事者研究」のキャッチフレーズは「自分自身で、共に」であるとし、エッセンスを五点にまとめている[39]。この「共に」の部分が森田療法とは異なっているかもしれない。しかし、自分を助ける、自分をケアするという根本的な発想においてはよく似ている。

以下、五つのエッセンスに当たりながら、自問清掃に即して考えてみたい。

①〈問題〉と人との切り離し作業

自問清掃においてもこの作業は、自己内でも他者からのそれも必要だろう。問題と人との切り離しは、たとえば「すぐしゃべっってしまう○○さん」という表現から、自他共に「はじめのうちは今日こそはと思うのに、いつもついしゃべってしまい、後になって後悔するという苦労を抱えてる〇〇さん」という表現に変わることである。こうした姿勢は、他の一般的な病気の場合にも共通して必要な作業だろう。一般的な病気の場合でも、病気の自分を全的に医者に委ねてしまうような姿勢から、病気を客観化し、医者と共同で治すのだという意識への転換である。長くアレルギー症状に悩んだ経験のある筆者自身の経験からしても、特効薬のない病気であればあるほど、症状と人とを一旦切り離して病気に対処していくという発想は、有効な対処方法を生み出す可能性が高い。

②自己病名をつける

これは病気を客観化する①の作業の一環と見ることができる。自分が今抱えている問題に病名を付けることは、自己内における客観化と同時に、そうすることで他者と共有化する可能性をも拓く。そのユニークな命名には、いつもどこかユーモアが隠されていることが望ましく、単に冷たく突き放したように客観化するのではなく、自分独自の障害に対する引き寄せ方、したがって解釈が伴うものであるべきだ。

自問清掃にとり組む中で今自分が行き当たっている問題を、このように第一者でも第二者第三者でもない、言わば第一・五者として位置づけることは、医師が症状をより正確に命名に盛り込もうとする意識とは明らかに異なる。ユーモアには、第三者的傍観者では済まさないという意識があり、その意識が同じような症状を体験しつつある共同の他者との間に共有感を生み出すと捉えることができるだろう。

命名は、自分が自分の問題性をある程度総合的に捉えて理解していることが前提だろうから、自問清掃の全く初期の段階から導入することはできないだろう。掃除活動の全体像把握が必要だろうから、現在の掃除にある程度充実感が感じられつつあるような段階でとり組むとよい。そうして、この段階で命名しておくことによって、より内面化へと向かうから、以降の段階での自己省察の足場を築くことができると思う。

別の言い方をすれば、それほど悩んではいないような段階で命名しても当事者性は薄い。かつてある自主的な教育研究会でのこと、参観した教師達に自分の陥りやすい癖やありがちな行動について命名してみようと提案したところ、皆それぞれに「世話好き病」であるとか「すぐ教えたがり症候群」だとかユニークな病名を自己紹介した。しかし、彼らにはユーモアは感じられたが深刻さはなかった。命名しているだけであり、そのことに対して日頃から深く悩んでいたわけではなかったのだ。案の定、その会は回を追う毎に参加者が徐々に減少していき、やがて消滅した。

③苦労のパターン・プロセス・構造の解明

べてるの当事者研究では、仲間と話し合いながら、図式化・イラスト、ロールプレイなどで視覚化するという。そうすることによって、〈問題〉の「可能性」や「意味」も共有されるという。

こうした手法が自問清掃指導に役立つかどうかを検討する前に、まずは考えなくてはならないことがある。自問清掃における個々の問題、たとえば「しゃべってしまう」とか「どうすれば道具を譲り合えるか」などについては、いずれの問題も解決に向けてやがては克服できるにちがいないという大前提があるように思う。しかしべてるの家の場合は、その問題の解決を根本的には目指していないようだ。〈関係〉の「可能性」と表現されるとき、べてるにおける〈問題〉とは、別の視点から、あるいは新たな次元からの捉え直しや意味づけによって、〈問題〉そのものを「可能性」の種子へと見立て直すことに意味を見い出しているらしいのである。

教育というもの、子どもの持つ問題、子どもたちが引き起こすさまざまな問題というものも、大きく捉えればべてるにおける〈問題〉の捉え方と共通するとは思うが、自問清掃における個々の問題とは、必ずしも一致するものではないような気がする。それは結局のところ、問題の解決性が目指されているかどうかではないだろうか。

だがもう一歩進めて考えてみると、自問清掃においても、結局は自己の問題性あるいは自他の関係性に関する問題への気づきと、その問題に立ち向かおうとする姿勢づくりが目指されているのだと考えれば、べてるの〈問題〉への姿勢と重なる。つまり自問清掃における〈問題〉というものも、単に目の前にある掃除活動の事象としてだけ捉えないで、自覚形成や関係性へとつなげながら理解する必要がありそうだ。

いずれにしても、べてるの実践と自問清掃との親和性にばかりに目を向けがちであるが、その異同を明確にして学びとる必要がある。

④自分の助け方や守り方の具体的な方法を考え、場面を作って練習する

「自分を助ける」というフレーズは、自分の病気は自分で治すということに外ならない。芦田恵之助が「自分を育てるのは結局自分でしかない」と言ったことと通じる。

自助、セルフケア、自分を助けるというフレーズは、援助の大前提であろう。それを前提あるいは根本に置くことによって初めて、援助という行為が始動すると言ってもよい。

⑤結果の検証

「以上［の①から④］を研究ノートに記録し実践する」のだという。したがって、自問清掃で言えば「自問ノート」による活動の再表現と公開――自分の掃除活動について綴りながら再表現したり、それを互いに交流し合ったりすようなこと――に当たるのではないか。

自問清掃においても「自問ノート」を日々書き連ねていくだけではなく、ある時点で自己の赤裸々な記述をまとめ直して「結果の検証」する時間を設ける必要があるだろう。自分史を作るように、ノートや巻物のかたちで、図・イラストなどを用いて表現し直してみる取り組みも可能かもしれない。小中学校などでも卒業前に自分史制作の取り組みをしているところがあるようだが、自問とはつまり自分の絵巻物――今の自分に至までの縁起絵巻――を制作するということかもしれない。こういう自問教育実践は未だ出てきていない。

「問い」という営み

ここまで冒頭部分だけをとり上げてきたが、この著（浦河べてるの家二〇〇五）をさらに丹念に見ながら自問清掃について探究してみたい。

当事者研究で大切なことは、この「問い」という営みを獲得することにある。（〇〇三頁）

この言葉を受け取りながら考えてみると、私は自問教育と出会うことによって、なにか「解」を得たわけではない。

むしろ「問い」がいくつも積み重なっていき、その問いの質がより根本的本質的にものに深化して行く過程を経験してきた。結局のところ、「教育とはなにか」「教えるとはなにか」という大きな「問い」がいつまでも残されていくような気がする。明文化された「問い」は結局いつもそれで、同じようなところをぐるぐると廻っているに過ぎないのかもしれない。その意味で、最後に行き着いた「問い」ではない。むしろ最初に持った「問い」である。最初であり、しかも最後に行き着くところの、いつまでも解くことのできない大きく深い問題なのだと思う。

私は、ひじょうに長い年月を経て、また元の場所に戻って来ているのだ。西田が言うように、此処こそまさしく私の「場所」なのだと思う。自分が立つべき場所を、やっと自覚するための長く苦しい体験の連続。

苦労の主人公として

子どもが掃除中にしゃべりまくって人に迷惑をかけて生活しているとき、その本人はいつまでもそうした問題の主人公にはなっていない。平気で人に迷惑をかけながら生活しているような、自分の生き方に悩んでいない状態は、教師から見れば問題の主役のようなのだが、本人からしたら生きにくさであったり苦労であったりしているわけではないから、あくまでも他人事のようなものである。

自分の苦労の主人公になる（〇〇四頁）

当事者になっていないのである。先生に叱られるからしないとか叱られないからしてもよいというのでは、真面目に掃除に取り組んでいる人に迷惑をかけているという〈問題〉が、「自分の苦労」として当事者のものになっていない。

では、当事者意識を喚起するにはどうするか。教師がその子を強く注意して意識を高める、というのがすぐに思いつく一般的な方法だろう。その子の全人格を否定するような叱り方をしてしまうような教師もいるかもしれない。しかしこういうときこそ、問題と人格とを切り離して考えさせる必要がある。今ここにあるもうひとりの自分の視点から、問題を対象として捉えさせせなくてはならない。

「克己」(自分と対峙して弱さに打ち勝つこと)が自分らしく生きるための必須条件だと思ってきたが、いまはそれを疑問に感じはじめている(〇二四頁)

この「克己」というような類いは、学校目標などでも実によく登場する。弱さに打ち勝つ、というやつである。正直私はどうも好きになれない。ここに流れる根本的な思想のようなものは、弱肉強食・富国強兵という帝国主義的なものではないか。人――近代日本人の多く――は、そのようにして自分を整えてきたのだろう。戦前までは、自分の存在意識や生きがいを、ひとつの民族・国家における自己存在という皇道主義的な発想に基づいて意味づけてきたのではないか。戦後は、民族とか国家とかではなく、会社とか学校とかに代役を引き受けてもらったわけだが。克己とは、実はまったくの個人の問題ではなく、ある組織体への恭順意識を背景にしているのではないか。

もちろん何事かに打ち込んだり一生懸命にやること、それ自体は否定されるべきではない。しかし、それは各自が自分の内面(の底のほう)で持つべき矜持のようなものであって、学校や学級の目標にするようなことではないだろう。

そういう類の学級目標を掲げる教師には、自分自身の非力や弱点を隠すために、無意識に子どもに対してはそういう強さを求める傾向があるだろう。「克己」とは、学級担任が自分に課すべき課題なのであって、学級の子どもたちに求めるようなものであってはならない。こういう誠心を求めるところに、いじめや差別が生まれる土壌がある。まことに教条主義的であり、お題目主義だ。

教師自身が自分自身の生き方の問題を、自分の苦労として引き受けないでおいて、子どもたちに押し付けているわけである。

自分自身を表現する言葉――決して〝自分語〟ではなく、相手に伝わり、しかも自分らしいエッセンスを含んだ言葉――を探しながら……（〇二五頁）

合唱などの場合も同様で、歌が〝自分語〟だけで歌われるのであれば、それは表現ではない。たとえば「君を乗せて」（宮崎駿作詞、久石譲作曲）という曲は、耳慣れた心地よいメロディであるから、それをBGMように感じながら浸るように身を任せたくなる。だから、まずは自分語で大いに語り歌おうとする意欲は強く持ちたい。「ここはこういう想いでこう歌いたい」と強く主張する箇所――教材の核――を明確にする。ただしそれだけでは、自分語による「表出」なのであって「表現」ではない。表現は、相手にも通じる言葉に「翻訳」しなくてはならない。それは単なるtranslationではなくinterpretationでなくてはならない。表出の対象である核の部分を、相手の心に届く表現とするための豊かな発声や和声の実現、ピアノ伴奏との対応等々のスキルも必要だろう。表出だけでもスキルだけでもダメなのだ。相手に訴えたいことを明確に持ちつつ、そこに想いと技術が有機的に作用し合わなくては。つまり翻訳は解釈と同義であり、解釈と演奏も同義である。

「自問ノート」に綴ることは、自他活動の単なる事後報告でも表出でもなく、自分の苦労に対する解釈でなくてはならない。また、自分の苦労について他者と語り合うためには、自己の問題を対象化して解釈し、それを相手に伝わる言葉に翻訳する必要があるのだ。

苦労悩み失敗の権利

幸せとはなにか、人間が幸せに生きていくとはどういうことかと、考えさせられた。

それからだんだんと悩みや苦労の質が高まった。それと同時に、苦労する権利・悩む権利・失敗する権利を

獲得し、人間が本来すべき当然の苦労を取り戻すことができたように思う。(九一頁)
自分で用意していたアメではなく、仲間がくれたアメだからよかったのだ。(九二頁)

幻聴で苦労している林園子の言葉である。苦労とか悩みとか失敗とかは適度にあるならばそれでもまだよいのだが、一般常識的にはまったくないほうがよいと捉えられがちであり、結局のところはそれらをどう取り除くかが問題とされる。誰もが苦労から逃れたい。教育でも学校でも、子どもに苦労させないように悩みに落ち込まないように、なるべく失敗しないように先回りして手を尽くすというのが常識ではないか。それを「苦労する権利・悩む権利・失敗する権利」と捉え、そういう三重苦があることこそが生きていくことであり、生きていく上で重要な「権利」であると林は言っている。単に発想の逆転というようなものではないだろう。

発想を逆転させて見えてくるというような意味ではない。むしろ逆転してしまっているのは常識とか一般のほうなのであって、ドクサに塗れて真実や真理が見えなくなってしまっているのではないか。だからこそ、障害というものはそこから抜け出すための大きな動機を与えてくれるのだ。

健常であることによって、私達はドクサに塗れ真実が見えなくなってしまっている。苦労し悩み失敗を繰り返していくこと、どうしたらそこから抜け出すことができるだろうかと問い続けていくことこそが「生きる」ということなのである。

この当然の真理に、学校教育の中でなんとか至り得ないかと提起されているのが自問教育なのだ。それは、自分ひとりでは究めることができず、必ず共に歩む仲間のいることによってのみ可能となるような生き方なのだ。

あきらめと逃亡

自問清掃で「仕事を休んでもよい」とされる条件づけは、なかなか理解されにくい。暗黙のうちに全員がひとり残らず汗を流して懸命に働いているという理想の学校像があるからだろう。あるいは人間というものは、ましてや子どもは元来怠け者で、掃除を休んでもよいなどと言えば、全員がひとり残らず休んでしまうのではないかと危惧するからなのか。実はそうした懸念を抱く教師の深層意識には、掃除などという苦労なものはなるべくならやらないでおきたいとする自己願望が隠されている。そうした自己願望の反動として、全員をひとり残らず働かせようとしてしまう。だから注意や指示が掃除中に満ち溢れるわけである。

一方べてるの家では、拠って立つべきところが根本的に異なる。

あきらめること——それをべてるでは、生き方の高等技術としてとても大切にしている。いまでは、現実に起きていることを明らかにしてそれをすべて受け入れることなのだと思っている。（一〇二頁）

教育における諦めることの重要性は虐待について扱った拙著の中でも幾度となく触れてきたが、「あきらめること」は「現実に起きていることを明らかにしてそれをすべて受け入れること」、つまり物事の真実を明らかにすることである。本来、諦めるは「明らめる」で、物事の真理を明らかにすること、心を明るく晴れやかにするということに由来している。

しかし多くの教師は、諦めるという極めて高度な教育技術に目覚めていない。諦めるからこそ信じて待つのであり、信じて待つという信念があるからこそ諦めるという高等技術を用いることができる。

「べてるに来て、ようやく堂々と逃亡できるようになった」（一四三頁）
「逃亡に助けられてきたんだ」（一四四頁）
「安心して逃亡できる職場づくり」……自分は、何から逃げてきたのか。それは、社会から自分が「無能」であると見なされることへの恐怖からだった。……社会全体が学校化し、人間を一面的な価値観で評価しようとする勢いが広がりつつあるなかで、そのような現実に見切りをつけようとする人たちがどんどん出てきて

いる。（一四五頁）

ここで指摘されている「社会全体が学校化し、人間を一面的な価値観で評価しようとする勢いが広がりつつある」ことを彷彿とさせるような事件が、数日前に起きた。障害者施設の元職員が、施設に押し入り重度障害者らを一九人も刺殺した。真相はこれから徐々に判明していくことと思うが、「事件を機に障害者への差別が生まれないか」「人を有用か不要かと判断しようとする風潮が強まっていることも心配だ」などの声があることも報道されている[40]。日本社会に「人間を一面的な価値観で評価しようとする勢いが広がりつつ」あり、しかもそれが「社会全体が学校化」していることのひとつの表れであるとすれば、学校の中に「安心して逃亡できる」ような学級や人間関係づくりがますます求められているということではないだろうか。

教師にとっての「当然のこと」

話は少しべてるの家から離れるが、教師が深層に持っている価値観というものは本人も気づかぬほどに意外に根強く、その価値観に基づいて子どもに対しているのではないか。新聞にそんな教師の姿が紹介されていた[41]。小学校六年生頃の思い出として、校則について語る教師に意外な姿を見たと記者は書いている。

卒業後に進学する中学校では「男子は丸刈り」という校則があり、それが「どうしても嫌だった」という記者に対して、「日ごろは優しく、親切な先生だった。最初は諭すように。次第に声が冷たくなり、最後は怒声に変わった」と。先生は言った、「校則は社会のルール。守れないやつは犯罪者と同じだ」と。「自分の髪形が、どうして社会のルールの話になるのかよくわからなかった」、でも先生には「当然のこと」のようだった、という。

教師の大きな特徴のひとつに、自分の価値観を何の疑いもなく是としてしまう傾向が強いことがある。日常的に自分よりも目下の者と接する機会が多く、職場は比較的非上意下達的であり（妙に）民主的な雰囲気を重んじる傾向があるからだろうか。これは俗に言うところの学校文化というもので、学校の中だけで通用する言葉・規則・常識などは枚挙に暇がないほど存在する。
そういう存在である教師が、教えたり指導したり要求したりする働きかけ行為を日常的に行使するのであるから、どうしても自己省察も自分の価値観を疑うこともしないまま子どもに押し付けてしまっているわけである。この新聞記事は、人間的にやさしく親切な教師の心の奥に潜む、人間としての独善性について語っている。教師というのは、誠に危険な商売である。

疑問からの出発

自問清掃は、学校掃除という全く疑問の余地なく営々と繰り返されてきた学校教育活動に、いったいどのような教育的価値や意義があるのだろうかという自己の教育観への疑問（問い）から出発している。だから自問清掃によって、教師自身の自己が問われているかどうかを確かめたい。それこそが、学校掃除がアクティブ・ラーニング（ＡＬ）と成り得るかどうかの境界線だと考えるからである。

ＡＬの最重要要素のひとつを私は、「教師が授業や指導の過程で、自己の教材解釈（その活動や教材のもつ教育的価値に関する自己の捉え方）を変化させることができるかどうか」であると考えている。この視点は、現在のＡＬ学習観の中には殆どない。教師が指導・授業過程で自分の解釈を変化させるというとき、私が思い浮かべている範例は武田常夫だ。『文学の授業』[42]などに見る授業自身のアクティブ・ラーニングは、その典型と見てよいのだと思う。

佐久間勝彦が「アクティブ・ラーニングはアクティブ・ティーチングから」[43]というとき、ある人は「そのまた前提として教師のアクティブ・ラーニングがあるのだ」という。少々複雑な表現になってしまうが、教師のアクティブ・ラーニング（＝教材解釈）によるアクティブ・ティーチングによって、子どものアクティブ・ラーニングが成立するということだろう。そして、授業以前の、あるいは授業におけるアクティブ・ラーニングは、疑問から出発する。矛盾なく安定した日常的でありふれた眼からは疑問は生まれない。

教師が従来の学校掃除に疑問を抱き、その教育的意義について再考しようとするとき、あるいは掃除における子どもへの対応の仕方を自ら問い直さざるを得なくなったとき、学校掃除は初めてアクティブ・ラーニングへの道を歩み出すことができる。

掃除をサボるとは

子どもが掃除をサボるという現象をどう捉えるか。

「逃亡」という現象のなかには、さまざまな個性をもった人が、共に働くことを可能にするヒントがある。（一四八頁）

掃除をサボることは、ここで言う「逃亡」に当たるだろう。この行を自問清掃に即して翻訳するとどうなるか。私たちは、掃除をサボるという現象を、さまざまな個性を持った子どもたちが共に働き、生活することを可能にするヒントがあると言い換えられることができるだろうか。

そうできることの前提として、掃除をサボったり人の邪魔をしたりするというような（関係的）問題に対して、掃除サボりを、サボる子どもの人格と切り離してひとつの現象として捉え、それによって教師が自己の教育観を問い直すヒントなのだと発想できるかどうか。

現実は得てしてその逆である。掃除をサボるその子を、全人格的に否定することのほうが多い。「だいたい君は普段の言動からして……云々」であるとか、「掃除もできないような人間には、碌な奴がいないものだ」などと、教師自身の人格には触れることもないまま論っているのではないか。

人格と問題とを切り離せないものだから、その子どもに注意や指示を与えたくなってしまい、教師の自己省察とはなりにくいのである。

嘘をつけない

べてるの視点からすれば、健常者は嘘をつける人ということになる。

べてるの早坂潔はとにかく嘘がつけない。嘘をついたままにしておくと三日と身体がもたない。嘘を付くと身体がまともに反応し、正直になると休まるのだ。しかし、いわゆる「健常者」は、嘘をつくことが平気である。とくに身体の反応が鈍い。（一五二頁）

耳が痛い。こういう視点から健常者を視ることはまずない。嘘をつくことはよくないことだと、健常者も障害者も共通にわかっていることだが、これを「嘘をつける人」と「嘘をつけない人」という区分けで視てみると、健常者とは平気で嘘をつくことができ、たとえ嘘をついても平気で日常生活を送れるような人のことだ。なんということだろう、私のことだ。

弱さの情報公開

べてるのモットーは「自分自身で、共に」であるが、別の言い方をしたのが「弱さの情報公開」ではないかと思う。

究極的ともいえる「弱さの情報公開」に向き合わされる。（一五四頁）

自問清掃においては、子ども同士はもちろん教師自身も含めた関係性の中で、「弱さの情報公開」に立ち合わさせられる羽目になるのではないか。誰しも、楽をしたいとか遊びたいとか拘束から解放されたいというような根源的な欲求をもっているが、それらの欲求は社会性とか人間関係の中ではがまんし抑制されている。学級集団においても当然ながら、このブレーキはルールと名づけられて優先されている。あるいは暗黙のルール、言わば共同体的な規制として潜在している。

それゆえに、個々人の欲求は反って抑制されて表に出てこないですんでいる。それが自問清掃では、そうした規制が殆どない状況になった結果、各々が自己の裡にある根源的な欲求を「弱さ」として露呈し合う。まさに「弱さの情報公開」をし合う。働くことを厭うという弱さ、言われるままに真面目に立ち振る舞っていた弱さ、働かない人を軽蔑してしまうような弱さ、自分で判断して行動できないという弱さ……、そういう弱さを露呈し合うのが自問清掃の時間なのだ。教師もまた同じ。

学校掃除指導の当事者性

一般に――健常者にとっても障害者にとっても――そうした弱さを公開し合うことに慣れていないため、教師は、掃除の時間にぼんやりしているような子どもを見ると、即座になんらかの働きかけを行って健常状態に引き戻そうとする意識が働く。

だが待て、それが本人にとっても周囲にとっても本当に適切な援助なのだろうか。この場合の働きかけは注意や指示であって、少なくともぼんやりしてしまう本人の視点に立った援助にはなっていない。ぼんやりしているという目の前の現象に対して、とにかく当座一定の枠に嵌めてしまえばよいわけで、その枠が持つ意味には考えが及ばない。枠に嵌めることが目的となってしまう。そのようにして問題の当事者は、掃除に関する当事者性を奪われ、掃除は他者が決めた決め事であり他人事の活動のままで終わってしまうのだ。

「弱さの情報公開としての「逃亡」に立ち合ったりすると」その前に立たされた「健常者」スタッフたちは、戸惑い、苛立ちながら、つまり困惑するひとりの「当事者」として、ともに生きることを促される。(一五四頁)

ある教師が、どうしても掃除に取り組めないような子どもの姿に接する、しかも「指示・命令・注意をしない」とする禁則がかかった状態で接したとき、今までは健常者の視点から何の疑問もなく即座に（気持ちよく）注意や指示をしていたのにそれができない。すると「健常者」である教師は、初めて自己に立ち還り掃除指導の当事者になるのだ。何のためらいもなく自動装置的に注意や指示をしている教師には、実は学校掃除指導の「当事者性」はないのだ。

当事者性を奪う指導

なかなか掃除に立ち向かえない子どもがそこにいるとき、あるいはなかなか授業に集中できない子どもがいるとき、または宿題をすることができない子どもがいるとき、その子どもたちの姿は、「健常者」としての教師にいったい何を問いかけているのだろうか。

［爆発をくり返してきた］河崎くんは強制入院を何回もしてきて、たくさんの注射を打たれて、薬を飲まされて、人に保護されたり、管理されたりしてきました。そのようにして、自分の現実を意識したりうけとめることをむしろ奪われるかで保護されてきました。（一八八頁）

統合失調症の人が起こす爆発状態とも言える発作を目の当たりにすれば、誰しも入院させ注射をし投薬し、保護したり管理したりしたくなる。本人のためであり周囲のためという理由であったにちがいない。しかしその見方を一転させれば、むしろそうしたことによって当事者性を奪われきたのだという。

自問清掃に目を転じて見れば、ここに掃除中に人に話しかけて迷惑をかけている子どもがいたとする。その子どもを即座に注意したり指示したりすることで、見た目としては掃除をやっている姿にさせることは、子ども自身が自己問題と真向かう当事者性を奪うことであり、教師が真の掃除指導を放棄することであり、教師自身が自ら指導者としての当事者性を失うことになっているのである。

虐待と自助

吉井浩一の当事者研究は自己虐待についてであるが、その遠因は同居していた祖父の飲酒であったらしい[44]。この祖父によって父母の離婚が結果し、後に母の不在と愛情欲求の中で、自己虐待がエスカレートしていったという。

振り返って我が家のことを思ってみると、母はすでに死去し平安な状態にあるが、娘達が祖母から受けた仕打ちに対して深く反発し、それが今彼らの家族関係に対するひとつの規準になってしまっているかどうかが気にかかる。母は孫達にも人一倍愛情の深い人であったが、強烈な個性とともに自分の生活感覚を他に押し付ける傾向が強く、体調を崩してからは特にそれが顕著であった。たとえば孫が思い通りにならないときなど、自分のいる母屋とつながっている新宅との仕切りの錠を閉めて閉じ込め、執拗に声を荒げて怒鳴りまくり登校させないような行動にも出たことがあったと聞く。そうした体験が、娘達の中でどのような影響を残しているのだろうか。

私自身にとっても、そういう生育や経験を持ったということが、今の生き方に深く傷のようなものと、そのまったく逆の執着の感情のようなものとを刻み付けているような気がする。この反発と渇望、喪失感と代償のようなものは、自分自身の深層に沈み込んでいるように感じる。あるいは、原点においてすでに何かを失ってしまっているような感覚がないわけではない。その原点喪失の感覚が、何かを欲して求めているというよりは、自分が自分の凡てを受け入れたい、特に誰かとの関係性において自分を全的に解放したいという欲求になっているのではないか。こうした欲求は、睡眠・食欲といった類の第一次的根源欲求である。

今べてるの家の当事者研究に接して思い返してみると、私の母は一種の障害者としての生き方であったようにも思える。自己葛藤もそれなりにあったのかもしれない。しかし、残された日記などを読むかぎり、自分が人間関係について悩んだとき、その原因を自己の人間性や人格の問題として捉えていたという側面はどうも弱かった。その意味で被害者意識が強い自己省察であった。つまり、自分を助けることができない人だったのではないか。

助けを求める自己虐待

吉井は自己虐待と自助について語る。

「自己虐待が沈静化したあとにほんとうの生きる苦労が始まる」という周囲のアドバイスに従い、今後も予想される当たり前の苦労——人間関係の苦労（親子関係や友人関係など）、役割獲得に向けての苦労（仕事、家庭、社会的奉仕など）、生きがいの獲得の苦労、喪失の苦労（肉親や友人）——に向き合う準備もしていきたい。（二四一頁）

吉井の「自己虐待」や「逃亡」、あるいは幻聴・幻覚というような統合失調症に見られる症状というものは、ほんとうの苦労と向き合うことをせず、現在の状況から自分自身を助け出したいからしている自助行為なのだと理解することもできるだろう。

そういう考え方に立てば、自問清掃で友人に話しかけて迷惑をかけてしまうような行為も、互いに会話を交わさなくても存在を認め合えるような関係性を作ることができず、たったひとりで無言でいることの不安に耐えられないものだからついしてしまう自己虐待的な迷惑行為だとも捉えられる。

自分の助け方がわからないのである。だから他者に助けを求めたり、教師から注意というかたちで助けられたりするのを待っているのだとも言える。ほんとうは自助しなくてはならないのに他者からの援助を求めてしまうから、友達に話しかけてしまうのだ。そこには自らに問うという姿勢がない。

相互依存の関係性

依存関係の中にはまり込んでいると、川村医師はインタビューで答えている。

患者さんを助けるといいながら、じつは医者が患者さんに「見捨てられたくない」と依存している状態です。アルコール専門病棟に来てわたしが学んだのは、そういう依存関係から一歩引くことでした。（二六一頁）

患者が医者からではない、医者が患者から「見捨てられたくない」ものだから、あれやこれやと世話を焼いたり自分の管理下に置こうとしているのだと、川村は指摘する。

医者を教師に置き換えてみるがいい。何もしない、何の働きかけもしない自分にがまんができないものだから、それが余計な働きかけであろうがなかろうが、自分が教師として子どもから「見捨てられたくない」と無意識のうちにいろいろと世話を焼き口を出し手を出し（時には足までも）と、こうした依存関係にはまり込んでしまっている教師はいないだろうか。

治せない医者

もし医者が「私は病気を治せません」と言い、教師が「私は教えられません」と言ったらどうだろうか。一般的に見れば、それは仕事の放棄であり怠惰であるだろう。しかしもっと深く考えてみれば、そういう覚悟こそ医療や教育の正鵠をうがっていることがわかるはずだ。

医療者として大事なことの一つは、自分が無力なこと、限界があるということを知ることです。（二六四頁）

川村医師はそう言う。そのまま教育のことである。自分が不完全者であると自覚できたときに教師としてのスタートラインにやっと立つことができたと、そう考えなくてはならない。完全な統制者として君臨しているかぎり、教師は永久に教育のほんとうに辿り着くことができないのでないか。川村は「治さない医者／治せない医者」と自称する。

医者にだけ礼を言うような治療は、治療ではないのです。それでは、医者とか薬しか見えていない。（二六五頁）

浦河赤十字病院の精神科では、毎年四月にセレモニーで……看護師一人ひとりが「自分はこういう弱い部分をもっています」ということを発表します。（二八四頁）

これこそまさに「弱さの情報公開」であるが、看護師達は、たとえば先輩ナースの指示を本当は半分も飲み込めないのについつい「ハイ、わかりました……」と答えてしまったり、ドクターの指示をもらうときに緊張しすぎてしまうような自分について発表するのだという。なんと素敵なセレモニーだこと。

それでは、自問清掃の校内研修会などで実践について報告し合うような場合はどうか。結局は子どもの弱点や足りないところを発表し合うことになってしまってはいないだろうか。あるいは、自問授業を構想する際、授業計画案に子どもたちの足りない点を書き連ねていくものも多い。子どもたちの問題点の根源を遡っていくと、どうしても担任である教師自身の至らなさの結果として子どもたちがそのような姿となってしまっているというような書き方の計画案は殆ど見かけない。授業を構想する際の課題が、教師本人の課題として自分化していないでどこか他人事のようであり、当事者性が希薄でアクティブ・ラーニングになっていない。

自分の授業を公開するということは、自分の「弱さの情報公開」であり、教師が自分は指導者としてこういう点がよくわかっていないとかこういうことが課題なのだというような自分の「苦労」をはっきりと出し、それを皆で考え合っていかないかぎり、授業であろうが自問清掃であろうが、「非」援助の援助は成り立つはずはない。

あきらめて信じる

期待しないで信じて待つことはできるだろうか。

「変化し、成長していく」というのは、ちょっと違います。……歪みも含めて、そのいろいろな部分を受け容れていく。……「徹底してあきらめる」……お互いそれを、あきらめて、割り切って、受け容れることができたときに、その三分がものすごい可能性をもって見えてくる。（二八七頁）

信じるというのは丸ごと――根拠も理由もなく――全的に信じて受け容れてしまうことであり、そこに「成長、変化するはずだ」という意識があると、期待どおりや期待外れがある。なんらかの前提や理由や期待を持ちつつ待つことには、真の意味での発見とか驚きがない。

子どもの成長・変化を信じるというのは、言葉の上では、教師なら誰でも当然理解は出来る。しかし、期待をもたないで信じると言われると、立ち止まってしまうだろう。

べてるの家では「信じる」と「信用する」とはちがうのだという。信用することには期待が伴うが、信じるというのは期待しないままに信じるということなのだと。確かに神を信じることはあっても、信用するとは言わない。神仏に願い事をして、後にそれが叶わないとしても、裏切られたとは思わない。

信じることは賭けである。信じたことが叶うかどうかは賭けであり、その裏側には必ず「あきらめる」――小手先のさまざまな技術的な工夫や策は放棄する――ことが寄り添っている。信じる／あきらめる。信用することには打算が入っているから、結果に対して裏切られたとか期待外れとかいう意識が必ず伴う。信じることには、打算はない。

自問清掃で〈信じて待つ〉というとき、それは子どもを丸ごと信じるのであって、信用して期待どおりの望ましい結果になることを待っているのではない。〈信じて待つ〉とは、諦めて信じて待つことだ。

べてるの家と森田療法

以前にも書いたように、拙著に対する読者感想の中に自問清掃と森田療法との共通性を指摘するものがあった。そこで、自問清掃とべてるの家との共通性から少し目を転じて、べてると森田療法との異同についてまとめておきたい[45]。

べてるのモットーは「自分自身で、共に」、森田では「同じ不安と症状をもった人達との、遮断の環境」（鈴木一九八六　二二頁）であり、「共に」と「遮断」とでは決定的に異なる。

象徴的なフレーズとしては、べてるは「治りませんよう」「あきらめる」「自助」「非援助の援助」、森田は「自分の不安状況になり切る、一体化する」「受容の態度」「自分の意志力と関係なく内発的に展開」。ここには、共通性が認められる。

具体的な方法としては、べてるは当事者研究がメイン活動。一方森田は、禅堂での座禅に没頭するのに似ている。一〇日間はできるだけ無言で過ごす、自室にこもらず戸外で作業する、「環境に身を委ねて作業に対して価値批判を遠慮し現在に入りきって行動していくことが大切」（同上二七頁）、「理入《りにゅう》ではなく行入《ぎょうにゅう》……行動をとおして心の大展開を起こさせる」（同上三五頁）。これらのモットーとの対照から考えれば、両者がそれぞれ少しずつ異なるこうした方法を採用することはなるほど肯ける。

その他に、森田療法の特徴を示す記述として、

「ありのまま」に生きられる人間に成長させることの基礎をやっている。（鈴木一九八〇　二一八頁）

基礎は、ほうき一つを使うことの中に、雑布を使うことの中に、歩き方そのものを通してきずかれていくのです。ありのまま心理学は、そこを打ち出すのはなかなか困難なのです。（同上一三四頁）

雑布がけをする時は周りを汚さないようにふく。バケツを人のじゃまにならない所に置く。そのような心くばりの態度の中に現在になり切った態度が展開していくのです。（同一三六頁）

また「われ思う、ゆえにあれあり」が心身二元論であるのに対し、森田は心身一元論であるという。

心身一元論の考え方は森田療法の治療上、非常に重要な意味をもちます。森田療法では日常生活での身体を

使った行為、あるいは生活を実践することをたいせつにします。(北西一九九八 二九頁)

このように見てくると、森田療法は森信三の「立腰教育」に通じるところもある。そして、東洋的心身一元論であるから当然ながら西田哲学とも通じる。あるいは、「生活の型を学ぶ」(北西一九九八 三〇頁)として、習字踊り座禅(永平寺)などが例示され、「まず型を整えること」だとされる。東洋的なと捉えるよりは、日本的武道・芸道・修業論と通底しているように見える。

教えない教育・教えない教師

教育とは教えることだとか、教えない教師は無能だとは考えない。自問教育は、そういうものである。

ケアという大きな概念から視ると、教えるとは「ケア∪援助∪指導∪働きかけ」の全体を含むと捉えることができるだろう。そしてケアの本質はケアする者が最もケアされる者であり、援助には「非」援助の援助があり、指導には見守るという指導もあり得る。にもかかわらず、掃除中における教師の子どもへの働きかけは、どうしても注意や指示ばかりになってしまっている。

どう指導したらよいかという教師の問題意識は、たいていはどう働きかけたらよいかと同義である。教師は、子どもに働きかけたくてうずうずしている。働きかけたい気持ちをじっと抑えて見守っていることは、実に難しいことだ。「掃除中にぼんやりしていて掃除しない子どもをそのままほったらかしにしておいてよいのか」と、どうしてもやらない子どもが気になってしまうのは、絶えずなにかを働きかけたいという欲望が教師にあるからだ。

そうした教師像は、教師が子どもに絶えず何らかの働きかけをして成長させていくものだとする教育観に基づいている。治療観として見れば、それは間違った治療観である。薬や医師看護師などの助け(援助)を借りながら、病人自身に内在する治癒力を活性化して病気を治そうとする発想が肝要であり、その意味で自己治癒こそが医療の本質である。

教育においても、子どもが自分自身をよりよく育てるために教師はどう援助すべきなのかがもっと問われるべきではないか。振り返って掃除指導を視ると、その働きかけの内容は、主に巡回や指示や注意、ときには威圧や統制である。

こういう働きかけは、指導とは、教師から子どもへの一方向的なものであること、必ずポジティヴな内容のものであるべきだとする指導観に基づいている。よくて教師の都合のよい方向へと招き入れる誘導尋問的なものである。そこには、見守るとかじっと待つとかはない。じっと信じて待つというような指導は、初めから想定されていない。待つことは、方法や手立てとは見られない。

最初に「ケア⊃援助⊃指導⊃働きかけ」と書いたように、一般的には指導とは、元来援助という概念に包含される。子どもに対して、特に困っている、苦労している子ども─広く言えば、障害を負っている存在である子ども─に対して、なんらかの行為を行うことが援助だとすれば、指導は必ず〇〇の指導という形態をとるわけであるから、働きかけを伴う行為こそが指導だというわけである。そういう一般的な捉え方からすると、より大きな概念である援助というものにも、べてるの家のような「非」援助の援助などはあり得ない発想の援助のあり方なわけである。

見守る指導、援助しない援助とは、治そうとしない医療、治せない医者、教えない教育、教えない教師である。学校教育において、この教えないということは実は最も難しい。教えないことは、猛烈に困難なことだ。

教えないとき教師は何をしているか。働きかけは何もしないが、じっと待っている。但しこのとき教えるためのタイミングを図るという意味で──たとえば卒啄同時などというように──待っているというのは、待つことの本質とは異なっている。時が熟するのを待つというのは、結局は予定された、期待された何かを待っているということであって、そこには打算が働く。

待つことの本質は、ただひたすら待っているということなのだ。「いつになったら成長するのですか」とか「いったい成長ってなんですか」とか、ときどき誰かに質問されながらも、ひたすら待ち続ける。そこで考えられている援助は「非」援助である。それは自己教育、自助、セルフ・ケア、自己治癒こそが、教育や医療の本質であるべきだとする思想に基づいている。

「非」援助の教育をさらに大きな概念であるケア全体から捉えてみると、ケアする者こそがもっともケアされる存在であるならば、教える者・教師こそがもっとも教えられる者なのだとする哲学に拠っているのである。

教育哲学者上田薫は、教えるとは不完全な教師が不完全な子どもを教える営みだと述べたが、これも同様である。不完全だからこそ、教師は予め学ぶ者であり、最も学ぶ者である。私は同様の主旨で、アクティブ・ラーニングの重要要素として、授業・指導の過程で、教師が自らの教材解釈を変化させることを挙げる。

指導の仕方、教え方はどうするかという前に、不完全な教師、学ぶ者としての教師、教えない教育教えない教師について、もっと追求されるべきだ。「哲学はこれまでしゃべりすぎてきた」[46]というのであれば、教師はこれまで指導しすぎてきたのだから。無農薬無肥料のリンゴ農家木村秋則について向谷地は言う、「私が育てるのではない。私は見守るだけ」という木村の眼差しの背後には、鋭い観察力と「何をしたらよいのか」ではなく「何をしてはいけないのか」という発想があると[47]。

してはいけないこと

「何をしてはいけないのか」で思い出す私の失敗がある。我が家の中庭に植えた石楠花に花が咲いた。実に三〇年かかって初めて咲いた花。亡父がいつぞや山から採ってきて池の端に植えてあった小さな苗を、家を新築した際に、中庭に移植した。日当たりのせいかなかなか成長せずにいたが、少しずつ少しずつ枝葉を茂らせ、遂に咲いたのだった。どんなに嬉しかったことか。数十年間待ち続けた末のその嬉しさは、なかなか言葉では言い表せない。

いけなかったのはその後だった。咲き終わった頃、来年への大きな期待を込めて、私はその樹の周りにうんとこさ肥料をやった。過剰な肥料を敷き詰めた。

しばらくすると、葉は日に日に黄色味を帯びていき、わずかの葉を残して枯れてしまった。慌てて肥料をはぎ取ろうとしたが、後の祭り。私は明らかに「してはいけないこと」をしてしまったのだ。それも善意から、大きな期待を込めて。

敷き詰められた肥料など、石楠花からすれば「してほしいこと」でも有難いことでもなく、大きなお世話でしかなかった。それは、自生する石楠花の生育環境を調べてみればすぐわかる。もともと日当たりのよい高山の岩場などに張り付くように咲く石楠花は、豊富な肥料など必要としない。それなのに私は石楠花に合わせるのではなく、肥料をたくさん与えればよく花が咲くという、まったく一般的な常識——単に私の中での常識でしかないのだが——を適用して世話を焼いた。

あのときなぜ静かに見守ることができなかったのだろうか。ああ、ただ見守ることの難しさよ。ただその花を、愛でることでよかったものを。石楠花は、ひたすらじっと見ていて欲しかったにちがいない。まずはじっくり観ること、何もしないことこそが必要な援助だったのだ。

育てることにおいて、もっとも難しいのは働きかけをしないことだ。余計なことをしないで見守るということだ。何かをしようと働きかけることばかりを考えている教師には、何をしてはいけないのかという発想は生まれない。「指示・命令・注意をしない」という自問清掃の禁則は、そうしたことについて考えを巡らす余裕を教師に与えてくれるにちがいない。

まずしなければならないのは、何もしないことである。そして当事者性が決して奪われないように、その子どもが今、欲しがっているものがあるかどうかを考えなくてはならない。安易に指示や注意をすることによって、子どもから掃除の当事者性を奪いとり、保護し、管理してはならない。

信じることと場

当事者である子どもを信じることは、丸ごと信じることであり、期待をかけることではない。期待をかけながら待ちわびるのは、信じるではなく信用することだから。

向谷地は、先述の木村秋則さんのことを引きながら、「森さんがリンゴと土の力を信じるように、私も〈当事者〉

と〈場〉のもつ可能性を信じている」(向谷地二〇〇九　〇〇五頁)と言う。

〈場〉のもつ可能性を信じることは〈場〉をどのように整えるかということであり、その〈場〉を構成しうる要素について、空間時間条件などの諸要素を勘案しながら、どのように整えるかということだろう。そして、してはならないことを十分に配慮しながら信じて待つこと。学校掃除という〈場〉をどのように整えれば、子どもに当事者性が生まれ、主体的で対話的な学びが保証されるかを考えなくてはならない。教員の負担軽減のために掃除巡視員を雇い入れたらよいのではないかなどという発想では、学校掃除はアクティブ・ラーニングの〈場〉とはならない。

当事者と援助者

自動車の教習所に準えてみよう。子どもは掃除の〈当事者〉であり、教師はその〈援助者〉である。

従来は教師が運転者であり、この運転者が自分の行きたい方向へ行きたい所まで、子どもを後部座席に乗せて連れていっていた。自問清掃では、子どもにまず運転させる。どんなに未熟だとわかっていても運転させる。援助者である教師は助手席に乗っていて、ほんとうに必要なときだけブレーキを踏む。補助ブレーキのついた教習所特製の自動車である。

この自動車は、いきなり社会という一般道路には出て行かないで、学校という〈場〉で、一定の条件——一般道のエッセンスを適宜配置されたコース——の中を、一般道路でも運転できるためのロール・プレイを行う。かなり習熟させるまで行う。この場合、自動車を運転できるようになるとは、学校掃除のやり方の習熟を意味しない。目指すのは、あくまでも自問という内面性の育成である。

向谷地は神谷美恵子の詩に触れながら、こんなふうに言う。専門性の本質は、単なる特定の領域に関する知識や援助技術の有り様ではなく、「病むこと」の現実を先取りすること——弱さの先取り——にある(向谷地二〇〇九　四八頁)、と。ここで言われる「先取り」とは、どういうものだろうか。先取りするためには、技術と経験と降りていく想像力とが必要だろう。そして、予め「病むこと」を我が事として当事者性をもって読みとることが専門家なのだと述べているように思える。そこでは想像力と連帯意識が徹底的に重要である。

したがって授業に先だって予め学習者として行う教材解釈の重要性や自問清掃プランの構想こそが先取りすることであり、教師の専門性の本質である。どう教えるかという前に何を教えるかが問われるべきであり、それを教師自身が与えられたものとしてではなく自らの力で発見することこそが、専門性の本質である。運転の極意を身に付けた者だけが、教習所で助手席に座る資格があるように。できればその人に、交通事故に遭った経験があれば尚よい。

信じると信用する

〈信用する〉と〈信じる〉は似ている。

〈信用する〉とはあくまでもこの目で実際に見て聞いて確認して、「信用に値する現実」を担保としてはじめて私たちがとりうる態度である。そこには、さまざまな打算や駆け引きが介在する。それに対して〈信じる〉という態度は、目に見えず、将来的な好転や可能性を導き出すのは困難であるという状況のなかで、にもかかわらず私たちが希望をもって見ようとするような振る舞い方である。つまり、信じることの営みにとっていちばん大切なのは「根拠なく信じる」姿勢である。（向谷地二〇〇九　五一―五二頁）

この〈信用する〉との対比による〈信じる〉の定義は、まさに自問教育で言われるところの〈信じて待つ〉における〈信じる〉と同意である。驚くほどに似た考え方に立っている。しかしながら、多くの教師は往々にして〈信用する〉ことを〈信じる〉と同じように唱えているではないか。まずは信じているか否かが問われるべきであるが、その〈信じる〉と言っている当人も、こうして〈信用する〉という打算や担保や期待を伴った〈信じる〉になっていしまってはいないか。〈信じる〉と言いながら実は打算や期待を伴った〈信用する〉するになってしまっていないかどうか、現場の教師達に問いかけてみたくなる。

もうひとつここで重要なことは、〈信じる〉ことが、教師から子どもへの一方向的なものだけで終始するのではなく、子どもが自分自身を信じることである。そうなるために、まず言葉を変えてみることが必要ではないだろうか。「今日は掃除中にしゃべってしまった」「今日もまたしゃべってしまった」と簡単に「自問ノート」を書き連ねている子どもがいたとして、その子どもに「残念！」と教師目線でコメントするのはなく、「よくがんばっているね。毎日しゃべらないことを、そんなに努力している人はなかなかいないよ」と——心からそう思った上で！——コメントできたなら、子どもは自分を信じることができるのではないだろうか。そんなふうにコメントできそうかどうか、現場の教師達に問いかけてみたくなる。

向谷地は、『ケアの本質』[48]で知られるメイヤロフの言葉——「信じる」ことは期待を伴わない、ということである——を引きながら言う。

信じることとは、「にもかかわらず、この困難な現実を生き抜くことの主役を当事者自身に〝まかせる〟ことである」ということができる。浦河流の言葉でいえば、当事者自身が「苦労の主人公」になることである。

（向谷地二〇〇九　七一頁）

自問清掃を実践する教師は、子どもの「今日もしゃべった」とか「また今日もおしゃべりしてしまった」とかいうような記述の連続に出会うと、いったいどうコメントしてよいかと戸惑ってしまう。しかしこのとき最も目を凝らしてよく見抜かなくてはならないのは……、というよりも目を凝らさなくても直観的に捉えなくてはならないのは、その子自身が、しゃべってしまう自分にきちんと悩んでいるかどうかだ。しゃべることが治るかどうかは当座の問題ではない。そういう自分の弱さときちんと向き合って悩み始めているかどうかが重要なのだ。解決はいずれ彼自身の中で為されていくことだろう。当座の解決に目が行ってしまう教師は、「明日はがんばってもう一分間でもしゃべらないように……」などとコメントしてしまう。問題は、その子どもの裡で自問が成り立ち始めているかどうかなのだ。

そのとき教師を支えるものは、〈信じる〉ということだ。単なる打算と期待を伴う〈信用する〉ことならば、いつまでたってもしゃべることから脱することができないでいるという視点からだけ見て、「ああ、この子どもはやっぱりだめだな」という感情をもってコメントしてしまう。大切なのは、その我慢心が薄い子どもが、他の子どもとの関係性の中に生起する「しゃべりかける」という行為と、どうしてもそういう行為にブレーキをかけられない自分自身に悩み、苦労を感じ始めているかどうかなのだ。だから、自問教育には、解（答え）をみつけさせる意図はない。自分の裡に自分自身に対する問いを持つ姿勢づくりが目標なのだ。

教師が予め想定する問いの答えを子どもから引き出そうとすること、つまり「期待の先取り」（向谷地二〇〇九七一頁）はしないことだ。向谷地が述べる〈信じる〉は、鷲田清一の言うところの〈待つ〉ことと同義であることがますますはっきりしてきた。

現代社会と病気

現代における最も深刻な問題はなにか。向谷地は言う。

> パターン化された生きづらさには、必ずパターン化された一つの対処行動がセットになっている。（同書七三頁）

「精神科外来の医師である」川村先生は口癖のように「『先生のおかげで病気がよくなった』と感謝されるのは、医者としてもっとも恥ずかしいこと」と言っている。（同書　九二頁）

「悩み」という形で個人のなかに取り込まれた生きることの課題を、いまを生きている人たちとの意味ある共通のテーマとして時代に開いていく契機にとなる。（同書　一一七頁）

ここに示された三点は、表面的には別々の事柄である。しかし相互に関連している現代社会問題と捉えるべきだろう。一点目も二点目も結局の所は、「聴く」姿勢――傍らにいて共に悩み共に研究する――をとる存在の有無こそが問題性の根源にあること、別の言い方をすれば関係性の有無こそが現代社会における最も深刻な問題であることを示唆しているだろう。三点目は、「当事者研究」というものが持つ社会的意味についてである。

べてるの実践が提出している問題は、障害者が社会に向けてどう更正していくかということに止まるものではなく、もっと広く現代を生きるわれわれがどのような社会を目指していくべきなのかを問いかけている。

また、「生きる知恵としての『外在化』」(二二〇頁)、「人が問題なのではない。問題が問題なのである」「人と問題を分けて考える」(二二八頁)とも指摘する。こうした指摘を引き受けて自問教育を考えてみると、たとえば毎日掃除でぼんやりしている子どもがいたり、今日もまた友人にしゃべりかけてしまったというような場合、この「外在化」の視点から、そうした事象を捉え直すことが可能になるということだろう。

彼はなんらかの問題を内面に抱えているから、そのような現象として外在化するわけである。それならば、根本的な問題はいったい何なのか。同様の根を持つ問題が、おそらく掃除以外の場面でも、形を変えて外在化しているにちがいないと考えなくてはならない。それなのに教師は、「あれはどう見ても掃除をやっているようには見えない。いったいどうしたらよいのか。どうすれば、そういう自分に気づかせることができるか」としか考えない。健常者の立場に身を置く教師は、子どもが掃除をやらないという病気現象を治してあげたくてしかたがない。

彼の問題を、他の言動や環境や他者との関係性に目を向けながら、一種の社会的な問題性として捉えなくてはならない。対処療法に走るのではなく、彼が外在化している問題を、教育全体の問題として、現代社会の問題として捉えなくてはならない。

自問清掃とSST

自問清掃を大きなSSTと考えてみてはどうだろうか。「自問清掃はソーシャル・スキル・トレーニングなのだ」「学校掃除は社会性の練習の場である」と。

本来学校教育における児童会生徒会活動は、民主主義（制度）に関するソーシャル・スキル・トレーニングの場のはずであった。しかし今日では活動が自己目的化して社会とはかけ離れてしまい、学校の中だけしか通用しないスキル・トレーニングに成り果てている。

一八歳以上の選挙権制度実施に際して、選挙管理委員会が主導して高校で予備学習として模擬選挙をやったというテレビ報道を見た。その程度の活動ならば小中学校ですでに体験済みのはずであり、教育委員会の企画力の貧困さにも辟易とさせられる。学校での児童会長生徒会長選挙なども、現在ではまったく形式化しマンネリ化している。実社会での投票行動のSSTという特別活動教育の主旨とは乖離してしまっている。テレビ報道で見ると、高校生達の予備学習に対する感想もまったく皮肉めいていて、「なんだか選挙が身近なものに感じられた」などというものであった。大人達に気を遣ってくれたためか、小中学校での学習を忘れてしまったかのようなコメントであった。

このように選挙ひとつとってみても、「国会における代表者を通じて行動」するはずが、当の代表者達は到底お手本とはなりそうもないような乱痴気騒ぎの代表制民主主義の政治現実を、子どもたちは一方で目の当たりにしながら、学校では九カ年間の児童会生徒会活動の本来的な目的や現実社会とは切り離された学校スキルとして実行されている選挙活動を学習しているのである。だから高校生は白けてしまい、実際の投票には半数の人達しか行かなかった。

ところでSSTを実施する前提となるのは、各自の内部に無意識的に内在しているはずのさまざまな問題（＝障害）の「外在化」（＝顕現化）である。本人達が、自分自身の問題と向き合うためには、まず自分の内部に隠されていて本人も無意識のまま隠し持っている問題が、顕れ外在化しなくてはならない。外在化された問題と真向かってみないことには、自分自身の苦しみとはならないからだ。

外在化による苦しみへの直面は、子どもだけではなく教師にもなくてはならない。自問清掃で「指示や注意ができない」という手も脚も出ない状態に陥り、教師の健常的常識的一般的教育観が初めて揺らぐ。ときには、掃除中に教師が指示や注意をしないといっこうに動こうとしない子どもたちの姿と直面する。「このまま何もしなくてもよいのか」という焦りから、今すぐにでも何かできることを（つまり、何らかの働きかけを）したくてたまらなくなる。働きかけを我慢できそうにもないという衝動と共に、一種の善意、教師としての義務感、あるいは周囲からのさまざまな外圧などが渾然となった末に、「何かしてあげたい」「いったいどうすればよいのか」という痛切な想いとなって胸元を突き上げてくる。

ここに分かれ目がある。そのときに、「何ができるか」とできそうなことを探ろうとするのではなく、「なぜ自分はすぐに何かをしたくなってしまうのか」「しないほうがよいこともあるのではないか」「何もしないでじっと待つという選択肢はないのか」と考えてほしい。私が犯したあの石楠花の大失敗が示唆しているように、余計なことをするかどうかが問題なのだ。「何をしてはいけないのか」という発想を持たなくてはならない。

自問清掃と関係性

向谷地の言葉に耳を傾けよう。

外在化とは……当事者自身が抱えている《問題》を、新しい意味をもった経験として、目に見えるかたちで語り出すプロセスなのだ。それは自己否定的な「とらわれ」や「こだわり」を、もっと楽しい《関心》や《探求心》へと変えていく作業でもある。こうして内部に滞った問題が、新たな可能性をもった物語として立ち現れる。（一三五頁）

［木村敏の言葉を借りるならば］「間＝あいだ」をつくることである。浦河でもあらゆるプログラムの基本に根ざしているのが、「あいだ」づくりだと言っても過言ではない。「あいだ」には、「人とのあいだ」「自分とのあいだ」そして、「病気とのあいだ」がある。（一四八頁）

自問清掃の目標はなにか。私は従来、「関係性における自覚の形成」と表現してきた。この〈関係性〉とは、〈あいだ〉のことに外ならない。しかし、私は今まで〈関係性〉を他者性として捉えてきた。向谷地の言う〈あいだ〉概念を用いれば、〈関係性〉は「自分との関係性」も問題にならなくてはいけない。他者（友達や先生）との関係、自分自身との関係、自身が抱える問題（苦しみや悩み）との関係も含めて考えるべきだろう。

自分の抱える苦しみ・悩みとの関係は、大きくは自分自身との関係性に包含されるわけだが、問題性と人格を区別して外在化するという意味でも、このふたつは分けて捉えることがよいだろう。この対自的関係性は、言い換えれば自己の裡に他者性を見い出すことだ。

自問清掃で目指す自覚の形成は、関係性の中で育まれていくものだが、その関係性には以上の三様相があるわけだ。一般的に言うところの他者、自己内他者——自己を見つめる第二の自己——、外在化された苦しみや悩み——自己への問いかけ——の三つである。

自問清掃における集団と個人

自問清掃という〈場〉を、多様性に満ちた社会へのＳＳＴであると捉えてみると、結局学校とか学級とかの集団が、ひとつの統一された目標に向かっていく組織体としてのそれというよりも、多様な人間の一時的な集合態ではないかという捉え直しに行き着く。一見無秩序への憧れのようにも思える。

こうした考え方は容易には受け容れられないかもしれない。学校というものは、予め学校目標とかグランド・デザインが設定され、それに基づいて学級集団の目標も設定されるなど、さまざまな次元でひとつの目標へ向けて上昇していくエネルギーを備えた個人から成り立つ集団として組織化されていなくてはならない、というのが従来の学校観であるから。学級王国というのも、その小規模化にすぎない。逆に大規模化した姿が国家である。

べてるの家の実践の背後にある思想がどのようなものであるのかを述べた向谷地生良著『技法以前』を読み進めていると、教育、特に学校教育というものが、いったい何を目指しているのか、いったいどのような社会像をイメージしているのかを問いかけられているように思える。

そもそも学級でひとつの目標を措定して、それに向かって一丸となって皆でとり組むということ自体が、成立してよいのかどうか。学校の教育目標に掲げられたような人間像が個人のレベルで達成されたとき、そこに従来からイメージされているような学校全体の集団性などというものが成り立ち得るのか。あるいは一人ひとりの子どもに真の自主性が育ったとき、果たして学級が統一されたひとつの目標に向かう集団として成り立ち得るのか。

しかし学校教育における人間的行為が、まったく個別なものではなく人と人との間に成り立つ人間《じんかん》的行為であるなら、一人ひとりの自主性というものも、同時に必ず社会性・共同（体）性を帯びたものになるしかない。自主性とは対極にある掃除中に人に話しかけるというような迷惑行為にしても、話しかける当人だけの問題としてではなく、話しかけられる側の問題としても、また話しかけないという無言状態をルールとしてしまっているような集団の問題としても捉えられなくてはならない。人間《じんかん》に成り立つとは、そういうことを意味する。つまり自主性というものも、ある限定された社会的範囲内でのみ発揮され得る能力でしかない。ある社会で発揮された自主性が、他の異なる社会では発揮されない可能性は充分想定できる。

このことを自問清掃に敷衍して考えてみると、ＳＳＴとしての自問清掃の中での行為にも限界性が意識されなくてはならない。子どもが行う自主的な行為も、ある特定の関係性や集団の中だからこそ実現されているのかもしれない。対他意識が重視される自問清掃第三段階までにとどまることなく突破して、対自意識の第四・五段階へと展開することの意義がそこにある。しかし自問清掃最終段階で〈正直〉と表現されて実現されるべき個人の自由さえも、ある共同体性を帯びたものであることを忘れてはならないだろう。

そして、個人の個性とか創造性とかが目指されている自問清掃も、学校掃除が元来集団的目的達成活動として出発した場を教材としている限りにおいて、ある矛盾を抱えていることを充分に意識していなくてはならない。自問清掃であっても、個人の個性だけが強調されれば集団活動としての掃除は成り立たず、掃除の達成度が強調されれば効率や合理性が重視された没個性の集団活動に陥ってしまう。

集団活動である掃除によって個人の自由を達成しようとする自問清掃には、集団性と個性という矛盾的要素が共存し同時進行しているのである。

日本近代の関係性

明治期以前には学制による学校がなかったわけであるから、当然ながら学校掃除もまた日本近代以降のものである。その学校掃除に顕れる教師子ども間の関係性――病気とか障害と言い換えてもよいが――は、近代以降の日本人の人間観に関わる個人を越えた社会的問題性を孕んでいるのではないか。

向谷地の主張にもう少し耳を傾けてみよう。

> 病気は身体が自己変革している状態（前掲書二一五頁）、厳しい環境にも耐えていける身体を自分自身でつくっていく活動（同上）、人類にとって近代化が「真の人間性にとって決定的な意味を持つ問題から無関心になり目をそらす」ということを意味していた（同上）、短所に目を向け「できないことをできるようにする」ことを援助の目的にしやすいが、近年は「できること」（＝強さ）に着目して、その長所を表現できるように支援していこう（二二一頁）、統合失調症は基本的には近代以降の病気である（一九五頁）。

これらの指摘は、日本人が近代化の過程で、自己の当事者性を奪い取られ、他者との関係について多くの問題を抱え込んできたことを示唆している。近代化はまた、物事の客観化と対象化の追求であり、目に見える成果の追求でもあった。だからこそ、本来的なものを喪失した過程であったとも言える。

奇跡のリンゴを生み出した木村秋則は言う。

> 私の失敗の主なる原因は目に見える部分だけを見ていたということですね。土の上だけを見ていたということが、私の長い間の失敗の大きな原因です。山へ行かなければ土の中を見ようなんてことはなかったと思うんです。（一二三二頁）

木村はあるときもうすべてを諦めて自殺しようとして山に入って行った。そこでドングリの木をリンゴの木と見間違え（＝幻想・幻覚）、「山の木はなぜ病気にならないのか」と考え、問題は土の上ではなく土の中にあるのだと気づいたのだという。

われわれが今自問清掃に向かうとき、それは山に行ったと同じことなのだ。そこで子どものさまざまな事象に立ち合う。だがその事象の前に立って、事象の奥に何があるのかという想像を深めているだろうか。木村はこれを「リンゴの気もちになる」と表現した。たとえば掃除中、ぼんやりしている子どもがいたとする。教師がそれをなんとかしてやろうとする気持ちは確かに善意にはちがいなのだが、そのときその子どもの気持ちに立って考えるという想像力を持っているだろうか。

野菜を観察するには正面から観察したら答えないんだ、とも木村は言う。「南側は太陽があって、みんな元気がいいの。北側はお日様のあたりが少ないから本当の姿を見せるのさ」（二二八頁）と。南側は日当たりがよく元気で北側は日当たりが少ないから元気がない、というだけでは単に事象を見ていることでしかない。木村は「お日様のあたりが少ないから本当の姿を見せる」と、マイナスイメージの事象の奥にこそ「本当の姿」を見ようとしているである。

教師は多くの場合、どこかで特有の使命感が働き、導いてやろう、保護してやろう、教えてやろうとして子どもに接近していく。しかしそのとき、子どもが示すマイナスイメージの行動の中に「本当の姿」を見つけようと想像しながら接近しているだろうか。一方自問清掃では、実に不便で有難いことに、接近して行ったときの働きかけである注意や指示が禁止されてしまっているのである。あるいは「ほめない・叱らない・比べない」を信条としたりする。だからこそ、究極の諦めの感覚とともに、おねがいする——根拠なく信じる——ことしかもうできないわけである。諦めて信じて待つとき、よく見ようとし想像し考えようとするチャンスが訪れるのである。

自問清掃に出会う前は、掃除中にぼんやりしたりしゃべったり遊んだりしている子どもがいたら、即座に躊躇なく自然に気持ちよく注意や指示をして、その子から当事者性を奪い、その子のマイナスイメージの行動から「本当の姿」を見ようとはしなかった。しかし自問清掃は、教師を立ち止まらせ考えさせる。それによって、子どもにも自分自身の問題と向き合う当事者性が生み出される。

教師も子どももいったん立ち止まる。立ち止まることは、当事者性としての自覚に向けた第一歩となるだろう。立ち止まって、目に見える事象の奥を見ようとする。それは自己の裡に、失われた問題性を探ることであり、あるべき関係性を問い直すことを意味している。

自問清掃は、近代以降の日本社会における精神性や人間関係に係わる課題を、どう克服していくかという問題ともつながっているのである。

じゃまをしてはいけない

自問清掃とべてるの家の実践、そして木村秋則の言説を見てきた。あまりにも多くの共通点があった。木村の奇跡のリンゴについては以前テレビで見たことがあったが、自問清掃に長く関わってきていながら、木村のようには物事を捉えることができていなかったなと改めて思わされた。川村や向谷地が惹かれる木村の姿勢を通して、そこに自問清掃にも流れる共通のものを見い出すことができたように思う。

育つとは、結局は自助であること。しかしひとり孤独な自助ではなく、共にという自治が伴わなくてはならないこと。そこで果たすべき教師の役割は何か、というよりは、果たしてはならないことが何事かを再確認できたようにも思う。

今現場教師が欲しがっているものが何かと言えば、結局のところ「どのように指導したらよいのか」である。しかし問題は、「どのように指導してはいけないのか」なのだ。そして改めてわかったことは、教師が「どうしてその子がそうなのか」を、その子の目線から想像する力を持つべきだということ。その子の目には、世界がいったいどのように見えているかを、当事者性をもって——つまり現実のこととして——了解できなければいけないということだ。それは当たり前のことのようだが、簡単でも単純もない。

私たち大人はともすると、大人にとって都合がよい子どもの言動にばかり引きずられがちではないのか。子どもの〈本当の姿〉は、そこにはないのかもしれない。〈信じて待つ〉とは、教師にとっては一見マイナスとしか映らないような子どもの言動にこそ目を凝らし、従来とは異なる想像を巡らせながら、そこに教育として求めるべき〈本当の姿〉を見い出そうとする挑戦のことを言うのだ。

---

1 竹内隆夫　自問活動のすすめ　第一法規　一九九一

2 藤原与一他　表現類語辞典　東京堂出版　一九八五　などを参照のこと。

3 この領域に関する学術的研究は多い。文化、哲学、医学、教育学等などさまざまな視点や領域からのアプローチが見られる。概括的なものとしては、マジョリー・F・ヴォーガス（石丸正訳）非言語コミュニケーション　新潮社　一九八七。また、独創的なとのとしてはミラーニューロン研究との関連を紹介した　藤崎康彦　非言語コミュニケーション研究再考　コミュニケーション文化八号　跡見学園女子大学　二〇一四　一七―二六頁　などがある。

4 教育工学で用いられる用語 Behacioral Objectives 。たとえば次の著書を参照のこと、沼野一男　授業の設計入門―ソフトウェアの教授工学　国土社　一九七六　二四―二八頁　等。

5 「正統的周辺参加」と訳される学習理論。Legitamate Paripheral Participation の略。レイヴ&ウェンガー　状況に埋め込まれた学習――正統的周辺参加――　産業図書　一九九三　等を参照のこと。

6 菅野温子　エロティック小説完全創作レシピ　三一書房　三七―四四頁　七四―七五頁、松浦理英子　ナチュラル・ウーマン　トレヴィル　一九八七　などを参照のこと。

7 初めの三段階では、集団全体の活動目的と個人の自己省察における鍵語とが一致したものとして示される。四・五段階の〈感謝〉〈正直〉は、それまでの活動全体に対して問いかける自己省察行為のための鍵語である。

8 奈良雅弘「気働き」の研究　プレジデント　二〇一〇・一二・一三号

9 同上書　五五頁

10　津村記久子　解説（松浦理英子　奇貨）　新潮社　二〇一五　二〇四頁

11　同上書　六一頁

12　奈良の論考は雑誌掲載の論文であり、限られた誌面の中でのものだから舌足らずの部分も多いことだろう―本人もそのように認めている。

13　吉沢久子　女の気働き　三笠書房　一九八七

14　同上書　一二六―一二七頁

15　熊田一雄　日本の宗教と「気働き文化」――精神障がい者のおたすけについて――　愛知学院大学文学部紀要　二〇一二

16　中井久夫　精神科治療の覚書　日本評論社　一九八二

17　ここでは、障がい者という概念をあくまでも通常とか健常とかの対比的な意味で使っていることを確認しておきたい。自問清掃において、ときには心が落ちつかず集中できないという理由で掃除活動を休むことが認められているが、そういう場合は一時的に障がいを負っている状態であると考えられるだろう。その意味で、障がいを負った状態は、誰にでも起こりえることである。

18　秘書サービス接遇教育学会　ヒューマンスキル教育研究一六巻　二〇〇八　九―三〇頁

19　たとえば、人間が有つ協力性は生来の能力であるとするトマセロの立場。マイケル・トマセロ　ヒトはなぜ協力するのか　勁草書房　二〇一三

20　執筆者は、おそらく編集者であると思われる。

21　中井久夫　気働き文化の力　精神科治療の覚書　日本評論社　一九八二

22　参考にしたのは、主に次のもの。鈴木知準　神経症はこんな風に全治する――森田療法の道――　誠信書房　一九八六、同　ノイローゼの積極的解決――その治療戦略――　誠信書房　一九八〇、同　不安解決の講義――精神症の苦しみを救う――　誠信書房　一九八七、北西憲二　実践森田療法　一九九八

23　向谷地生良・浦河べてるの家　安心して絶望できる人生　ＮＨＫ出版　二〇〇六

24　斎藤喜博・近藤幹雄　オペレッタ・合唱曲集子どもの世界だ　一茎書房　一九八七

25 齋藤道雄　悩む力　みすず書房　二〇〇二

26 一九九六年四月から二〇〇一年三月まで勤務した長野県木曾郡荻原小学校（現在は統合により廃校）。この間、児童養護施設より通学する児童を担任。被虐待児の教育に関して、理論と指導体験を基に著書『虐待された少年とともに』（一莖書房　二〇〇八）を上梓。

27 村上靖彦　自閉症の現象学　勁草書房　二〇〇八

28 同上書　p.v.

29 柳田邦男　犠牲（サクリファイス）――わが息子の脳死一一日――　文藝春秋　一九九五

30 齋藤道雄　治りませんように　みすず書房　二〇一〇

31 この沼田の指摘に関しては先述したが、次のものを参照のこと。沼田裕之　言葉を使わない教育の比較文化的可能性　国際化時代日本の教育と文化　東信堂　一九九八

32 横川和夫　降りていく生き方――「べてるの家」が歩む、もうひとつの道――　太郎次郎社　二〇〇三

33 浦河赤十字病院・精神神経科部長

34 べてるの家の本制作委員会編　べてるの家の本――和解の時代――　べてるの家　一九九二

35 向谷地生良　べてるの家から吹く風　いのちのことば社　二〇〇六

36 向谷地生良　当事者研究とは――当事者研究の理念と構成――　http://toukennet.jp/?page_id=56

37 浦河べてるの家　べてるの家の「非」援助論――そのままでいいと思えるための二五章――　医学書院　二〇〇二

38 浦河べてるの家　べてるの家の「当事者研究」　医学書院　二〇〇五　〇二五頁脚注

39 同上書冒頭部分

40 朝日新聞　二〇一六（平成二八）年七月二八日一二版

41 朝日新聞　憲法を考える　自由（高久潤執筆）　二〇一六年五月一八日

42 武田常夫　文学の授業　明治図書　一九六四

43 佐久間勝彦　アクティブ・ラーニングへ――アクティブ・ティーチングから　一莖書房　二〇一六

44 浦河べてるの家二〇〇五　二二五―二四二頁

45 森田療法に関する参考図書は次のもの。鈴木知準　神経症はこんな風に全治する――森田療法の道――　誠心書房　一九八六、同　ノイローゼの積極的解決――その治療戦略――　誠心書房　一九八〇、同　不安解決の講義―神経症の苦しみを救う――　誠心書房　一九八七、北西憲二　実践・森田療法　講談社　一九九八

46 鷲田清一「聴く」ことの力　阪急コミュニケーションズ　一九九九

47 向谷地生良　技法以前――べてるの家のつくりかた――　医学書院　二〇〇九　〇〇四頁

48 ミルトン・メイヤロフ　ケアの本質　ゆみる出版　一九九三

あとがき

独自性とか独創性というべきものは私にはない。

竹内隆夫先生が創案した「自問清掃」は世界初の画期的なものであったし、世界的なブーバー哲学研究者であった齋藤昭先生は自問清掃に民主主義の本質を見い出して意義づけ、宮坂義彦先生は斎藤喜博教授学の中に「追求の授業」を発見し発展させた。また大槻志津江先生の指導を受けた子どもたちは、まるで魔法をかけられたように見事に表現の質を一変させた。そのような固有性というようなものも、私にはない。

師と仰ぐこれらの方々は不世出の存在で、その影を追い求めてここまで来たというのが私の生き方だったと思う。追い求める足どりはますますおぼつかなくなり、師の影はますます遠ざかっていくばかりだ。

私の仕事に意味があるとすれば、自問清掃とは対照的な注意や指示に満ち溢れた管理清掃の歴史的起源を明らかにしたこと、自問清掃プランの発想と原則を再確認し整理して提示したこと、同プラン実践者の教師成長メカニズムの一端を明らかにしたこと、またプランに内在する段階的亀裂の問題を歴史社会学的哲学的な視点を導入して再検討したこと、自問清掃は表現活動だと意義づけ直したり精神医学の視点を導入して検討し直したりしたこと。そのくらいのことに過ぎない。なにか独創的な新たな教育を提起したわけではない。

それらの仕事は、翻訳に似ている。優れた先人の実践や理論を、私というフィルターを通して解きほぐし人々に伝える。しかし時にそれは、フィルターに留まり、深まるどころか溢れ出してこぼれてしまうことさえあった。

翻訳とは言葉に関わる仕事である。自問教育を実践してきた者同士が仲間内だけで頷き合うようなコトバは、多くの人々には通じない。別の異なる言語体系のうちに生きているからだ。だからこそ、異なる言語体系を持つ他者へとつながるためのコトバを獲得しなくてはならない。それはあるコトバを他のコトバに置き換える通訳 translation ではなく、自己を賭けた解釈に基づく翻訳 interpretation でなくてはならない。したがって表題「自問清掃のすすめ」とは、自問清掃の翻訳である。

これら自問清掃の実践と研究を通して、僅かにわかったことはなにか。

行為は言葉を求め、言葉は行為を求める。直観は反省を動機づけ、反省は直観の背景となる。体験は思考を誘発し、思考は体験につながろうとする。それらの往還の中から経験が蓄積し、新たな問いが生まれる。

問い続けることは、生きることそのものである。

二〇一八年一月　曇りときどき晴れ

参考文献

アラシェフスカ，アンディ（川浦康至・田中敦訳）日記とはなにか――質的研究への応用――　誠信書房　２０１１
アルヴァックス，M.　集合的記憶　行路社　１９８９
秋月龍珉　西田哲学の根本思想　鈴木禅学と西田哲学　春秋社　１９７１
秋月龍珉　道元禅師の『典座教訓』を読む　大法輪閣　１９８５
秋田喜代美　教師の知識と思考に関する研究動向　東京大学教育学部紀要32　１９９２
秋田喜代美　教師教育における「省察」概念の展開――反省的実践家を育てる教師教育をめぐって（特集　教育と市場）　教育学年報５　１９９６
秋田喜代美　教師教育から教師の学習過程研究への転回／ミクロ教育実践研究への変貌　変貌する教育学所収　世織書房　２００９
浅見美之　近代以降における学校掃除の一考察／大正期における学校掃除議論をめぐって　上越社会研究25　上越教育大学社会科研究学会　２０１０
浅野信彦　教師教育研究におけるライフストーリー分析の視点／学校の組織的文脈に焦点をあてて　文教大学教育学部紀要38　２００４
朝日新聞　憲法を考える　自由（高久潤執筆）　２０１６年５月18日
安彦忠彦ら　脳科学的観点から見た子どもの発達と学校カリキュラムの開発に関する基礎研究　研究課題番号：１７３３０１７１
安藤圭助　国民学校躾の修練実践　啓文社出版　１９４１
東憲一　嘉納治五郎の啓蒙雑誌「國士」東京外国語大学論集第83号　２０１１
天田邦子　国民学校の教育実践構造――長野県師範学校附属国民学校の事例を中心として――　上田女子短期大学紀要２０１２

家本芳郎　掃除サボリの教育学──たかが掃除されど掃除──　学事出版　１９８８
石原千秋　百年前の私たち　２００７
伊藤ちぢ代　貝原益軒『養生訓』の「健康」観をめぐって　日本大学大学院総合社会情報研究科紀要6　２００５
井島勉　美学　創文社１９５８
井島勉　美術教育の理念　光生館　１９６９
井島勉　井島勉講演集　井島勉講演集長野県刊行会　１９７８
井島勉　美学　創文社　１９５８
井島勉　美術教育に関する内と外　学校教育研究所年報第4号　学校図書株式会社内学校教育研究所発行　１９６０
井島勉　美術教育の理念　光生館　１９６９
井筒俊彦　意識と本質　岩波書店　１９８３
五十嵐誓　社会科における教師の職能発達に関する調査的研究（4）／中学校教師C・Dのライフヒストリー分析を中心に
　東北大学大学院教育研究科研究年報55─2　２００7、同　社会科における教師の職能発達に関する調査的研究（5）／高
　等学校教師Ｅ・Ｆの東北大学大学院教育研究科研究年報56─1　２００７
石井均　明治以降の小・中学校における学校掃除の研究　広島大学教育学部研究紀要25　１９７６
石川淳訳「十　天若日子」『古事記』　筑摩書房　１９６６
石田雄　記憶を忘却の政治学──同化政策・戦争責任・集合的記憶──　明石書店　２０００
板良敷敏・小笠原侃・富田福代・中尾繁樹・森田健　小学校教師に求められる資質能力／小学校本調査の結果分析　教育総合
　研究叢書３　関西国際大学　２０１０
稲田佳彦ら　教職大学院生を想定した教育実習日誌の分析結果とその可視化の検討─ＯｐｅｎＰＮＥを援用した実習日誌の分
　析結果を星座グラフに表示して─　日本科学教育学会年会論文集32　２００８
岩崎紀子　子どもの「疑問」をはぐくむ指導法　神戸伊三郎（奈良女高師附小）の理科学習指導実践の分析　教育方法学研究
　日本教育方法学会紀要28　２００３
岩崎稔　モーリス・アルブヴァックスの『集合的記憶』　未来337号　１９９８

上原麻有子　西田幾多郎の身体論から女性の顔についての考察　西田哲学年報10　２０１３
上原麻有子　西田哲学の再解釈――行為的直観としての顔の表情――　思想　岩波書店　２０１５
上村直己　若き日の湯原元一とテオドール・ケルナー論　九州の日独文化交流人物誌　熊本大学　２００５
上田薫　道徳教育の理論　上田薫著作集1所収　黎明書房　１９５８
上田薫　人が人に教えるとは――21世紀はあなたに変革を求める　医学書院　１９９５
上田薫　子どものなかに生きた人間を見よ―教育低迷克服の道　国土社　１９９９
上田太一郎　事例で学ぶテキストマイニング　共立出版　２００８
内田樹　修業論　光文社　２０１３
梅野満雄　10年経験者研修の在り方について／教員の職能発達の視点から　奈良県立教育研究所研究集録12　２００４
ヴォーガス，マジョリー・F（石丸正訳）　非言語コミュニケーション　新潮社　１９８７
大島崇　「吉城プラン」と久保田浩の教育思想形成――文化的創造活動と教師の位置に着目して――　九州大学大学院論文集
　第12号　２０１２
越智康詞　教職の専門性における「反省」の意義についての反省／教育の営み教育関係　教育的ディスクールの特殊性に注目
　して　信州大学教育学部紀要１１２　２００４
岡村美保子　学校におけるいじめ問題　レファレンス２００７.９　国立国会図書館調査及び立法考査局　２００７
岡田道一　学校衛生　大正12シリーズ名内外教育叢書第12巻　内外出版
沖原豊　学校掃除／その人間形成的役割　学事出版　１９７８
沖原豊　心の掃除　心の教育―日本教育の再発見　学陽書房　１９８６
沖林洋平・岡村吉永　実践的学びを省察する「発見ノート」の教育評価‐一記述内容のテキストマイニングによる探索的分析
　山口大学大学院教育学研究科附属臨床心理センター紀要１　２０１０
小熊英二　１９６８〈上〉――若者たちの叛乱とその背景――　新曜社　２００９
小熊英二　〈民主〉と〈愛国〉――戦後日本のナショナリズムと公共性――　新曜社　２００２
小原國芳　自由教育論　小原國芳選集４　玉川大学出版部　１９８０

太田佳光　教師――子ども関係の構築に関する考察――教育実習生のエスノグラフィーを素材として　愛媛大学教育学部附属教育実践総合センター紀要第16号　１９９８
太田喬夫　井島勉の美学――ひとつの「生の哲学の美学」　美と芸術のシュンポシオン　大阪大学美学研究会　勁草書房　２００２
大高庸平・城丸瑞恵・いとうたけひこ　手術とホルモン療法を受けた乳がん患者の心理―テキストマイニングによる語りの分析から――　昭和医会誌第70巻第4号　２０１０
大倉邦彦　勤労教育の理論と方法――宗教的行としての集団勤行――　三省堂　１９３８
大槻志津江　今、表現について考えること③　事実と創造№３０９　一莖書房　２００７
大島建彦・御巫理花　掃除の民俗　三弥井書店　１９８４
大内惣吉　小児肺炎の素人としての療養：附・現代の世相を見て感ずるまゝに　大内内科小児科医院　１９３５
大内惣吉　保健衛生と學校兒童掃除問題　１９２７
加藤和男　掃除教育考――もう1つの教育――　進学進路センター　１９７９
加藤節　書評　歴史・理論・実践のトリアーデ――石田雄『記憶と忘却の政治学』――　成蹊法学53　２００１
加藤博史　美濃保育園で大槻志津江先生の指導を受けて　事実と創造№３１３　一莖書房　２００７
金井徹　務台理作の信濃教育会における役割の検討――信濃哲学会を中心とした京都学派との関係に着目して――　東北大学大学院教育学研究科研究年報　第61集第2号　２０１３
金子由美子　中学生とお対話／嫌いな掃除と　苦手な清掃指導　月刊学校教育相談18（14）　ほんの森出版　２００４
鍵山秀三郎・亀井民治　掃除道――会社が変わる・学校が変わる・社会が変わる――　ＰＨＰ研究所　２００５
榊原禎宏・大和真希子　教育学領域における参加型教員研修の試み　教育実践研究6　京都教育大学　２０００
鹿野政直　健康観にみる近代　朝日新聞社　２００１
柏埼秀子　省察できる教師を目指したメタ認識能力の育成の試み／模擬授業の設計と主体的な学びの過程の省察　実践女子大学文学部紀要51　２００９
風間寛司　中学校数学科教師の授業認知と成長の様相／反省的実践家としての教師の力量形成（1）　第35回数学教育論文発

表会論文集　2001
風間寛司　中学校数学科教師の授業認知と成長の様相／反省的実践家としての教師の力量形成（2）　第36回数学教育論文発表会論文集　2002
加藤周一　日本文化の雑種性　文藝春秋　1969
加藤周一　日本文学史序説　筑摩書房　1975
教養研究会編輯部編　国民学校実践報告集　我が校教育の誇　国民学校文庫1　教養研究会　1942
木村元　一九三〇―四〇年代教育における制作的認識の諸相　一橋論叢第121巻第2号　1999
信濃教育会　記事「結核と教室掃除」「信濃教育」第331号　1914
岸本幸二郎　教師の職能成長モデル構築に関する研究2―教職能力をめぐる因子分析的考察　広島大学教育学部紀要30　1981
鬼頭明成　学習指導要領にみる特別活動の位置づけと学校教育の課題　大正大学心理学研究所紀要第5号　2007
北澤一利　「健康」の日本史　平凡社　2000
北西憲二　実践森田療法　1998
日本教育新聞2012年10月22日記事　育つ若手教師の風景【第11回】笑顔が戻った交換ノート　東京都立川市立立川第一中学校後編
児童掃除禁止問題（一）　研究所報第9号　下伊那教育研究所　1914
久保田浩　国民学校初五の学級経営　晃文社　1943
久我直人　教師の専門性における「反省的実践家モデル」論に関する考察（2）／教師の授業に関する思考過程の分析と教師教育の在り方に関する検討　鳴門教育大学研究紀要23　2008
久我直人　教師の「省察的思考」に関する事例的研究／問題を抱える子どもに対応する教師の省察の過程を通して　鳴門教育大学研究紀要24　2009
熊田一雄　日本の宗教と「気働き文化」――精神障がい者のおたすけについて――　愛知学院大学文学部紀要　2012
黒羽正見　学校教育における「教師の信念」研究の意義に関する事例研究　ある小学校教師の教育行為に焦点をあてて　富山

大学研究論集№8　２００５
Clarke,David　Hollingsworth,Hilary　Elaborating a model of teacher professional growth　Teaching and Teacher Education
18　2002
蔵澄裕子　近代女子道徳教育の歴史　東京大学大学院研究科教育学研究室紀要第34号　２００８
氣多雅子　西田幾多郎『善の研究』　晃洋書房　２０１１
コナトン，ポール　社会はいかに記憶するか——個人と社会の関係——　新曜社　２０１１
幸田文　あとみよそわか　父・こんなこと　新潮文庫　１９９７
高坂正顕　西田幾多郎先生の生涯と思想　創文社　１９７１
高社中学校・高社中学校同窓会30周年記念事業実行委員会編　創立30周年記念同窓会会員名簿　１９９１
国分正憲　小学校に於ける実際的訓練の研究　東京出版社　１９１６
小林淳一　教育実習生の清掃指導における行動様式に関する事例調査——教職観と「指導教諭—教育実習生—生徒」の関係に
焦点を当てて　学校教育研究19　日本学校教育学会　２００４
小林正幸　自問教育の実践——自ら問いこころを磨く教育のあり方を求めて——　信濃教育第１２２７号　信濃教育会
１９９０
権堂真織　保育実習における実習日誌の記述内容と実習成績との関連——学生自身による口誌の内容分析学習を通して——
近畿大学豊岡短期大学論集第４号　２００７
駒込幸典　学校の掃除　信州教育事始め　信濃教育会　１９９９
駒込幸典　信州の戦後教育はこうして始まった　信濃毎日新聞社　２００２
佐久間勝彦　アクティブ・ラーニングへ——アクティブ・ティーチングから　一莖書房　２０１６
佐古秀一・久我直人・大河内裕幸・山口哲司・花田成文・荒川洋一・田中道介・渡瀬和明　省察と協働を支援する学校改善プ
ログラムの開発的研究（２）——プログラムの構成と実施手順　鳴門教育大学研究紀要18　２００３
佐竹勝利　教師の職能成長に及ぼす転任人事の影響に関する研究——先行研究の分析を通して　鳴門教育大学研究紀要・教育
科学編５　１９９０

佐藤仁　米国教員養成機関のアクレディテーションに関する一考察：ＮＣＡＴＥの近年の動向　広島大学大学院教育学研究科紀要第三部第52号　２００４
佐藤忠男　戦後教育の思想　戦後日本思想大系11所収　筑摩書房　１９６８
齋藤孝　身体論　世界６７５号　岩波書店　２０００
齋藤道雄　治りませんように　みすず書房　２０１０
齋藤道雄　悩む力　みすず書房　２００２
齋藤昭　自発性を育てる自問教育　日本教育新聞記事　平成8年2月17日　１９９６
齋藤昭　教育と現象――教育的存在論の構造（其の七）　三重大学教育学部研究紀要第四十四巻　１９９３
齋藤昭　竹内隆夫・自らを高める自問教育／新たな発想による清掃活動　すいせんの言葉　日本教育新聞社　１９９５
齋藤昭　教育と現象―教育的存在論の構造（其の七）　三重大学教育学部研究紀要第四十四巻　１９９３
齋藤昭　「自問」と「対話」の教育／民主教育確立のために　三重大学教育学部研究紀要47　１９９６
齋藤昭　「自問教育」の理論と実践　三重大学教育実践研究指導センター紀要16　１９９６
齋藤昭　教育的存在論の探求――教育哲学序説――　世界思想社　１９９９
斎藤喜博編　島小の授業　麦書房　１９６２
斎藤喜博　表現は人間を解放する　斎藤喜博全集15―１　国土社　１９７１
斎藤喜博　写真集いのち、この美しきもの　筑摩書房　１９７４
斎藤喜博・川島浩　斎藤喜博の仕事　国土社　１９７６
斎藤喜博・近藤幹雄　オペレッタ・合唱曲集子どもの世界だ　一莖書房　１９８７
斎藤喜博　子どもの歌と表現　一莖書房　１９９５
坂本篤史　現職教師は授業経験から如何に学ぶか　教育心理学研究55　日本教育心理学会　２００７
佐藤通次　皇道哲学　朝倉書店　１９４１
佐藤通次　哲学についての談話――第一部自覚――　理想社　１９７３
信濃教育会　信濃教育会五十年史（『信濃教育会九十年史　上』）　１９７７

篠ノ井東中学校　「無言清掃」を基軸にした規範意識の醸成（第十二回教育研究論文・教育実践賞特選）　信濃教育第１４８０号　信濃教育会　２０１０
城丸章夫　管理主義教育　新日本出版社　１９９１
城丸章夫　集団主義と教科外活動　明治図書　１９６２
信濃教育会　信濃教育会九十年史　下　１９７７
信濃教育会松本市部会　清掃訓練実施案　国民学校経営ノ方針附録　下伊那教育会館所蔵　１９４２
信濃毎日新聞社開発局出版部編　長野県百科事典 補訂版　信濃毎日新聞社　１９８１
清水幾太郎　教育の思想『今日の教育』　岩波書店　戦後日本思想大系11所収　１９４７
清水準一　保健科学領域におけるテキストマイニングソフトの活用と課題／在宅看護学教育に関するデータ分析から　日本保健科学学会誌11　２００８
清水福市　児童掃除禁止問題（一）　研究所報第9号　下伊那教育研究所　１９１４
清水睦美　教室における教師の意識的な「振る舞い方」の諸相――教師の教育実践のエスノグラフィ　東京大学大学院教育学研究科紀要　第37巻　１９９８
霜田静志　皇国日本の生活と教育　刀江書院　１９４２
霜田静志　叱らぬ教育の実践　黎明書房　１９９５
白神佐知子　看護ジレンマに対する学生の対処過程の変化とその要因　3事例の分析から　新見公立短期大学紀要　第26巻　２００５
清水幾太郎　教育の思想　今日の教育　岩波書店　戦後日本思想大系11所収　１９４７
ショーン，ドナルド　佐藤学・秋田喜代美訳　専門家の知恵――反省的実践家は行為しながら考える――　ゆみる出版　２００１
下地恵常・小島忠治　国民教育の新構想　同文社　１９４２
杉山浩之　フランスのカトリック系私立学校教師における職能成長の実態　日本教育経営学会紀要27　１９８５
菅野温子　エロティック小説完全創作レシピ　三一書房　１９９７

鈴木真理子・永田智子　ネットワーク環境におけるレッスン・スタディ構想／米国のＬｅｓｓｏｎＳｔｕｄｙ研究をもとに
滋賀大学教育学部紀要55　２００５
鈴木郁子・杉山郁子・桐林真紀・森田美弥子　学校教師の共感性を向上させる研修／「ラボラトリー方式の体験学習」における シェアリングの効果の検討　名古屋大学大学院教育発達科学研究科紀要心理発達科学54　２００７
鈴木大拙　日本的霊性　岩波文庫　１９７２
鈴木知準　ノイローゼの積極的解決――その治療戦略――　誠信書房　１９８０
鈴木知準　神経症はこんな風に全治する――森田療法の道――　誠信書房　１９８６
鈴木知準　不安解決の講義――精神症の苦しみを救う――　誠信書房　１９８７
鈴木明哲　奈良女子高等師範学校附属国民学校における体錬科実践――躾訓練をめぐる問題――　教育史学会紀要53
２０１０、松本千代栄編著　表現の世界　大修館書店　１９８５
関口好雄　海兵団　海国社　１９４３
瀬川武美・福本昌之　反省的実践を促す教師教育プログラムの研究／教育実習における協働授業と省察　帝塚山學院大学研究
論集文学部41　２００６
全国特別教育活動研究会編　これからの特別教育活動のあり方――その本質と指導――　東洋館出版社　１９６４
高谷哲也　教員評価の基盤をなす力量観・組織観の特徴と課題　鹿児島大学教育学部研究紀要、教育科学編62　２０１１
竹内隆夫　高学年の表現指導の着眼点　児童心理第16巻第5号　金子書房　１９６２
竹内隆夫　井島勉講演要約ｓ46・6／14於松本附属　１９７１
竹内隆夫（荒井進編）　精神性を高める教育――学校づくりの記録――　北信ローカル社　１９７５
竹内隆夫　身にしみている先生の教え　追悼井島勉先生　美術教育231号　日本美術教育学会　１９７８
竹内隆夫　自らに問うということ――中学生への提言――　北信ローカル社　１９７９
竹内隆夫　長野附属小昭和五十八年読み合わせ資料「美術教育の理念」　１９８３
竹内隆夫　自問活動のすすめ／自らの生き方を問う子どもたち　第一法規出版　１９９１
竹内隆夫　自問教育のすすめ（第四十一回読売教育賞最優秀賞受賞応募原稿）１９９２

竹内隆夫　自らを高める自問教育／新たな発想による清掃活動　日本教育新聞社　１９９５
竹内隆夫　構想表現について思う　信濃教育第８２７号　信濃教育会　１９９５
竹内整一　「おのずから」と「みずから」――日本思想の基層　春秋社　２００４
竹内敏晴　ことばが劈かれるとき　思想の科学社　１９７５
竹内敏晴　竹内敏晴の仕事――からだとことば　平成国際大学論集15号　平成国際大学法政学会［編］　２０１１
武田常夫　文学の授業　明治図書　１９６４
竹平正人　美術教育の盲点と条件型学習　信濃教育第９０９号　信濃教育会　１９６２
田中敏　実践心理データ解析　新曜社　２０１０
田中孝彦　教師教育の再編動向と教育学の課題――3年間の特別課題研究についての報告　教育學研究73（3）　日本教育学会　２００６
田中徹　掃除の意義に関する一考察／鍵山秀三郎の実践と展開を中心に　鳴門教育大学修士論文公開審査会レジュメ　２００１
谷塚光典・東原義訓　教員養成初期段階の学生のティーチング・ポートフォリオのテキストマイニング分析：ＩＮＴＡＳＣ観点「コミュニケーション」に関するリフレクションの記述から　日本教育工学会論文誌33　２００９
張さつき　父・木村素衛からの贈りもの　未来社　１９８５
筑波大学附属小学校初等教育研究会　特別活動「学ぶ力」を育てる授業づくり――重点事項をおさえた教育課程の編成――　明治図書　１９９０
津村記久子　解説（松浦理英子　奇貨）　新潮社　２０１５
坪内千明　相談機関実習の学びの構造――「支援の構造的理解」プロセスに着目した実習日誌の質的分析――　東洋英和女学院大学「人文・社会科学論集」第27号　２００９
鄭松安　養生思想と教育的学校保健の成立（一橋大学大学院社会学研究科博士論文）　２００１
ＴＯＳＳ岡山サークルＭＡＫ　子どもたちが自ら進んで動く掃除システム作り小事典　明治図書　２００７
トルバト，ボロルマ　教員の職能成長に関する研究／日本における10年経験者研修制度の成立過程に着目して　東北大学大学

院教育研究科研究年報56　２００７
トマセロ，マイケル　ヒトはなぜ協力するのか　勁草書房　２０１３
時実利彦　情操・意志・創造性の教育　教育学叢書20　第一法規　１９６９
時実利彦　脳の話　岩波新書　１９６２、同　脳と人間　雷鳥社　１９６８
時得紀子　総合表現カリキュラムの実践への一考察　教育実践学論集（11）２０１０
東京教育大学附属小学校初等教育研究会編　特別活動――特別活動の内容と指導の構造――　東洋館出版社　１９６９
東京教育大学附属小学校特別教育活動研究会　特別教育活動の理論と方法　東洋出版社　１９６４
東京高等師範学校附属国民学校内初等教育研究会　国民学校の基礎的研究　大日本図書株式会社　１９４０
東京高等師範学校附属国民学校内初等教育研究会　戦局に即応する教育の非常形態とその運営　児童敬礼法・国民学校の清掃訓練　１９４３
豊泉清浩　作業教育論の系譜について――ペスタロッチー、ケルシェンシュタイナー、デューイ――　群馬大学教育学部紀要第59巻　２０１０
友納友次郎　小学教育の根本改造　目黒書店　１９２０
永井潜　人性論　実業之日本社　１９２３
長野県教育委員会　長野県小学校教育課程指導書図画工作編　長野県教育委員会　１９６０
中井久夫　気働き文化の力　精神科治療の覚書　日本評論社　１９８２
中川村誌編纂刊行委員会　中川村誌　下巻　近代・現代編／民俗編　２００５
中村千穂子・川原瑞代・松本憲子・高藤ユキ・小野美奈子・瀬口チホ　訪問看護実習における家族援助に関する学生の学び―４年次の訪問看護ステーション実習記録の分析から――　宮崎県立看護大学研究紀要５（１）２００５
中村一雄　信州教育とはなにか　下　信州教育出版部　２０１１
中村一雄　信州近代の教師群像　とうほう　１９９２
中田麗子　ノルウェーの教師教育における反省的メンタリング：「行為と省察モデル」が直面する問題　日本教師教育学会年報17　２００８

中田市男　人間教育に立脚せる小学校農業科取扱の実際　池田大正堂　1933
中野市立高社中学校創立二十周年記念実行委員会編　創立20周年記念誌　1980
長野県美術教育研究大会の回顧と展望（座談会）　長野県美術教育研究会沿革誌　長野県美術教育研究会沿革誌刊行会　1983
奈良雅弘「気働き」の研究　プレジデント　2010・12・13号
西山庸平　生活としての学習　聚英閣　1925
西田幾多郎　自覚に於ける直観と反省　西田幾多郎全集第二巻　岩波書店　1950
日本教育大学協会「モデル・コア・カリキュラム」研究プロジェクト　教員養成カリキュラムの到達目標・確認指標の検討――中学校教員養成における〈教科〉の在り方を中心に――　2007
沼田裕之　言葉を使わない教育の比較文化的可能性　国際化時代日本の教育と文化　東信堂　1998
沼野一男　授業の設計入門――ソフトウェアの教授工学　国土社　1976
箱石泰和　子どもを育てる表現活動――その意義と実際――　一莖書房　2014
服部晃「法定研修」としての教職初任者研修の現状と課題　教育情報研究日本教育情報学会学会誌25（3）　2009
葉山正行　昭和22年版『学習指導要領』図画工作編（試案）の作成をめぐっての一考察　美術科教育学会誌（8）　1986
林尚示　昭和10年代の学校カリキュラムにおける統合の問題に関する研究――東京高等師範学校附属小学校・国民学校の教育実践を中心として――　日本教育方法学会紀要第23号　1997
馬場四郎・久保田浩　日常生活課程――子どもの学校を育てた記録――　誠文堂新光社　1951
土方恵治　行の訓育　モナス　1939
土方恵治　国防国民学校経営　帝国出版協会　1942
秘書サービス接遇教育学会　ヒューマンスキル教育研究16巻　2008
姫野完治・小川美紀　小学校における清掃活動の指導に関する研究――5年生学級への参与観察を通して――　教師学研究8・9　日本教師学学会　2010
平沢卓也・藤原朋子　宇宙飛行士の日記分析（その1）／自由記述文の分析手法―構文代入法言葉置換法　日本建築学会大会

学術講演概集　1995
平田治　実践者としての子どもを育てる　事実と創造103号　一莖書房　1989
平田治　水中眼鏡異聞　事実と創造　No.184　一莖書房　1996
平田治　子どもが輝く「魔法の掃除」／「自問清掃」のヒミツ　三五館　2005
平田治　「魔法の掃除」13カ月／「Iメッセージ」を語れる教師　三五館　2007
平田治・土井進　教員養成段階における「自問清掃」指導の意義と成果　信州大学教育学部附属教育実践総合センター紀要「教育実践研究」9　2008
平田治　学校掃除と教師成長――自問清掃の可能性――　一莖書房　2013
平田治　学校掃除「自問清掃」実践者の教師成長――〈自己成長感〉の連関的形成――　教師学研究第12号　日本教師学学会　2013
平田治・土井進　学校掃除「自問清掃」の発想原理と方法的原則　信州大学教育学部研究論集第6号　2013
藤原与一他　表現類語辞典　東京堂出版　1985
古川忠司・鎌倉正之・川根一仁・土井進　松川中学校における「自問清掃」の導入と展開（1）　信州大学教育学部附属教育実践総合センター紀要「教育実践研究」1　2000
古川忠司・鎌倉正之・川根一仁・長沼正博・土井進　松川中学校における「自問清掃」の導入と展開（2）／学年合唱への「自問清掃」導入　信州大学教育学部附属教育実践総合センター紀要「教育実践研究」2　2001
古幡英隆　小学校教員の職能成長に関する一考察／内省記録をてがかりにして　現代学校経営8　1995
藤崎康彦　非言語コミュニケーション研究再考　コミュニケーション文化8号　跡見学園女子大学　2014
藤木和己　熟達する教師を支える信念の成長／教師の信念体系モデルの構築　鳴門教育大学授業実践・授業開発研究ウェブ・ラーニング　1998　http://www.naruto-u.ac.jp/kyozai/toukei/d/main_6_1.html（2012年1月現在）
藤木和巳・木村捨雄　教師の実践的なビリーフとその変容過程に関する研究（1）　日本科学教育学会研究会研究報告13（1）　1998
藤木和巳・木村捨雄　教師の実践的な信念とその変容家庭に関する研究（3）　日本科学教育学会第23回年会JSSE・

PME合同国際会議論文集　１９９９
藤木和巳・木村捨雄　教師の実践的な信念の変容過程に関する研究　日本科学教育学会年会論文集21　１９９７
藤野豊　日本ファシズムと優性思想　かもがわ出版　１９９８
ヘリゲル，オイゲン（魚住孝至訳）　弓と禅　角川文庫　２０１５
（浦河）べてるの家　べてるの家の「当事者研究」　医学書院　２００５
（浦河）べてるの家　べてるの家の「非」援助論――そのままでいいと思えるための25章――　医学書院　２００２
べてるの家の本制作委員会編　べてるの家の本――和解の時代――　べてるの家　１９９２
向谷地生良　べてるの家から吹く風　いのちのことば社　２００６
向谷地生良　技法以前――べてるの家のつくりかた――　医学書院　２００９
向谷地生良　当事者研究とは――当事者研究の理念と構成――　http://toukennet.jp/?page_id = 56
向谷地生良・浦河べてるの家　安心して絶望できる人生　ＮＨＫ出版　２００６
ボルノー，Ｏ・Ｆ　教育を支えるもの　黎明書房　１９８９
ボルノー，Ｏ・Ｆ　教育者の徳について　玉川大学出版部　１９８２
丸山眞男　歴史意識の「古層」　筑摩書房　１９７２
丸山眞男　超国家主義の論理と心理　世界　岩波書店　１９４６・５
松浦良充ら　５章「掃除」や「給食」から学校教育をみつめ直す　いま教育を考えるための８章　川島書店　１９９９
松浦理英子　ナチュラル・ウーマン　トレヴィル　１９８７
松下禎二　衛生百話　博文館　１９２０
松原洋子　日本――戦後の優生保護法という名の断種法　優生学と人間社会第５章　講談社　２０００
松川中学校　自問教育全国公開研究発表会研究紀要　長野県下伊那郡松川町立松川中学校　２０００
水野茂一　裸の教師――ある反骨20年の記録――　徳間書店　１９６７
水木梢　教育の経済化と産業化　高踏社　１９３１
水木梢　続首席訓導学　高踏社　１９３４

南谷直利・北野与一　「保健」の語誌的研究　北陸大学紀要　第23号　１９９９
村上靖彦　自閉症の現象学　勁草書房　２００８
メルロ＝ポンティ，M.　眼と精神　みすず書房　１９９６
メイヤロフ，ミルトン　ケアの本質　ゆみる出版　１９９３
毛利猛　小学校における「縦割り班」活動の現状と課題　香川大学教育実践総合研究８　２００４
森瀬一幸・服部晃　子どもが育ち、教師が育つ学校経営　日本教育情報学会年会論文集26　２０１０
文部科学省　学習指導要領　１９８９、１９９８、２００８
文部科学省　中学校学習指導要領解説特別活動編　２００８
平成13年度文部科学白書第１部　21世紀の教育改革
安井一郎　戦後初期における日常生活課程論の理論的基底に関する一考察――久保田浩の「生活づくり」論を中心として――　日本教育方法学会紀要教育方法学研究第15巻　１９８９
安川晴基　「記憶」と「歴史」――集合的記憶論における一つのトポス――　藝文研究２００８　慶應義塾大学藝文学会
柳田邦男　犠牲（サクリファイス）――わが息子の脳死11日――　文藝春秋　１９９５
柳田謙十郎　西田哲学と唯物論　青木書店　１９７２
柳父章　翻訳の思想――自然とｎａｔｕｒｅ　平凡社　１９７７
柳父章　翻訳語成立事情　岩波新書　１９８２
山口美和・山口恒夫　教師の自己リフレクションの一方法としてのプロセスレコード――看護教育および看護理論との関連から――　信州大学教育学部紀要１１２　２００４
山崎保寿　教師の職能成長に関する研究の動向と課題　日本教育経営学会紀要51　２００９
山本晃　精神病理学からみた西田幾多郎の自我論Ｖ――Ｍｅｒｌｅａｕ-Ｐｏｎｔｙと西田における「身体」――　大阪教育大学紀要　２００２
弓削洋子・新見睦恵　清掃活動にみる学級集団内の人間関係の体系について（１）／清掃活動の体系を規定する教師の役割の検討　日本教育心理学会総会発表論文集（44）　２００３

湯原元一　教育及び教育學の改造　秀英舎　1916
湯浅泰雄　身体論——東洋的心身論と現代——　講談社　1990
湯澤俊　掃除　信濃教育第677号　信濃教育会　1943
吉本隆明　定本詩集　吉本隆明全著作集1　勁草書房　1969
横山太郎　日本的身体論の形成——「京都学派」を中心として——　UTCP研究論集　2005
横須賀薫・梶山正人・松平信久　心をひらく表現活動②　教育出版　1998
横川和夫　降りていく生き方——「べてるの家」が歩む、もうひとつの道——　太郎次郎社　2003
吉見俊哉　運動会という近代——祝祭の政治学——　現代思想21巻　青土社　1993
吉見俊哉ら　運動会と日本近代　青弓社　1999
吉沢久子　女の気働き　三笠書房　1987
吉田章宏　第7章見る　ゆりかごに学ぶ教育の方法　一莖書房　1999
米山弘編著　教師論　玉川大学出版部　2001
与謝野晶子　人及び女として　天弦堂書房　1916
レイヴ&ウェンガー　状況に埋め込まれた学習——正統的周辺参加——　産業図書　1993
渡辺みどり・小林陽子　看護学生が中等度・重度痴呆性老人を理解する過程山梨医大紀要19　2002
渡辺京二　黒船前夜　洋泉社　2010、逝きし世の面影　平凡社　2005
鷲田清一　「聴く」ことの力　阪急コミュニケーションズ　1999
鷲田清一　「待つ」ということ　角川学芸出版　2006
鷲澤八重吉　小学校生徒にさする教室掃除に就いて　信濃教育會雑誌第百七十號　1900

京都地裁平五（ワ）第五八三号　損害賠償請求事件　平6・4・18第二民事部判決
行政事件裁判例集14巻3号707頁
平成13年3月13日／横浜地方裁判所／第6民事部／判決／平成11年（ワ）2054号

平成8年12月27日／大坂地方裁判所／第12民事部／判決／平成5年（ワ）9664号
教育技術研究所編　小四学級経営事典　小学館　1951
教育技術研究所編　新版小四学級経営事典　小学館　1959
思想の科学研究会編　新版哲学・論理用語辞典　三一書房　1995、粟田・古在編　哲学小辞典　岩波書店　1987
廣松渉ら　岩波哲学思想事典　1998
新教育学大事典　第一法規　1990
現代学校教育大事典　ぎょうせい　2002

す

せ

そ

た

索　引

〈著者紹介〉
平田　治（ひらた　おさむ）
長野県生まれ。34 年間小学校教師。平成 19 年度文部科学大臣優秀教員表彰。現在、千葉経済大学短期大学部非常勤講師。研究テーマは､「学校掃除」「表現教育」「教材解釈」。全国自問教育の会（理事）、日本教師学学会、日本教材学会会員。女声合唱団指揮者。
著書として、『子どもが輝く「魔法の掃除」・自問清掃のヒミツ』（三五館）、『虐待された少年とともに』（一莖書房）等。論文として、『「自問清掃」実践者の教師成長――〈自己成長感〉の連関的形成――』等

これからの学校掃除――自問清掃のすすめ――

2018年7月2日　初版第一刷発行

著者　平田　治
発行者　斎藤草子
発行所　一莖書房
〒173-0001　東京都板橋区本町 37-1
電話 03-3962-1354
FAX 03-3962-4310

組版／四月社　印刷・製本／日本ハイコム
ISBN978-4-87074-214-7　C3037